"十二五"职业教育国家规划教材
经全国职业教育教材审定委员会审定

动物解剖生理

主编◎白彩霞

DONGWU JIEPOU
SHENGLI

北京师范大学出版集团
BEIJING NORMAL UNIVERSITY PUBLISHING GROUP
北京师范大学出版社

图书在版编目（CIP）数据

动物解剖生理 / 白彩霞主编. -- 2 版. -- 北京 :北京师范大学出版社, 2022.12
“十二五”职业教育国家规划教材
ISBN 978-7-303-22385-5

Ⅰ. ①动… Ⅱ. ①白… Ⅲ. ①动物解剖学－高等职业教育－教材②动物学－生理学－高等职业教育－教材Ⅳ. ①Q954.5②Q4

中国版本图书馆 CIP 数据核字(2017)第 114273 号

教材意见反馈 gaozhifk@bnupg.com 010-58805079
营销中心电话 010-58802181 58805532

出版发行：北京师范大学出版社 www.bnupg.com
北京市西城区新街口外大街 12-3 号
邮政编码：100088
印　　刷：北京虎彩文化传播有限公司
经　　销：全国新华书店
开　　本：787 mm×1092 mm　1/16
印　　张：15.75
字　　数：345 千字
版 印 次：2022 年 12 月第 2 版第 9次印刷
定　　价：39.80 元

策划编辑：周光明　　责任编辑：周光明
美术编辑：焦　丽　　装帧设计：焦　丽
责任校对：陈　民　　责任印制：赵　龙

本书编审委员会

主　编　白彩霞（黑龙江职业学院）
　　　　　刘　静（江苏农牧科技职业学院）

副主编　薛琳琳（黑龙江职业学院）
　　　　　聂明达（黑龙江职业学院）
　　　　　任丽哲（黑龙江职业学院）

参　编　陈文彬（哈尔滨远大牧业有限公司）
　　　　　李　娟（黑龙江职业学院）

主　审　丁玉玲（黑龙江职业学院）

前 言

本教材是依据《关于加强高职高专教育人才培养工作的意见》和《关于加强高职高专教育教材的若干意见》的文件精神编写的，供高等农业职业院校畜牧兽医类专业使用。

本着“以职业能力培养为核心，以工作过程为导向”的总体设计思想，依托教学单元课程的改革实践和省级精品资源课建设成果，遵循淡化学科体系，重视能力培养的原则进行编写。教材具有如下特点：

1. 根据畜牧兽医专业岗位能力实际需要确定教材编写内容和顺序。将原先章节内容进行整合，添加了动物实地解剖。并按照知识从简单到复杂、能力从单项培养到综合训练认知规律，确定六个模块编排顺序。每个模块通过任务驱动进行学习，强调学生学习的主动性。为了提升学生学习兴趣，在教材中还增加了与任务有关的畜牧生产和兽医临床的拓展知识。

2. 每个模块均细化了能力目标、知识目标和素质目标，使学生通过完成相关的教学单元任务后，不仅练就了专业基本技能，习得相关的专业基本知识，还培养了与人沟通合作等社会能力，综合素质得到提高。

3. 在教材设计中充分体现教学单元式教学中资讯、计划、决策、实施、检查、评价六个教学阶段的内容，而且分别以学习任务单、任务资讯单、相关信息单、计划单、决策实施单、材料设备清单、作业单、效果检查单、评价反馈单等形式编排到教材中。

4. 采用学校与企业联合开发教材的模式。编者队伍具有丰富的畜牧生产和兽医临床实践经验和教学经验。教材内容及所设计的教学单元和任务贴近动物养殖和疾病防治工作的实际。

本教材具体编写分工：模块 1，模块 2 的教学单元 1、教学单元 2 任务 1 由任丽哲编写；模块 3 由白彩霞编写；模块 4 和 5 由聂明达编写；模块 2 教学单元 2 的任务 2 和模块 6 由薛琳琳编写；拓展知识由刘静编写；图片搜集和处理由李娟完成；陈文彬负责教学单元设计。最后由白彩霞统稿，丁玉玲审定。

由于编写时间仓促，编者水平有限，书中难免有不足之处，恳请广大师生提出宝贵意见和建议。

编 者

内容提要

本教材是畜牧兽医专业的重要专业基础学习领域教材，全书主要包括6个模块：动物体基本结构、体壁、内脏、循环系统、神经和内分泌系统、动物实地解剖。每个模块以几个典型通用的能力教学单元为主线，每个教学单元又通过若干个具体实用的可行性任务来完成。教材中以牛羊各个系统的解剖构造和生理机能为重点，猪、马、禽、犬仅做特征性的介绍。

通过本教材的学习，学生能对动物进行正确解剖，能识别主要器官正常的形态、位置和构造，并认知其机能，为动物营养、繁育、畜禽生产、病理、药理、内科、外科、临床诊断等相关学习领域构筑基本理论和基本技能平台，同时也为基层畜牧兽医工作人员提供借鉴和参考。

目 录

模块1

动物体基本结构

学习任务单

模块1	动物体基本结构			学 时	12	
布置任务						
学习目标	1. 掌握细胞的构造，理解细胞的机能。 2. 掌握基本组织的分类、分布、特点和作用。 3. 理解器官、系统含义和分类。 4. 理解有机体调节的方式。 5. 能利用显微镜识别细胞和各类基本组织。 6. 培养学生的团队合作、分析问题和解决问题的能力。					
任务描述	在实训室利用图片或显微镜识别细胞和基本组织构造，并认知其机能。 具体任务： 1. 利用图片识别细胞的结构。 2. 在实训室利用显微镜识别基本组织的结构。					
任务载体和工作场景	任务载体：细胞和组织图片和切片 工作场景：组织实训室					
学时分配	资讯1学时	计划1学时	决策1学时	实施7学时	考核1学时	评价1学时
提供资料	1. 周其虎. 动物解剖生理. 北京：中国农业出版社，2008 2. 陈耀星. 畜禽解剖生理. 北京：中国农业大学出版社，2001 3. 丁玉玲. 畜禽解剖生理. 哈尔滨：黑龙江人民出版社，2005 4. 南京农业大学. 家畜生理学. 北京：中国农业出版社，2007 5. 范作良. 家畜解剖学. 北京：中国农业出版社，2001 6. 范作良. 家畜生理学. 北京：中国农业出版社，2001 7. 动物解剖生理精品课网址： http://113.0.240.9:8080/book-show/flex/book.html?courseNumber=184860 8. 动物解剖与剖检精品课网址： http://113.0.240.9:8080/book-show/c/184860/vindex.html 9. 畜牧课件网网址：http://www.doc88.com/p-68143044163.html 10. 家畜生理学课件网网址：http://www.docin.com/p-95293071.html					
对学生要求	1. 能根据任务单、资讯引导，查阅相关资料，在课前以小组合作的方式完成任务资讯问题。 2. 以小组为单位完成任务，体现团队合作精神。 3. 严格遵守实训室规章制度。					

任务资讯单

模块 1	动物体基本结构
资讯方式	通过资讯引导、观看视频、到本课程及相关课程的精品课网站、图书馆查询，向指导教师资询。
资讯问题	1. 如何理解细胞？细胞的构造如何？ 2. 细胞膜有何作用？物质出入细胞膜的方式有几种？各有何特点？ 3. 细胞质内有哪些细胞器？各有何主要作用？ 4. 细胞核的结构有哪些？为什么说细胞核是遗传的控制中心？ 5. 生命的基本特征有哪些？ 6. 如何理解同化和异化作用？ 7. 如何理解组织？动物体内基本组织有哪几种？ 8. 被覆上皮分哪几类？都分布在哪里？ 9. 如何区分外分泌腺和内分泌腺？ 10. 上皮组织有哪些结构特征？ 11. 结缔组织分哪几类？ 12. 肌肉组织分哪几类？如何区分各种肌肉组织？ 13. 如何理解神经元、神经纤维、神经和突触？ 14. 突触的结构包括哪几部分？ 15. 如何理解器官、系统、内脏和有机体？ 16. 如何理解神经调节和体液调节？各有何特征？
资讯引导	所有资讯问题可以到以下资源中查询： 1. 周其虎主编的《动物解剖生理》第一章。 2. 丁玉玲主编的《畜禽解剖生理》第一章。 3. 范作良主编的《家畜解剖》第一章。 4. 动物解剖生理精品课网址： http：//113.0.240.9：8080/book－show/flex/book.html？courseNumber＝184860 5. 本模块的相关信息。

相关信息单

教学单元1 细胞

细胞是动物体形态结构、生命活动和生长发育的基本单位。

任务1 识别细胞的形态和大小

利用课件和图片识别细胞的形态和大小。

细胞形态是多种多样，有圆形、梭形、长柱形、多突起形、星形等。细胞形态与所执行的生理机能相匹配。如血液中流动的红细胞是圆形；能传导神经冲动的神经细胞具有多突起等。

细胞的大小千差万别。动物体内最小的细胞直径只有 4μm；最大的是成熟卵细胞，直径可达 100μm 以上，有的神经细胞突起可长达 1m 以上。

任务2 识别细胞的结构

利用课件和图片识别细胞膜、细胞质和细胞核，并认知其机能。

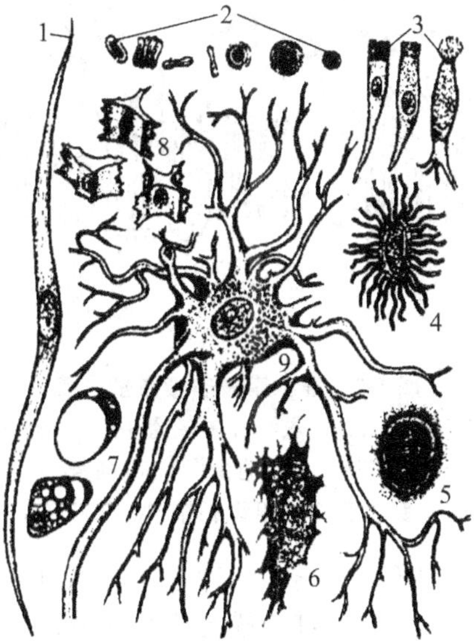

图 1-1 细胞形态图

1. 平滑肌细胞 2. 血细胞 3. 上皮细胞 4. 骨细胞 5. 软骨细胞 6. 成纤维细胞 7. 脂肪细胞 8. 腱细胞 9. 神经细胞

（马仲华，家畜解剖及组织胚胎学，第三版，2002）

细胞的形态多样，大小不一，但都由细胞膜、细胞质和细胞核三部分构成。

1. 识别细胞膜

细胞膜是细胞外表面的一层薄膜，具有通透性。细胞膜的基本结构是流体的脂类双分子层，其中镶嵌着具有生物活性的球形蛋白质，按其功能不同可分为受体蛋白和载体蛋白；按分布不同可分为内在蛋白和嵌入蛋白。细胞膜的许多功能靠这些膜蛋白质来完成。

细胞膜可以维持细胞形态结构的完整性，保护细胞内含物，参与细胞识别、细胞粘连、细胞运动和免疫反应，此外细胞膜还能控制和调节细胞与其周围环境间的物质交换，具有物质转运功能。常见的物质转运形式有以下几种：

(1)单纯扩散　是脂溶性物质从高浓度一侧透过细胞膜向低浓度一侧的移动，不消耗能量。氧气、二氧化碳及脂溶性小分子是以此方式通过细胞膜的。

(2)易化扩散　是不溶于脂质的物质，借膜蛋白的帮助，由高浓度一侧向低浓度一侧转运，也叫帮助扩散。葡萄糖、氨基酸有时是以此方式出入细胞膜的。

(3)主动转运　指某些物质逆着浓度差由低浓度向高浓度的物质转运过程，需要细胞膜上的载体蛋白帮助，并消耗能量。K^+、Na^+出入细胞膜采取这种方式。

(4)入胞作用和出胞作用　是指大分子的物质团块出入细胞膜的过程。

入胞作用是进入细胞的大分子物质和细胞膜接触后，先与质膜上的特异蛋白结合，结合部位细胞膜内凹，将其包围后再和细胞膜脱离，在细胞内形成小泡。如果入胞的是固体称为吞噬作用；如果入胞的是液体称为吞饮作用。

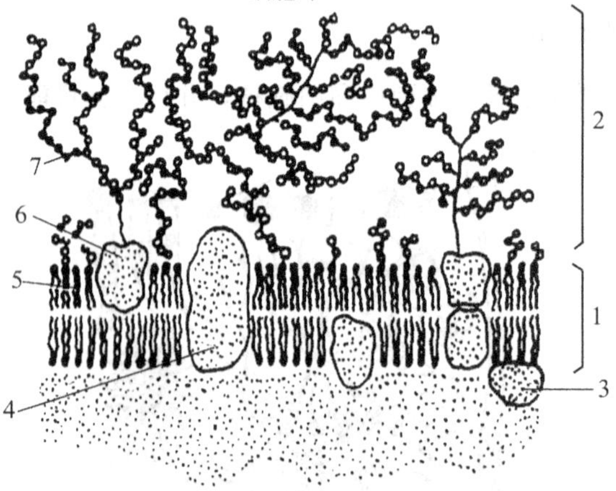

图 1-2　细胞膜液态镶嵌模式图

1. 脂质双层　2. 糖衣　3. 内在蛋白　4. 嵌入蛋白

5. 糖脂　6. 糖蛋白　7. 糖链

（马仲华，家畜解剖及组织胚胎学，第三版，2002）

出胞作用是大分子物质从细胞内排出的一种方式，在细胞分泌活动中较常见。如各种分泌颗粒从内部输出到细胞内表面时，细胞膜与这些分泌颗粒发生融合，将其排出。入胞和出胞作用都是主动转运过程。

2. 识别细胞质

细胞质是填充于细胞膜与细胞核之间、呈均匀透明的胶状物。由基质、内含物和细胞器组成。

基质：是无定形的胶状物质，约占细胞质体积的一半。内含水、蛋白质、脂类、糖和无机盐等，是细胞执行功能和化学反应的重要场所。

内含物：是贮存于细胞内的营养物质和代谢产物。如糖原、脂类、蛋白质和色素等。其数量和形态可随细胞不同的生理状态耳改变。

细胞器：是位于细胞质内具有一定形态结构和执行一定功能的小器官，主要细胞器的形态结构及功能如下表：

表 1-1 主要细胞器的形态结构及功能

细胞器	形态结构	功能
线粒体	由内外两层单位膜构成，内膜常常向内折叠，形成片状、分支状或网状的嵴；外膜表面光滑，膜内充满线粒体基质	通过氧化磷酸化作用产生能量，供细胞各种生命活动之用
核糖体	颗粒状结构，直径约为15～25 nm，主要由核糖核酸和蛋白质构成	合成蛋白质
内质网	由单位膜围成的囊状或小泡状结构，表面附着核糖体者为粗面内质网，表面光滑者为滑面内质网	前者是蛋白质的合成场所；后者参与细胞的其他功能
高尔基复合体	由双层单位膜形成扁平囊泡、小泡、大泡	对细胞合成的分泌物进行浓缩、储存、分离、加工、输出
溶酶体	由单位膜围成的小体，直径约0.25～0.8 μm，内含高浓度的多种消化酶	消化细胞入胞作用来的异物及细胞内衰老的细胞器

3. 识别细胞核

细胞核是细胞遗传和代谢活动的控制中心，贮存有许多遗传信息。除哺乳动物成熟的红细胞外均有核。细胞核的形状多样，有圆形、椭圆形、杆状等，多位于细胞中央。多数细胞只有一个细胞核，少数也有两个或多个核。如肝细胞、心肌细胞偶有两核，骨骼肌细胞则有几百个核。细胞核由核膜、核基质、核仁和染色质构成。其中的染色质呈长纤维状，由DNA和蛋白质构成，内含大量的遗传信息，控制着细胞的生长、代谢、分化和繁殖，也决定着子代细胞的遗传性状，是遗传物质的基础。在细胞分裂期，长纤维状的染色质发生高度螺旋化，浓缩成棒状的染色体。因此，染色质与染色体实际上是同一物质在不同时期的不同表现形式。

图 1-3 细胞核模式图

1. 染色质 2. 核仁 3. 核膜 4. 核孔

(董常生，家畜解剖学，第三版，2001)

任务3 认知细胞的生命活动

结合生活实例认知细胞的各种生命活动现象。

1. 新陈代谢

新陈代谢是细胞生命活动的基础。细胞不断地从外界摄取营养物质，合成本身所需物质的过程称为合成代谢(同化作用)。同时也分解自身物质，释放能量供细胞活动需要，并排除废物的过程称为分解代谢(异化作用)。细胞的一切活动都是建立在新陈代谢的基础上，如新陈代谢停止，细胞也就死亡。

2. 感应性

感应性是指细胞对外界刺激发生反应的特性，如肌细胞受刺激后会收缩，神经细胞受刺激后产生兴奋和传导冲动，腺细胞受到刺激可引起分泌，浆细胞受到刺激可产生抗体等。

3. 运动

体内有些细胞在不同环境条件刺激下，能产生不同形式的运动。如吞噬细胞的变形运动，肌细胞的收缩和舒张运动，精细胞的鞭毛运动等。

4. 生长与繁殖

当细胞合成代谢超过分解代谢时，细胞体积增大称生长。细胞生长到一定阶段，在一定条件下以分裂的方式进行增殖，产生新细胞称繁殖。细胞分裂的方式有有丝分裂和无丝分裂。

5. 细胞的分化、衰老与死亡

细胞的分化是指胚胎细胞或幼稚细胞(未分化细胞)转变为各种形态、功能不同的细胞的过程。衰老和死亡是细胞发展过程中的必然规律。不同类型细胞，衰老进程不一致，一般来说寿命长的细胞衰老出现的很慢，如神经细胞和心肌细胞，其寿命可与个体等长；寿命短的细胞衰老较快，如红细胞、上皮细胞等。细胞死亡有两种形式，一种是细胞的意外性死亡或称细胞坏死，如局部贫血、高热造成的细胞急速死亡；另一种是细胞自然死亡或称细胞凋亡，是细胞在衰老过程中，功能逐渐减退的必然结果被皮系统包括皮肤和皮肤衍生物。

教学单元2 组织

组织是由来源相同、形态结构和机能相似的细胞群和细胞间质构成。动物体内基本组织分为上皮组织、结缔组织、肌肉组织和神经组织四类。

任务1 识别上皮组织

利用课件和图片识别各类上皮组织的分类、分布、结构特点，并认知其机能。

上皮组织覆盖在体表、内脏器官的表面和腔性器官的内表面，主要有保护、吸收、分泌、感觉和排泄等功能。上皮组织内细胞多，间质少，排列紧密，呈层状分布；具有明显的极性，朝向管腔或体表的一端称游离面，相对的另一端称基底面；上皮组织内无血管、淋巴管，营养由结缔组织经基膜渗透而来；上皮组织内有神经末梢分布。上皮组织根据功能和形态结构不同可分为：被覆上皮、腺上皮和感觉上皮。

1. 识别被覆上皮

被覆上皮根据细胞的排列层数和形态可分为：单层上皮和复层上皮。

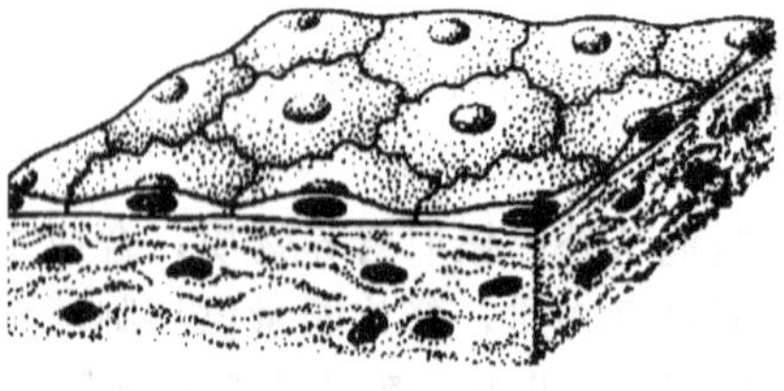

图 1-4 单层扁平上皮

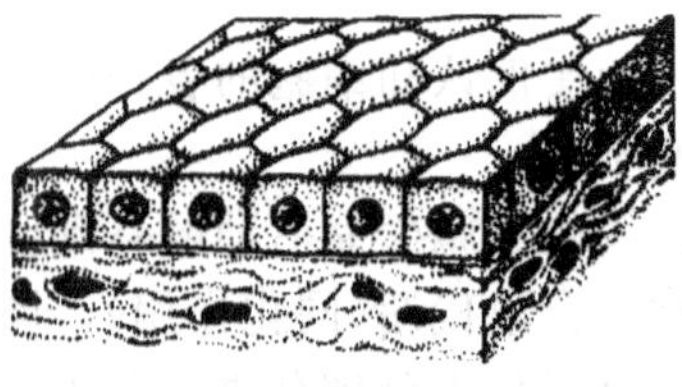

图 1-5 单层立方上皮

(马仲华，家畜解剖及组织胚胎学，第三版，2002)

(1)单层上皮 由一层上皮细胞构成，每一细胞都与基膜相连。根据细胞的形态分为以下四类。

单层扁平上皮：由一层扁平细胞构成。细胞边缘锯齿状，核扁圆，位于细胞中央。细胞从侧面看呈扁平形，从正面看呈不规则的多边形。单层扁平上皮衬于心、血管及淋巴管腔面的称内皮；被覆体腔浆膜表面的称间皮。

单层立方上皮：由一层立方细胞紧密排列而成。细胞呈六面形矮柱状，侧面观呈正方形。核大而圆，位于细胞中央。

单层柱状上皮：由一层柱状细胞紧密排列而成，柱状上皮细胞之间夹有杯状细胞。细胞核卵圆形，偏于细胞基底部。

假复层柱状纤毛上皮：由一层高矮和形状不同的细胞构成。细胞有四种，其中主要是高柱状纤毛细胞，其次是梭形细胞、杯状细胞和锥形细胞。四种细胞互相夹杂排列在同一基膜上。由于细胞高矮不同，所以胞核不在同一水平面上，看来象复层，实际是单层，故称假复层柱状纤毛上皮。

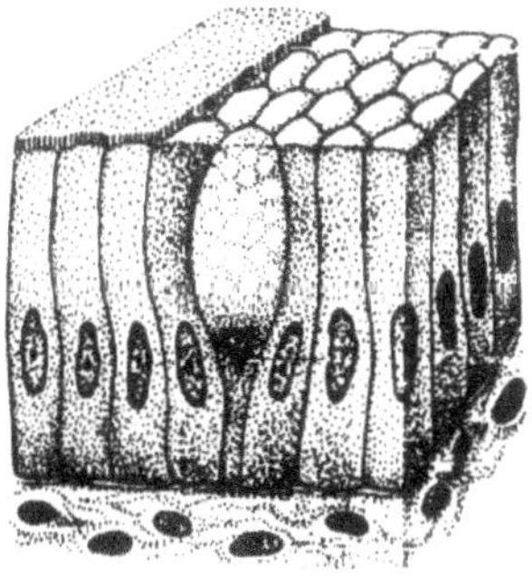

图 1-6　单层柱状上皮

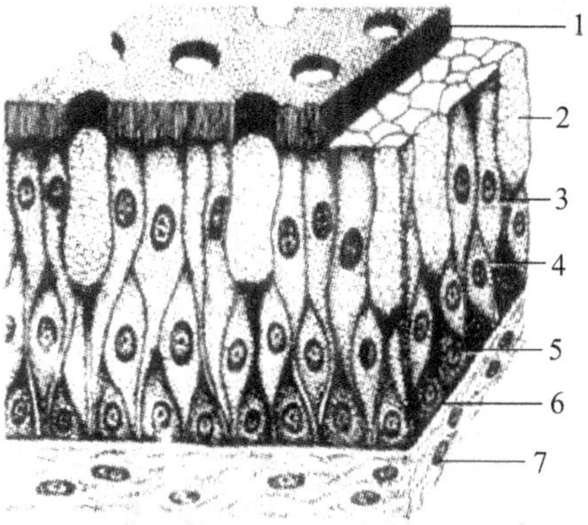

图 1-7　假复层柱状纤毛上皮

1. 纤毛　2. 杯状细胞　3. 柱状细胞　4. 梭形细胞　5. 锥体形细胞　6. 基膜　7. 结缔组织

（马仲华，家畜解剖及组织胚胎学，第三版，2002）

(2)复层上皮　由多层细胞构成，仅基底层细胞与基膜接触。根据细胞的形态分为以下两类。

复层扁平上皮：细胞层数较多。最深层细胞呈矮柱状或立方形；中间层细胞较大，呈多角形；表层细胞逐渐变为扁平呈鳞片状。该种上皮细胞分裂增殖能力强，受伤后易于修复，所以是一种保护作用较强的上皮组织。

变移上皮：其特点是上皮细胞的层数随器官的功能状态而改变。如膀胱上皮，当器官扩张时，上皮变薄，细胞层数减少至2～3层；当器官缩小时，上皮变厚，细胞层数增多可达5～6层。

2. 识别腺上皮

以分泌为主的上皮称腺上皮，以腺上皮为主要成分构成的器官称腺体。根据其分泌物的排出方式，可将腺体分为外分泌腺和内分泌腺。内分泌腺无导管，其分泌物通过渗透进入血液或淋巴，由体液运到机体各部，亦称无管腺；外分泌腺有导管，其分泌物经导管排到身体表面或器官的管腔内，亦称有管腺。

3. 识别感觉上皮

感觉上皮即具有感觉功能的上皮，主要分布在舌、鼻、眼、耳等感觉器官内，具有味觉、嗅觉、视觉和听觉等功能。

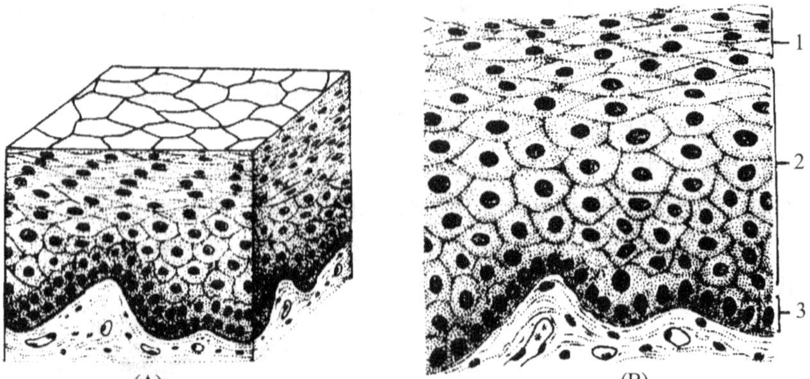

(A) (B)

图 1-8 复层扁平上皮

(A) 复层扁平上皮模式图 (B) 表皮切面

1. 表层 2. 中间层 3. 深层

(马仲华，家畜解剖及组织胚胎学，第三版，2002)

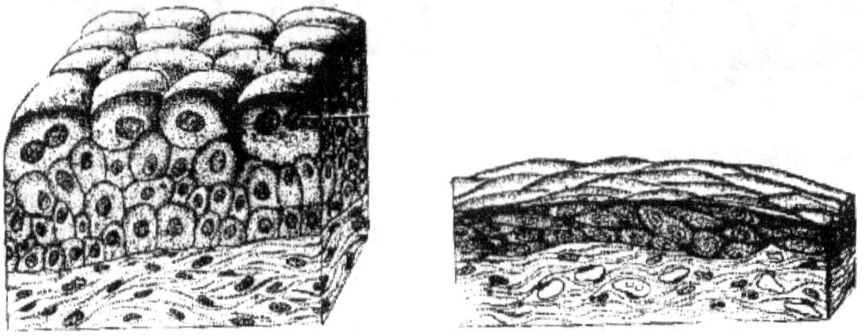

(A) (B)

图 1-9 变移上皮

(A) 收缩状态 (B) 扩张状态

(马仲华，家畜解剖及组织胚胎学，第三版，2002)

表 1-2 上皮组织的分布和功能

细胞层数	上皮分类	分 布	功 能
单 层	扁平上皮	内衬心、血管及淋巴管的腔面(内皮)，被覆在胸膜、腹膜、心包膜或某些脏器表面(间皮)	润滑
	立方上皮	甲状腺、肾小管等处	分泌和吸收
	柱状上皮	胃、肠黏膜、子宫内膜及输卵管黏膜	保护、吸收和分泌
	假复层柱状纤毛上皮	呼吸道黏膜	保护和分泌
复 层	复层扁平上皮	皮肤的表皮、口腔和食管等腔面	保护
	变移上皮	输尿管、膀胱的腔面	保护

任务2　识别结缔组织

利用课件和图片识别各类上皮组织的分类、分布、结构特点，并认知其机能。

结缔组织是动物体内分布最广泛、形式最多样的一种组织。根据其形态不同，结缔组织可分为液态的血液、松软的固有结缔组织及坚硬的骨组织和软骨组织。结缔组织主要起连接、支持、营养和保护等作用。

结缔组织与上皮组织比较，有以下特点：细胞数量少，种类多，细胞无极性(无游离面)；细胞间质多，由基质和纤维组成；不直接与外界环境接触，因而称内环境组织。根据形态结构不同，结缔组织可分为以下几种：

1. 识别疏松结缔组织

疏松结缔组织因结构疏松、类似蜂窝，故又称蜂窝组织。广泛分布在皮下和各器官内，具有连接、支持、保护、营养和创伤修复等功能。疏松结缔组织的结构特点是纤维排列松散，基质含量较多。

细胞成分：成纤维细胞呈星形或梭形，可产生纤维和分泌基质，参与创伤修复；脂肪细胞体积较大，常将核挤向一侧，HE染色的切片上，脂滴被溶解，使细胞呈空泡状，脂肪细胞能合成和储存脂肪；巨噬细胞又称组织细胞，数量较多，分布较广，细胞形态多样，染色较深，内有大量溶酶体，能吞噬细菌和异物，对机体起保护作用；肥大细胞呈球形或卵圆形，胞质内充满颗粒，颗粒内含有肝素、组织胺等，有参与抗凝血、增加毛细血管通透性和促使血管扩张等作用；浆细胞来源于B淋巴细胞，细胞呈椭圆形，核位于细胞一端，呈车轮状，浆细胞能合成和分泌免疫球蛋白即抗体，参与体液免疫。

纤维：胶原纤维数量多，颜色白，聚集成束，质地坚韧不易拉断，煮沸时易溶解成明胶；弹性纤维数量少，颜色发黄，单根存在，富于弹性，煮沸时不易溶解；网状纤维HE染色不易着色，银染法可染成棕黑色，故又称为嗜银纤维。

图1-10　疏松结缔组织

1. 胶原纤维　2. 肥大细胞　3. 弹性纤维　4. 成纤维细胞　5. 巨噬细胞
6. 淋巴细胞　7. 毛细血管　8. 脂肪细胞　9. 浆细胞

(马仲华，家畜解剖及组织胚胎学，第三版，2002)

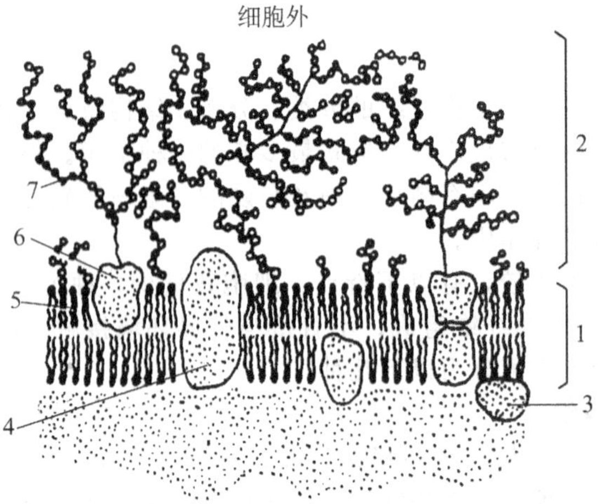

图 1-11 致密结缔组织(肌腱)

1. 胶原纤维 2. 腱细胞

(范作良，家畜解剖，2001)

基质：呈胶体状，数量较多，充满于纤维和细胞之间。其主要成分是透明质酸，有很强的粘滞性，可阻止进入体内细菌、异物的扩散。但有些病原微生物可分泌透明质酸酶，将透明质酸溶解，从而使炎症蔓延，如溶血性链球菌。除透明质酸外，基质中还含有大量的组织液，是由毛细血管渗透而来，通过它实现组织与血液之间的物质交换。

2. 识别致密结缔组织

致密结缔组织细胞和基质成分少而纤维成分多，纤维排列紧密。皮肤的真皮、肌腱、项韧带都属于致密结缔组织。

3. 识别脂肪组织

脂肪组织主要分布于皮下、肠系膜、网膜及肾周围等，由脂肪细胞构成，具有贮脂、保温、缓冲等作用。

4. 识别网状组织

网状组织由网状细胞、网状纤维和基质构成，主要存在于淋巴结、脾和骨髓内。

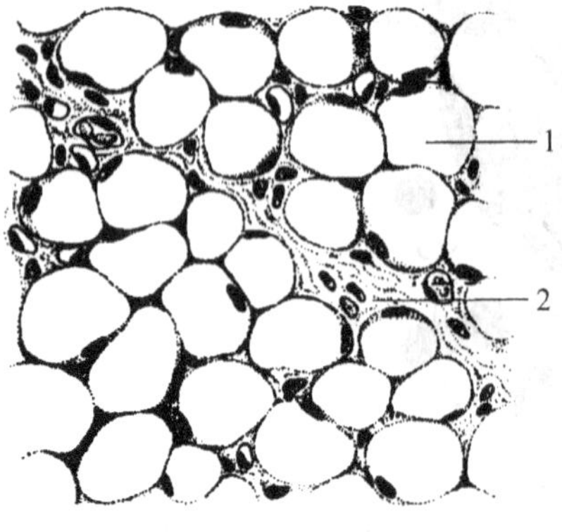

图 1-12 脂肪组织图

1. 脂肪细胞 2. 疏松结缔组织

图 1-13 网状组织

1. 网状纤维 2. 突起 3. 网状细胞 4. 淋巴细胞 5. 巨噬细胞

(马仲华，家畜解剖及组织胚胎学，第三版，2002)

10. 识别软骨组织

软骨组织由少量的软骨细胞和大量的细胞间质构成。间质呈均质状，由半固体的凝胶状基质和纤维构成，软骨细胞埋藏在软骨基质形成的软骨陷窝中，软骨可分为透明软骨(如关节软骨、肋软骨、气管环、支气管等)、弹性软骨(如耳郭)及纤维软骨(如椎间盘等)三种。软骨内无血管，其营养需要靠软骨膜来供给。

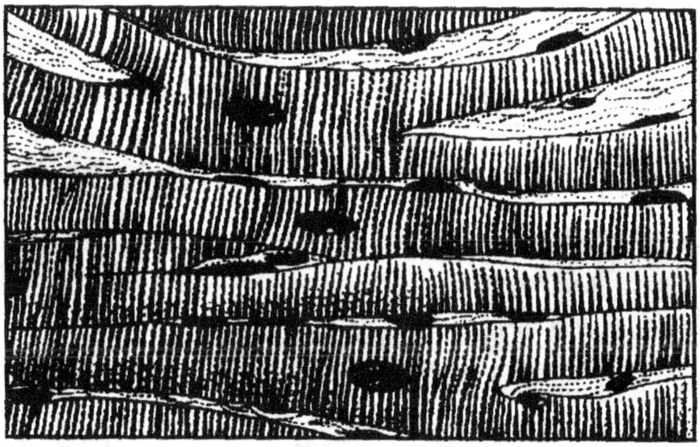

图 1-14 心肌

(马仲华，家畜解剖及组织胚胎学，第三版，2002)

11. 识别骨组织

骨组织是一种坚硬的结缔组织，由细胞(骨细胞)、基质(有机物和无机物)和纤维(胶原纤维)构成。骨基质中的有机物比较少，主要是骨胶原(蛋白质)，成年动物约占骨基质的 1/3，决定骨的韧性；无机物主要是钙盐，如磷酸钙、碳酸钙，约占 2/3，决定骨的硬度。这两种不同性质的物质结合在一起，构成了骨的坚韧性。如用稀盐酸脱去骨的钙盐，只剩有机质(此时称脱钙骨)，骨虽保持原来形状，但变得柔软易弯曲；如将骨放在铁丝网或石棉网上，用酒精灯烧灼，直至完全除去有机物变为灰白色(此时称灰化骨)，骨的外形仍保留，但脆而易碎。

12. 血液和淋巴

液态的结缔组织。详见模块 4。

任务 3 识别肌肉组织

借助课件和联系实际识别三类肌组织的分布、机构、作用特点。

肌肉组织由肌细胞构成，肌细胞间有少量结缔组织及丰富的血管、淋巴管和神经等。肌细胞呈细长纤维状，故称肌纤维，其细胞膜称肌膜，细胞质称肌浆。肌组织按其结构和功能分为骨骼肌、平滑肌和心肌三种。

表 1-3 三种肌纤维比较

肌纤维	形 态	胞 核	横 纹	分 布	机能特点
骨骼肌	长圆柱状	椭圆形，可达几百个核，位于肌纤维边缘	有	主要在骨骼上	随意性，作用迅速，易疲劳

续表

肌纤维	形　态	胞　核	横　纹	分　布	机能特点
平滑肌	长梭形	椭圆形，一个核，位于细胞中央	无	主要在血管、内脏器官	不随意，作用缓慢、持久，不易疲劳
心肌	短柱状，有分支彼此吻合，两个心肌纤维的连接处称闰盘	椭圆形，一个核，偶见两个，位于细胞中央	有横纹，但不明显	心脏	不随意，有自动节律性

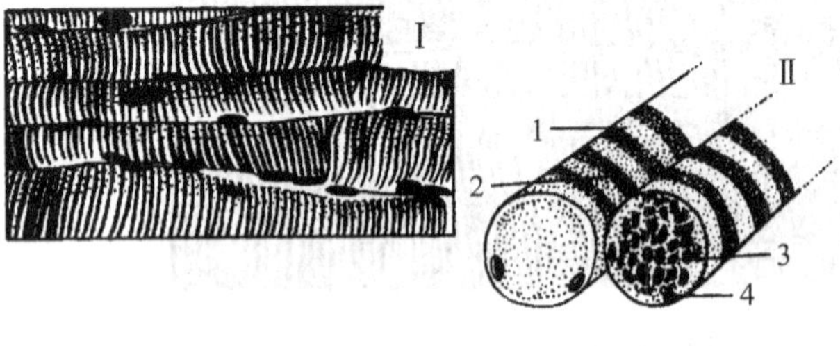

图 1-15　骨骼肌

Ⅰ. 骨骼肌纵切面　Ⅱ. 骨骼肌纤维构成模式图

1. 明带　2. 暗带　3. 肌原纤维　4. 细胞核

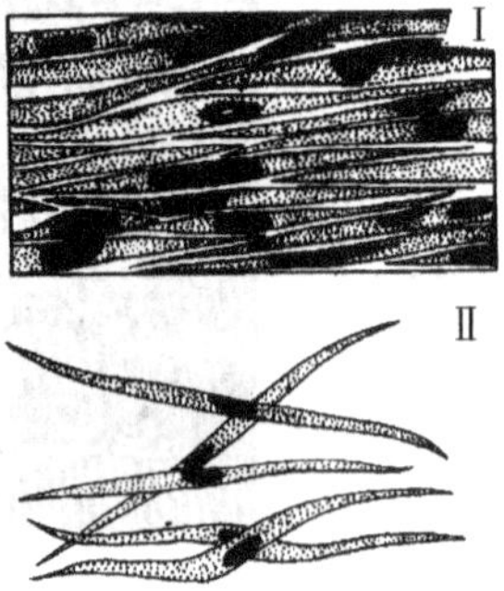

图 1-16　平滑肌

Ⅰ. 平滑肌纵切面

Ⅱ. 分离平滑肌图

（马仲华，家畜解剖及组织胚胎学，第三版，2002）

任务 4　识别神经组织

利用课件和图片识别神经元的结构、分类以及突触结构，并认知其机能。

神经系统由神经组织构成，神经组织由神经细胞和神经胶质细胞构成。神经细胞也叫神经元。

1. 识别神经元

神经元是神经系统结构和功能的基本单位，能感受刺激和传导冲动。另外，有的神经元具有内分泌功能。

(1)神经元的结构　包括胞体和突起。胞体呈多角形、圆形，细胞核位于中央，主要存在脑、脊髓和神经节内。突起从神经元的胞体发出，根据突起的形态和机能不同，分树突和轴突两种。树突有一个或多个，较短呈树枝状。树突能接受刺激，把冲动传给胞体。轴突是一条长的突起，一般只有一个。轴突末端借分支与其他神经元的树突或胞体接触，或者进入器官及组织的内部。轴突能把细胞体发出的冲动传向另

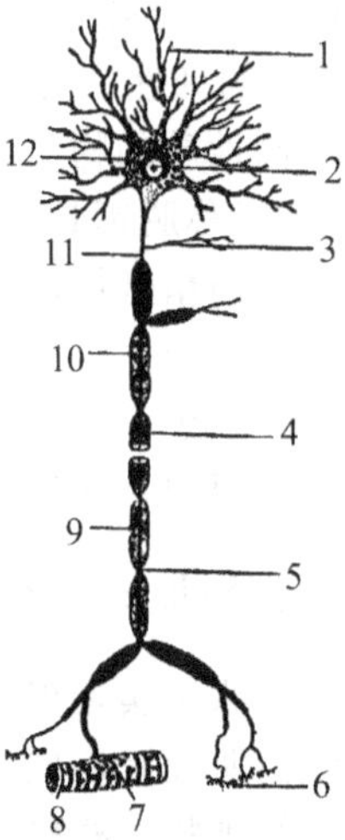

图 1-17　运动神经元模式图

1. 树突　2. 神经细胞核　3. 侧支　4. 雪旺氏鞘　5. 朗飞氏结　6. 神经末梢　7. 运动终板　8. 肌纤维　9. 雪旺氏细胞核　10. 髓鞘　11. 轴突　12. 尼氏小体

（范作良，家畜解剖，2001）

一个神经元，或者传至某一器官或组织。

(2)神经元的类型

按突起数目分为三种：假单极神经元，从胞体发出一个突起，但离胞体不远处又分为两支，一支伸向外周器官称为外周突，另一支进入中枢称为中枢突，见于脑和脊神经节的感觉神经元；双极神经元，从胞体发出一个轴突和一个树突，见于嗅觉细胞和视网膜中的双极细胞；多极神经元，从胞体上发出两个以上的突起，一个轴突，其余为树突，见于脑、脊髓内的神经细胞。

按功能分为三种：感觉神经元又称传入神经元，能感受各种刺激，如脊神经节细胞；联络神经元又称中间神经元，起联络作用，如脑、脊髓内的神经细胞；运动神经元又称传出神经元，支配效应器活动，如脊髓腹角的神经元。

(3)神经纤维和神经　神经纤维由轴突及包在它外面的神经膜细胞(雪旺氏细胞)或少突胶质细胞构成，其主要功能是传导神经冲动。神经纤维根据结构分有髓神经纤维和无髓神经纤维；根据功能分感觉神经纤维(传入神经纤维)和运动神经纤维(传出神经纤维)。神经是外周神经系统中许多神经纤维束平行排列外包结缔组织膜而成的索状结构。

(4)神经末梢　是外周神经的末端部分，终止于其他组织形成一定的结构。按其生理机能不同，分为感觉神经末梢和运动神经末梢两类。

感觉神经末梢：是感觉神经元外周突的末梢，其末梢装置叫感受器。如分布在上皮细胞之间，是痛觉的游离神经末梢；分布在真皮乳头层是触觉的触觉小体；分布在皮下组织、胸、腹膜及某些脏器周围结缔组织中的是触觉和压觉的环层小体；以及分布在肌肉或肌腱中的肌梭、腱梭，能感受本体感觉等。

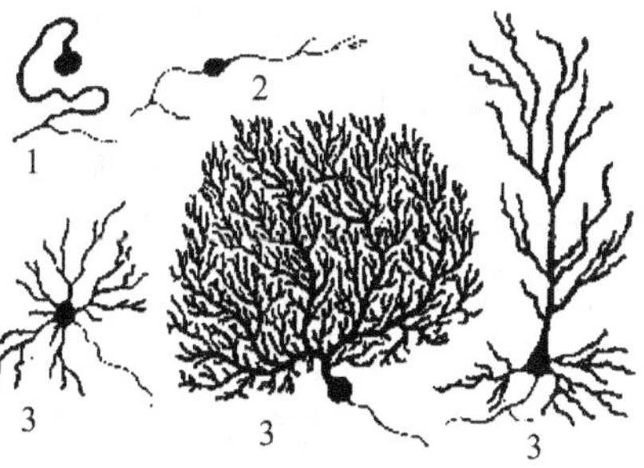

图1-18　神经元的类型

1. 假单极神经元　2. 双极神经元

3. 多级神经元

(马仲华，家畜解剖及组织胚胎学，第三版，2002)

运动神经末梢：是运动神经元轴突的末梢，终止于肌肉和腺体，并支配这些器官的活动。支配骨骼肌的运动神经末梢，终止于骨骼肌纤维表面，形成圆形的板状隆起，称为运动终板(神经肌肉接头)。

(5)突触　神经元之间或神经元与效应器之间的功能性(传递信息)接触点，称突触。电镜观察发现，突触由突触前膜、突触间隙和突触后膜三部分构成。突触前膜与突触后膜之间有宽约 15～30 nm 的突触间隙。在靠近突触前膜的轴浆内有很多突触小泡和线粒体。突触小泡内含有高浓度的化学递质(如乙酰胆碱、去甲肾上腺素等)。突触后膜上有多种能与化学递质结合的特异性受体。

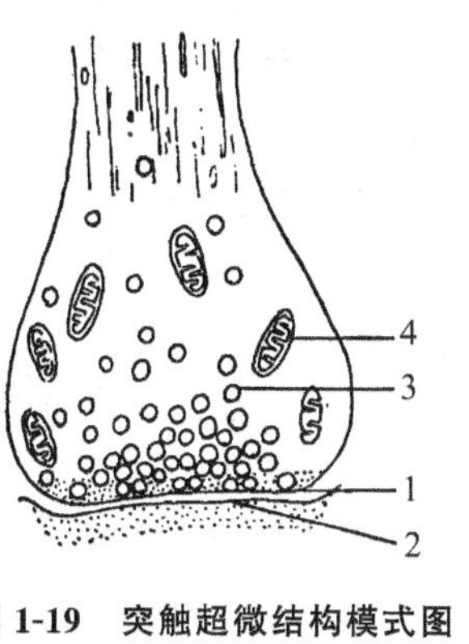

图1-19　突触超微结构模式图

1. 突触前膜　2. 突触后膜

3. 突触小泡　4. 线粒体

(马仲华，家畜解剖及组织胚胎学，第三版，2002)

2. 识别神经胶质细胞

神经胶质细胞数量多，约为神经元的10～50倍，它们与相邻的细胞不形成突触结构。无感受刺激和传导冲动的功能，对神经细胞起支持、保护、营养和绝缘的作用。中枢神经系统的神经胶质细胞可分为星形胶质细胞、少突胶质细胞、小胶质细胞和室管膜细胞等四种。外周神经系统的神经胶质细胞有神经膜细胞和神经节胶质细胞(又称卫星细胞)。

任务5 认知器官、系统和有机体

结合生活实际理解器官、系统的含义，认知机体的神经和体液调节方式。

1. 认知器官

器官是几种不同组织按一定规律结合在一起，形成具有一定形态和机能的结构。器官可分为两大类：

中空性器官：内部有较大的腔体，如食管、胃、肠、气管等。结构上分层，内表面是上皮，周围是结缔组织和肌肉组织。

实质性器官：内部没有大的空腔，如肝脏、肺脏、肾和肌肉等。结构上分实质和间质两部分，实质是代表该器官的功能部位，如脑实质部分是神经组织、肝的实质是肝细胞等；间质是指该器官内部的一些辅助部分，多为一些结缔组织、血管和神经。

2. 认知系统

系统由几种功能上密切相关的器官联合在一起，共同完成体内某一方面的生理机能，这些器官构成一个系统，如鼻、咽、喉、气管、支气管、肺等器官构成呼吸系统。

动物体由十大系统组成：运动系统、被皮系统、消化系统、呼吸系统、泌尿系统、生殖系统、血液循环系统、淋巴循环系统、神经系统和内分泌系统。其中消化系统、呼吸系统、泌尿系统、生殖系统合称为内脏，构成内脏的器官称为脏器。内脏器官大部分在体腔内，有孔直接或间接与外界相通。

3. 认知有机体

由器官和系统构成完整的有机体。有机体内各个器官、系统都不是独立存在，而是相互关联，协调统一才能保证有机体的完整性。同时有机体与外界环境之间也要经常保持动态平衡。这些主要靠机体的神经调节和体液调节来实现。

神经调节：是指神经系统对各个器官和系统活动所进行的调节。其基本方式是反射。反射是指机体在神经系统参与下，对内、外刺激所发生的适应性反应。完成反射活动必备的结构是反射弧，它包括五个部分，即感受器、传入神经纤维、神经中枢、传出神经纤维和效应器，任何一个发生异常或缺失，反射活动都不会发生。神经调节的特点是作用迅速、准确，持续时间短，作用范围较局限。

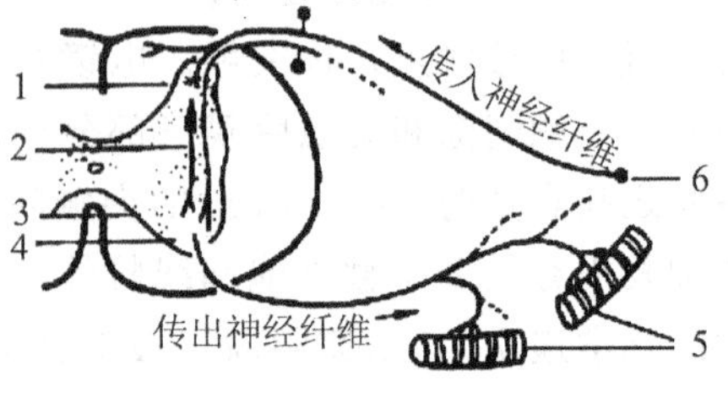

图1-20 反射弧模式图

1. 突触 2. 中间神经元 3. 突触 4. 传出神经元 5. 效应器 6. 感受器

(范作良，家畜解剖，2001)

体液调节：体液因素通过血液循环输送到全身或某些特定的器官，有选择的调节其机能活动的过程称为体液调节。体液因素主要是内分泌腺和具有分泌功能的特殊细胞或组织所分泌的激素。此外组织本身的代谢产物也参与局部的体液调节，如组织产生的二氧化碳可通过血中浓度的变化使呼吸运动增强或减弱。体液调节的特点是作用缓慢，持续时间长，作用范围较广泛。

动物体内的多数生理活动，既有神经调节参

与，又有体液因素的作用，两者是相互影响，相辅相成的。从整个机体调节来看，神经调节占主要地位。

此外，许多组织细胞自身也能对周围环境的变化发生适应性反应，这种反应是组织、细胞本身的生理特性，并不依赖外来的神经或体液的作用，所以称自身调节。例如，血管壁的平滑肌在受到牵拉刺激时，会发生收缩性反应。

【相关知识】 显微镜的使用

1. 显微镜的构造

(1) 机械部分

镜座：是直接与实验台相接触的部分。

镜柱：与镜坐相连接的部分，与镜坐一起支持和稳定整个显微镜。

镜臂：与镜柱连接的弯曲部分，把持移动显微镜时使用。

镜筒：目镜和物镜之间的金属筒，上端有目镜，下端装有转换器。

活动关节：可使镜臂倾斜。

粗调节器：旋转它可使物镜与切片间距离改变。

细调节器：旋转一周可使镜筒升降 0.1 mm。

载物台：放组织切片的平台，中央有圆形或椭圆形的通光孔。

推进器：可前后、左右移动标本。

压(卡)夹：可固定组织切片。

转换器：位于镜筒下部，上装有各种倍数的物镜，用于转换物镜。

聚光器升降螺旋：可使聚光器升降，以调节光线的强弱。

(2)光学部分

目镜：安装在镜筒上端，目镜上的数字表示放大倍数，有 10、15、16 和 25 倍等。

物镜：安装在转换器上，可分低倍、高倍和油镜三种。低倍镜有 8、10、20、25 倍；高倍镜有 40、45 倍；油镜一般为 100 倍。显微镜的放大倍数等于目镜和物镜倍数的乘积。

反光镜：有平面和凹面。凹面聚光效果好。无反光镜的显微镜直接安装灯泡作光源。

聚光器：位于载物台下，旋转聚光器升降螺旋，可改变聚光器的位置，借以调节光线强度，聚光器上升时光线增强，下降时光线减弱。聚光器上还装有虹彩(光圈)，旁边有一条扁柄，左右移动可使虹彩的开孔扩大或缩小，以调节进光量。

2. 显微镜的使用

(1) 取放显微镜时，必须右手握镜臂，左手托镜座，靠在胸前，轻轻地将其放于实验台上或显微镜箱内。

(2)先用低倍镜对光，直至获得清晰、明亮、均匀一致的视野为止。

(3) 置组织切片于载物台上，将欲观察的组织对准通光孔正中央，用压(卡)夹固定。注意有盖玻片的一面朝上。

(4) 转动粗调节器，使镜筒徐徐下降，将头偏向一侧，注视物镜下降程度，以防压碎组织切片，当转换高倍镜或油镜时更要当心。

(5)观察组织切片时，身体坐端正，胸部挺直，同时转动粗调节器，使镜筒上升到一定程度，就会出现物象，再微微转动细调节器，直到物象清晰为止。

组织学切片标本多半在高倍镜下即可辨认。如需采用油镜观察时，应先用高倍镜观察，把欲观察的部位置于视野的中央，然后移开高倍镜，把香柏油(檀香油)滴在标本上，转换油镜，使油镜与标本上的油液相接触，轻轻转动细调节器，直至获得最清晰的物像为止。

(6)调节光线时，可扩大或缩小虹彩(光圈)的开孔；也可使聚光器上升或下降；有的还可以直接调节灯光的强度。

3. 显微镜的保养

(1)显微镜使用后，取下组织切片，旋动转换器，使物镜叉开呈八字形，转动粗调节器使载物台下移，然后用绸布包好，放入显微镜箱内。

(2)显微镜勿置于日光下或靠近热源处。

(3)在使用过程中，切勿将酒精或其他药品污染显微镜。显微镜一定要保存在干燥处，否则会使光学部分发霉，机械部件生锈。

(4)用完油镜时，应以擦镜纸蘸少量二甲苯，将镜头上和标本上的油擦去，再用干擦镜纸擦干净。对于无盖玻片的标本，可采用“拉纸法”，即把小张擦镜纸盖在玻片上的香柏油处，加数滴二甲苯，趁湿向外拉擦镜纸，拉出去后丢掉，如此连续3～4次即可将标本上的油去净。

(5)不论目镜或物镜，若有灰尘，严禁用口吹或手抹，应用擦镜纸擦净。

(6)勿用暴力转动粗、细调节器，并保持该部的清洁。

(7) 活动关节不要随意弯曲，以防机件由于磨损而失灵。

(8)显微镜的部件不要随意拆卸，以免损坏和丢失。

【拓展知识】 组织细胞病理变化

细胞组织萎缩时，器官体积变小，边缘变薄，质地变韧，色泽变深呈褐色；光镜下胞浆致密，胞核皱缩浓染，有时胞浆内出现棕色微细的色素颗粒。

发生细胞肿胀时，器官体积肿大，色泽变淡，被膜紧张，质地脆软，切面外翻。光镜下细胞肿胀初期，胞浆中有许多嗜伊红微细颗粒，以后细胞因水分增多，细胞浆淡染并出现许多大小不等的水泡，染色不均，或呈蜂窝状，如病变更加严重，细胞因水分大量积聚而高度肿大变圆，胞浆失去嗜伊红染色而几乎透亮；核常位于细胞中央或偏于一侧，常有空泡形成，或色淡透亮，细胞形似气球。

如果细胞核出现了浓缩、碎裂和溶解预示着细胞死亡，相应的组织器官失去光泽，苍白色，弹性降低，切面无血液流出，感觉和运动功能消失。

计　划　单

<table>
<tr><td>模块 1</td><td colspan="3">动物体基本结构</td><td>学　时</td><td>12</td></tr>
<tr><td>计划方式</td><td colspan="5">小组讨论、同学间互相合作共同制订计划</td></tr>
<tr><td>序　号</td><td colspan="3">实施步骤</td><td>使用资源</td><td>备　注</td></tr>
<tr><td></td><td colspan="3"></td><td></td><td></td></tr>
<tr><td></td><td colspan="3"></td><td></td><td></td></tr>
<tr><td></td><td colspan="3"></td><td></td><td></td></tr>
<tr><td></td><td colspan="3"></td><td></td><td></td></tr>
<tr><td></td><td colspan="3"></td><td></td><td></td></tr>
<tr><td></td><td colspan="3"></td><td></td><td></td></tr>
<tr><td></td><td colspan="3"></td><td></td><td></td></tr>
<tr><td></td><td colspan="3"></td><td></td><td></td></tr>
<tr><td></td><td colspan="3"></td><td></td><td></td></tr>
<tr><td></td><td colspan="3"></td><td></td><td></td></tr>
<tr><td>制订计划
说明</td><td colspan="5"></td></tr>
<tr><td rowspan="3">计划评价</td><td>班　　级</td><td></td><td>第　组</td><td>组长签字</td><td></td></tr>
<tr><td>教师签字</td><td colspan="2"></td><td>日　　期</td><td></td></tr>
<tr><td colspan="5">评语：</td></tr>
</table>

决策实施单

<table>
<tr><td>模块 1</td><td colspan="7">动物体基本结构</td></tr>
<tr><td colspan="8">讨论小组制订的计划书，做出决策</td></tr>
<tr><td rowspan="7">计划对比</td><td>组号</td><td>工作流程的正确性</td><td>知识运用的科学性</td><td>步骤的完整性</td><td>方案的可行性</td><td>人员安排的合理性</td><td>综合评价</td></tr>
<tr><td>1</td><td></td><td></td><td></td><td></td><td></td><td></td></tr>
<tr><td>2</td><td></td><td></td><td></td><td></td><td></td><td></td></tr>
<tr><td>3</td><td></td><td></td><td></td><td></td><td></td><td></td></tr>
<tr><td>4</td><td></td><td></td><td></td><td></td><td></td><td></td></tr>
<tr><td>5</td><td></td><td></td><td></td><td></td><td></td><td></td></tr>
<tr><td>6</td><td></td><td></td><td></td><td></td><td></td><td></td></tr>
<tr><td colspan="8">制订实施方案</td></tr>
<tr><td>序号</td><td colspan="6">实施步骤</td><td>使用资源</td></tr>
<tr><td>1</td><td colspan="6"></td><td></td></tr>
<tr><td>2</td><td colspan="6"></td><td></td></tr>
<tr><td>3</td><td colspan="6"></td><td></td></tr>
<tr><td>4</td><td colspan="6"></td><td></td></tr>
<tr><td>5</td><td colspan="6"></td><td></td></tr>
<tr><td>6</td><td colspan="6"></td><td></td></tr>
<tr><td colspan="8">实施说明：</td></tr>
<tr><td>班　级</td><td colspan="2"></td><td>第　组</td><td colspan="2">组长签字</td><td colspan="2"></td></tr>
<tr><td>教师签字</td><td colspan="3"></td><td colspan="2">日　　期</td><td colspan="2"></td></tr>
<tr><td>决策评价</td><td colspan="7">评语：</td></tr>
</table>

材料设备清单

模块 1	动物体基本结构				学　时	12	
项　目	序号	名　称	作　用	数　量	型　号	使用前	使用后
所用设备	1	投影仪	观看视频图片	1 个			
	2	显微镜	观看组织切片	40 台			
所用材料	1	甲状腺、小肠切片	识别单层立方和柱状上皮的构造特点	各 40 个			
	2	血涂片	识别白细胞和红细胞构造	各 40 个			
	3	平滑肌和骨骼肌切片	识别平滑肌和骨骼肌构造	各 40 个			
	4	脊髓切片	识别神经元的构造	各 40 个			
班　级		第　组	组长签字		教师签字		

作 业 单

<table>
<tr><td>模块 1</td><td colspan="6">动物体基本结构</td></tr>
<tr><td>作业完成方式</td><td colspan="6">课余时间独立完成</td></tr>
<tr><td>作业题 1</td><td colspan="6">物质出入细胞膜的方式有哪些？各有何特征？</td></tr>
<tr><td>作业解答</td><td colspan="6"></td></tr>
<tr><td>作业题 2</td><td colspan="6">各种被覆上皮分布在哪些器官？</td></tr>
<tr><td>作业解答</td><td colspan="6"></td></tr>
<tr><td>作业题 3</td><td colspan="6">如何区分外分泌腺和内分泌腺？</td></tr>
<tr><td>作业解答</td><td colspan="6"></td></tr>
<tr><td>作业题 4</td><td colspan="6">结缔组织分哪几类？</td></tr>
<tr><td>作业解答</td><td colspan="6"></td></tr>
<tr><td>作业题 5</td><td colspan="6">三种肌肉组织有何区别？</td></tr>
<tr><td>作业解答</td><td colspan="6"></td></tr>
<tr><td>作业题 6</td><td colspan="6">解释名词：细胞　组织　内脏　神经调节　体液调节　突触</td></tr>
<tr><td>作业解答</td><td colspan="6"></td></tr>
<tr><td rowspan="4">作业评价</td><td>班　级</td><td></td><td>第　组</td><td>组长签字</td><td colspan="2"></td></tr>
<tr><td>学　号</td><td></td><td>姓　名</td><td colspan="3"></td></tr>
<tr><td>教师签字</td><td></td><td>教师评分</td><td></td><td>日期</td><td></td></tr>
<tr><td colspan="6">评语：</td></tr>
</table>

效果检查单

<table>
<tr><td>模块 1</td><td colspan="6">动物体基本结构</td></tr>
<tr><td>检查方式</td><td colspan="6">以小组为单位，采用学生自检与教师检查相结合，成绩各占总分(100 分)的 50%。</td></tr>
<tr><td>序号</td><td colspan="2">检查教学单元</td><td colspan="2">检查标准</td><td>学生自检</td><td>教师检查</td></tr>
<tr><td>1</td><td colspan="2">资讯问题</td><td colspan="2">回答正确、认真</td><td></td><td></td></tr>
<tr><td>2</td><td colspan="2">识别细胞构造</td><td colspan="2">准确识别细胞膜、细胞质和细胞核</td><td></td><td></td></tr>
<tr><td>3</td><td colspan="2">识别组织结构</td><td colspan="2">准确识别上皮、结缔、肌肉和神经组织</td><td></td><td></td></tr>
<tr><td rowspan="3">检查评价</td><td>班　级</td><td></td><td colspan="2">第　组</td><td>组长签字</td><td></td></tr>
<tr><td>教师签字</td><td colspan="3"></td><td>日　期</td><td></td></tr>
<tr><td colspan="6">评语：</td></tr>
</table>

评价反馈单

模块 1	动物体基本结构				
评价类别	教学单元	子教学单元	个人评价	组内评价	教师评价
专业能力（60%）	资讯（10%）	获取信息（5%）			
		引导问题回答（5%）			
	计划（5%）	计划可执行度（3%）			
		用具材料准备（2%）			
	实施（20%）	各项操作正确（8%）			
		完成的各项操作效果好（6%）			
		完成操作中注意安全（4%）			
		操作方法的创意性（2%）			
	检查（10%）	全面性、准确性（5%）			
		现场中出现问题的处理（5%）			
	过程（5%）	使用工具的规范性（2%）			
		操作过程规范性（2%）			
		工具和设备使用管理（1%）			
	结果（10%）	结果质量（10%）			
社会能力（20%）	团队合作（10%）	小组成员合作良好（5%）			
		对小组的贡献（5%）			
	敬业、吃苦精神（10%）	学习纪律性（4%）			
		爱岗敬业和吃苦耐劳精神（6%）			
方法能力（20%）	计划能力（10%）	制订计划合理（10%）			
	决策能力（10%）	计划选择正确（10%）			

意见反馈								
请写出你对本学习情境教学的建议和意见								
评价评语	班　级		姓　名		学　号		总　评	
	教师签字		第　组	组长签字			日　期	
	评语：							

模块 2
体　　壁

学习任务单

<table>
<tr><td>模块 2</td><td colspan="4">体　壁</td><td>学　时</td><td>14</td></tr>
<tr><td colspan="7">布置任务</td></tr>
<tr><td>学习目标</td><td colspan="6">1. 认知皮肤的机能。
2. 理解蹄白线、脂汗和乳镜。
3. 能在模型上识别皮肤的结构。
4. 能在标本和活体上识别蹄的结构。
5. 能在挂图和活体上识别乳腺的结构及乳镜。
6. 理解鼻旁窦、胸廓、肋弓、骨盆、颈静脉沟、髂肋肌沟、股二头肌沟、腹股沟管和腹白线。
7. 能在整体标本或活体上指出动物体各部位名称及方位术语。
8. 能在整体标本或活体上指出全身主要骨性和肌性标志。
9. 能绘出关节构造图并标各部名称。
10. 培养学生的团队合作、爱护动物、不怕脏不怕累的精神。</td></tr>
<tr><td>任务描述</td><td colspan="6">在实训室和牧场对皮肤和皮肤衍生物进行观察，识别其构造，认知其机能；观察动物骨骼和肌肉，识别重要的骨性和肌性标志。
具体任务：
1. 在牧场活体牛上进行蹄、乳腺、角的观察。
2. 在实训室利用标本、挂图识别毛、角、蹄的结构。
3. 在实训室利用模型识别皮肤的结构。
4. 在实训室或牧场利用标本或活体识别头部、躯干部、前肢、后肢的主要骨、关节和骨性标志。
5. 在实训室或牧场利用标本或活体描述动物体各部位名称及方位术语。
6. 在实训室或牧场利用标本或活体识别头部、躯干部、前肢、后肢的主要肌肉和肌性标志</td></tr>
<tr><td>任务载体和工作场景</td><td colspan="6">任务载体：皮肤、毛、蹄、角、皮肤腺、骨骼、肌肉的模型、标本以及活体
工作场景：牧场和实训室</td></tr>
<tr><td>学时分配</td><td>资讯 1 学时</td><td>计划 1 学时</td><td>决策 1 学时</td><td>实施 8 学时</td><td>考核 2 学时</td><td>评价 1 学时</td></tr>
<tr><td>提供资料</td><td colspan="6">1. 周其虎．动物解剖生理．北京：中国农业出版社，2008
2. 陈耀星．畜禽解剖生理．北京：中国农业大学出版社，2001
3. 丁玉玲．畜禽解剖生理．哈尔滨：黑龙江人民出版社，2005
4. 南京农业大学．家畜生理学．北京：中国农业出版社，2007
5. 范作良．家畜解剖学．北京：中国农业出版社，2001</td></tr>
</table>

续表

模块 2	体　壁	学　时	14
提供资料	6. 范作良．家畜生理学．北京：中国农业出版社，2001 7. 动物解剖生理精品课网址： http：//113.0.240.9：8080/book－show/flex/book.html？courseNumber＝184860 8. 动物解剖与剖检精品课网址： http：//113.0.240.9：8080/book－show/c/184860/vindex.html 9. 畜牧课件网网址：http：//www.doc88.com/p－68143044163.html 10. 家畜生理学课件网网址：http：//www.docin.com/p－95293071.html		
对学生要求	1. 能根据任务单、资讯引导，查阅相关资料，在课前以小组合作的方式完成任务资讯问题。 2. 以小组为单位完成任务，体现团队合作精神。 3. 严格遵守实训室和牧场规章制度，避免安全隐患。 4. 对各种动物的解剖特点进行对比学习。 5. 严格遵守操作规程，做好自身防护，防止疾病传播。		

任务资讯单

模块 2	体　壁
资讯方式	通过资讯引导、观看视频、到本课程及相关课程的精品课网站、解剖室、标本室、实习牧场、图书馆查询，向指导教师资询。
资讯问题	1. 皮肤的结构包括哪些？临床皮内和皮下注射分别将药物注入皮肤的哪一层？各属于哪种基本组织？ 2. 皮肤有哪些作用？ 3. 皮肤的衍生物包括哪些？ 4. 毛的构造如何？ 5. 皮肤腺包括哪些？位置在哪里？ 6. 乳腺的结构如何？什么是乳镜？有何意义？ 7. 蹄的结构如何？牛蹄和马蹄有何区别？ 8. 运动系统的组成及各自的作用。 9. 骨的一般构造有哪些？为何骨折手术处理时要保护好骨膜？ 10. 关节的构造如何？滑膜炎是指发生在关节哪个部位的炎症？ 11. 头骨有哪些？如何连接？头部骨性标志有哪些？什么是鼻旁窦？ 12. 躯干骨包括哪些？椎骨的一般构造如何？ 13. 牛、羊、猪、马、犬各有多少对肋？掌握肋对数在临床诊断上有何意义？ 14. 躯干骨如何连接？躯干部骨性标志有哪些？ 15. 前肢骨和关节包括哪些？球节是指哪个关节？ 16. 后肢骨和关节包括哪些？飞节是指哪个关节？ 17. 骨盆骨包括哪些骨？什么是骨盆联合？什么是骨盆腔？ 18. 动物体各部位名称和方位术语如何描述？

续表

模块2	体 壁
资讯问题	19. 肌肉的一般构造包括哪些？ 20. 什么是颈静脉沟？临床静脉采血和注射一般在什么血管？位置在哪？ 21. 参与呼吸的肌肉有哪些？膈肌上有哪几个裂口？ 22. 腹侧壁肌肉包括哪些？肌纤维走向如何？ 23. 什么是腹白线？为何腹腔剖开手术大多沿腹白线进行？ 24. 什么是腹股沟管？临床上疝气发生的解剖学因素是什么？ 25. 什么是股二头肌沟？臀部肌肉注射时应避开哪个部位？为什么？ 26. 跟腱位置在哪？有何作用
资讯引导	所有资讯问题可以到以下资源中查询： 1. 周其虎主编的《动物解剖生理》第二章第二节、第三节。 2. 丁玉玲主编的《畜禽解剖生理》第二章、第三章。 3. 范作良主编的《家畜解剖》第二章、第三章。 4. 丁玉玲主编的《动物解剖与剖检技术》教学单元二、三。 5. 动物解剖生理精品课网址： http：//113.0.240.9：8080/book－show/flex/book.html？courseNumber＝184860 6. 本模块的相关信息。

相关信息单

教学单元1　被皮系统

被皮系统包括皮肤和皮肤衍生物。

任务1　识别皮肤

借助模型和图片观察皮肤，识别皮肤的构造，并认知皮肤的机能。

1. 识别皮肤构造

皮肤被覆身体表面，直接与外界接触，在自然孔处与黏膜相连。皮肤由表皮、真皮和皮下组织三部分构成。

(1)表皮　为皮肤的表层，由复层扁平上皮构成。长期受摩擦的部位，表皮较厚，角化也显著。表皮内有丰富的神经末梢，但无血管和淋巴管。表皮由外向内依次为角质层、透明层、颗粒层和生发层。

角质层：为表皮的最外层，由大量角化的扁平细胞构成，细胞内充满角蛋白。浅层细胞死亡后，脱落形成皮屑，以清除皮肤上的污垢和寄生异物，并对外界的物理、化学刺激具有一定的抵抗能力。

透明层：是无毛皮肤特有的一层，由数层互相密接的无核扁平细胞构成。胞质内有由透明蛋白颗粒液化生成的角母素，故细胞界限不清，形成均质透明的一层。该层在鼻镜、乳头等无毛区内明显，其他部位则薄或不存在。

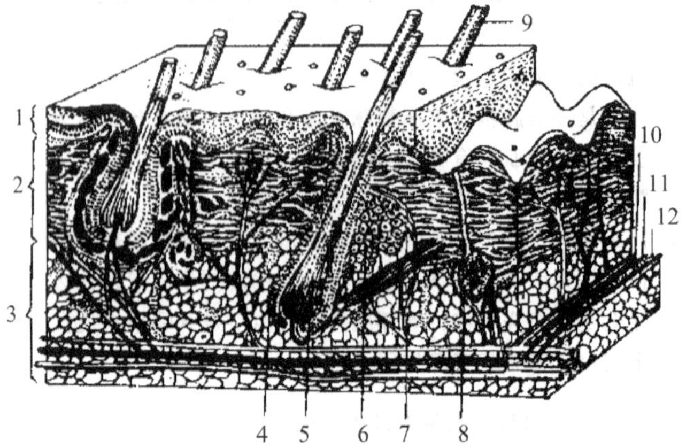

图 2-1 皮肤构造模式图

1. 表皮 2. 真皮 3. 皮下组织 4. 毛囊 5. 毛根 6. 皮脂腺 7. 竖毛肌
8. 汗腺 9. 毛干 10. 神经 11. 静脉 12. 动脉

（马仲华，家畜解剖及组织胚胎学，第三版，2002）

颗粒层：位于角质层的深层，由 1～4 层梭形细胞构成。此层细胞的特点是胞核渐趋退化消失，胞质内出现透明角质蛋白颗粒。表皮薄的地方，此层也薄。

生发层：为表皮的最深层，与真皮相接，由数层形态不同的细胞组成。最深一层细胞呈矮柱状或立方形，分裂增生能力强，所增生的细胞不断地向表面推移，以补充表层脱落的细胞。生发层中还有星状的色素细胞，内含色素。色素决定皮肤及毛发的颜色，并能防止日光中的紫外线损伤深部组织。

表皮中没有血管，细胞营养供应和代谢产物的排泄是依靠细胞间隙的组织液与真皮毛细血管内的血液之间的物质交换来实现的。

(2)真皮 真皮位于表皮的深面，由致密结缔组织构成，含有大量的胶原纤维和弹性纤维，坚韧而富有弹性，是皮肤最主要、最厚的一层，皮革就是由真皮鞣制而成的。临床上的皮内注射，就是把药液注入真皮层内，一般在颈侧中部或尾根内侧。家畜中以牛的真皮最厚，羊的最薄；老龄的厚，幼龄的薄；公畜的厚，母畜的薄；同一个体，四肢外侧的较厚，腹部、四肢内侧的较薄。禽的真皮以一薄的弹性纤维层与皮下组织为界。真皮可分为乳头层和网状层，两层互相移行，没有明显的界限。

乳头层：紧靠表皮，由纤细的胶原纤维和弹性纤维交织而成，形成许多乳头状突起伸入表皮的生发层内，以扩大真皮与表皮的接触面，有利于二者的密切结合和表皮的营养代谢。

网状层：位于乳头层的深面，较厚，由粗大的胶原纤维和弹性纤维交织而成。内含有较大的血管、神经、淋巴管，并分布有汗腺、皮脂腺、毛囊等。

(3)皮下组织 位于真皮下面，由疏松结缔组织构成，又称浅筋膜。皮肤借皮下组织与深层的肌肉或骨膜相连。禽的皮下组织疏松，有利于羽毛的活动。在皮下组织发达的部位皮肤易于拉起形成皱褶，临床上常选作皮下注射的部位。大动物多在颈部两侧，猪在耳根后或股内侧，羊在颈侧、肘后或股内侧，禽类在翼下，犬可在颈侧及股内侧。

皮下组织内除含有较大的血管、神经、淋巴管外，还有较多的间隙以容纳组织液，或贮存大量的脂肪组织。猪的皮下脂肪特别发达，形成很厚的一层脂膜。

2. 认知皮肤机能

(1)保护 皮肤包被身体，既能保护深层的软组织，防止体内水分蒸发，又能防止有害因素(病原微生物、有害的物理化学因素)侵入体内，是机体和周围环境的屏障。此外，皮肤能产生溶菌酶和免疫体，从而提高皮肤对微生物的抵抗力。因此，皮肤是重要的保护器官。

(2) 感觉 皮肤中存在着各种感受器，能感受触、压、温、冷、痛等不同刺激，机体由此作出相应的反应以适应周围环境。

(3) 吸收 皮肤能吸收一些脂类、挥发性液体(如醚、酒精等)和溶解在这些液体中的物质。但不能吸收水和水溶性物质，只有在皮肤破损或有病变时，水和水溶性物质才会渗入。因此，用外用药物治疗皮肤病时，应当注意药物的浓度和擦药面积的大小，以防止吸收过多而引起中毒。

此外，皮肤还能通过排汗排出体内的代谢产物，并具有调节体温、分泌皮脂、合成维生素D和贮存脂肪等功能。

任务2 识别皮肤衍生物

借助图片和实物观察毛、皮肤腺、蹄、角、枕，识别其形态和构造，认知其机能。

皮肤衍生物是由皮肤演变而来的特殊器官，包括毛、皮肤腺、蹄、角、枕等。

1. 识别毛的构造

(1)毛的形态 毛是一种角化的表皮组织，坚韧而有弹性，是热的不良导体，具有保温作用。

动物的毛可分为被毛和长毛两类。被毛细短，均匀分布；长毛粗长，生长在特殊部位，如猪鬃，公山羊的髯，马的鬃、鬣、尾毛和距毛等。

经济动物和野生动物的被毛分锋毛、针毛和绒毛三种。生长在皮板上的毛统称被毛。锋毛也称箭毛，是被毛中最粗、最长、最直的毛，弹性好，有传导感觉和定向的作用；针毛比锋毛短、细、弹性好，光泽明显，又称盖毛；绒毛是被毛中最短、最细、最柔软、数量最多的毛，具有保温作用。

(2) 毛的构造 各种毛都斜插在皮肤里，可分为毛干和毛根两部分。露在皮肤外面的叫毛干，埋在真皮和皮下组织内的叫毛根。毛根末端的膨大部叫毛球，细胞分裂能力强，是毛的生长点。毛球的底部凹陷，真皮的结缔组织突入毛球的凹陷内形成毛乳头，内含有丰富的血管、神经，可营养毛球。毛根周围包有由上皮组织和结缔组织形成的管状鞘，称毛囊。在毛囊的一侧有一束斜行平滑肌，称竖毛肌，该肌收缩可使毛竖立。

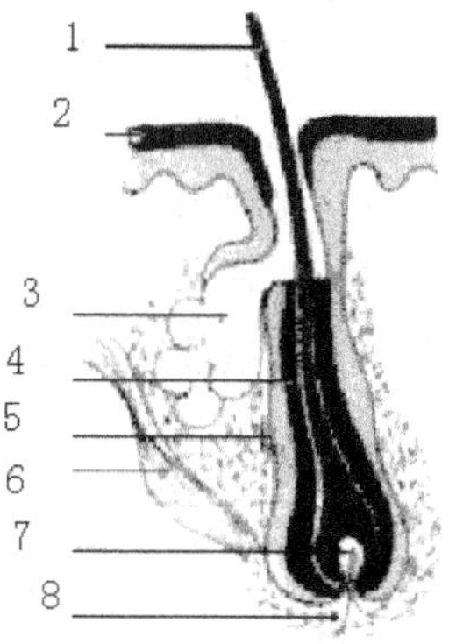

图2-2 毛结构模式图

1. 毛干 2. 角质层 3. 皮脂腺 4. 根鞘 5. 肌纤维 6. 竖毛肌 7. 毛乳头 8. 微血管

(董常生，家畜解剖学，第三版，2001)

(3)换毛 毛有一定寿命，当生长到一定时期，毛乳头的血管萎缩，血流停止，毛球的细胞停止生长，逐渐角化，最后与毛乳头分离，毛根逐渐脱离毛囊向皮肤表面移动，同时紧靠毛乳头的细胞增殖形成新毛。最后旧毛被新毛推出而发生换毛现象。换毛分季节性和经常性换毛两种方式。大部分动物属于混合性换毛，即季节性换毛和持续性换毛均有，但在春秋两季换毛最明显。

2. 识别皮肤腺的构造

皮肤腺包括汗腺、皮脂腺、乳腺和尾脂腺(禽)。

(1)汗腺　位于真皮和皮下组织内，为盘曲的单管状腺，开口于毛囊或皮肤表面。绵羊和马的汗腺发达，猪和牛的汗腺较发达，水牛没有汗腺，鸡和犬的汗腺不发达。汗腺的主要机能是分泌汗液，以散热调节体温。汗液中除水(占98%)外，还含有尿素、尿酸、氨等代谢产物，故汗腺分泌还是排出代谢产物的一个重要途径。

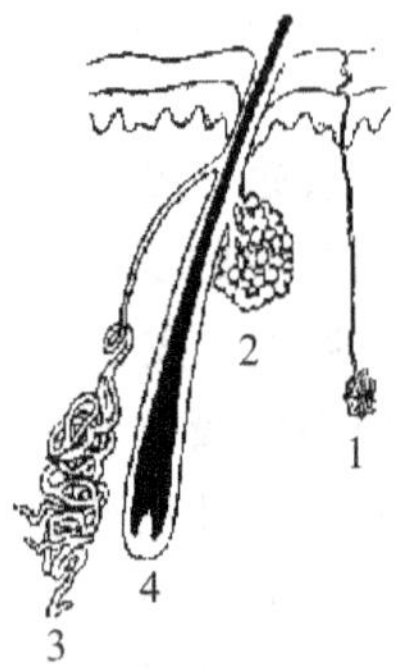

图 2-3　汗腺和皮脂腺模式图

1. 小汗腺　2. 皮脂腺

3. 大汗腺　4. 毛囊

(董常生，家畜解剖学，第三版，2001)

(2)皮脂腺　位于真皮内毛囊附近，为分支的泡状腺，开口于毛囊。皮脂腺分泌皮脂，有滋润皮肤和保护被毛的作用。猪的皮脂腺不发达，绵羊和马的发达，犬的皮脂腺最发达，鸡无皮脂腺。绵羊分泌的皮脂与汗液混合成为脂汗，脂汗对羊毛的质量影响很大，若缺乏，则被毛粗糙、无光泽，而且易折断。

某些部位还有特殊的皮脂腺，是汗腺和皮脂腺变形的腺体。由汗腺衍生的，如外耳道皮肤的耵聍腺，分泌耳蜡；牛的鼻镜腺、羊和猪的鼻唇腺、猪的腕腺等分泌水样液体。由皮脂腺衍生的有肛门腺、包皮腺、阴唇腺、睑板腺等。

(3)乳腺　是构成乳房的实质部分。乳腺虽然雌雄动物都有，但只有雌性动物才能发育并具有泌乳能力。

① 乳房的形态和位置

牛的乳房：在两股间，吊于耻骨部的腹壁下，呈倒圆锥形。母牛四个乳房紧密结合在一起，左右以纵沟分开，前后以横沟为界。每个乳房均分基部、体部和乳头部。基部紧接腹壁，乳头顶端有一个乳头孔为乳头管的开口。牛乳房后部至阴门裂之间，有明显的带有线状毛流的皮肤褶，称乳镜。乳镜越大，乳房愈舒展，含乳量就愈多。因此，乳镜在鉴定产乳能力方面有重要作用。

羊和马的乳房：呈倒圆锥形，位于两股之间，有两个，乳头基部有较大的乳池。

猪的乳房：位于胸部和腹正中线的两侧，乳房左右各一排，成对，一般有5～8对，少数有10对。乳池较小，每个乳头上有2～3个乳头管开口。

犬的乳房：形成4～5对乳丘，位于胸腹部正中线的两侧，乳头短，顶端为乳头管的开口。

② 乳房的构造　乳房由皮肤、筋膜和实质构成。

乳房的皮肤薄而柔软，长有稀疏的细毛。

皮肤的深面有浅筋膜和深筋膜。浅筋膜在乳房的正中矢状面上汇合成乳房中膈，并与来自腹黄筋膜的结缔组织形成乳房悬韧带，将乳房固定在腹底壁的两侧。深筋膜的结缔组织伸入乳腺内，将乳腺分成许多腺小叶。腺小叶由腺泡和腺小管构成，具有泌乳机能，所分泌的乳汁经输乳管集合成的乳道，进入乳池。乳池分为腺乳池和乳头乳池。腺乳池为乳头基部的空腔。乳头乳池位于乳头内并连接乳头管，乳头开口处有括约肌。腺小叶间及腺泡间的结缔组织为乳腺的支架，有血管和神经分布。

乳腺的实质包括分泌部和导管部两部分。分泌部由腺泡组成，呈管状或泡状，腺上皮为单层上皮。导管部为输送乳汁的管道，包括小叶内导管、小叶间导管、较大的输乳管、乳池和乳头管。小叶内导管与腺泡相连，管壁上皮为单层立方上皮。

③ 乳房的血液供应 乳房的动脉主要来自阴部动脉，其次是会阴动脉。静脉在乳房基部形成静脉环，乳房血液主要经腹皮下静脉(乳静脉)和阴部外静脉流出。

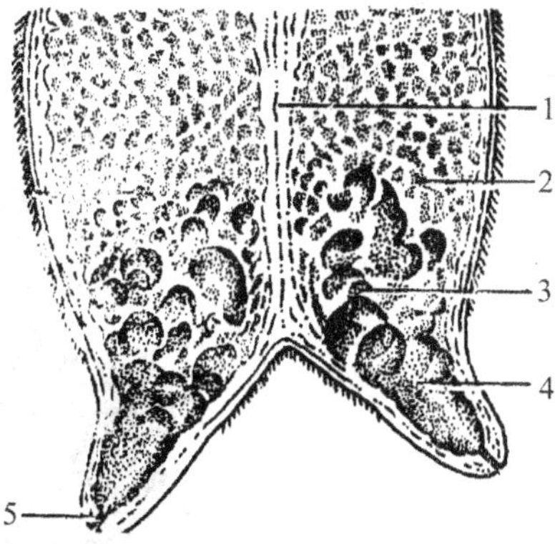

图 2-4 牛乳房的构造

1. 乳房中隔 2. 腺小叶 3. 乳池腺部 4. 乳头乳池部 5. 乳导管

(范作良，家畜解剖，2001)

(4)尾脂腺 禽类具有，位于尾综骨背侧，分为两叶，分泌物为脂性。鸡的尾脂腺较小，呈豌豆形，鸭的较发达，呈卵圆形。禽常用喙汲取尾脂腺分泌物涂润羽毛，不易被水浸湿。

3. 识别蹄的构造

蹄是指(趾)端着地的部分，由皮肤演化而成，具有支持体重的作用。牛和羊为偶蹄动物，每肢有 4 个蹄，其中前面两个为主蹄，与地面接触；后面两个不与地面接触为悬蹄。主蹄位于 3、4 指(趾)的远端，两蹄间的空隙为蹄间隙，前端稍接触。猪每肢有 2 个主蹄，2 个副蹄，主蹄与牛相似，副蹄内有完整的指(趾)骨。马每指(趾)有一个蹄，蹄的构成与牛相同。蹄由蹄匣和肉蹄两部分构成。

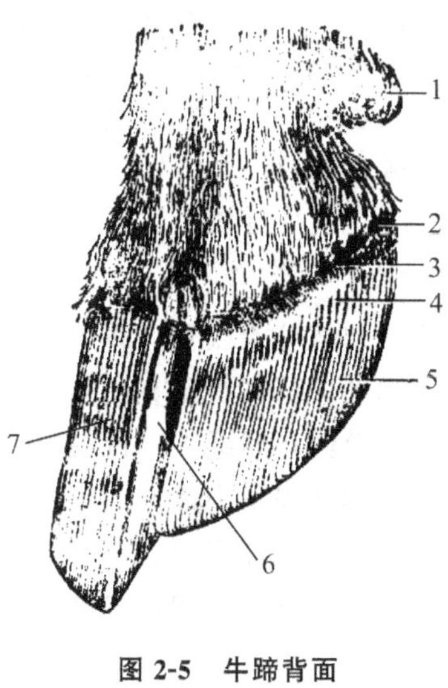

图 2-5 牛蹄背面

1. 悬蹄 2. 蹄缘 3. 肉缘 4. 肉冠 5. 肉小叶 6. 蹄内侧壁 7. 蹄外侧壁

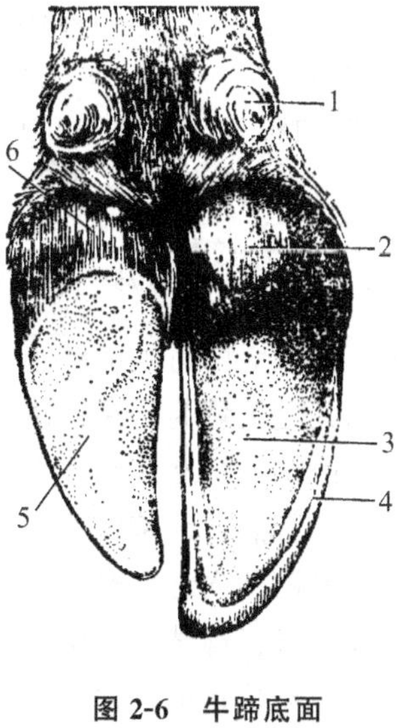

图 2-6 牛蹄底面

1. 悬蹄 2. 蹄枕 3. 蹄底 4. 白线 5. 肉底 6. 肉枕

(马仲华，家畜解剖及组织胚胎学，第三版，2002)

(1)蹄匣　由皮肤表皮高度角质化衍变而成，牛呈三角形，马呈不全圆的环形。分蹄壁、蹄底和蹄球(马为蹄叉)。

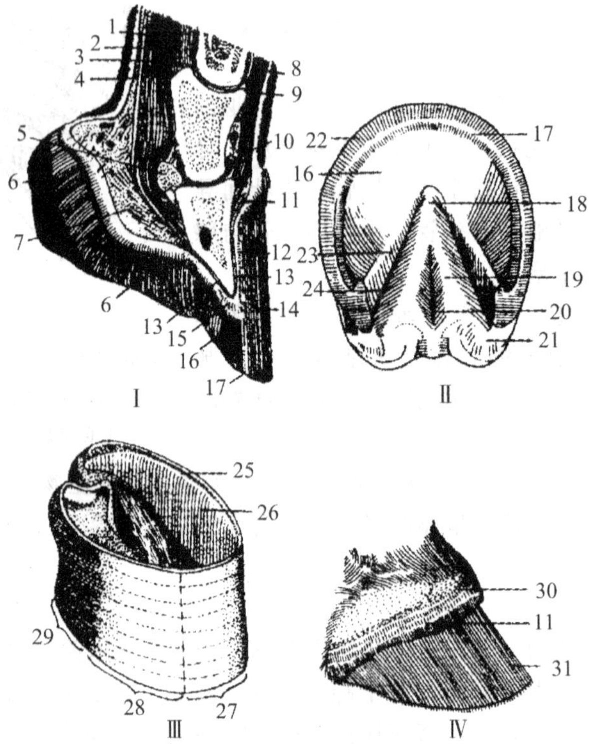

图 2-7　马蹄

Ⅰ. 蹄的矢状切面　Ⅱ. 蹄匣底面　Ⅲ. 蹄匣侧面　Ⅳ. 肉蹄侧面

1. 籽骨下韧带　2. 指深屈肌腱　3. 腱鞘　4. 韧带　5. 远籽骨黏液囊　6. 蹄叉　7. 皮下叉　8. 伸肌腱　9. 真皮　10. 关节囊　11. 肉冠　12. 肉小叶　13. 骨膜　14. 蹄壁　15. 肉底　16. 蹄底　17. 白线　18. 蹄叉尖　19. 蹄叉脚　20. 蹄叉中沟　21. 蹄球　22. 蹄壁底缘　23. 蹄支　24. 蹄叉侧沟　25. 蹄冠沟　26. 角小叶　27. 蹄尖壁　28. 蹄侧壁　29. 蹄踵壁　30. 肉缘　31. 肉壁

(马仲华，家畜解剖及组织胚胎学，第三版，2002)

蹄壁：是站立时可见的蹄匣部分。蹄壁的上缘突起部分为蹄冠，内有冠状沟。蹄冠与皮肤相连的无毛区域为蹄缘，蹄缘的角质柔软而有弹性，可减少蹄壁对皮肤的压迫。蹄壁与地面接触的部分称蹄底缘，在蹄底缘上有一条浅白色的环状线，叫蹄白线。蹄白线是确定蹄壁厚度的标志，装蹄时将蹄钉钉在白线以外，否则会损伤肉蹄。

蹄底：是蹄朝向地面略呈凹陷的部分，位于蹄底缘与蹄球之间。

蹄球或蹄叉：蹄球位于蹄底后方的球形突起，角质柔软，有缓冲的作用。蹄叉位于蹄底的后方，呈楔形，尖端向前，后部宽大。

(2)肉蹄　套于蹄匣的内面，为蹄的真皮和皮下层，由结缔组织构成，内含有丰富的血管、神经，呈鲜红色，可供给蹄匣营养，并有感觉作用。肉蹄的形状与蹄匣相似，可分为肉壁、肉底和肉球(肉叉)三部分。

偶蹄动物主蹄的后上方还有悬蹄，呈短圆锥状，附着于系关节掌(跖)侧面，不与地面接触，其构造与主蹄相似。

4. 识别角的构造

角是皮肤的衍生物，由表皮和真皮构成，套在额骨的角突上，为动物的防伪武器。

(1)角的形态　角的形态一般与额骨角突形态相一致，通常呈锥形，略带弯曲。角的形态与角的生长情况有关，如果角质生长不均衡，就形成不同弯曲度乃至螺旋形角。角分角根、角体和角尖三部分。角的表面呈环状的隆起，称角轮。牛的角轮仅见于角根部，母牛角轮的出现与怀孕有关，每一次产犊之后，角根就出现新的角轮。水牛和羊的角轮明显，几乎遍及全角。

(2)角　由表皮和真皮构成。角表皮高度角质化，角真皮位于角表皮深层，与额部皮肤真皮相延续，无皮下组织。

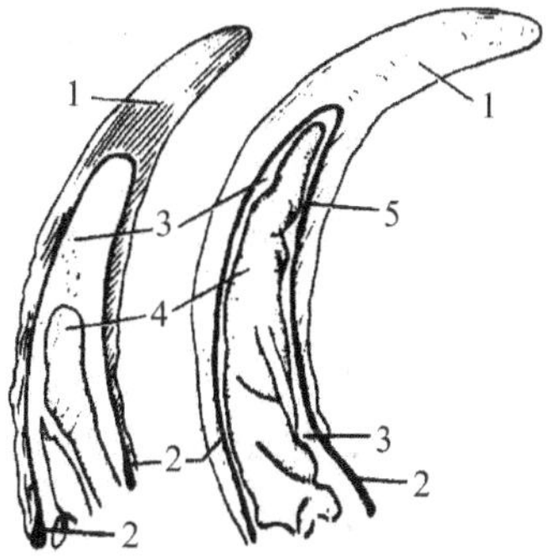

图 2-8　牛角纵切面

1. 角尖　2. 角根　3. 额骨的角突　4. 角腔　5. 角真皮

(董常生，家畜解剖学，第三版，2001)

5. 识别枕和爪的构造

(1)枕　犬的枕很发达，可分为腕(跗)枕、掌(跖)枕和指(趾)枕，分别位于腕(跗)、掌(跖)和指(趾)部的掌(跖)侧面。

枕的结构与皮肤相同，分为枕表皮、枕真皮和枕皮下组织。枕表皮角质化，柔韧而有弹性；枕真皮有发达乳头和丰富的血管、神经；枕皮下组织发达，由胶原纤维、弹性纤维和脂肪组织构成。枕主要起缓冲作用。

(2)爪　犬的指(趾)骨末端附有爪，很坚硬，具有防御、捕食、挖掘等功能。可分为爪轴、爪冠、爪壁和爪底。

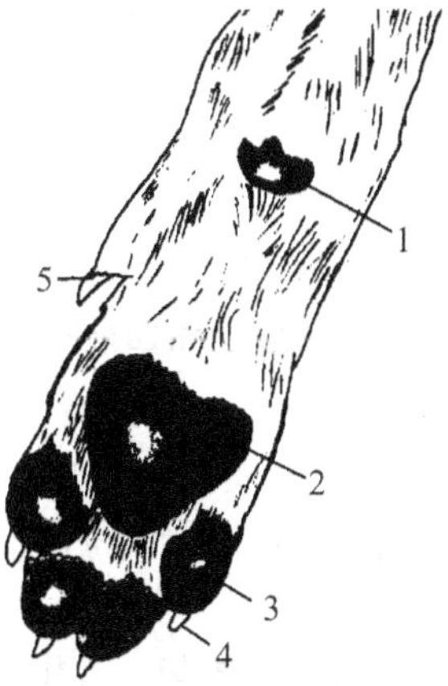

图 2-9　枕(前脚)

1. 腕枕　2. 掌枕　3. 指枕　4. 爪　5. 悬指

董常生，家畜解剖学，第三版，2001)

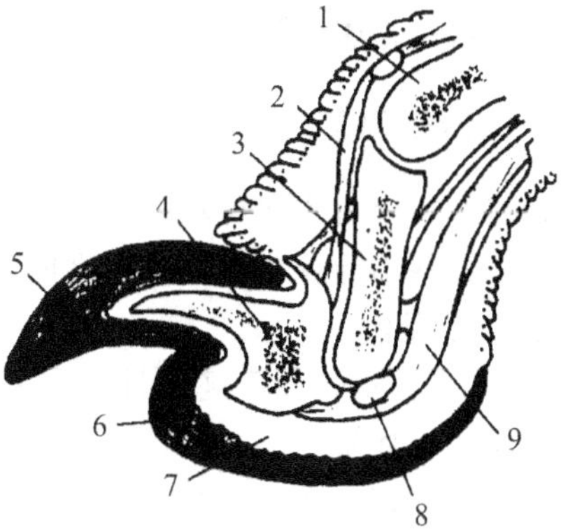

图 2-10　爪

1. 近指(趾)节骨　2. 指(趾)伸肌腱　3. 中指(趾)节骨　4. 远指(趾)节骨　5. 爪　6. 指枕　7. 真皮　8. 远籽骨　9. 指屈肌腱

(董常生，家畜解剖学，第三版，2001)

此外，禽类的羽毛、冠、肉髯、耳垂、喙、鳞片、爪、距等，也都是由皮肤衍变而来的特殊器官。

【拓展知识】 皮肤及皮肤衍生物的病理变化

皮肤水肿多发生在皮下组织，切开表皮可见皮下结缔组织呈黄色胶冻状，并留出多量黄色透明液体，镜检可见细胞间质增宽，可见皮肤肿胀、紧张、光亮、弹性降低、指压留痕。

蜂窝组织炎是皮下或深部疏松结缔组织发生的急性弥漫性化脓性炎症，表现为皮下形成浆液性、化脓性或腐败性渗出物，并迅速扩散，伴有明显的全身反应。

动物的皮炎多发生在表皮和真皮，从初期的皮肤红斑，到水肿、水疱、脓疱、糜烂、溃疡、结痂，最后形成瘢痕。

毛囊炎是葡萄球菌引起的毛囊化脓性炎症，初发时是与毛囊一致的炎性小丘疹，周围有红晕，迅速变为脓疱，中心常有毛发贯穿，脓疱如粟粒大小，不相融合。马易发在前胸、肩部和尾根；牛为乳房皮肤；猪多发生在趾间皮肤、鼻梁和背部。显微镜观察可见大量粒细胞构成的渗出物聚积在毛囊上端，使毛囊膨胀，炎症若扩延到毛囊深部，常见毛囊化脓和破坏。

发生口蹄疫的动物蹄部表皮的细胞间和细胞内形成水肿，发生水疱性疹。蹄叶炎是在真皮小叶与角质小叶之间有炎性渗出物渗出。

教学单元2 运动系统

运动系统包括骨骼和肌肉。骨骼由骨和骨连接组成，构成动物体的支架，以保持体型、保护脏器和支持体重。肌肉附着于骨骼上，肌肉收缩时，以关节为支点，使骨的位置移动而产生各种运动。位于皮下的一些骨性突起和肌肉，可以在动物体表看到或触摸到，在畜牧生产和兽医临床中常用作体尺测量和内部器官位置确定的标志。

任务1 识别骨骼

借助骨骼标本或活体动物观察全身的主要骨骼，指出头部、躯干和四肢的主要骨、关节和骨性标志，并用专业名词描述动物体各部位名称和方向位置。

1. 识别头部骨骼

(1)头骨　多为扁骨和不规则骨，分为颅骨和面骨两部分。除下颌骨和舌骨外，均以缝或软骨互相紧密连接。

① 颅骨　位于头部后上方，主要围成颅腔并形成位听觉器官的支架，容纳并保护脑。

枕骨：构成颅腔的后底壁，后方中部有枕骨大孔与椎管相通。在枕骨大孔的两侧有卵圆形的关节面，称为枕髁，与寰椎构成寰枕关节。

顶骨和顶间骨：构成颅腔顶壁及后壁，与枕骨愈合。

额骨：发达，构成颅腔的整个顶壁，前下方向两侧伸出眶上突，形成眼眶的上界。额骨内、外骨板之间形成发达的额窦。

颞骨：位于头骨的后外侧，形成颅腔侧壁。其腹侧有一光滑的横行关节面，称为颞髁，与下颌骨构成关节。

筛骨：位于颅腔前壁，上有许多小孔，有嗅神经通过。

蝶骨：位于颅腔底壁，形似蝴蝶。

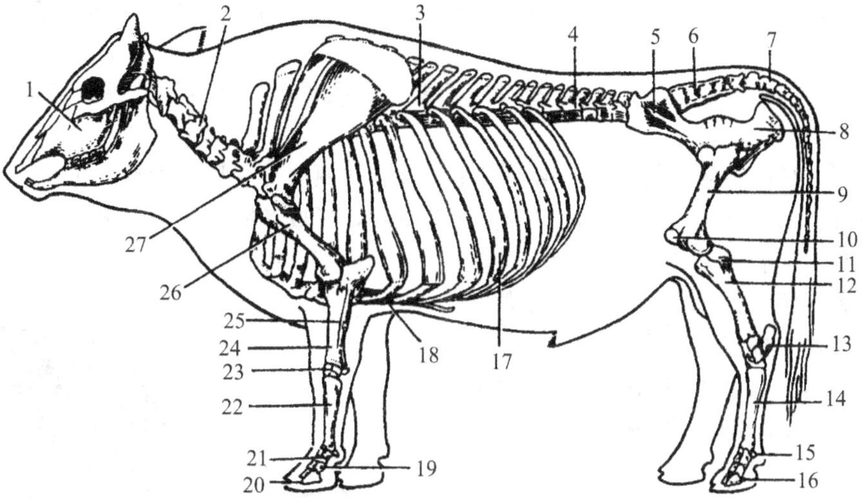

图 2-11 牛的全身骨骼

1. 头骨 2. 颈椎 3. 胸椎 4. 腰椎 5. 髂骨 6. 荐骨 7. 尾椎 8. 坐骨 9. 股骨 10. 髌骨 11. 腓骨 12. 胫骨 13. 跗骨 14. 跖骨 15. 近籽骨 16. 远籽骨 17. 肋 18. 胸骨 19. 中指节骨 20. 远指节骨 21. 近指节骨 22. 掌骨 23. 腕骨 24. 桡骨 25. 尺骨 26. 肱骨 27. 肩胛骨

（马仲华，家畜解剖及组织胚胎学，第三版，2002）

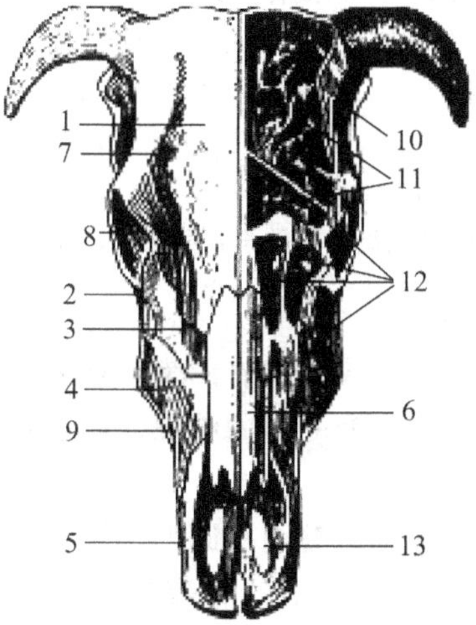

图 2-12 牛头骨背面

1. 额骨 2. 颧骨 3. 泪骨 4. 上颌骨 5. 颌前骨 6. 鼻骨 7. 眶上孔 8. 眼眶 9. 眶下孔 10. 颞窝 11. 额窦 12. 上颌窦 13. 腭裂

（马仲华，家畜解剖及组织胚胎学，第三版，2002）

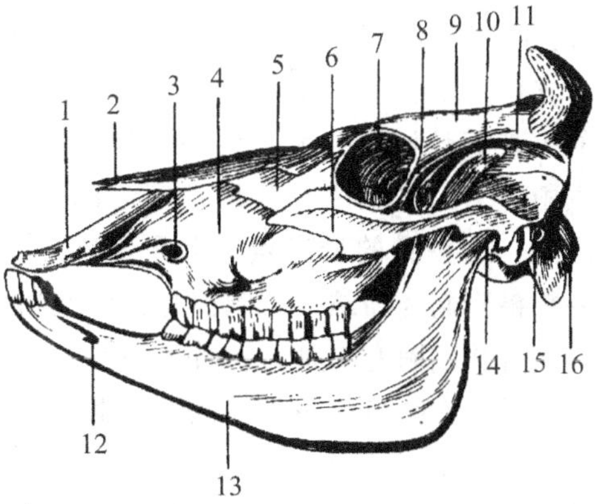

图 2-13 牛头骨侧面

1. 颌前骨 2. 鼻骨 3. 眶下孔 4. 上颌骨 5. 泪骨 6. 颧骨 7. 眼眶 8. 眶上突 9. 额骨 10. 冠状突 11. 顶骨 12. 颏孔 13. 下颌骨 14. 下颌髁 15. 外耳道 16. 枕髁

（马仲华，家畜解剖及组织胚胎学，第三版，2002）

②面骨　构成颜面的基础，位于头部前下方，形成口腔、鼻腔、眼眶的支架。

鼻骨：构成鼻腔的顶壁。

泪骨：位于眼眶前部。

颧骨：位于泪骨下方，构成眼眶下壁。颧骨向后方伸出颞突，与颞骨的颧突形成颧弓。

上颌骨：构成鼻腔侧壁、底壁和口腔顶壁，上颌骨内、外骨板之间形成发达的上颌窦。腹外侧缘有臼齿齿槽。

颌前骨：位于上颌骨前方，骨薄而扁平。鼻骨与颌前骨交界处为鼻颌切迹。

鼻甲骨：附与鼻腔侧壁上的两对卷曲的薄骨片，形成鼻腔黏膜的支架。

下颌骨：面骨中最大的一块骨，分为下颌骨体和下颌支两部分。下颌骨体位于前方，骨体厚，前缘上方有切齿齿槽，后方有臼齿齿槽，切齿齿槽和臼齿齿槽之间的平滑区为齿槽间隙。下颌支位于后方，呈上下垂直的板状，上部后方有一平滑的关节面为下颌髁，与颞髁构成下颌关节；下颌髁的前方有一突起叫冠状突。两侧下颌骨体及下颌之间的空隙为下颌间隙。下颌骨体与下颌支交界的腹侧略凹的部位为下颌血管切迹，供颌外动静脉通过。马和牛可在此进行脉搏检查。

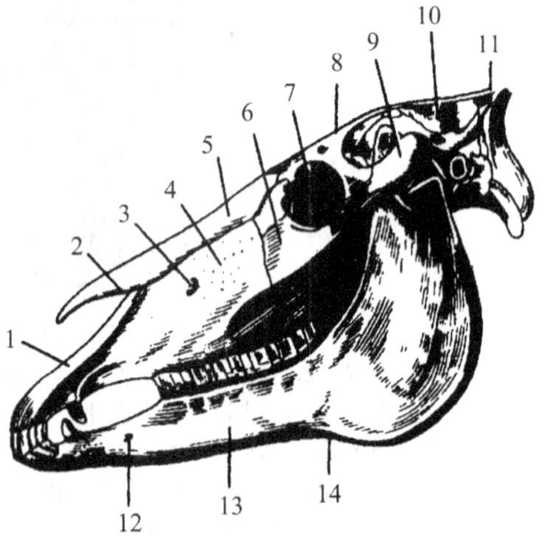

图 2-14　马头骨侧面

1. 颌前骨　2. 鼻颌切迹　3. 眶下孔　4. 上颌骨　5. 鼻骨　6. 颧骨　7. 眼眶　8. 额骨　9. 颧弓　10. 顶骨　11. 枕骨　12. 颏孔　13. 下颌骨　14. 血管切迹

（马仲华，家畜解剖及组织胚胎学，第三版，2002）

舌骨：位于下颌间隙后部，由数块小骨构成，支持舌根、咽及喉。

牛的头骨额骨特别宽大，后外方伸出角突，供角附着，额骨后缘与两角突之间形成额隆起，为头骨的最高点。上颌骨外上方有一粗糙隆起为面结节，颌前骨上没有切齿齿槽。

猪的鼻骨前端附有吻骨，吻骨为一块三面菱形的小骨，为猪头部特有的骨，是吻突的骨质基础。颞窝完全位于头骨的侧面，眶上突较短，与颧弓之间有一宽的缝隙，所以眶缘不完整。

马的枕骨后面有横行的枕嵴，较发达。额骨上无角突，眶缘完整而呈圆形，颧骨外侧面有发达面嵴，下颌骨的下颌支比牛发达。在上颌骨、颌前骨、下颌骨有齿槽和齿槽间隙。

犬的眶缘不完整，使眼窝与颞窝相通，颅顶大部分为单层结构。上颌骨有一对大的犬齿齿槽。

禽的头骨愈合早，各部界线无法分辨，在下颌骨与颞骨之间有方形骨，当口腔开张与闭合时，可使上喙上升和下降，便于吞食较大的食块。

(2)鼻旁窦(副鼻窦)

鼻旁窦是头骨中一些骨的内外两层骨板间形成的腔洞，直接或间接与鼻腔相通，故统称为鼻旁窦，主要包括额窦和上颌窦。

额窦：很大，延伸于整个额部、颅顶壁和部分后壁，牛的额窦与角突相连。

上颌窦：主要在上颌骨、泪骨和颧骨内。

鼻旁窦有减轻头骨重量、温暖和湿润空气及对发声起共鸣的作用。因鼻黏膜和鼻旁窦内的黏膜相延续，当鼻黏膜发炎时，可蔓延引起鼻旁窦炎。

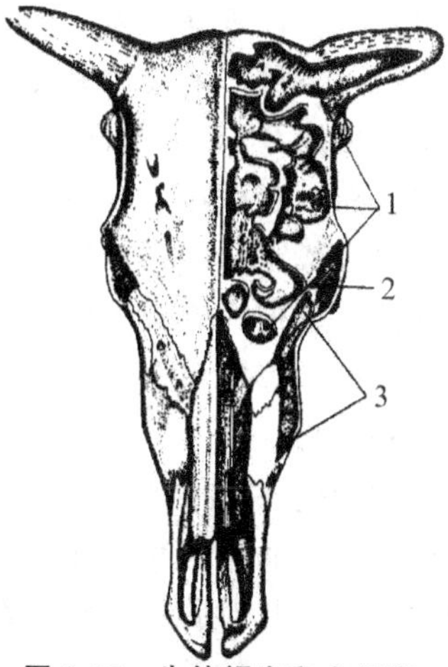

图 2-15 牛的额窦和上颌窦

1. 额窦 2. 眼眶 3. 上颌窦

（范作良，家畜解剖，2001）

(3)头骨连结

头骨除颞骨和下颌骨构成头部唯一的颞下颌关节外，其余均为缝隙连接，骨与骨之间不能活动。下颌关节的活动性大，主要进行开闭口腔和左右活动等动作。

(4)头部骨性标志

额隆起、眶上突、齿槽间隙、鼻颌切迹、下颌间隙、下颌血管切迹、角突、额窦、上颌窦、面结节、枕嵴(马)、面嵴(马)及头部主要骨。

2. 识别躯干骨骼

(1) 躯干骨 包括椎骨、肋、胸骨。躯干骨构成脊柱和胸廓。

① 椎骨

椎骨的一般构造：椎骨由椎体、椎弓和椎突三个部分构成。椎体呈短柱状，位于椎骨腹侧，前凸为椎头，后凹为椎窝。

椎弓位于椎体背侧的拱形骨板。椎弓和椎体围成椎孔，所有的椎孔相连形成椎管，内容纳脊髓。椎管两侧各有一排椎间孔，有脊神经通过。椎突由椎弓伸出，一般有三种，分别为棘突、横突、关节突。棘突是由椎弓背侧向上伸出的单支突起；横突是向两侧伸出的平行突起；关节突有前、后两对，相邻椎骨的关节突构成关节。

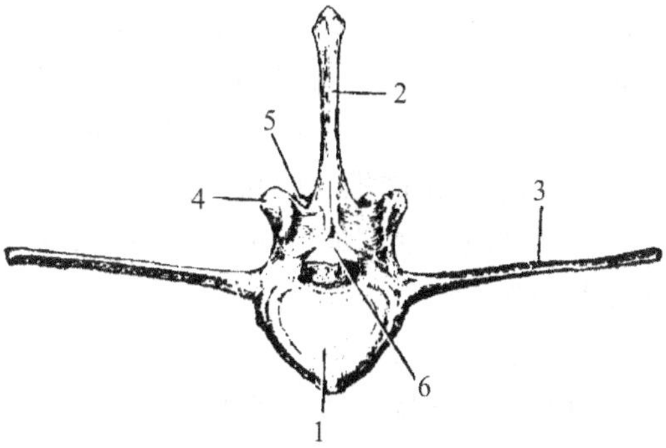

图 2-16 椎骨的构造

1. 椎头 2. 棘突 3. 横突 4. 前关节突

5. 后关节突 6. 椎孔

（范作良，家畜解剖，2001）

表 2-1 各种动物躯干骨的数目比较

动物	颈椎	胸椎	腰椎	荐椎	尾椎	肋	胸骨片
牛	7	13	6	5	18～20	13 对	7
羊	7	13	6～7	4	3～24	13 对	6
马	7	18	6	5	15～21	18 对	6～8
猪	7	14～15	6～7	4	20～23	14～15 对	6
犬	7	13	7	3	16～20	13 对	8

各部椎骨特点：椎骨按其所在部位分为颈椎、胸椎、腰椎、荐椎和尾椎五部分。各部椎骨形态结构有所差异。颈椎第 3～6 颈椎形态结构相似，第 7 颈椎与胸椎相似，第 1 颈

椎呈环状又称寰椎，第 2 颈椎又称枢椎。禽颈椎数量多，连成乙状弯曲，使颈部活动灵活，便于飞翔、采食、梳羽。胸椎棘突发达，第 2～6 胸椎棘突最高，是构成鬐甲的骨质基础。禽的 2～5 胸椎愈合。腰椎横突长，构成腹腔顶壁骨质基础。狗腰椎横斜向前。荐椎愈合在一起称荐骨，构成盆腔顶壁的骨质基础。第一荐椎椎体腹侧前缘略凸为荐骨岬，是仔猪去势定位标志。最后腰椎和第一荐椎之间的空隙为腰荐间隙，是临床上硬膜外腔麻醉部位。尾椎腹侧有一血管沟，供尾中动脉通过，牛可在此进行脉搏检查。禽类的第 7 胸椎、腰椎、荐椎和第 1 尾椎在发育早期愈合成腰荐骨，尾椎 5～7 枚愈合成尾综骨，支撑尾羽和尾脂腺。

② 为左右成对的弓形长骨，其对数与胸椎块数相同，连与胸椎、胸骨间，构成胸廓侧壁。每根肋包括肋骨和肋软骨。肋的上端为肋骨，与相邻的胸椎形成关节，肋的下端为肋软骨，前几对肋的肋软骨直接与胸骨相连，称为真肋，后几对肋的肋软骨借结缔组织依次连于前位肋软骨上，称为假肋。牛有 8 对真肋，5 对假肋。猪有 7 对真肋，7～8 对假肋。马有 8 对真肋，10 对假肋。犬有 9 对真肋，3 对假肋，最后一对肋的肋软骨末端游离，称浮肋。禽有 7 对肋，鸡和鸽的最后 2 对肋、鸭和鹅的最后 3 对肋为假肋。相邻两肋之间的空隙为肋间隙。最后肋骨和假肋肋软骨依次连结所形成的弓形结构，称为肋弓。

③ 胸骨　位于胸廓底壁的正中，胸骨由前向后分为胸骨柄、胸骨体和剑状软骨三部分。牛的胸骨扁平，缺胸骨柄，由 6～8 块胸骨片借软骨连结而成。猪的胸骨与牛相似，但胸骨柄明显突出。马的胸骨呈舟状，胸骨体下方有发达的胸骨嵴。犬的胸骨有 8 节，胸骨柄较钝。禽类胸骨发达，向腹侧形成庞大的胸骨嵴(又叫龙骨)，便于发达的胸肌附着。

④ 胸廓　由胸椎、肋和胸骨共同构成。呈前小后大的圆锥形，胸廓前口由第一胸椎，第一对肋和胸骨柄围成；胸廓后口由最后一个胸椎，左右肋弓和剑状软骨围成。胸廓内包括胸腔和腹前部。

(2)躯干骨连接

躯干骨的连接包括脊柱连结和胸廓连结。

① 脊柱连结　分为椎体间连结、椎弓间连结和脊柱总韧带。

椎体间连结：是相邻椎骨的椎体间借椎间盘软骨连结，活动性较小。

椎弓间连结：是相邻椎骨的前后关节突间形成的滑动关节。

脊柱总韧带：是分布在脊柱上起连结加固作用的辅助结构，除椎骨间短的韧带外，还有三条贯穿脊柱的长韧带即位于棘突顶端的棘上韧带、位于椎体背侧面的背纵韧带和位于椎体腹侧面的腹纵韧带。

② 胸廓连结　包括肋椎关节和肋胸关节。

肋椎关节：是肋上端与胸椎椎体的横突构成的关节。

肋胸关节：是真肋的肋软骨与胸骨两侧的肋窝间构成的关节。

(3)躯干骨性标志

躯干部的骨性标志主要有腰椎横突、鬐甲、肋、肋弓、肋间隙、腰荐间隙、剑状软骨、荐骨岬。

3. 识别前肢骨骼

(1)前肢骨　包括肩胛骨、臂骨、前臂骨、腕骨、掌骨、指骨和籽骨。

肩胛骨：为三角形扁骨，斜位于胸廓两侧的前上部，上缘有肩胛软骨附着，犬没有肩胛软骨。外侧面由一条纵嵴即肩胛岗，分为岗上窝和岗下窝。肩胛岗下端有一突起称为肩峰，马没有肩峰。

臂骨：又称肱骨，为管状长骨。

前臂骨：包括桡骨(前内)和尺骨(后外)。牛、马这两块骨彼此愈合，猪、鸡、犬的尺骨较发达。尺骨近端粗大，突向后上方，称肘突。

腕骨：为短骨，排成2列。牛有6块，猪有8块，马有7块，犬有7块。其中近侧列副腕骨在活体上可以摸到。

掌骨：牛、马有3块，牛的第3(内)、4(外)掌骨愈合为大掌骨，只有远端分开，小掌骨即第5掌骨，仅留有一个遗迹；猪的掌骨4块，3、4掌骨发达，2、5掌骨细而短。马的第3掌骨发达，第2、4掌骨退化并附着于第3掌骨的两侧。犬的掌骨5块，第一掌骨短小，3、4掌骨最长。

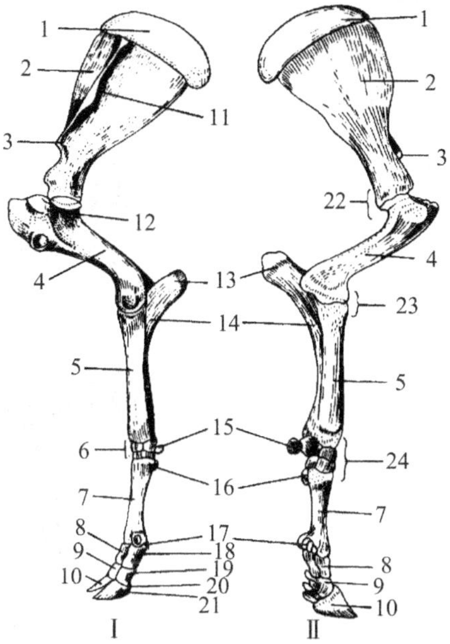

图 2-17 牛的前肢骨

Ⅰ. 外侧面 Ⅱ. 内侧面

1. 肩胛软骨 2. 肩胛骨 3. 肩峰 4. 臂骨 5. 桡骨 6. 腕骨 7. 第3、4掌骨 8. 第3指的系骨 9. 第3指的冠骨 10. 第3指的蹄骨 11. 肩胛冈 12. 大结节 13. 肘突 14. 尺骨 15. 副腕骨 16. 第5掌骨 17. 近籽骨 18. 第4指的系骨 19. 第4指的冠骨 20. 远籽骨 21. 第4指的蹄骨 22. 肩关节 23. 肘关节 24. 腕关节

(董常生，家畜解剖学，第三版，2001)

指骨：为短骨，牛有4个指，其中第3、4指发育完整，第2、5指只有遗迹；猪有4个指，3、4发达，为主指，2、5指细而短，不着地，称悬指。马仅有第3指。犬有5个指，第1指短小，缺中指节骨，行走时不着地。每一指都具有3个指节骨，依次为系骨(第1指节骨)、冠骨(第2指节骨)和蹄骨(第3指节骨)。

籽骨：分近籽骨和远籽骨。牛和马每一掌骨远端与系骨之间的掌侧有2枚近籽骨；每一冠骨与蹄骨之间的掌侧有1枚远籽骨。

禽的前肢演变成翼，分为肩带部和翼部。肩带部包括肩胛骨、乌喙骨和锁骨。肩胛骨狭长，与脊柱平行；乌喙骨粗大，斜位于胸廓之前，下端与胸骨成牢固的关节；锁骨较细，两侧锁骨在下端汇合，又称叉骨。翼部包括臂骨、前臂骨、腕骨、掌骨和指骨。

(2)前肢关节　除肩胛骨借肌肉与躯干连结外，前肢各骨之间均形成关节，自上而下形成肩关节、肘关节、腕关节、指关节(包括系关节、冠关节和蹄关节)。这些关节主要进行屈、伸运动。

肩关节：由肩胛骨远端和臂骨近端构成，关节角顶向前。

肘关节：由臂骨远端和前臂骨的近端构成，关节角顶向后。

腕关节：由前臂骨远端、腕骨和掌骨近端构成，关节角顶向前。

系关节：又叫球节。由掌骨远端、系骨近端和近籽骨构成。在系关节的掌侧尚有悬韧带等弹力装置，以固定系关节，使之成一定的角度，防止过度背屈。

冠关节：由系骨远端和冠骨近端构成。

蹄关节：由冠骨远端、蹄骨近端和远籽骨构成。

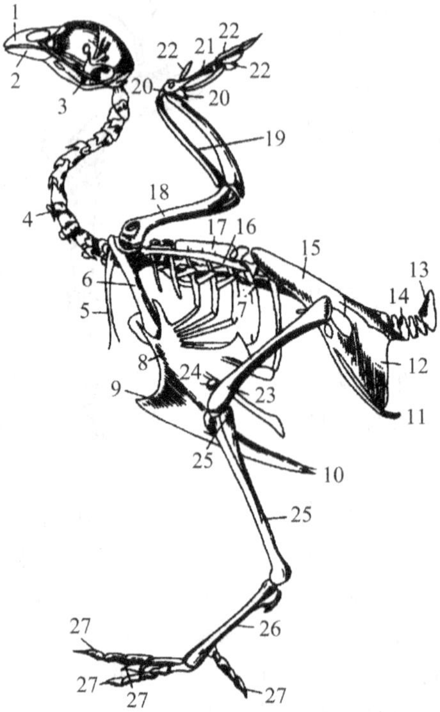

图 2-18　鸡的全身骨骼

1. 颌前骨　2. 下颌骨　3. 方骨　4. 颈椎　5. 锁骨　6. 乌喙骨　7. 肋骨　8. 胸骨　9. 胸嵴　10. 中突　11. 耻骨　12. 坐骨　13. 尾综骨　14. 尾椎　15. 髂骨　16. 肩胛骨　17. 胸椎　18. 臂骨　19. 前臂骨　20. 腕骨　21. 掌骨　22. 指骨　23. 股骨　24. 膝盖骨　25. 小腿骨　26. 跗跖骨　27. 趾骨

（马仲华，家畜解剖及组织胚胎学，第三版，2002）

（3）前肢的骨性标志　主要有前肢骨和关节、肘突、肩胛冈。

4. 识别后肢骨骼

（1）后肢骨　包括髋骨、股骨、膝盖骨、小腿骨、跗骨、跖骨、趾骨和籽骨。

髋骨：由髂骨、耻骨和坐骨结合而成。髂骨位于背外侧，前部宽而扁称髂骨翼，后部称髂骨体。髂骨翼的外角粗大，称髋结节，内角称荐结节。耻骨位于腹侧前方，坐骨位于腹侧后部。两骨之间的结合处，分别称为耻骨联合和坐骨联合，合并称为骨盆合。禽的耻骨、坐骨分离，骨盆底部不结合，形成开放使式骨盆，便于产卵。两侧坐骨后缘形成坐骨弓，弓的两端突出且粗糙，称坐骨结节。

股骨：为动物体最大的管状长骨。膝盖骨又叫髌骨。

小腿骨：包括胫骨（内侧）和腓骨（外侧），胫骨发达，腓骨已退化。但猪腓骨发达，几乎与胫骨等长。

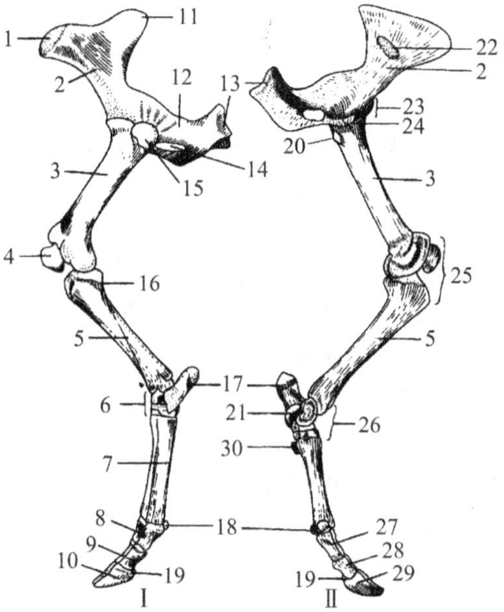

图 2-19 牛的后肢骨

Ⅰ. 外侧面 Ⅱ. 内侧面

1. 髋结节 2. 髂骨 3. 股骨 4. 膝盖骨 5. 胫骨 6. 跗骨 7. 第3、第4跖骨 8. 第4趾的系骨 9. 第4趾的冠骨 10. 第4趾的蹄骨 11. 荐结节 12. 坐骨 13. 坐骨结节 14. 闭孔 15. 大转子 16. 腓骨 17. 跟骨 18. 近籽骨 19. 远籽骨 20. 小转子 21. 距骨 22. 髂骨的耳状关节面 23. 髋关节 24. 耻骨 25. 膝关节 26. 跗关节 27. 第3趾的系骨 28. 第3趾的冠骨 29. 第3趾的蹄骨 30. 第2跖骨

(马仲华，家畜解剖及组织胚胎学，第三版，2002)

跗骨：排成3列，近侧列后外方的一块叫跟骨，跟骨后方的突起，称跟结节。

跖骨、趾骨和籽骨：分别与前肢相应的掌骨、指骨和籽骨相似。

鸡有4个趾(乌骨鸡、贵妃鸡5个趾)，第1趾向后向内，其余3趾向前，以第三趾最发达。

犬有4个趾，第1趾退化。

(3)后肢关节 包括荐髂关节、髋关节、膝关节、跗关节(飞节)、趾关节(系关节、冠关节、蹄关节)。

荐髂关节：由荐骨翼和髂骨翼的耳状面构成，结合紧密，几乎不能活动，主要作用是连结后肢与躯干。荐骨与髋骨间尚有荐髂韧带和荐坐韧带，参与骨盆的构成。

髋关节：由髋臼和股骨近端构成，关节角顶向后，主要做屈伸运动。

膝关节：由股骨远端、胫骨近端和膝盖骨构成。包括骨膝关节和骨胫关节，关节角

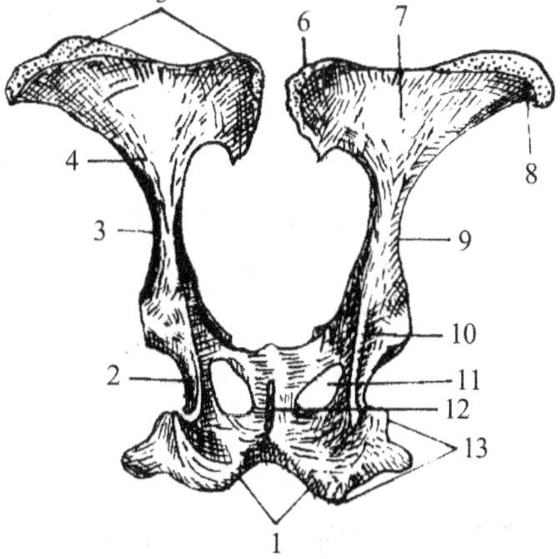

图 2-20 牛的髋骨(背侧面)

1. 坐骨弓 2. 坐骨小切迹 3. 髂骨体 4. 臀肌线 5. 髂骨翼 6. 荐结节 7. 臀肌面 8. 髋结节 9. 坐骨大切迹 10. 坐骨棘 11. 闭孔 12. 骨盆联合 13. 坐骨结节

(马仲华，家畜解剖及组织胚胎学，第三版，2002)

顶向前，主要做屈伸运动。

跗关节：又叫飞节。由胫骨远端、跗骨和跖骨近端构成。关节角顶向后，主要做屈伸运动。

系关节：由跖骨远端、系骨近端和近籽骨构成。其构造与前肢系关节相似。

冠关节：同前肢冠关节。

蹄关节：同前肢蹄关节。

(4)骨盆腔　顶壁由荐骨和前三尾椎构成，两侧壁为髂骨和荐坐韧带，底壁为耻骨和坐骨。骨盆腔具有保护盆腔内脏和传递推力的作，在母畜又是娩出胎儿的骨性产道，所以，母畜的骨盆腔较公畜的骨盆腔大而宽敞。

(5)后肢骨性标志　主要有后肢骨和关节、髋结节、荐结节、坐骨结节、跟结节、坐骨弓、骨盆联合。

5. 动物体各部位名称和方位术语的描述

(1)家畜各部位名称

① 家畜各部位名称　动物身体都是左右两侧对称的，可分为头部、躯干部和四肢部三部分。

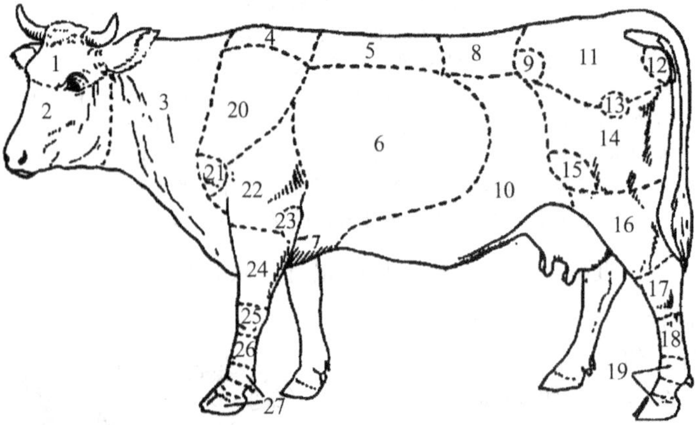

图 2-21　牛体各部名称

1. 额部　2. 面部　3. 颈部　4. 鬐甲部　5. 背部　6. 肋部　7. 胸骨部　8. 腰部　9. 髋结节　10. 腹部　11. 荐臀部　12. 坐骨结节　13. 髋关节　14. 股部　15. 膝部　16. 小腿部　17. 跗部　18. 跖部　19. 趾部　20. 肩胛部　21. 肩关节　22. 臂部　23. 肘部　24. 前臂部　25. 腕部　26. 掌部　27. 指部

（马仲华，家畜解剖及组织胚胎学，第三版，2002）

a. 头部　包括颅部和面部。

颅部位于颅腔周围，又可分为：

枕部：位于颅部后方，两耳之间。

顶部：位于枕部的前方。

额部：位于顶部的前方，左右眼眶之间。

颞部：位于顶部的两侧，耳与眼之间。

耳郭部：指耳和耳根附近。

眼部：包括眼及眼睑。

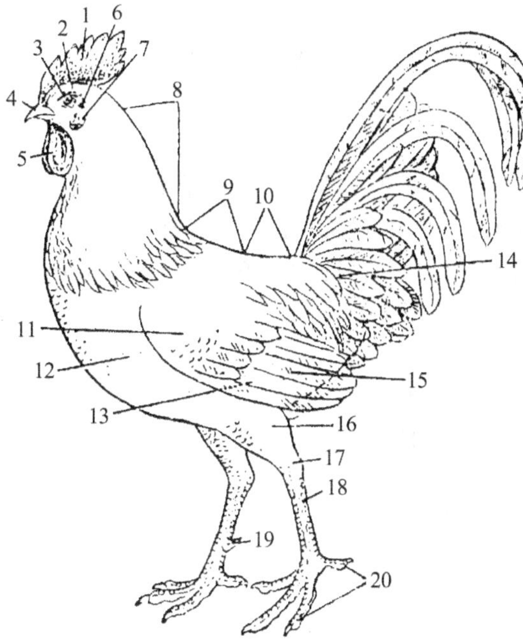

图 2-22 鸡体表各部名称

1. 冠 2. 头 3. 眼 4. 喙 5. 肉垂 6. 耳孔 7. 耳叶 8. 颈部 9. 背部 10. 腰部 11. 翼 12. 胸部 13. 股部 14. 尾部 15. 腹部 16. 小腿部 17. 跗关节 18. 跖部 19. 距 20. 趾部

（马仲华，家畜解剖及组织胚胎学，第三版，2002）

面部 位于口腔和鼻腔周围，又可分为：

眶下部：位于眼眶前下方。

鼻部：位于额骨前方，以鼻骨为基础。

鼻孔部：包括鼻孔和鼻孔周围。

咬肌部：位于颞部下方。

颏部：位于下唇下方。

唇部：包括上唇和下唇。

b. 躯干部 除头和四肢以外的部分称躯干部。包括颈部、背胸部、腰腹部、荐臀部和尾部。

颈部：以颈椎为基础，颈椎以上的部分称颈背侧部，颈椎以下的部分称颈腹侧部，两侧称颈侧部。

背胸部：位于颈部和腰荐部之间。其前方较高的部分称鬐甲部，后方为背部，侧面以肋骨为基础称为肋部，前下方称胸前部，下部称胸骨部。

腰腹部：位于胸背部和荐臀部之间，上方为腰部，下方为腹部。

荐臀部：位于腰腹部后方，上方为荐部，侧面为臀部，后方与尾部相连。

尾部：分尾根、尾尖、尾体。

c. 四肢部 包括前肢和后肢。

前肢：自上而下可分为肩带部(肩部)、臂部、前臂部、前脚部，前脚部又分为腕部、掌部、指部。

后肢：由臀部和荐部相连，可分为大腿部(股部)、小腿部、后脚部，后脚部又分跗部、跖部、趾部。

② 家禽各部名称

头部：有肉冠、喙、肉垂、耳叶、鼻孔、眼、耳孔。

躯干：包括颈部、胸部、背部、腰部、腹部和尾部等。

四肢：前肢衍变为翼，分为臂部、前臂部等；后肢包括股部、小腿部、跖部和趾部。

(2)方位术语的描述

① 躯干部

内侧：靠近正中矢状面的一侧。

外侧：远离正中矢状面的一侧。

背侧：额面上方的部分。

腹侧：额面下方的部分。

头侧：朝向头部的一侧。

尾侧：朝向尾部的一侧。

② 四肢部

近端：离躯干近的一端。

远端：离躯干远的一端。

背侧：四肢的前面。

掌侧：前肢的后面。

跖侧：后肢的后面。

桡侧：前肢的内侧。

尺侧：前肢的外侧。

胫侧：后肢的内侧。

腓侧：后肢的外侧。

【相关知识】

1. 骨

(1)骨的形态　可分为长骨、短骨、扁骨和不规则骨。

(2)骨的构造　骨由骨膜、骨质、骨髓、血管和神经构成。

骨膜：是覆盖在骨表面的一层致密结缔组织膜，呈粉红色，内含有成骨细胞和丰富的血管、神经，对骨起保护、营养、再生等作用，因此在进行骨折手术时，要注意保护骨膜。

骨质：是构成骨的主要成分，分为骨密质和骨松质，这样排布使骨既轻便又牢固。

骨髓：位于长骨的骨髓腔和骨松质的间隙内。幼年动物的骨髓全为红骨髓。成年动物的骨髓有红骨髓和黄骨髓，红骨髓主要分布在长骨两端、短骨、扁骨及不规则骨的骨松质内，有造血功能。黄骨髓填充在长骨的骨髓腔内，主要由脂肪组织构成，无造血功能。动物失血过多时，黄骨髓可变成红骨髓恢复造功能。

(3)骨的化学成分和物理特性　骨的化学成分由有机质和无机质组成。有机物主要是

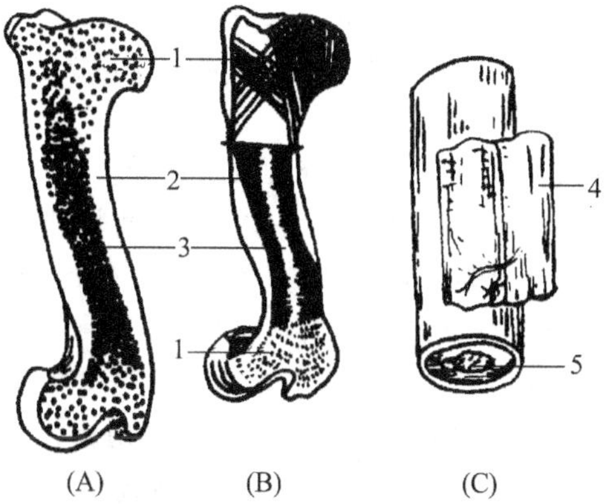

图 2-23 骨的构造

(A) 肱骨的正断面 (B) 骨松质的结构 (C) 骨膜

1. 骨松质 2. 骨密质 3. 骨髓腔 4. 骨外膜 5. 骨内膜

(董常生，家畜解剖学，第三版，2001)

骨胶原(蛋白质)，决定骨的弹性、韧性；无机物主要是磷酸钙和碳酸钙，决定骨的坚固性。二者的比例随动物的年龄、营养及生活条件的不同而改变。幼年骨内有机物含量多，故弹性和韧性大，不易骨折，但柔软易弯曲变形；老年骨内则无机物含量增多，故脆性较大，易发生骨折。成年动物的骨约含 1/3 的有机物和 2/3 的无机物，这样的比例使骨具有最大的坚固性。妊娠和泌乳的母畜骨内的钙质可被胎儿吸收或随乳汁排出，造成无机物的减少，易发生软骨病和生产瘫痪。因此，应注意饲料成分的合理调配，以预防软骨病和奶牛生产瘫痪的发生。

2. 骨连结

骨与骨之间的连接装置叫骨连结。按构成形式和机能不同分为直接和间接连结。

(1)直接连接　两骨间借纤维结缔组织或软骨相连，其间无腔隙，不活动或仅有小范围活动。如头骨间的连接、椎体间连接等。

(2)间接连结　亦称关节(或滑膜连接)，可进行灵活运动。

关节的构造：包括关节面、关节软骨、关节囊、关节腔及辅助装置等。关节面是骨与骨接触的光滑面。关节软骨是附着在关节面上的一层透明软骨，可减少运动时的冲击和摩擦。关节囊是包围在关节周围的结缔组织囊，分内层滑膜层和外层纤维层。关节腔是关节软骨和关节囊之间的腔隙，内含少量的关节液，有润滑和减

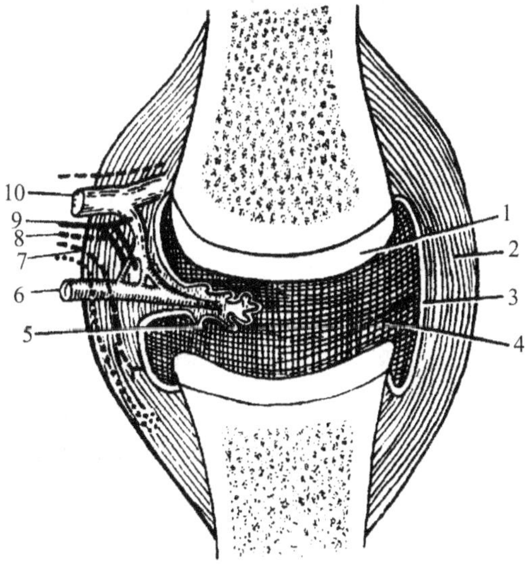

图 2-24 关节构造模式图

1. 关节软骨 2. 关节囊的纤维层 3. 关节囊的滑膜层 4. 关节腔 5. 滑膜绒毛 6. 动脉 7、8. 感觉神经纤维 9. 植物性神经(交感神经节后纤维) 10. 静脉

(董常生，家畜解剖学，第三版，2001)

少摩擦的作用。关节的辅助装置主要有韧带和关节盘。韧带是在关节囊外连在相邻两骨间的致密结缔组织带，以加强关节的稳固性。关节盘是位于两关节面之间纤维软骨板，有加强关节的稳固性，缓冲震动作用。

关节的运动：有屈、伸、内收、外展、旋转及滑动等。

关节的类型：根据构成关节骨的数目分为单关节（两块骨构成）和复关节（多块骨构成）；根据关节运动轴的多少可分为单轴关节（只能作屈、伸运动）、双轴关节（能作屈、伸运动和左、右摆动）和多轴关节（能向各个方向运动）。

3. 矢状面、横断面和额面

（1）矢状面　是指与动物体长轴平行且与地面垂直的切面，分正中矢状面和侧矢状面。正中矢状面只有一个，位于动物体长轴的正中线上，将动物体分为左、右对称的两部分；侧矢状面与正中矢状面平行，位于正中矢状面的两侧。

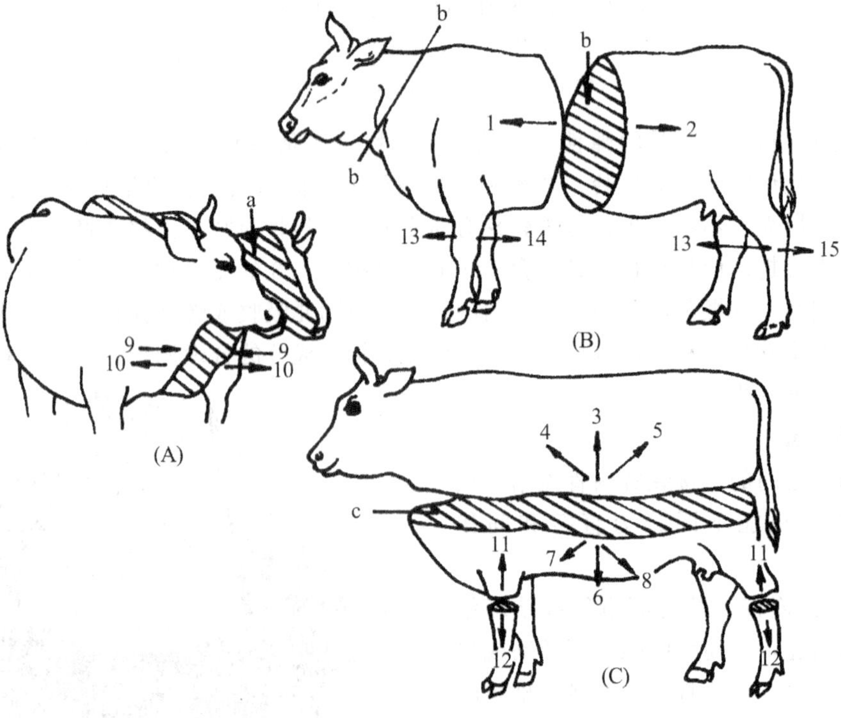

图 2-25　三个基本切面和方位术语

（A）正中矢面　（B）横切面　（C）额面

1. 前　2. 后　3. 背侧　4. 前背侧　5. 后背侧　6. 腹侧　7. 前腹侧　8. 后腹侧

9. 内侧　10. 外侧　11. 近端　12. 远端　13. 背侧（四肢）　14. 掌侧　15. 跖侧

a. 正中矢面　b. 横切面

（马仲华，家畜解剖及组织胚胎学，第三版，2002）

（2）横断面　是指与动物体长轴垂直的切面，将动物体分为前、后两部分。

（3）额面　指与地面平行且与矢状面、横断面垂直的切面，将动物体分为背、腹两部分。

【拓展知识】

1. 奶牛的体尺测量

奶牛在外貌鉴定时，要进行体尺测量：体高是指从鬐甲最高点到地面的垂直距离；体斜长是指从肱骨突起的最前缘(肩端)到坐骨结节后缘之间的距离；体直长是从肱骨突起最前缘和坐骨结节后缘分别作一垂线，量取两条垂线之间的水平距离；胸围是在肩胛软骨之后缘处作一垂线，量取体躯的垂直周径。管围是左前肢掌骨(管骨)上三分之一处的周径，是管骨的最细部位。

2. 骨和关节的病理变化

佝偻病是幼龄动物的长骨和肋胸关节肿大，严重形成"弓腿"，肋骨和肋软骨交界处呈结节状隆起，形成串珠状，脊柱弯曲，胸骨变形。发生软骨病时，长骨骨质变得柔软，易切断或锯断，并永久变形；头骨、骨盆的扁骨显著增厚和变形，由于负重，骨盆发生明显变形。显微镜下观察可见绝大部分骨小梁中心钙化，周围呈现缺钙的淡红色骨样组织，病程较长的病例，骨小梁变形。

骨折及局部血液供应障碍容易导致骨组织坏死，坏死的骨骼变得晦暗干燥，呈白色或浅褐色，表面粗糙，坏死骨组织学特征是骨细胞死亡消失，出现空的陷窝。

关节炎时关节肿胀，关节囊紧张，关节腔内有渗出物，滑膜充血、增厚。关节痛风表现为关节肿大、变形，尤其腿部和脚部关节。剖开关节可见关节腔内半液状的尿酸盐沉着，关节软骨面、关节滑膜、关节周围由于尿酸盐沉积而成白色，通风主要见于鸡。

任务2 识别肌肉

借助肌肉标本、挂图观察全身主要肌肉，指出主要肌性标志的位置，并认知其作用。

动物体肌肉可分为皮肌、头部肌肉、躯干肌肉和四肢肌肉。

皮肌是位于浅筋膜内的薄层骨骼肌。因其紧贴皮肤，故该肌舒缩时可使皮肤颤动，以此驱逐蚊蝇，抖掉灰尘和水滴等。

1. 识别头部肌肉

(1)面部肌

面部肌位于面部，作用于口裂、鼻孔、眼等天然孔处，分为开张天然孔的开肌和关闭天然孔的环形肌。

(2)咀嚼肌

咀嚼肌起于颅骨，止于下颌骨，当收缩时可使下颌骨运动，出现张口、闭口、咀嚼及吸吮动作。最重要的有咬肌、翼肌和颞肌。

咬肌是头部最大的肌肉，位于下颌支的外侧，有闭口的作用。

2. 识别躯干肌肉

躯干部肌肉可分为脊柱肌、颈腹侧肌、胸壁肌、腹壁肌。

(1)脊柱肌　脊柱肌分为脊柱背侧肌群和脊柱腹侧肌群。

① 脊柱背侧肌群　位于脊柱背侧，很发达。两背侧肌群同时收缩可伸脊柱并提举头颈和尾；一侧收缩可使脊柱向左或右侧弯屈。主要有背最长肌和髂肋肌，二者之间的沟，称髂肋肌沟。

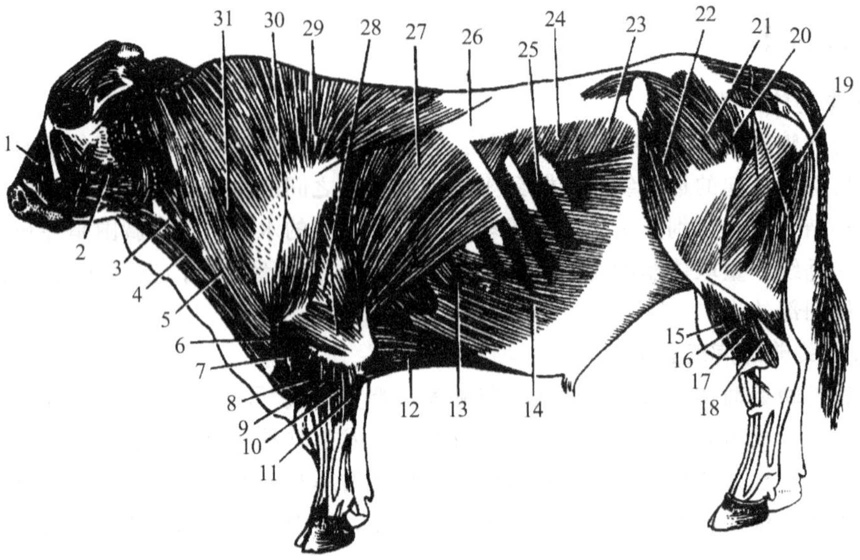

图 2-26　牛体浅层肌

1. 鼻唇体积　2. 咬肌　3. 颈静脉　4. 胸头肌　5. 臂头肌　6. 臂肌　7. 腕桡侧伸肌　8. 指内侧伸肌　9. 指总伸肌　10. 指外侧伸肌　11. 腕尺侧伸肌　12. 胸升肌　13. 胸腹侧锯肌　14. 腹外斜肌　15. 腓骨第 3 肌　16. 腓骨长肌　17. 趾外侧伸肌　18. 趾深屈肌　19. 半腱肌　20. 臀股二头肌　21. 臀中肌　22. 阔筋膜张肌　23. 腹内斜肌　24. 后背侧锯肌　25. 肋间外肌　26. 背腰筋膜　27. 背阔肌　28. 臂三头肌　29. 斜方肌　30. 三角肌　31. 肩胛横突肌

（马仲华，家畜解剖及组织胚胎学，第三版，2002）

背最长肌：是体内最大的肌肉，呈三棱形，位于胸腰椎棘突与肋的椎骨端、腰椎横突所形成的三棱形沟内。起于髂骨前缘及腰荐椎，向前止于最后颈椎及前部肋骨近端。

髂肋肌：位于背最长肌腹外侧，狭长分节，由一系列斜向前下方的肌束组成。起于腰椎横突末端及后 8 个肋的前缘，向前止于所有肋的后上缘。

② 脊椎腹侧肌群　主要是位于颈椎、腰椎腹侧的一些肌群，不发达。两腹侧肌群同时收缩可屈头、颈、腰尾部，一侧收缩可使头颈尾偏向一侧。主要有腰小肌和腰大肌。

腰小肌：位于腰椎腹面的两侧，狭长。

腰大肌：位于腰椎横突的腹外侧，较大，部分被腰小肌覆盖。

(2)颈腹侧肌

颈腹侧肌位于颈部气管、食管及大血管的腹侧和两侧，为长带状肌。有胸头肌、肩胛舌骨肌和胸骨甲状舌骨肌。

胸头肌：位于颈部腹外侧皮下，臂头肌的下缘。胸头肌与臂头肌之间的沟称为颈静脉沟，内有颈静脉，为牛、马、羊采血、输液的常用部位。

肩胛舌骨肌：位于颈侧部，臂头肌的深面，在颈前部形成颈静脉沟的底。

胸骨甲状舌骨肌：位于气管腹侧。

(3)胸壁肌

① 肋间肌　位于肋间隙内，有肋间外肌和肋间内肌两层。

肋间外肌：肌纤维从前上方斜向后下方。收缩时，牵引肋骨向前外方，使胸腔横径扩大，助吸气。

肋间内肌：肌纤维从后上方斜向前下方。收缩时，牵引肋骨向后内方，使胸腔缩小，助呼气。

② 膈　位于胸腹腔之间。为圆顶状的板状肌，凸面向前，周围为肌质，中央为腱质。收缩时，膈顶后移，扩大胸腔纵径，助吸气；舒张时，膈顶回位，助呼气。膈有三个裂孔：上方的是主动脉裂孔；下方的是腔静脉裂孔；中间的是食管裂孔。分别有主动脉、后腔静脉及食管通过。家禽的膈为不发达的质膜，基本没有收缩能力。

(4)腹壁肌

① 腹壁肌　是构成腹腔侧壁和底壁的板状肌，由4层纤维方向不同的薄板状肌构成。由外向内依次为：腹外斜肌、腹内斜肌、腹直肌和腹横肌。

腹外斜肌：为腹壁肌的最外层，肌纤维由前上方斜向后下方。起于第五至最后肋的外面，起始部为肌质，至肋弓下约一掌处变为腱，止于腹白线。

腹内斜肌：为腹壁肌的第二层，肌纤维由后上方斜向前下方。起于髋结节及腰椎横突，向前下方伸延，至腹侧壁中部转为腱，止于最后肋后缘及腹白线。

腹直肌：为腹壁肌的第三层，肌纤维纵行。呈宽带状，位于腹白线两侧的腹底壁内，起于胸骨和后部肋软骨，止于耻骨前缘。

腹横肌：为腹壁肌的最内层，较薄。起于腰椎横突及肋弓内侧，肌纤维上下行走，以腱膜止于腹白线上。

腹肌的作用：腹壁肌各层肌纤维走向不同，彼此重叠，加上被覆在腹肌表面的腹黄筋膜(一层坚韧的腹壁筋膜)，构成柔软而富有弹性的腹壁，对腹壁脏器起着重要的支持和保护作用，腹肌收缩，能增大腹压，协助呼气、排便和分娩等活动。

② 腹白线　位于腹底壁正中线上，剑状软骨与耻骨联合之间，由两侧腹肌腱膜交织而成。在白线中部稍后方有一瘢痕叫脐。由于腹白线上没有大的血管和神经，因此腹腔剖开手术大多沿腹白线进行。

③ 腹股沟管　位于股内侧，为腹外斜肌和腹内斜肌的一个楔形裂隙。管的内口通腹腔，称腹环，长约15cm；外口通皮下，称皮下环，长约10cm。腹股沟管是胎儿时期睾丸及附睾从腹腔下降到阴囊的通道，公畜管内有精索，母畜的腹股沟管内仅供血管、神经通过。动物出生后如果腹环过大，小肠可进入管内，形成疝。因此临床的腹壁疝、腹股沟管疝和阴囊疝发生的解剖学因素是由于腹股沟管的存在。

3. 识别前肢肌肉

前肢主要肌肉包括肩带肌和作用于前肢各关节的肌肉。

(1)肩带肌　是连结前肢和躯干的肌肉，大多数为板状肌。背侧肌群有斜方肌、菱形肌、臂头肌和背阔肌；腹侧肌群有腹侧锯肌和胸肌。其中臂头肌呈长而宽的带状，位于颈侧部浅层，自头伸延至臂，起于枕骨、颞骨、下颌骨，止于臂骨，构成颈静脉沟上界。

由于动物的前肢与躯干间没有关节，完全靠肩带肌连结，因此，这些肌肉的负重很大，常在跌挫或猛进时，发生损伤而造成脱膊。

家禽的肩带肌较复杂，其中最发达的是胸肌，可占肌肉总重量的一半以上，是飞翔的主要肌肉，也是肌肉注射的主要部位。

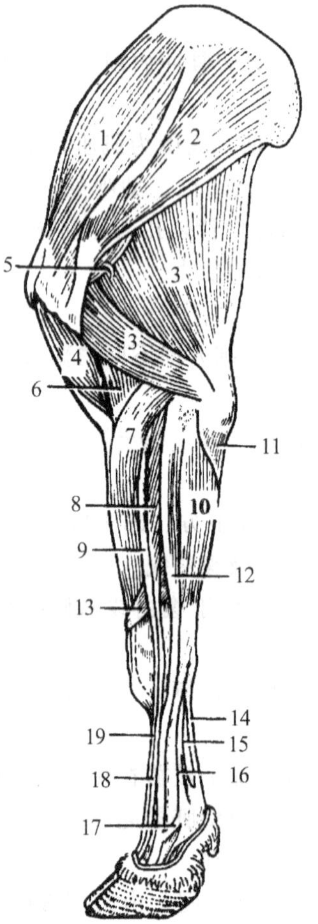

图 2-27 牛前肢肌(外侧)

1. 冈上肌 2. 冈下肌 3. 臂三头肌 4. 臂二头肌 5. 小圆肌 6. 臂肌 7. 腕挠侧伸肌 8. 指总伸肌 9. 指内侧伸肌 10. 腕尺侧伸肌 11. 指深屈肌尺骨头 12. 指外侧伸肌 13. 腕斜伸肌 14. 指浅屈肌腱 15. 指深屈肌腱 16. 悬韧带 17. 悬韧带的分支 18. 指总伸肌腱 19. 指内侧伸肌腱

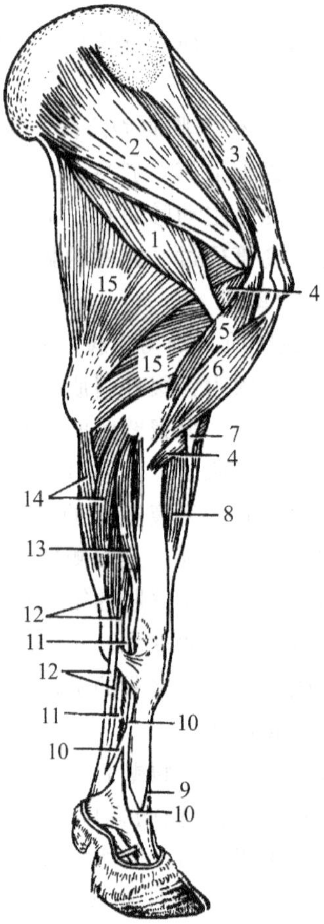

图 2-28 牛前肢肌(内侧)

1. 大圆肌 2. 肩胛下肌 3. 冈上肌 4. 臂肌 5. 喙臂肌 6. 臂二头肌 7. 臂二头肌纤维索 8. 腕挠侧伸肌 9. 指内侧伸肌腱 10. 悬韧带及其分支 11. 指深屈肌腱 12. 指浅屈肌腱 13. 腕挠侧屈肌 14. 腕尺侧屈肌 15. 臂三头肌

(董常生，家畜解剖学，第三版，2001)

(2)作用于肩关节肌肉　作用于肩关节的肌肉有伸肌、屈肌、内收肌和外展肌。由于动物的肩关节主要做屈伸运动，所以，内收肌和外展肌的作用不明显，主要起固定和屈肩关节的作用。

冈上肌：位于冈上窝中，为伸肌。

三角肌：位于冈下肌的浅层，为屈肌。

肩胛下肌：位于肩胛骨内侧面，为内收肌。

冈下肌：位于冈下窝内，为外展肌。

(3)作用于肘关节肌肉　作用于肘关节的肌肉主要有臂三头肌和臂二头肌。

臂三头肌：位于肘关节后方，肩胛骨后缘和臂骨形成的夹角内，是肘关节的伸肌，也是前肢最强大的肌肉。

臂二头肌：位于肘关节前方，臂骨前面，是肘关节的屈肌。

(4)作用于腕关节、指关节肌肉　腕关节和指关节的角顶均向前，故伸肌位于前臂骨的背侧面和外侧面，由前向后依次为腕桡侧伸肌、指内侧伸肌、指总伸肌、指外侧伸肌和腕斜伸肌5块；屈肌位于前臂骨的掌侧面和内侧面，由内向外依次是腕桡侧屈肌、腕尺侧屈肌和腕外侧屈肌。

前臂正中沟：位于前肢内侧，桡骨内后缘和腕桡侧屈肌之间的沟，内有正中动脉、正中静脉和正中神经行走。

4. 识别后肢肌肉

后肢肌肉是推动躯体前进的主要动力，以伸肌最强大。

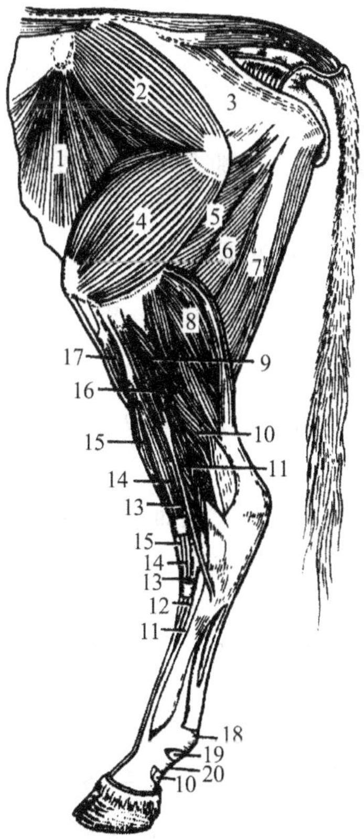

图 2-29　牛后肢肌(外侧)

1. 腹内斜肌　2. 臀中肌　3. 荐结节阔韧带　4. 股外侧肌　5. 内收肌　6. 半膜肌　7. 半腱肌　8. 腓肠肌　9. 比目鱼肌　10. 趾深屈肌及其腱　11. 趾外侧伸肌及其腱　12. 趾短伸肌　13. 趾长伸肌　14. 趾内侧伸肌及其腱　15. 腓骨第3肌及其腱　16. 腓骨长肌　17. 胫骨前肌　18. 跖趾关节掌侧环状韧带　19. 趾浅屈肌腱　20. 趾近侧环状韧带

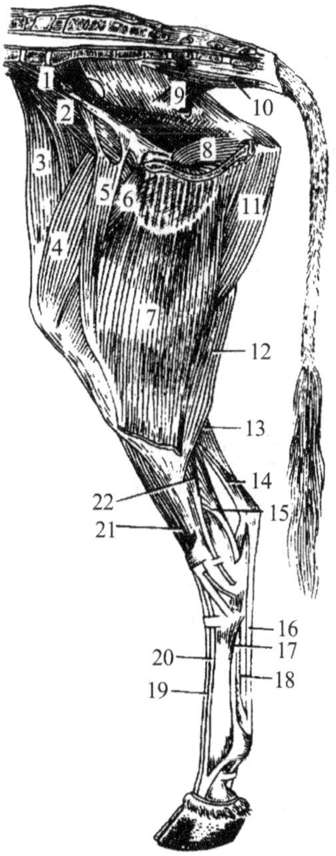

图 2-30　牛后肢肌(内侧)

1. 腰小肌　2. 髂腰肌　3. 阔筋膜张肌　4. 股直肌　5. 缝匠肌　6. 耻骨肌　7. 股薄肌　8. 闭孔内肌　9. 尾骨肌　10. 荐尾腹侧肌　11. 半膜肌　12. 半腱肌　13. 腓肠肌　14. 趾浅屈肌　15. 趾深屈肌　16. 趾浅屈肌腱　17. 悬韧带　18. 趾深屈肌腱　19. 趾长屈肌腱　20. 趾内侧伸肌腱　21. 腓骨第3肌　22. 趾长屈肌

(董常生，家畜解剖学，第三版，2001)

(1)作用于髋关节肌肉　伸肌主要有臀肌、臀股二头肌、半腱肌和半膜肌。屈肌主要是股阔筋膜张肌。此外，还有对髋关节起内收作用的股薄肌和内收肌。

臀肌：位于臀部的皮下。

臀股二头肌：位于臀肌后方，股后外侧皮下。

半腱肌：位于臀股二头肌后方，与臀股二头肌构成股二头肌沟。股二头肌沟内有全身最粗的坐骨神经，因此臀部肌肉注射应该避开此部位。

半膜肌：位于半腱肌内侧。

股阔筋膜张肌：位于股部前方浅层。

股薄肌：位于股内侧皮下。

内收肌：位于半膜肌前方，股薄肌深层。

(2)作用于膝关节肌肉　伸肌主要有位于股骨前方和两侧的股四头肌，屈肌主要是位于胫骨近端后面的腘肌。

(3)作用于跗关节肌肉　跗关节的伸肌主要是腓肠肌，位于小腿后方，有两个肌腹。屈肌主要有位于胫骨背侧的胫前肌和第三腓骨肌。

跟腱：位于小腿后部的一圆形强腱，由腓肠肌肌腱、趾浅屈肌腱、臀股二头肌腱和半腱肌腱合成，连与跟结节上，有伸跗关节的作用。

(4)作用于趾关节肌肉　作用于趾关节的伸肌位于小腿背外侧，屈肌位于小腿跖侧。

【相关知识】 肌肉

1. 肌肉的构造

运动系统的肌肉属于横纹肌，因其附着在骨骼上，故称骨骼肌。每块肌肉都是一个器官，均由肌腱和肌腹构成。

(1)肌腹　是有收缩能力的部分，由横纹肌纤维借结缔组织结合而成。肌纤维是肌肉的实质部分，结缔组织则为间质部分。由结缔组织把肌纤维先集合成小肌束，再集合成大的肌束，然后集合成肌肉块。包在肌纤维外的膜称肌内膜，包在肌束外面的称肌束膜，包在肌肉外面的称肌外膜。间质内有血管、神经、脂肪，对肌肉起联系、支持和营养作用。

(2)肌腱　由致密结缔组织构成，借肌内膜连结在肌纤维的端部或肌腹中，故有的肌肉块的肌腱位于两端，有的位于中间或某一部位。纺锤形或长肌的肌腱多呈圆索状，阔肌的腱多呈薄膜状。

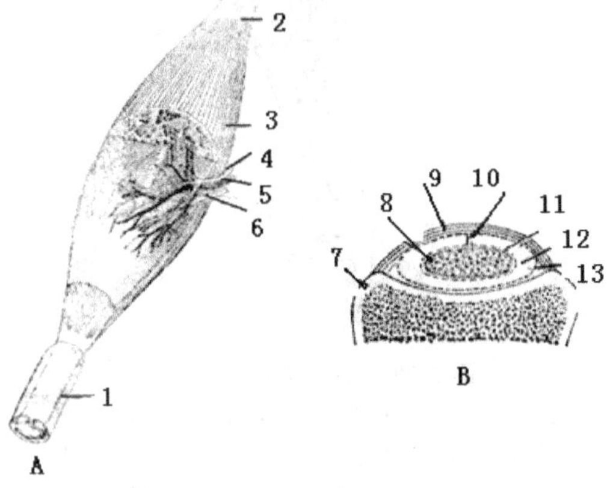

图 2-31　肌肉构造示意图

(A)肌腱和肌腹　(B)腱鞘

1. 腱鞘　2. 肌腱　3. 肌腹　4. 动脉　5. 静脉　6. 神经　7. 骨　8. 腱　9. 纤维膜　10. 腱系膜　11. 滑膜腱层　12. 滑膜腔 13. 滑膜壁层

(董常生，家畜解剖学，第三版，2001)

2. 肌肉的形态

肌肉因功能和位置的不同而呈不同的形态。主要有阔肌、长肌、短肌、纺锤形肌、环形肌等多种。

3. 肌肉的种类和命名

肌肉一般按作用、形态、位置、结构、起止点及肌纤维方向等特征单一命名(如臂头肌)或综合命名(如腹外斜肌)。肌肉按其收缩时所产生的结果不同分为伸肌、屈肌、内收肌、外展肌、旋肌、括约肌等。

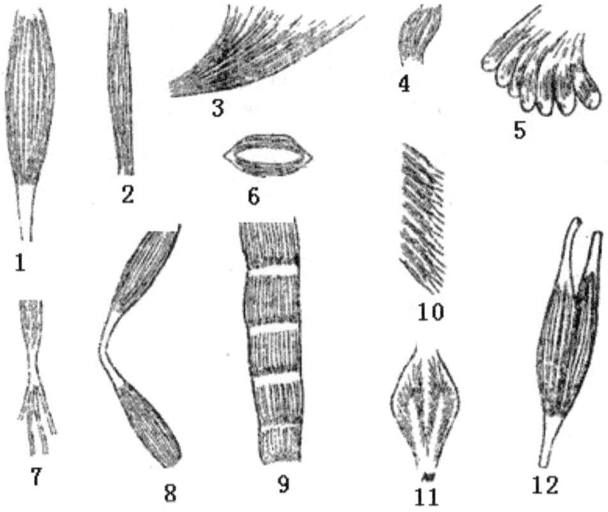

图 2-32 肌肉的形态

1. 纺锤形肌 2. 带状肌 3. 板状肌 4. 短肌 5. 锯肌 6. 环形肌 7. 四尾肌 8. 二腹肌 9. 带腱划肌 10. 多裂肌 11. 复羽状纺锤形肌 12. 二头肌

(董常生，家畜解剖学，第三版，2001)

4. 肌肉的起止点

每块肌肉一般都附着在2块以上的骨上，跨过一个或两个以上的关节，肌肉多附着于软骨、筋膜、韧带或皮肤上。肌肉收缩时，不动的一端为起点，动的一端为止点，但这不是绝对的，当活动改变时，起止点也相应地改变。

5. 肌肉的辅助结构

包括筋膜、黏液囊、腱鞘。

(1)筋膜　为包在肌肉块或肌群外面的结缔组织膜，分为浅筋膜和深筋膜。浅筋膜位于皮下，由疏松结缔组织构成，覆盖在肌肉的表面。浅筋膜内有血管、神经、脂肪或皮肌分布。浅筋膜有联系深部组织，储存营养，保护及参与体温调节等作用；深筋膜由致密结缔组织构成，位于浅筋膜深面。

(2)黏液囊　是结缔组织囊，囊壁薄，内衬滑膜，囊内有少量黏液。黏液囊位于肌腱、韧带、皮肤等与骨突起之间，分别称肌下、腱下、韧带下和皮下黏液囊。关节附近的黏液囊常与关节腔相通，称滑膜囊。

(3)腱鞘　是卷曲成长筒状的粘液囊，分内外两层。外层为纤维层，厚而坚固，由深筋膜增厚而成；内层为滑膜层，又分壁层和脏层。壁层紧贴在纤维层的外面，脏层紧包在腱上，由壁层折转而来，壁、脏两层空隙间有少量的滑液，腱鞘多位于四肢关节部，有减少摩擦、保护肌腱的作用。

【拓展知识】 肌肉的病理变化

当动物肌肉发生萎缩时，肌肉体积缩小，色淡，质较硬，尤以晚期明显。显微镜下可见散在肌纤维萎缩，断面直径缩小，边缘变直或下陷，成明显角状。肌核增多，横纹与纵纹仍保留。

动物发生白肌病时，主要发生于半腱肌、半膜肌、股二头肌、背最长肌、臂三头肌及心肌等，有时发生在咬肌与膈，轻度病变呈灰黄色条纹或斑块状病灶，有条纹状出血和局部水肿。严重者肌肉呈干燥煮肉状，坚实且缺乏弹性。钙化时，触摸有硬块状，显微镜下观察可见骨骼肌纤维收缩导致肌纤维变短，横纹消失，横断面可见肌纤维肿大、变圆、均质无结构。

计 划 单

<table>
<tr><td>模块2</td><td colspan="4">体 壁</td><td>学 时</td><td>14</td></tr>
<tr><td>计划方式</td><td colspan="6">小组讨论、同学间互相合作共同制订计划</td></tr>
<tr><td>序 号</td><td colspan="4">实施步骤</td><td>使用资源</td><td>备 注</td></tr>
<tr><td></td><td colspan="4"></td><td></td><td></td></tr>
<tr><td></td><td colspan="4"></td><td></td><td></td></tr>
<tr><td></td><td colspan="4"></td><td></td><td></td></tr>
<tr><td></td><td colspan="4"></td><td></td><td></td></tr>
<tr><td></td><td colspan="4"></td><td></td><td></td></tr>
<tr><td></td><td colspan="4"></td><td></td><td></td></tr>
<tr><td></td><td colspan="4"></td><td></td><td></td></tr>
<tr><td></td><td colspan="4"></td><td></td><td></td></tr>
<tr><td></td><td colspan="4"></td><td></td><td></td></tr>
<tr><td></td><td colspan="4"></td><td></td><td></td></tr>
<tr><td>制订计划
说明</td><td colspan="6"></td></tr>
<tr><td rowspan="3">计划评价</td><td>班 级</td><td></td><td>第 组</td><td>组长签字</td><td colspan="2"></td></tr>
<tr><td>教师签字</td><td colspan="2"></td><td>日 期</td><td colspan="2"></td></tr>
<tr><td colspan="6">评语：</td></tr>
</table>

决策实施单

<table>
<tr><td>模块 2</td><td colspan="7">体　壁</td></tr>
<tr><td colspan="8">讨论小组制订的计划书，做出决策</td></tr>
<tr><td rowspan="7">计划对比</td><td>组号</td><td>工作流程的正确性</td><td>知识运用的科学性</td><td>步骤的完整性</td><td>方案的可行性</td><td>人员安排的合理性</td><td>综合评价</td></tr>
<tr><td>1</td><td></td><td></td><td></td><td></td><td></td><td></td></tr>
<tr><td>2</td><td></td><td></td><td></td><td></td><td></td><td></td></tr>
<tr><td>3</td><td></td><td></td><td></td><td></td><td></td><td></td></tr>
<tr><td>4</td><td></td><td></td><td></td><td></td><td></td><td></td></tr>
<tr><td>5</td><td></td><td></td><td></td><td></td><td></td><td></td></tr>
<tr><td>6</td><td></td><td></td><td></td><td></td><td></td><td></td></tr>
</table>

<table>
<tr><td colspan="3">制订实施方案</td></tr>
<tr><td>序号</td><td>实施步骤</td><td>使用资源</td></tr>
<tr><td>1</td><td></td><td></td></tr>
<tr><td>2</td><td></td><td></td></tr>
<tr><td>3</td><td></td><td></td></tr>
<tr><td>4</td><td></td><td></td></tr>
<tr><td>5</td><td></td><td></td></tr>
<tr><td>6</td><td></td><td></td></tr>
<tr><td colspan="3">实施说明：</td></tr>
</table>

<table>
<tr><td>班　级</td><td></td><td>第　组</td><td>组长签字</td><td></td></tr>
<tr><td>教师签字</td><td colspan="2"></td><td>日　　期</td><td></td></tr>
<tr><td>决策评价</td><td colspan="4">评语：</td></tr>
</table>

材料设备清单

模块 2	体 壁				学 时	14	
项 目	序号	名 称	作 用	数 量	型 号	使用前	使用后
所用设备 1	投影仪	观看视频图片	1 个				
所用材料	2	皮肤挂图模型	识别皮肤的构造	2 副			
	3	牛马蹄标本	识别牛马蹄的构造	4 个			
	4	牛角标本	识别角的结构和角轮	4 个			
	5	牛、猪、马、羊、犬、鸡整体骨骼标本	识别全身重要骨、关节和骨性标志	各 2 具			
	6	牛、猪整体骨骼挂图	识别全身骨骼及骨性标志	2 副			
	7	牛马整体肌肉标本	识别浅层肌肉及肌性标志	1 具			
	8	牛浅层肌肉挂图	识别浅层肌肉及肌性标志	1 具			
	9	活体牛	识别主要骨性和肌性标志	2 头			
	10	身体各部骨骼标本	识别身体各部骨骼	多量			
班 级			第 组	组长签字		教师签字	

作 业 单

<table>
<tr><td>模块 2</td><td>体 壁</td></tr>
<tr><td>作业完成方式</td><td>课余时间独立完成</td></tr>
<tr><td>作业题 1</td><td>皮肤的构造和作用如何？临床的皮内和皮下注射分别注射到皮肤的哪层？</td></tr>
<tr><td>作业解答</td><td></td></tr>
<tr><td>作业题 2</td><td>牛乳腺的结构如何？</td></tr>
<tr><td>作业解答</td><td></td></tr>
<tr><td>作业题 3</td><td>牛蹄、马蹄的结构如何？</td></tr>
<tr><td>作业解答</td><td></td></tr>
<tr><td>作业题 4</td><td>标出全身重要骨性标志的名称：齿槽间隙、鼻颌切迹、下颌血管切迹、咬肌面、鬐甲、肋弓、肋间隙、腰荐间隙、荐骨岬、腰椎横突、剑状软骨、肘突、髋结节、荐结节、坐骨结节、跟结节、前肢骨和关节、后肢骨和关节</td></tr>
<tr><td>作业答案</td><td>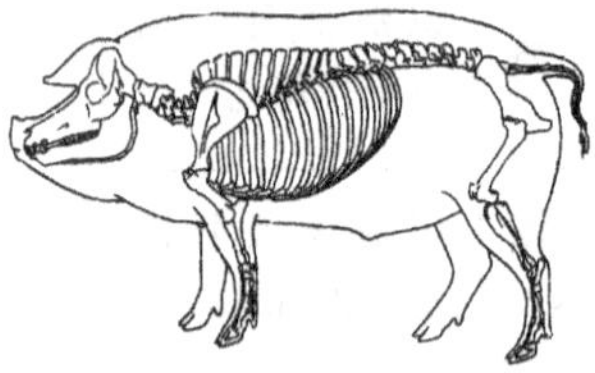</td></tr>
<tr><td>作业题 5</td><td>标出全身主要肌性标志的名称：咬肌、颈静脉沟、髂肋肌沟、股二头肌沟、跟腱、屈腱、腹白线</td></tr>
<tr><td>作业解答</td><td></td></tr>
<tr><td>作业题 6</td><td>标出关节各部位名称：关节面、关节软骨、关节腔、关节囊的纤维层和滑膜层。</td></tr>
<tr><td>作业解答</td><td>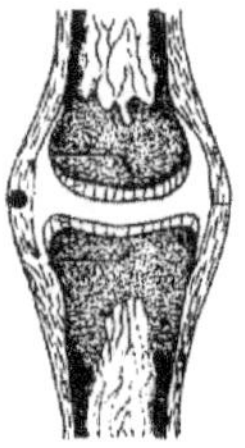</td></tr>
</table>

续表

<table>
<tr><td>模块 2</td><td colspan="6">体 壁</td></tr>
<tr><td>作业题 7</td><td colspan="6">标出动物体各部位名称：颅部、面部、颈部、背胸部、腰腹部、荐臀部、尾部、肩部、臂部、前臂部、前脚部、股部、小腿部、后脚部</td></tr>
<tr><td>作业解答</td><td colspan="6">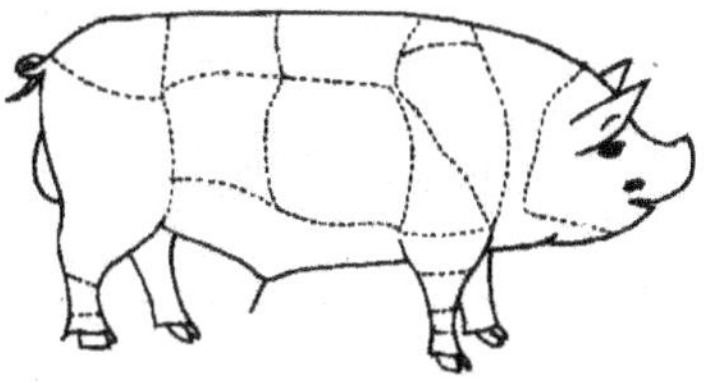</td></tr>
<tr><td>作业题 8</td><td colspan="6">腹侧壁肌肉有哪些，肌纤维走向如何？</td></tr>
<tr><td>作业解答</td><td colspan="6"></td></tr>
<tr><td>作业题 9</td><td colspan="6">参与呼吸的胸壁肌肉有哪些？分别参与呼吸的哪个动作？</td></tr>
<tr><td>作业解答</td><td colspan="6"></td></tr>
<tr><td>作业题 10</td><td colspan="6">解释名词：腹白线　腹股沟管　颈静脉沟　股二头肌沟　椎管　鼻旁窦　乳镜　蹄白线　皮肤衍生物</td></tr>
<tr><td>作业解答</td><td colspan="6"></td></tr>
<tr><td rowspan="4">作业评价</td><td>班　级</td><td></td><td>第　组</td><td>组长签字</td><td colspan="2"></td></tr>
<tr><td>学　号</td><td></td><td>姓　名</td><td colspan="3"></td></tr>
<tr><td>教师签字</td><td></td><td>教师评分</td><td></td><td>日期</td><td></td></tr>
<tr><td colspan="6">评语：</td></tr>
</table>

效果检查单

<table>
<tr><td>模块 2</td><td colspan="5">体　壁</td></tr>
<tr><td>检查方式</td><td colspan="5">以小组为单位，采用学生自检与教师检查相结合，成绩各占总分(100 分）的 50%。</td></tr>
<tr><td>序号</td><td>检查教学单元</td><td colspan="2">检查标准</td><td>学生自检</td><td>教师检查</td></tr>
<tr><td>1</td><td>资讯问题</td><td colspan="2">回答正确、认真</td><td></td><td></td></tr>
<tr><td>2</td><td>识别皮肤构造</td><td colspan="2">准确识别皮肤的表皮、真皮和皮下组织</td><td></td><td></td></tr>
<tr><td>3</td><td>识别牛蹄结构</td><td colspan="2">准确识别蹄壁、蹄底、蹄球</td><td></td><td></td></tr>
<tr><td>4</td><td>识别马蹄结构</td><td colspan="2">准确识别蹄壁、蹄底、蹄叉和蹄白线</td><td></td><td></td></tr>
<tr><td>5</td><td>关节结构</td><td colspan="2">能准确绘出关节构造图并标出名称</td><td></td><td></td></tr>
<tr><td>6</td><td>牛体骨性标志</td><td colspan="2">能从挂图、标本和活体牛上指出并说出骨性标志</td><td></td><td></td></tr>
<tr><td>7</td><td>猪体骨性标志</td><td colspan="2">能在挂图、标本和活体猪上指出并说出骨性标志</td><td></td><td></td></tr>
<tr><td>8</td><td>牛体肌性标志</td><td colspan="2">能在挂图、标本和活体牛上指出并说出肌性标志</td><td></td><td></td></tr>
<tr><td rowspan="3">检查评价</td><td>班　　级</td><td></td><td>第　　组</td><td>组长签字</td><td></td></tr>
<tr><td>教师签字</td><td colspan="2"></td><td>日　　期</td><td></td></tr>
<tr><td colspan="5">评语：</td></tr>
</table>

评价反馈单

模块 2	体 壁				
评价类别	教学单元	子教学单元	个人评价	组内评价	教师评价
专业能力(60%)	资讯(10%)	获取信息(5%)			
		引导问题回答(5%)			
	计划(5%)	计划可执行度(3%)			
		用具材料准备(2%)			
	实施(20%)	各项操作正确(8%)			
		完成的各项操作效果好(6%)			
		完成操作中注意安全(4%)			
		操作方法的创意性(2%)			
	检查(10%)	全面性、准确性(5%)			
		现场中出现问题的处理(5%)			
	过程(5%)	使用工具的规范性(2%)			
		操作过程规范性(2%)			
		工具和设备使用管理(1%)			
	结果(10%)	结果质量(10%)			
社会能力(20%)	团队合作(10%)	小组成员合作良好(5%)			
		对小组的贡献(5%)			
	敬业、吃苦精神(10%)	学习纪律性(4%)			
		爱岗敬业和吃苦耐劳精神(6%)			
方法能力(20%)	计划能力(10%)	制订计划合理(10%)			
	决策能力(10%)	计划选择正确(10%)			

意见反馈
请写出你对本学习情境教学的建议和意见

评价评语	班　级		姓　名		学　号		总　评	
	教师签字		第　组	组长签字			日　期	
	评语：							

模块 3

内　　脏

学习任务单

模块 3	内　脏			学　时	40
布置任务					
学习目标	1. 认知消化、呼吸、泌尿和生殖等生命活动现象及规律。 2. 掌握内脏系统的组成。 3. 能在新鲜器官上识别主要内脏器官的形态、大小、颜色、质地和构造。 4. 能在显微镜下识别主要内脏器官的组织学构造。 5. 能在活体动物上正确界定主要内脏器官的体表投影位置。 6. 能在活体上正确进行呼吸数测定、呼吸式判断和呼吸音、胃肠音听诊。 7. 培养学生的团队合作、爱护动物、吃苦耐劳、不怕脏不怕累的精神。				
任务描述	在牧场和实训室内对主要内脏器官进行体表投影位置确定及观察，识别正常状态下各自的位置、形态、颜色、质地和构造，并认知其机能。 具体任务： 1. 在牧场活体动物上确定胃、肠、肺、肾、卵巢、子宫等主要内脏器官的体表投影位置。 2. 在解剖室观察胃、肠、肝、肺、肾等主要内脏器官的形态、大小、颜色、质地和构造。 3. 在组织实训室观察肠、肝、肺、肾、睾丸、卵巢等器官的组织构造。 4. 在生理实训室结合实验和录像，认知消化、呼吸、泌尿和生殖器官的机能。				
任务载体和工作场景	任务载体：消化、呼吸、泌尿和生殖器官的标本、模型、新鲜器官以及活体等 工作场景：牧场和实训室				
学时分配	资讯 8 学时	计划 4 学时	决策 2 学时	实施 20 学时	考核 4 学时	评价 2 学时
提供资料	1. 周其虎．动物解剖生理．北京：中国农业出版社，2008 2. 陈耀星．畜禽解剖生理．北京：中国农业大学出版社，2001 3. 丁玉玲．畜禽解剖生理．哈尔滨：黑龙江人民出版社，2005 4. 南京农业大学．家畜生理学．北京：中国农业出版社，2007 5. 范作良．家畜解剖学．北京：中国农业出版社，2001 6. 范作良．家畜生理学．北京：中国农业出版社，2001 7. 动物解剖生理精品课网址： http：//113.0.240.9：8080/book－show/flex/book.html? courseNumber＝184860 8. 动物解剖与剖检精品课网址： http：//113.0.240.9：8080/book－show/c/184860/vindex.html 9. 畜牧课件网网址：http：//www.doc88.com/p－68143044163.html 10. 动物生理学课件网网址：http：//www.docin.com/p－95293071.html				

续表

模块3	内 脏	学 时	40
对学生要求	1. 能根据任务单、资讯引导，查阅相关资料，在课前以小组合作的方式完成任务资讯问题。 2. 以小组为单位完成任务，体现团队合作精神。 3. 严格遵守实训室和牧场规章制度，避免安全隐患。 4. 对各种动物的解剖特点进行对比学习。 5. 严格遵守操作规程，做好自身防护，防止疾病传播。		

任务资讯单

模块3	内 脏
资讯方式	通过资讯引导、观看视频、到本课程及相关课程的精品课网站、解剖室、标本室、组织实训室、生理实训室、实习牧场、图书馆查询，向指导教师资询。
资讯问题	1. 内脏包括哪些系统？ 2. 消化系统的组成？消化管和消化腺包括哪些？ 3. 腹腔划分为哪几部分？ 3. 什么是腹膜和腹膜腔？如何区分系膜、网膜和韧带？ 4. 口腔的周界都有哪些？ 5. 咽和哪七个口相通？为何有时食物会呛到鼻子或气管里？ 6. 食管的位置和走向如何？结合解剖知识说明临床投胃导管时，如何判断是否正确？ 7. 瘤、网、瓣、皱四个胃的位置和黏膜特点，前胃和真胃分别是指哪些胃？为什么临床上易发生创伤性网胃炎？ 9. 大、小肠各分哪几段？位置如何？ 10. 小肠的组织构造如何？肠壁水肿主要发生在哪个部位？ 11. 肝的位置、形态、颜色、质地、构造及分叶情况如何？脂肪肝是什么颜色的？ 12. 肝的血液循环有何特点？其中的肝动脉和门静脉有何作用？ 13. 什么是消化和吸收？动物的消化方式有哪些？ 14. 唾液有何作用？动物用舌头舔舐伤口有何意义？ 15. 瘤胃微生物有何作用？为何奶牛的饲料中可以添加少量的尿素？ 16. 食管沟的位置在哪？什么是食管沟反射？犊牛为何不宜用桶喂乳？ 17. 什么是反刍？有何意义？尽早训练犊牛吃草有何好处？ 18. 胃酸有何作用？为何新生仔猪容易出现下痢？ 19. 胆汁中不含消化酶，是如何参与消化的？ 20. 为什么说小肠是消化和吸收的主要部位？ 21. 什么是胃、肠音？特点如何？在哪听取？ 22. 纤维素、脂肪、蛋白质在消化道内是如何消化吸收的？ 23. 呼吸系统的组成，上呼吸道包括哪些？ 24. 空气经过鼻腔有何变化？ 25. 喉的构造如何？会厌软骨在吞咽中有何作用？ 26. 气管的构造如何？痰是怎么形成的？ 27. 临床上进行肺部听诊和叩诊时，如何确定肺区？ 28. 肺的颜色、质地、形态、构造和分叶情况如何？

续表

学习情境3	内　脏
资讯问题	29. 肺的组织构造如何？什么是肺小叶？临床的小叶性和大叶性肺炎是如何界定的？ 30. 什么是胸膜和胸膜腔？胸膜腔和胸腔是一回事吗？ 31. 呼吸由哪几个环节组成？氧是如何进入体内？二氧化碳是如何排出体外？ 32. 参与呼吸的肌肉主要有哪些？他们如何参与吸气和呼气的？ 33. 何谓胸内负压？有何生理意义？何谓“气胸”，它有何危害？ 34. 呼吸方式有几种？正常动物以哪种呼吸方式为主？患有胸膜炎和腹膜炎的动物呼吸方式是哪种？为什么？ 35. 各种动物的呼吸数，如何测定？ 36. 呼吸音有几种？分别在哪听取？ 37. 肺换气和组织换气发生在何处？气体进行了怎样的交换？ 38. 氧气和二氧化碳在血液中是如何运输的？一氧化碳中毒和亚硝酸盐中毒是什么原理？ 39. 血液中的氧、二氧化碳和酸碱度对呼吸运动有何影响？ 40. 泌尿系统的组成。 41. 肾的一般构造如何？ 42. 牛、羊、猪、马肾的位置、形态和构造特点如何？ 43. 肾的组织学构造如何？什么是肾单位？ 44. 为什么说肾的血液循环特点和组织构造特别适于泌尿？ 45. 膀胱的位置和构造如何？ 46. 尿的生成过程，血液、原尿和终尿有何区别？ 47. 结合影响尿生成因素，说明临床少尿、多尿、血尿、蛋白尿和糖尿发生的原因和机理。 48. 腰荐部脊髓受到损伤对排尿有何影响？ 49. 雌、雄性生殖系统的组成及主要器官的作用。 50. 睾丸为何出生后要从腹股沟管下降到阴囊内？什么是隐睾？隐睾的动物为何不宜留作种用？ 51. 阴囊壁由哪几部分构成？公畜去势时在阴囊的哪个部位做切口？切开阴囊后需切断那些结构？ 52. 母牛卵巢的位置在哪？生产中什么情况下要检查卵巢？如何检查？ 53. 仔猪卵巢的位置在哪？为何不做繁殖用的仔猪要摘除卵巢(去势)？ 54. 受精的部位在什么地方？为何仅限于此部位？什么是宫外孕？ 55. 牛子宫有何构造特点？为何牛人工输精常采用直肠把握法进行？为什么牛容易发生胎衣不下？ 56. 什么是性成熟和体成熟？为何性成熟时可以配种但又不提倡？ 57. 列举几种终年多次发情和季节性发情的常见动物。 58. 什么是发情周期？生产中如何通过发情表现确定适宜的配种时间？ 59. 什么是附植？各种动物的附植时间是多少？为何妊娠母畜早期饲养管理上要防流产？ 60. 牛、羊和猪的妊娠期是多少天？如何推算它们的预产期？ 61. 妊娠母畜有何生理变化？ 62. 分娩的预兆有哪些？分娩的过程可分为哪几个时期？ 63. 什么是初乳？新生仔畜为何要及时吃上初乳，越早越好？

续表

学习情境3	内 脏
资讯引导	所有资讯问题可以到以下资源中查询： 1. 周其虎主编的《动物解剖生理》第二、三、四、五章。 2. 丁玉玲主编的《畜禽解剖生理》第四、五、六、七章。 3. 范作良主编的《动物解剖》第四、五、六、七章。 4. 丁玉玲主编的《动物解剖与剖检技术》教学单元四、五、六、七。 5. 任玲主编的《动物生理与病理》教学单元二、三、四、九。 6. 动物解剖生理精品课网址： http：//113.0.240.9：8080/book－show/flex/book.html？courseNumber＝184860 7. 本模块的相关信息单。

相关信息单

教学单元1 消化系统

内脏包括消化系统、呼吸系统、泌尿系统和生殖系统。

消化系统包括消化管和消化腺两部分。消化管为食物通过的管道，起于口腔，经咽、食管、胃、小肠、大肠，止于肛门。消化腺为分泌消化液的腺体，包括唾液腺、胃腺、肠腺、肝和胰等。其中胃腺和肠腺分别位于胃壁和肠壁内，称壁内腺；唾液腺、肝和胰则在消化管外形成独立的腺体，其分泌物经腺导管进入消化管，称为壁外腺。

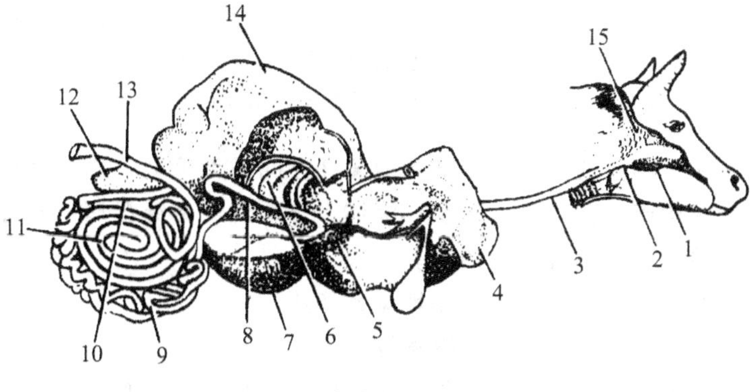

图3-1 牛消化系统模式图

1. 口腔 2. 咽 3. 食管 4. 肝 5. 网胃 6. 瓣胃 7. 皱胃 8. 十二指肠 9. 空肠 10. 回肠 11. 结肠 12. 盲肠 13. 直肠 14. 瘤胃 15. 腮腺

（马仲华，动物解剖及组织胚胎学，第三版，2002）

任务1 识别消化器官的构造

借助标本、模型、挂图、新鲜器官和组织切片观察口腔、咽、食管、胃、肠、肝和胰，识别其形态、颜色、位置和构造。

1. 口腔的识别

口腔前壁为唇，两侧壁为颊，顶壁为硬腭，底壁为下颌骨和舌，后壁为软腭。前由口裂与外界相通，后以咽峡与咽相连。口腔以齿弓为界分为口腔前庭和固有口腔：齿弓与唇、颊之间的空隙为口腔前庭；齿弓以内的空隙称为固有口腔。

口腔黏膜呈粉红色，富有血管，常有色素沉着。如果口腔黏膜潮红、苍白、黄染、湿润、干燥以及破损等可能预示着某些疾病，因此是临床检查的可视黏膜之一。

(1)唇分上唇和下唇，以口轮匝肌为基础，内衬黏膜，外被皮肤。唇黏膜具有唇腺，开口于唇粘膜上。

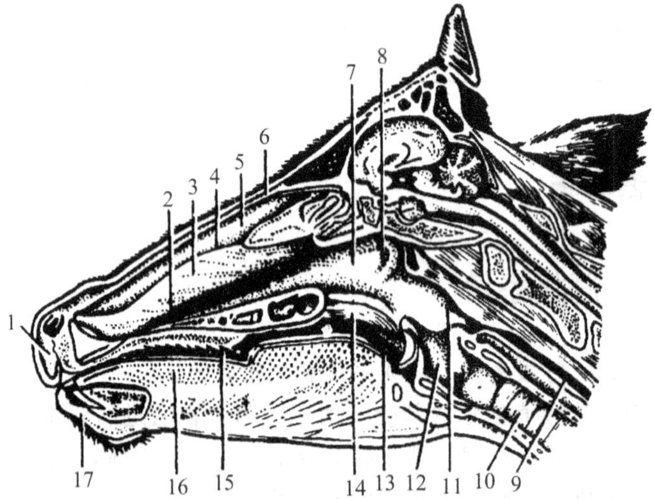

图 3-2 牛头纵剖面

1. 上唇 2. 下鼻道 3. 下鼻甲 4. 中鼻道 5. 上鼻甲 6. 上鼻道 7. 鼻咽部 8. 咽鼓管咽口 9. 食管 10. 气管 11. 喉咽部 12. 喉 13. 口咽部 14. 软腭 15. 硬腭 16. 舌 17. 下唇

(马仲华，动物解剖及组织胚胎学，第三版，2002)

牛唇短厚、坚实、不灵活。上唇中部和两鼻孔之间的无毛区，称鼻唇镜，羊的两鼻翼间形成鼻镜，内有鼻唇腺，常分泌一种水样液体。鼻唇镜或鼻镜湿润、低温是牛、羊健康的标志。羊唇薄灵活，可以啃食低矮的草。

猪上唇宽厚，与鼻端构成吻突，有掘地觅食作用。

马唇长而灵活，上唇表面正中有一纵沟称人中。

禽类无唇，喙是采食器官。鸡喙呈尖端向前的圆锥形，被覆有坚硬的角质，适于摄取细小饲料和撕裂大块食物；鸭和鹅的喙长而扁，边缘呈锯齿状互相嵌合，适于水中采食。

犬唇薄而灵活，口裂大，有触毛。上唇有中央沟或中央裂将上唇分为左右两半，下唇常松弛。上唇和鼻端间形成光滑湿润的暗褐色无毛区，称鼻镜。

(2)颊主要由颊肌构成，外覆皮肤，内衬黏膜。颊黏膜上有颊腺和腮腺管开口。

牛、羊的颊黏膜上有尖端朝后的锥状乳头，猪、犬、马颊黏膜平滑。犬的颊粘膜常有色素。鸡没有颊，被角质喙代替。

(3)硬腭构成口腔的顶壁。硬腭黏膜厚而坚实，上皮高度角质化。硬腭正中有一纵行的腭缝，腭缝两侧为横行的腭褶，腭褶上有角质化的锯齿状乳头，利于磨碎食物。

(4)软腭 由硬腭延续而来，构成口腔后壁。软腭由肌肉和黏膜构成，黏膜内分布有淋巴组织和腺体。软腭与舌根之间的腔隙为咽峡，是口腔与咽之间的通道。软腭在吞咽过程中起活性瓣的作用，呼吸时软腭下垂，吞咽时软腭提起，关闭鼻咽部。马的软腭长，咽峡很小，因此很难用口呼吸，也不易呕吐。

(5)舌 位于口腔底，占据固有口腔的绝大部分。舌运动灵活，参与采食、吸吮、咀嚼、吞咽、发声，并有感受味觉等功能。

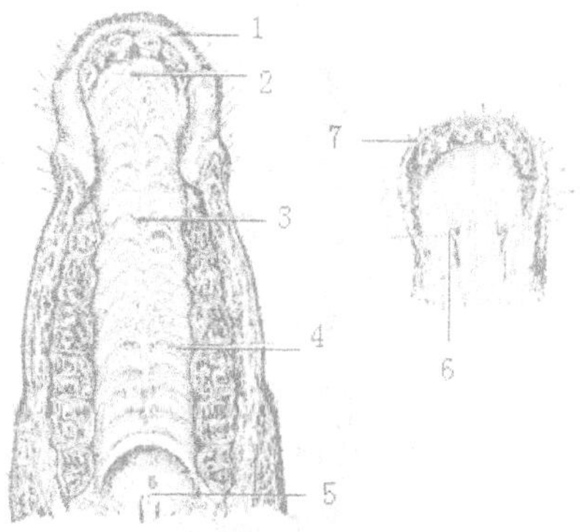

图 3-3 口腔顶壁和底壁

1. 上唇 2. 切齿乳头 3. 腭缝 4. 腭褶 5. 软腭 6. 舌下肉阜 7. 下唇

(马仲华，动物解剖及组织胚胎学，第三版，2002)

舌可分舌尖、舌体和舌根三部分。舌尖是舌前端游离的部分；舌体位于两侧臼齿之间，附着于口腔底的下颌骨上；舌根为舌体后部附着于舌骨上的部分。舌尖和舌体交界处的腹侧有黏膜褶与口腔底相连，称为舌系带(牛、猪两条，马、犬一条)。舌系带两侧各有一突起称为舌下肉阜(俗称卧蚕)，猪无舌下肉阜。

舌主要由横纹肌构成，表面被覆黏膜。舌背面的黏膜上有许多乳头：主要是丝状乳头和锥状乳头，仅起机械保护作用，无味蕾；菌状乳头、叶状乳头和轮廓乳头的上皮内含有味蕾，具有味觉作用。舌根背侧和两侧的黏膜内有大量的淋巴组织，称为舌扁桃体。

牛舌宽厚有力，是采食的主要器官。舌背后部有一隆起，称舌圆枕，马、猪没有。

犬舌有明显的舌背正中沟。舌尖腹侧有明显的舌下静脉，可作为静脉麻醉药的注射部位。

禽类的舌黏膜上味蕾少，味觉较差，但对水温敏感，不喜欢饮高于体温的水，却不拒绝饮冰冷的水。

(6)齿 镶嵌于上、下颌骨的齿槽内，排列成弓形，分成上齿弓和下齿弓。每侧齿弓由前向后顺序排列为切齿、犬齿和臼齿。其中切齿由内向外又分别称为门齿、内中间齿、外中间齿、隅齿，臼齿可分为前臼齿和后臼齿。

动物齿的排列方式称为齿式：

$$\frac{\text{上齿式}}{\text{下齿式}}=2\left(\frac{\text{切齿}\quad\text{犬齿}\quad\text{前臼齿}\quad\text{后臼齿}}{\text{切齿}\quad\text{犬齿}\quad\text{前臼齿}\quad\text{后臼齿}}\right)$$

齿在出生后逐个长出。除后臼齿外，其余齿到一定年龄时均按一定顺序进行脱换。脱换前的齿称为乳齿，个体较小、乳白色，磨损较快；脱换后的齿称恒齿，相对较大，坚硬、颜色较白。

齿在外形上可分三部分：埋在齿槽内的部分称齿根；露于齿龈外的称齿冠；二者之间被齿龈覆盖的部分称为齿颈。齿龈为包在齿颈外的一层黏膜，与骨膜紧密相连，呈淡红色，有固定齿的作用。当齿龈发生紫色或潮红等现象，是一种病理变化。

齿由齿质、釉质和齿骨质构成。齿质位于内层，呈淡黄色，构成齿的主体；齿冠部齿质的外面包以光滑、坚硬、乳白色的釉质，是体内最坚硬的组织；齿根部齿质的外面被有略呈黄色的齿骨质；齿的中心部为齿髓腔，内有富含血管、神经的齿髓，对齿有营养作用。

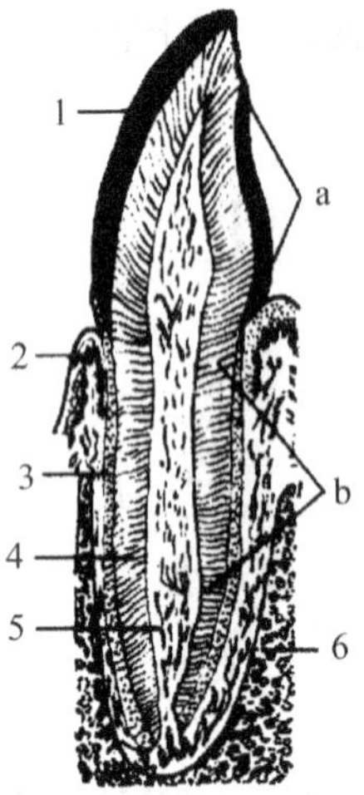

图 3-4 牛切齿(短冠齿)的构造

a. 齿冠 b. 齿颈和齿根

1. 釉质 2. 齿龈 3. 黏合质

4. 齿质 5. 齿腔 6. 下颌骨

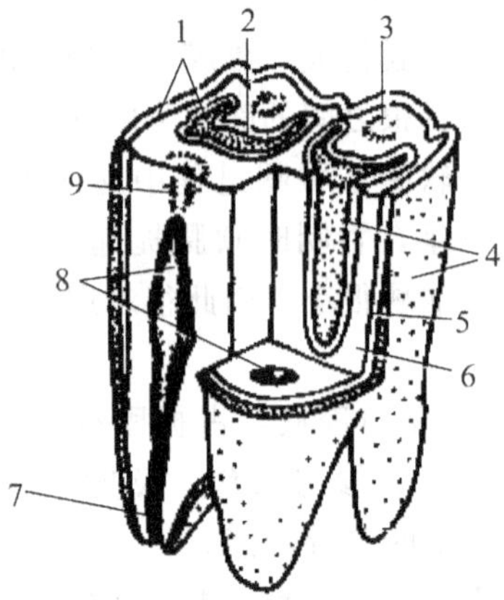

图 3-5 牛臼齿(长冠齿)的构造

1. 釉质 2. 齿坎 3. 齿星 4. 齿骨质

5 和 6. 齿质 7. 齿根管 8. 齿腔 9. 齿星

(马仲华，动物解剖及组织胚胎学，第三版，2002)

牛无上切齿和犬齿，代之以坚硬角质化的齿板，下切齿齿冠呈铲形。

猪犬齿发达，尖而锐利，公猪犬齿齿冠很长，可持续生长而伸出口腔之外，俗称獠牙。

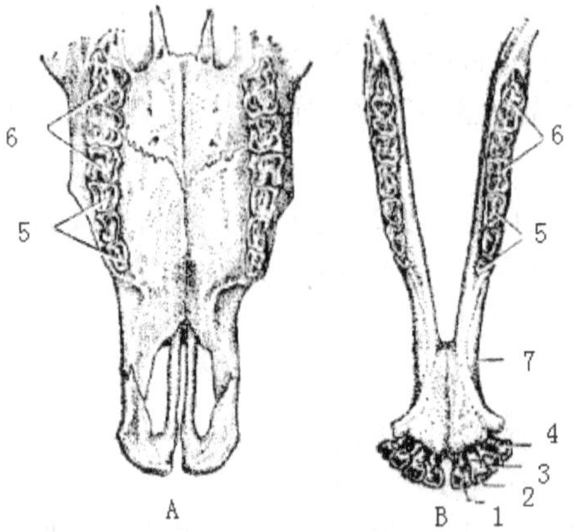

图 3-6 牛的齿

(A)上颌 (B)下颌

1. 门齿 2. 内中间齿 3. 外中间齿

4. 隅齿 5. 前臼齿 6. 后臼齿

(马仲华，动物解剖及组织胚胎学，第三版，2002)

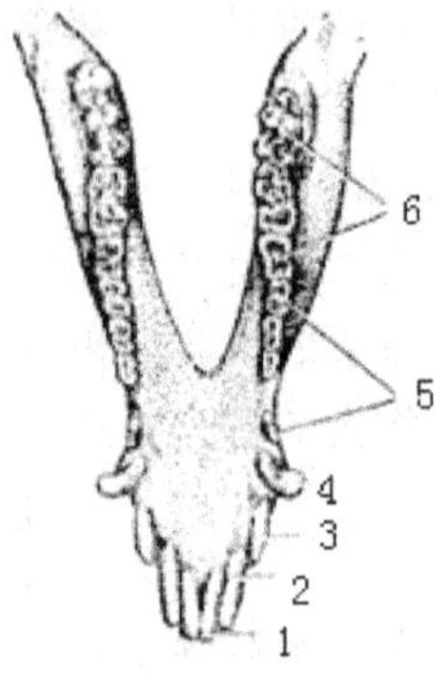

图 3-7 猪的齿(下颌)

1. 门齿 2. 中间齿 3. 隅齿

犬齿 5. 前臼齿 6. 后臼齿

马切齿齿冠呈楔形，磨面上有一个漏斗状的凹陷，称为齿坎，此部因受腐蚀而使齿骨质呈黑褐色，特称黑窝。

犬的第 4 上臼齿和第 1 下后臼齿特别发达，称为裂齿，具有强有力的撕裂食物的能力。

禽类无牙齿，食物磨碎靠肌胃来完成。

在生产上，可根据切齿的出齿、换齿以及齿面磨损程度来判断牛的年龄。1.5岁乳门齿开始脱成永久齿，此后每年按顺序脱换1对乳切齿，到5岁时，4对乳切齿全部换成永久齿，俗称“齐口”。5岁以后主要依据切齿的磨面形状大致判定牛的年龄，如初呈线状或带状，进而横椭圆形、近圆形、圆形、三角形，最后呈中间凸起的纵椭圆形等。

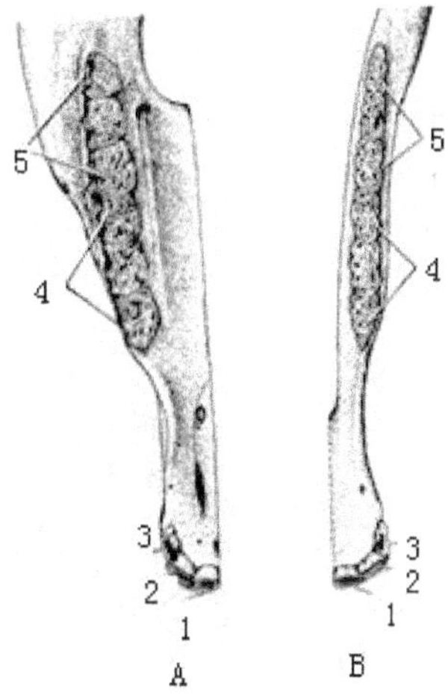

图 3-8 马的齿

(A)上颌 (B)下颌

1. 门齿 2. 中间齿 3. 隅齿

4. 前臼齿 5. 臼齿

(马仲华，动物解剖及组织胚胎学，第三版，2002)

(7)唾液腺 分泌唾液参与消化，主要有腮腺、颌下腺和舌下腺三对，另外还有一些小的壁内腺，如唇腺、颊腺等。鸡和犬的唾液腺较发达。

腮腺：位于耳根下方，下颌骨后缘，其腺管开口于颊黏膜上。牛的腮腺为淡红褐色，呈狭长的倒三角形；猪的为淡黄色，呈三角形，很发达；马的为灰黄色，呈长四边形；犬的淡红色，呈三角形。

颌下腺：位于腮腺的深层，腺管开口于舌下肉阜(牛、马)或舌系带两侧的口腔底面。牛的颌下腺淡黄色，长而弯曲；猪的淡红色，呈扁圆形；马的茶褐色狭长而弯曲；犬的淡黄色，呈椭圆形。

舌下腺：位于舌体和下颌骨之间的黏膜下，腺管很多，分别开口于口腔底部黏膜上。

此外，犬还有一对眶腺，又叫颧腺，位于眼球后下方，其腺管开口于颊黏膜上。

家禽的唾液腺很发达，分布广泛。主要分布于口腔、咽黏膜的固有层内，几乎连成一片，其导管直接开口于粘膜表面。

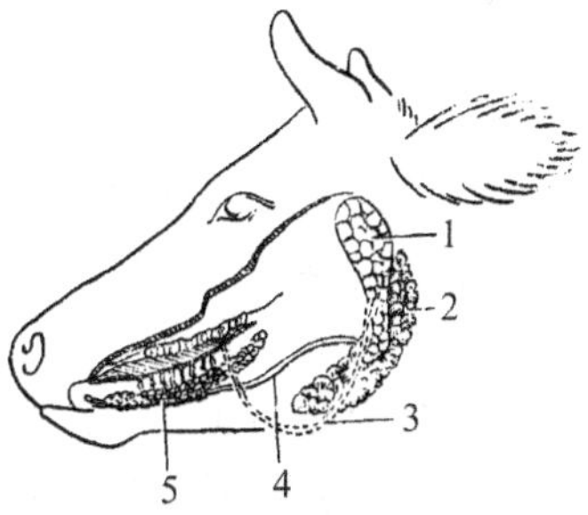

图 3-9 牛的口腔腺

1. 腮腺 2. 颌下腺 3. 腮腺管

4. 颌下腺管 5. 舌下腺

(马仲华，动物解剖及组织胚胎学，第三版，2002)

2. 咽的识别

咽位于口腔、鼻腔的后方，喉和食管的前上方，是消化和呼吸的共同通道。咽可分为鼻咽部、口咽部和喉咽部：鼻咽部位于鼻腔后方软腭背侧，是鼻腔向后的延续；口咽部位于软腭和舌根之间；喉咽部位于喉口背侧，很短。

咽有七个孔与周围邻近器官相通：前上方经两个鼻后孔通鼻腔；前下方经咽峡通口腔；后背侧经食管口通食管；后腹侧经喉口通气管；两侧壁各有一耳咽管口通中耳。

咽壁由黏膜、肌肉和外膜三层构成。咽黏膜衬于咽腔内面，含有咽腺和淋巴组织；咽的肌肉为横纹肌，有缩小和开张咽腔的作用；外膜为覆盖在咽肌外面的一层纤维膜。

禽类口腔与咽没有明显的界限，直接相通，故称口咽。

3. 食管的识别

是将食物由咽送入胃的一肌质管道，分为颈、胸、腹三段。颈段起始于喉和气管的背侧，至颈中部逐渐转向气管的左侧(给动物投胃管时应从左侧观察胃管投入情况)，经胸前口入胸腔。又转向气管的背侧，并继续向后延伸，经膈的食管裂孔进入腹腔与胃的贲门相连。猪的食管沿气管背侧向后行走时不发生偏转。

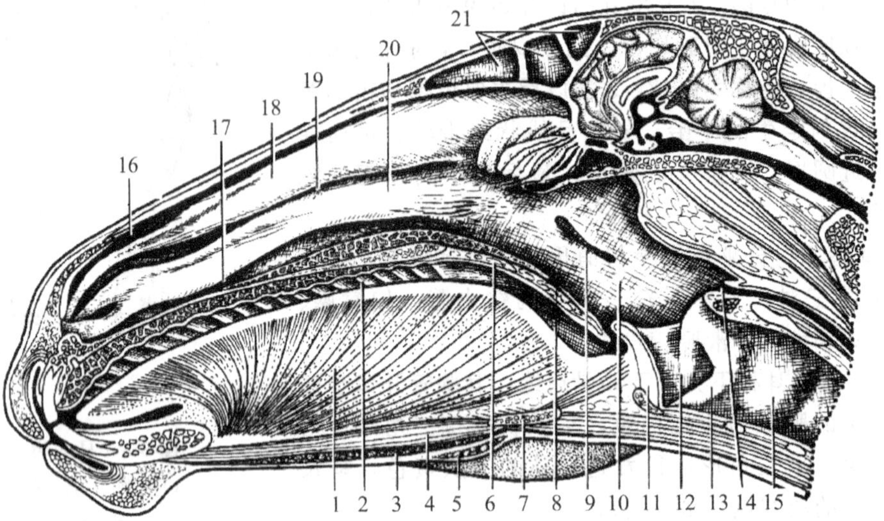

图 3-10 马头正中切面

1. 舌 2. 腭褶 3 和 4. 颌舌骨肌 5. 下颌淋巴结 6. 软腭 7. 舌骨 8. 咽峡 9. 咽鼓管咽口 10. 咽 11. 会厌 12. 喉前庭 13. 声带褶 14. 食管口 15. 气管 16. 上鼻道 17. 下鼻道 18. 上鼻甲 19. 中鼻道 20. 下鼻甲 21. 额窦

(马仲华，动物解剖及组织胚胎学，第三版，2002)

食管分粘膜层、粘膜下层、肌层和外膜(颈段)或浆膜(胸腹段)。其中粘膜上皮为复层扁平上皮，肌层为横纹肌。黏膜表面形成许多纵行的皱襞，食团通过时管腔扩大，皱襞展平，利于食团下行。

鸡的食管在胸前口出膨大，形成嗉囊，有贮存、湿润和软化饲料的作用。鸭、鹅没有真正的嗉囊，但颈部食管粗大，也有贮存食物的作用。

4. 胃的识别

(1)胃的形态位置位于腹腔内，是消化管的膨大部分，前接食管处形成贲门，后以幽门通十二指肠。

① 反刍动物胃 牛、羊由瘤胃、网胃、瓣胃和皱胃四个胃组成。其中前 3 个胃无消化腺，主要作用是贮存食物，发酵和分解粗纤维，称前胃；第四胃有消化腺，能分泌胃液，进行化学消化，又称真胃。

瘤胃：前后稍长、左右略扁的椭圆形，占四个胃容积的 80%。位于腹腔左侧，前与第 7～8 肋相对，后到骨盆前口。左侧(壁面)与脾、膈及腹壁相接触，右侧(脏面)与瓣胃、皱胃、肠、肝、胰等相邻，背侧借腹膜和结缔组织附于膈脚和腰肌的腹侧面，腹侧缘隔着大网膜与腹腔底相接触。瘤胃手术一般在左髂部进行，瘤胃叩诊、触诊或听诊在左肷部进行。瘤胃的前端和后端可见到较深的前沟和后沟，左、右侧面有较浅的左、右纵沟；瘤胃的内壁有与上述各沟相对应的肉柱。肉柱是以环行肌和纵行肌为基础，内含有大量的弹性纤维，有加固瘤胃壁和促进瘤胃运动的作用。沟和肉柱共同围成环状，把瘤胃分成背囊和腹囊两部分。由于瘤胃前沟和后沟较深，所以在瘤胃背囊和腹囊的前、后分别形成前背盲囊、后背盲囊、前腹盲囊和后腹盲囊。在后背盲囊和后腹盲囊之前，分别有后背冠状沟和后腹冠状沟。瘤胃和网胃之间有瘤网口相通，口背侧形成一个穹隆，称为瘤胃前庭。

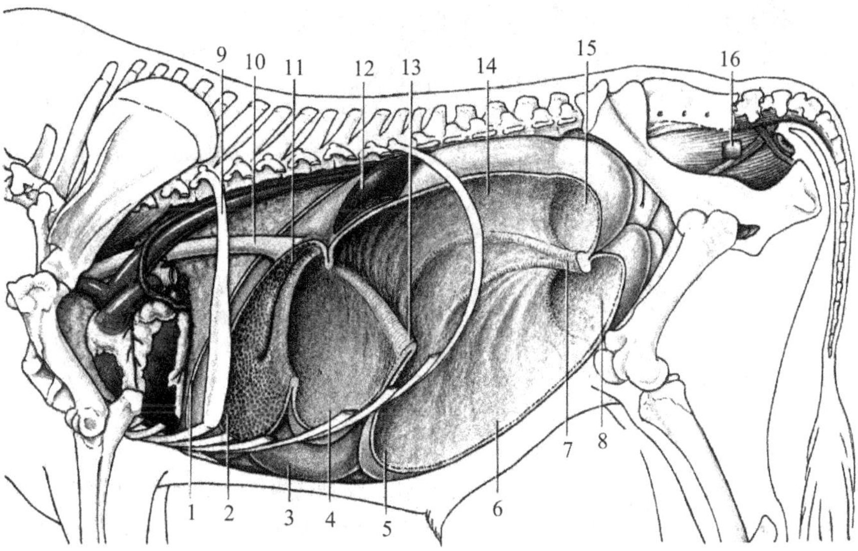

图 3-11 牛内脏(左侧)

1. 膈 2. 网胃 3. 皱胃 4. 前背盲囊 5. 前腹盲囊 6. 瘤胃腹囊 7. 瘤胃后柱
8. 后腹盲囊 9. 第7肋骨 10. 食管 11. 食管沟 12. 脾 13. 瘤胃前柱
14. 瘤胃背囊 15. 后背盲囊 16. 直肠

(马仲华，动物解剖及组织胚胎学，第三版，2002)

网胃：梨状，前后稍扁，占四个胃容积的5%。位于季肋部正中矢状面，瘤胃背囊的前下，与6～8肋相对。网胃的后面(脏面)较平，与瘤胃背囊相连，上端有较大的瘤网口与瘤胃相通，右下方有网瓣口与瓣胃相通。网胃的前面(壁面)较突出，与膈、肝相接触，而膈的前面紧邻心脏和肺。由于网胃的位置靠前靠下，当牛吞入尖锐金属异物后容易留在网胃，当网胃第二次强有力收缩时可穿透网胃壁，引起创伤性网胃炎，严重时还穿过膈而伤及心包和心脏，继发创伤性心包炎和心肌炎。可在网胃区即左腹壁下方剑状软骨突起后方，相当于6～7肋间强行叩诊或用拳轻击进行检查。

瓣胃：两侧稍扁的球形，很坚实，占四个胃容积的7～8%。位于右季肋部，与7～11肋骨下半部相对，肩关节水平线通过瓣胃中线。在右侧7～9肋间，沿肩端水平线上下2～3cm范围内进行听诊或强触诊检查瓣胃。临床上容易发生瓣胃阻塞，一般在右侧第9肋间隙与肩关节水平线上下2cm的部位进行穿刺，将药物直接注入瓣胃中，使瓣胃内容物软化。

皱胃：长囊状，前端粗大称为胃底部，与瓣胃相连，后端狭窄称幽门部，与十二指肠相接。皱胃占四个胃总容积的7～8%。位于右季肋部和剑状软骨部，与8～12肋相对，左邻网胃和瘤胃的腹囊，下贴腹腔底壁。在右侧9～11肋间，沿肋弓下进行视诊、触诊和听诊检查皱胃。临床上皱胃容易发生位置改变，一般把左方变位称皱胃变位，右方变位称皱胃扭转，前者发病率高，后者病情重。一般选在右侧第12、13肋骨后下缘作为穿刺点。

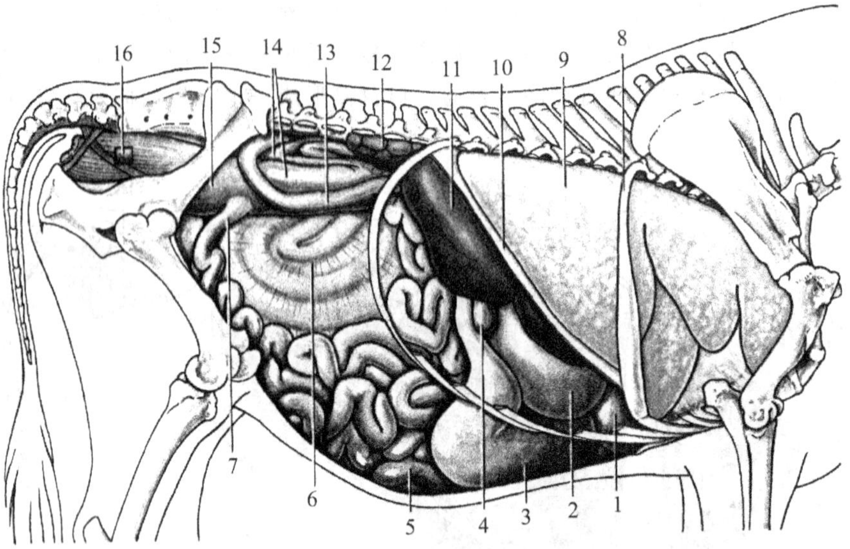

图 3-12　牛内脏(右侧)

1. 网胃　2. 瓣胃　3. 皱胃　4. 胆囊　5. 空肠　6. 结肠旋袢　7. 回肠　8. 第 7 肋骨
9. 肺　10. 膈　11. 肝　12. 肾　13. 十二指肠　14. 结肠初袢　15. 盲肠　16. 直肠
(马仲华，动物解剖及组织胚胎学，第三版，2002)

牛胃容量与年龄、体格大小等有关系，一般中等体型牛容量为 135～180L；大型牛约为 180～270L。四个胃的大小比例也与年龄、食物性质等有关系。新生犊牛因吃奶，皱胃发达，瘤、网胃之和仅相当皱胃的 1/2。10～12 周后，由于瘤胃逐渐发育，皱胃仅为其容积的一半，此时瓣胃仍很小。出生后四个月左右，随着消化植物饲料能力的不断增强，前胃迅速增大，前两胃之和约达皱胃的 4 倍，到 1.5 岁时，瓣胃和皱胃的容积近于相等，四

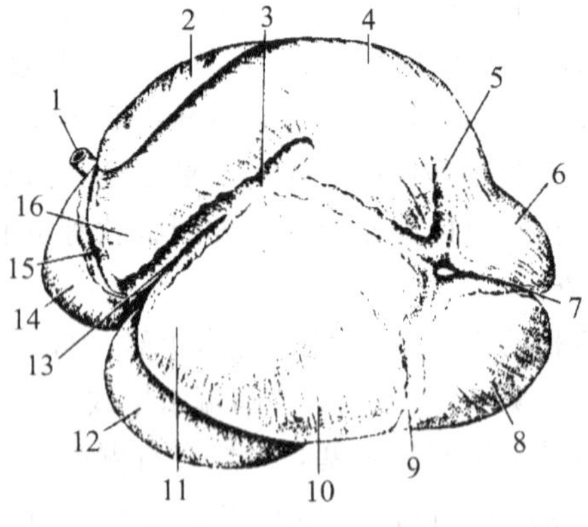

图 3-13　牛胃(左侧)

1. 食管　2. 脾　3. 左纵沟　4. 瘤胃背囊　5. 背冠状沟　6. 后背盲囊　7. 后沟　8. 后腹盲囊　9. 腹冠状沟　10. 瘤胃腹囊　11. 前腹盲囊　12. 皱胃　13. 前沟　14. 网胃　15. 瘤网胃沟　16. 前背盲囊

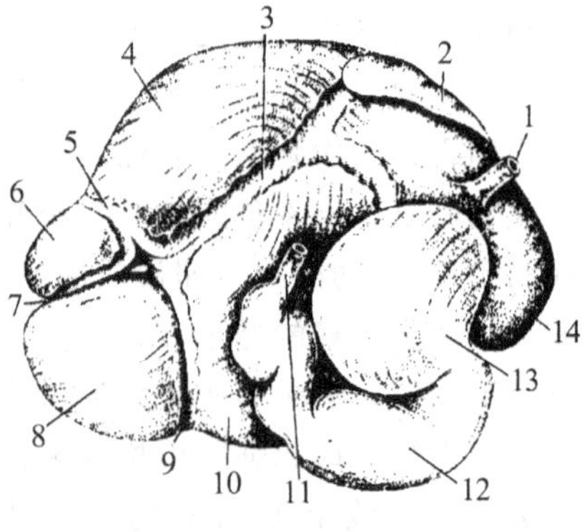

图 3-14　牛胃(右侧)

1. 食管　2. 脾　3. 右纵沟　4. 瘤胃背囊　5. 背冠状沟　6. 后背盲囊　7. 后沟　8. 后腹盲囊　9. 腹冠状沟　10. 瘤胃腹囊　11. 十二指肠　12. 皱胃　13. 瓣胃　14. 网胃

(董常生，动物解剖学，第三版，2001)

个胃的容积达成年时的比例。

羊胃近似于牛胃。

② 其他动物胃

猪胃：扁而弯曲的囊状，横卧于腹前部，膈、肝之后，大部分位于左季肋部，小部分位于右季肋部。猪胃容积较大，约 5～7 L。左侧部大而圆，下方的凸曲部称胃大弯。在近贲门处有一盲囊，称胃憩室。猪胃贲门和幽门距离较近，两者之间的凹曲部称为胃小弯。在幽门小弯处，有一纵长的鞍状隆起，称幽门圆枕，与对侧唇形隆起相对，有关闭幽门的作用。猪胃大网膜发达，浅、深两层间形成网膜囊。营养良好个体的网膜因含丰富的脂肪而呈网格状。

马胃：形状似猪，膈、肝之后，大部分位于左季肋部，小部分位于右季肋部，左上大结肠的背侧。马胃容积约 5～8 L，大的可达 12 L。胃左端向后上方膨大形成胃盲囊；右端靠近幽门处较细，称幽门窦。贲门与幽门距离较近。大网膜不发达。

鸡胃：是一个胃分两部分。前部腺胃，呈纺锤形，位于腹腔左侧，在肝两叶之间的背侧；后部肌胃，位于腺胃的后方，腹腔左侧，为双面凸的扁圆形，含有发达的平滑肌。由于肌胃内常有吞食的砂砾，故又称砂囊。

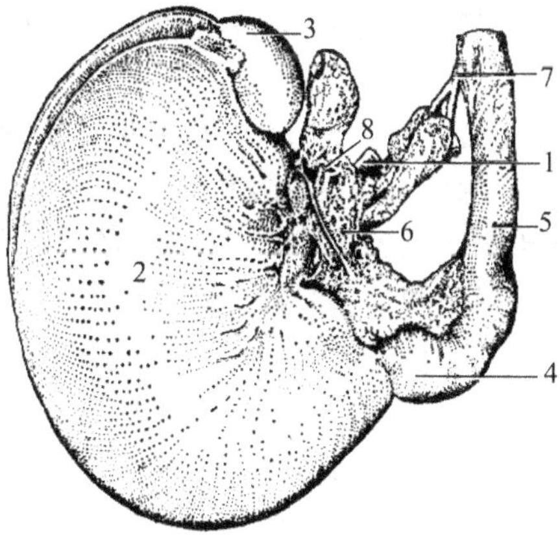

图 3-15 猪胃

1. 食管 2. 胃 3. 胃憩室 4. 幽门
5. 十二指肠 6. 胰脏 7. 胰管 8. 门静脉
(董常生，动物解剖学，第三版，2001)

犬胃：长而弯曲的梨形，左侧贲门部大，为圆囊形，位于左季肋部；右侧幽门部较细，为圆管形，位于右季肋部，膈、肝之后。大网膜发达，从腹面完全覆盖肠管。

(2)胃的组织构造　胃壁由粘膜层、粘膜下层、肌层和浆膜构成。

黏膜层：根据黏膜内有、无腺体分为无腺部和有腺部。无腺部的黏膜上皮为复层扁平上皮，颜色苍白，黏膜无腺体，相当于多室胃的前胃；有腺部黏膜为单层柱状上皮，黏膜有腺体，相当于多室胃的皱胃，其表面形成许多凹陷，称为胃小凹，是胃腺的开口。有腺部根据其位置、颜色和腺体的不同又分为贲门腺区、幽门腺区和胃底腺区。其中贲门腺区和幽门腺区主要有黏液细胞分泌碱性黏液，以润滑和保护胃黏膜；胃底腺区最大，位于胃底部，是分泌胃消化液的主要部位，其细胞主要有四种：主细胞、壁细胞(盐酸细胞)、颈黏液细胞、银亲和细胞。

黏膜下层：为疏松结缔组织。

肌层：在各段消化管中，胃的肌层最厚。可分为三层：内层为斜行肌，仅分布于无腺部，在贲门部最发达，形成贲门括约肌；中层为环形肌，很发达，在胃的幽门部特别增厚，形成幽门括约肌；外层为不完整的纵行肌，主要分布于胃的大弯和小弯处。

浆膜：为外层。

(3)胃黏膜的特点

① 反刍动物

瘤胃：黏膜棕黑或棕黄，有许多密集乳头，无腺体。

网胃：黏膜黑褐色，呈网格状，有角质乳头，无腺体。在网胃壁内面有一条螺旋状的食管沟，起自贲门，沿瘤胃前庭和网胃右侧壁向下伸延到网瓣口。沟两侧隆起的黏膜褶，称为食管沟唇。犊牛的食管沟唇发达，机能完善，吮乳时可闭合成管，使乳汁直接沿食管沟和瓣胃沟直达皱胃；而成年牛的食管沟则闭合不严。

瓣胃：无腺体，黏膜有大、中、小、最小四级瓣叶，瓣叶上密布粗糙角质乳头，可将食物榨干、磨碎。瓣胃底有一瓣胃沟，前接网瓣孔与食管沟相连，后以瓣皱孔与皱胃相通，细粒和液态饲料可经此沟直接进入皱胃。

皱胃：有12～14条螺旋状黏膜褶。黏膜内有腺体，按其位置和颜色分为贲门腺区（靠近瓣皱口色较淡）、胃底腺区（位于胃底部色深红）和幽门腺区（靠近幽门色黄），可分泌消化液，对食物进行初步消化。

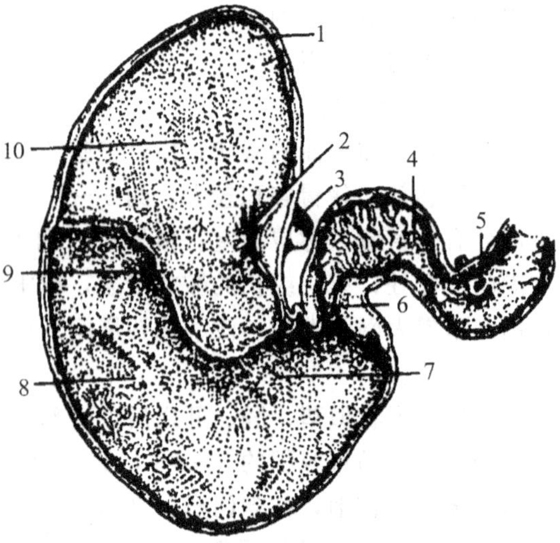

图 3-16 马胃

1. 胃盲囊 2. 贲门 3. 食管 4. 十二指肠 5. 十二指肠憩室 6. 幽门 7. 幽门腺区 8. 胃底腺区 9. 褶缘 10. 无腺部

（董常生，家畜解剖学，第三版，2001）

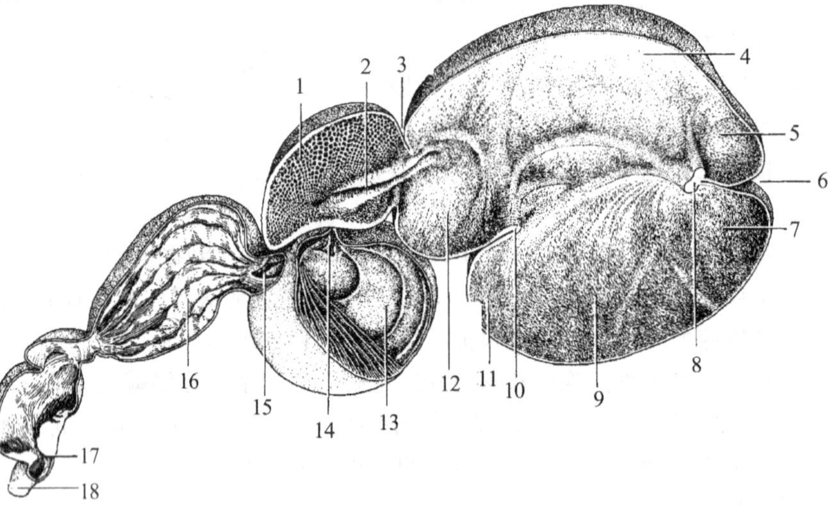

图 3-17 牛胃内部构造

1. 网胃小房 2. 食管沟 3. 瘤网沟 4. 瘤胃背囊 5. 后背盲囊 6. 瘤胃后沟 7. 后腹盲囊 8. 瘤胃后柱 9. 瘤胃腹囊 10. 瘤胃前柱 11. 前腹盲囊 12. 前背盲囊 13. 瓣胃叶 14. 网瓣口 15. 瓣皱口 16. 皱胃螺旋褶 17. 幽门 18. 十二指肠

（马仲华，动物解剖及组织胚胎学，第三版，2002）

② 其他动物

猪胃：单室混合型胃。黏膜无腺部小，色苍白。有腺部大，分三个腺区：贲门腺区最大，淡黄色，占胃的左半部；胃底腺区次之，棕红色，位于贲门腺区的右侧；幽门腺区最小，色淡，位于幽门部。

马胃：单室混合型胃。黏膜无腺部大，有腺部小。

鸡胃：腺胃黏膜上有30～40个腺胃乳头，鸡瘟时常见腺胃乳头有出血点；肌胃黏膜表面被覆有一层厚而坚硬的类角质膜，由于胆汁的返流作用而成黄色，称胃角质(俗称鸡内金)，具有保护胃黏膜的作用。

犬胃：单室有腺胃，胃底腺区大，占胃粘膜面积的2/3，黏膜厚。

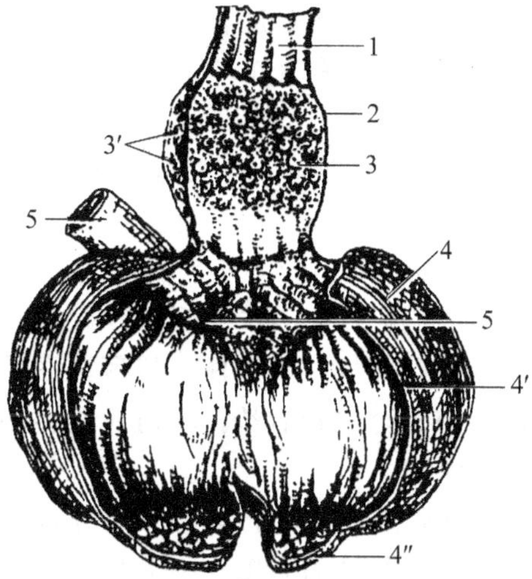

图 3-18　鸡的胃(纵剖开)

1. 食管　2. 腺胃　3. 乳头及前胃深腺开口
3′. 深腺小叶　4. 肌胃的厚肌
4′. 胃角质层　4″. 肌胃后囊的薄肌　5. 幽门
(董常生，家畜解剖学，第三版，2001)

5. 肠的识别

肠起自幽门，止于肛门，分大肠和小肠两部分。小肠前接胃的幽门，后以回盲口通盲肠，可分十二指肠、空肠和回肠三段；大肠前接回肠，后通肛门，也分盲肠、结肠和直肠三段。

(1)肠的形态位置

① 牛肠

1)小肠

十二指肠：位于位于右季肋部和腰部，起自幽门向前向上伸延，在肝的脏面形成乙状弯曲，然后由此向后上方伸延，到髋结节前方折转向左并向前形成髂(髋)曲，由此向再前伸延，到右肾腹侧与空肠相接。

空肠：是小肠中最长的一段，位于腹腔右侧，形成无数肠圈，以短的空肠系膜悬挂于结肠圆盘周围，形似花环。

回肠：短而直，自空肠的最后肠圈起，前上方伸延止于盲肠腹侧的回盲口，此处黏膜形成回盲瓣，回肠与盲肠之间以回盲韧带作为分界标志。

2)大肠

盲肠：管径较大，呈长圆筒状，位于右髂部，盲端向后可达骨盆腔入口处。

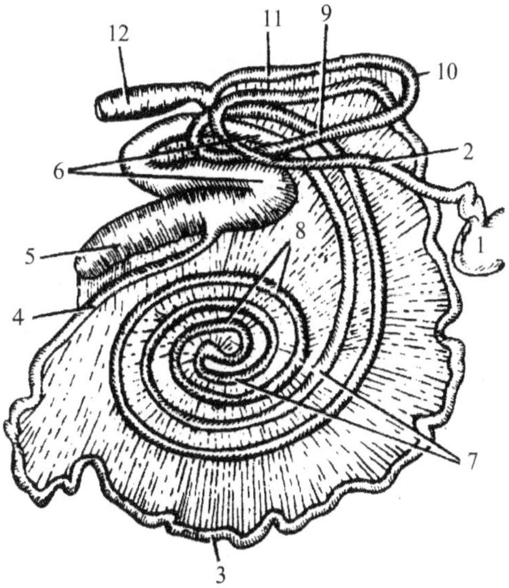

图 3-19　牛的肠

1. 胃　2. 十二指肠　3. 空肠　4. 回肠　5. 盲肠
6. 结肠近袢　7. 结肠旋袢向心回　8. 结肠旋袢离心回
9. 结肠远袢　10. 横结肠　11. 降结肠　12. 直肠
(马仲华，动物解剖及组织胚胎学，第三版，2002)

结肠：借总肠系膜附着于腹腔顶壁，分为初袢、旋袢和终袢三段。初袢形成“乙”状弯曲，大部分位于右髂部；旋袢位于瘤胃右侧，呈圆盘状；终袢离开旋袢后，向后延伸到骨盆腔入口。

直肠：短而直，位于骨盆腔内，无直肠壶腹。

② 猪肠

1)小肠

十二指肠：位于右季肋部和腰部，起始部在肝脏面形成“乙”状弯曲，然后沿右季肋部向上向后伸延至右肾后端，转而向左再向前伸延移行为空肠。

空肠：形成无数肠襻，大部分位于腹腔右半部、结肠圆锥的右侧，小部分位于腹腔左侧后部。

回肠：短而直，管壁较厚，末端斜向突入盲肠和结肠交界处的肠腔内，形成发达的回盲瓣。

2)大肠

盲肠：呈圆锥状，位于左髂部，盲端达骨盆前口，肠壁有 3 条纵肌带和 3 列肠袋。

结肠：位于胃后方，腹腔左侧，盘曲成圆锥状，锥底朝向背侧，锥尖朝向脐部，由向心回和离心回组成。向心回位于结肠圆锥的外围，肠管较粗，由背侧向腹侧旋转三周，有 2 条纵肌带和 2 列肠袋；离心回位于结肠圆锥的里面，肠管较细，由腹侧向背侧旋转，无肠袋和纵肌带。

直肠：位于骨盆腔内，有直肠壶腹。

③ 马肠

1)小肠

十二指肠：位于右季肋部和腰部。

空肠：位于左髂部、左腹股沟部和耻骨部。

回肠：从左髂部伸到右后上方。

2)大肠

盲肠：很发达，位于腹腔右侧，自右髂部的上部向前下沿腹壁伸延至剑状软骨部，可分为盲肠底、盲肠体

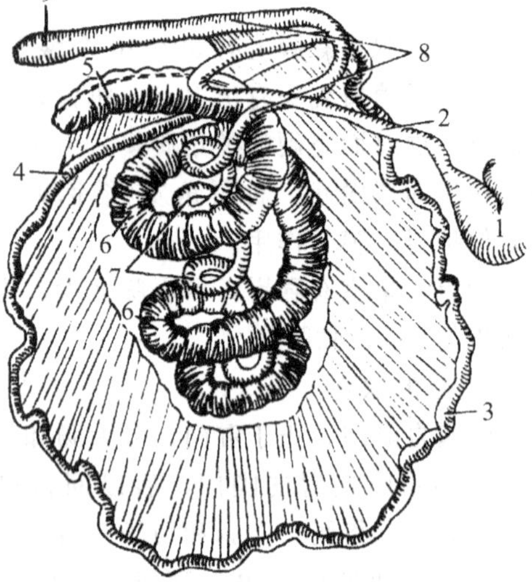

图 3-20 猪的肠

1. 胃 2. 十二指肠 3. 空肠 4. 回肠 5. 盲肠 6. 结肠旋袢向心回 7. 结肠旋袢离心 8. 结肠终袢 9. 直肠

(马仲华，动物解剖及组织胚胎学，第三版，2002)

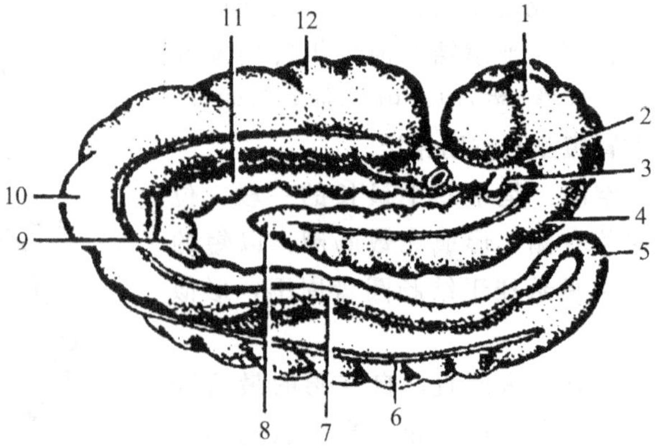

图 3-21 马的大肠

1. 盲肠底 2. 盲结口 3. 回盲口 4. 盲肠体 5. 骨盆曲 6. 左下大结肠 7. 左上大结肠 8. 盲肠尖 9. 胸骨曲 10. 膈曲 11. 右下大结肠 12. 右上大结肠

(马仲华，动物解剖及组织胚胎学，第三版，2002)

和盲肠尖三部分，盲肠底是盲肠后上方弯曲的部分，位于右髂部，是盲肠听诊、穿刺最适宜的部位，盲肠尖距剑状软骨约 10～15 cm，此处是腹腔穿刺的适宜部位。

结肠：分为大结肠和小结肠，大结肠特别发达，据腹腔的大部分，主要在腹腔下半部，排列成呈双层蹄铁形，可分为四段三曲，从盲结口开始，顺次为右下大结肠→胸骨曲→左下大结肠→骨盆曲→左上大结肠→膈曲→右上大结肠，小结肠常与空肠混在一起，位于腹腔上部。

直肠：位于骨盆腔内，有直肠壶腹。

④ 鸡肠　肠管短，小肠和大肠壁上均有肠腺和肠绒毛。

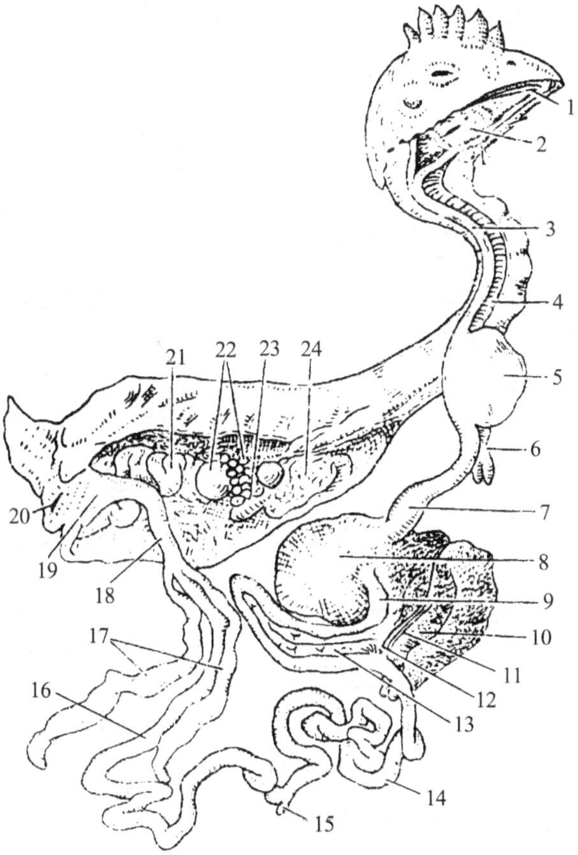

图 3-22　鸡的消化器官

1. 口腔　2. 咽　3. 食管　4. 气管　5. 嗉囊　6. 鸣管　7. 腺胃　8. 肌胃　9. 十二指肠　10. 胆囊　11. 肝肠管和胆囊肠管　12. 胰管　13. 胰腺　14. 空肠　15. 卵黄囊憩室　16. 回肠　17. 盲肠　18. 直肠　19. 泄殖腔　20. 肛门　21. 输卵管　22. 卵巢　23. 心　24. 肺

（马仲华，动物解剖及组织胚胎学，第三版，2002）

1)小肠

十二指肠：位于腹腔右侧，形成“U”字形肠袢。

空肠：以肠系膜悬挂于腹腔右侧，大部分空肠排列成花环状的肠袢。

回肠：短而直，以系膜与两侧盲肠相联系。

2)大肠

盲肠：有两条，沿回肠两侧向前伸延，盲肠基部黏膜内有淋巴组织分布，称为盲肠扁桃体，某些疾病时，此部可显著肿胀。

直肠：以系膜悬挂于骨盆腔背侧，前接回肠，后接泄殖腔。鸡无明显的结肠。

3）泄殖腔：是消化、泌尿、生殖三个系统的共同通道，由直肠末端膨大形成的腔道，位于骨盆腔后部。内有两个环形的黏膜褶，把泄殖腔分为粪道、泄殖道和肛道三部分。

粪道：是直肠的末端，较膨大，粘膜上有较短的绒毛。泄殖道：前以环行褶与粪道为界，后以半月褶与肛道为界，背侧面有一对输尿管开口。在输尿管开口的背侧略后方，雄禽有一对输精管乳头，雌禽在左侧有一输卵管开口。

肛道：通过泄殖孔与外界相通，在肛道背侧有腔上囊(法氏囊)的开口，腹侧有公禽的交配器官阴茎。

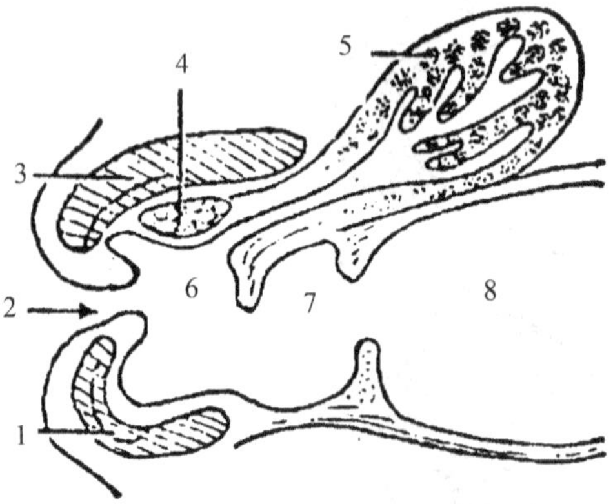

图 3-23 幼禽泄殖腔正中切面示意图

1. 括约肌 2. 肛门 3. 括约肌 4. 肛腺 5. 腔上囊 6. 肛道 7. 泄殖道 8. 粪道

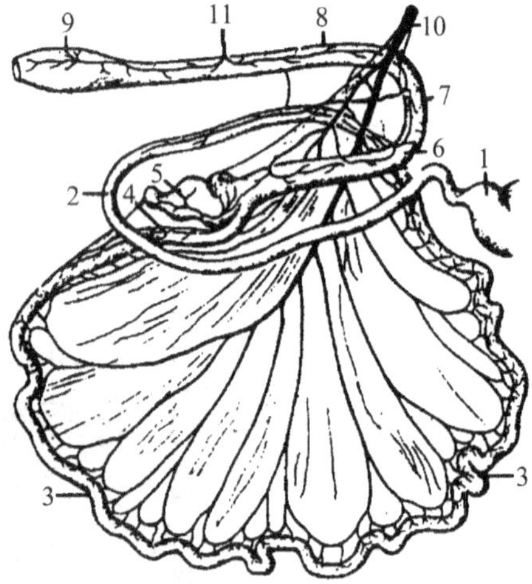

图 3-24 犬的肠

1. 胃 2. 十二指肠 3. 空肠 4. 回肠 5. 盲肠 6. 升结肠 7. 横结肠 8. 降结肠 9. 直肠 10. 肠系膜前动脉 11. 肠系膜后动脉

（马仲华，动物解剖及组织胚胎学，第三版，2002）

⑤ 犬肠 肠管较短，大、小肠管径近似。

1)小肠：为体长的 3～4 倍，约 4 m。

十二指肠：位于右季肋部和腰部。可分为前曲、降部、后曲和升部。前曲短，起于幽门，沿肝的脏面下行，在右侧第九肋间隙相处转为降部；降部游离大网膜外，在右肾后端第 5～6 腰椎间左转移行后曲；升部行于右侧的盲肠、升结肠和左侧的降结肠、左肾之间，在腹腔右侧前行，在肠系膜前动脉根部左转移行为空肠。

空肠：由 6～8 个肠袢组成，位于肝、胃和骨盆前口之间。

回肠：短而直，由腹腔的左后部伸向右前方，末端有较小的回盲瓣。

2)大肠：长约 60～75 cm，无肠带和肠袋。

盲肠：退化，呈“S”形，盲尖向后，位于右髂部，右肾后端的腹侧，小肠袢的背侧，第 2～3 腰椎横切面上。

结肠：呈“U”形袢，位于腹腔背侧，分升结肠、横结肠和降结肠。升结肠位于右髂部，从盲结口沿十二指肠降部和胰右叶向前行至胃幽门部；横结肠接近幽门部，位于肠系膜根的前方，自右侧幽门至左肾腹侧；降结肠位于左髂部和左腹股沟部，起于肠系膜根的左侧，然后斜向正中矢面，至骨盆入口处与直肠相接。

直肠：位于骨盆腔内，直肠壶腹宽大，后端变细形成肛管，肛管两侧有肛门囊，内有肛门腺，分泌物有难闻的异味。

(2)肠的组织构造

① 小肠的构造　小肠壁分为黏膜层、黏膜下层、肌层、浆膜四层。突出特征是黏膜层具有肠绒毛。

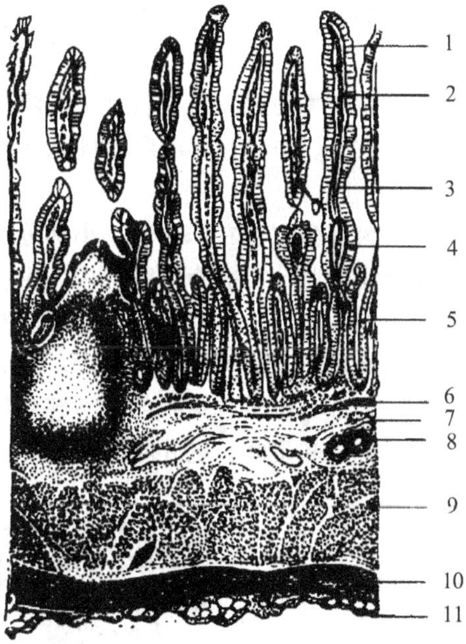

图 3-25　小肠的组织构造

1. 肠黏膜上皮　2. 绒毛　3. 杯状细胞　4. 固有膜　5. 肠腺　6. 黏膜肌　7. 黏膜下层　8. 血管　9. 环形肌　10. 纵行肌　11. 浆膜

（马仲华，动物解剖及组织胚胎学，第三版，2002）

黏膜层：小肠的黏膜形成许多环形的皱褶，表面有许多指状突起，称为肠绒毛。绒毛由上皮和固有膜组成。上皮覆盖在绒毛的表面，为单层柱状上皮，由柱状细胞、杯状细胞等组成。每个柱状细胞的顶端有2000～3000个微绒毛，使细胞的表面积增加20倍以上，有利于消化和吸收；杯状细胞位于柱状细胞之间，细胞体膨大如杯形，分泌黏液，可润滑和保护上皮。固有膜存在于绒毛的中轴，内有大量的肠腺、血管、淋巴管、神经和各种细胞成分。此外，尚有淋巴小结，有的单独存在，称为淋巴孤节(分布在空肠和十二指肠)；有的集合成群，称为淋巴集结(主要分布于回肠)。固有膜中央有一条贯穿绒毛全长的毛细淋巴管称中央乳糜管，其周围有毛细血管网。固有膜内还有分散的平滑肌与绒毛长轴平行，收缩时绒毛缩短，使绒毛毛细血管和中央乳糜管中所吸收来的营养物质随血液和淋巴进入较深层的血管和淋巴管中，绒毛的这种不断伸展与收缩，促进了营养物质的吸收和运输。

黏膜下层：由疏松结缔组织构成。在十二指肠黏膜下层内有十二指肠腺，其分泌物可在十二指肠黏膜表面形成屏障，以对抗胃酸对十二指肠黏膜的侵蚀。

肌层：由内层的环行和外层的纵行两层平滑肌构成。

浆膜：由薄层结缔组织和间皮构成。

② 大肠的组织构造　与小肠相似。主要有以下特点：黏膜没有环形皱襞，黏膜表面没有绒毛；黏膜上皮中杯状细胞多，无纹状缘；大肠腺比较发达，直而长；孤立淋巴小结较多，集合淋巴小结很少；肌层发达。

6. 肝的识别

(1)肝的形态位置　位于膈后，腹前部，大部分位于右季肋部，小部分位于左季肋部，棕红色、质脆，呈不规则的扁圆形。

肝有两面和两缘：前面稍隆突为膈面，有后腔静脉通过；后面凹陷为脏面，脏面中央有肝门，是门静脉、肝动脉、肝神经、肝管、淋巴管由此出入肝。肝背缘较钝，有食管切迹；腹缘薄锐，有较深的切迹将肝分叶。

肝的分叶：一般以胆囊和圆韧带切迹为标志将肝分为左、中、右三叶；其中中叶又以肝门为界，分为背侧的尾叶和腹侧的方叶，尾叶向右突出的部分称为尾状突。

牛、羊肝：位于右季肋部，略呈长方形，分叶虽不明显，但也可分为左叶、右叶、方叶和尾叶。肝的实质较厚实，有胆囊，以胆管开口于十二指肠的“乙”状弯曲，距幽门 50～70 cm。

猪肝：位于季肋部和剑状软骨部，略偏右侧，中央厚而边缘薄锐。分叶明显，可分左外、左内、右外、右内、方叶和尾叶六叶。有胆囊，胆管开口于距幽门 2～5 cm 处的十二指肠憩室。

马肝：大部分位于右季肋部，小部分位于左季肋部。肝被较深的叶间切迹分成明显的四叶。无胆囊，胆汁沿肝管出肝门后，由肝管直接注入十二指肠。

禽肝：较大，分为左右两叶，位于腹腔前下部，两叶之间夹有心脏、腺胃、肌胃。成年禽肝为暗褐色，质地脆弱。肉用禽，因肝内含有脂肪而为黄褐色或土黄色。

犬肝：大部分位于右季肋部，小部分位于左季肋部。分叶明显，可分左外、左内、右外、右内、方叶和尾叶，尾叶除尾状突外，有明显的乳头突。

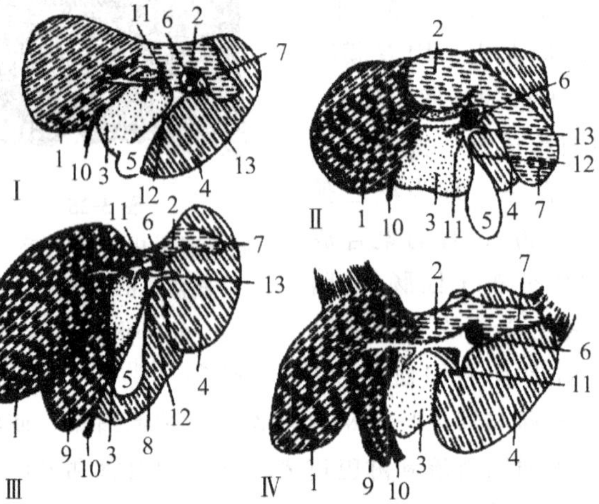

图 3-26　各种动物肝的形态构造模式图

Ⅰ. 羊　Ⅱ. 牛　Ⅲ. 猪　Ⅳ. 马

1. 左叶　2. 尾状叶　3. 方形叶　4. 右叶　5. 胆囊　6. 门静脉　7. 尾状突
8. 右内叶　9. 左内叶　10. 圆韧带　11. 胆管　12. 胆囊管　13. 输胆管

（马仲华，动物解剖及组织胚胎学，第三版，2002）

(2)肝的组织构造　肝的表面被覆一层浆膜，其深面富含弹性纤维的结缔组织进入肝的实质，构成肝的支架，并将肝分为许多肝小叶。

① 肝小叶　是肝的基本结构单位，每个肝小叶的中央有一条中央静脉，肝细胞排列成索状，以中央静脉为中心，向四周呈放射状分布。肝细胞索彼此吻合成网，网眼间形成窦状隙，又称肝血窦，窦腔内有枯否氏细胞，可吞噬细菌、异物。几个肝小叶的交汇地方经常会有小叶间静脉、小叶间动脉和小叶间胆管伴行，称为汇管区。

② 肝的血液循环 肝脏的血液供应有两个来源，其一是门静脉，其二是肝动脉。

门静脉：汇集胃、脾、肠、胰的血液，经肝门入肝，在肝小叶间分支形成小叶间静脉，再分支进入肝小叶内，开口于窦状隙，然后血液流向小叶中心的中央静脉，再汇合成小叶下静脉(在小叶间结缔组织内单独行走)，最后汇集成数支肝静脉入后腔静脉。门静脉血由于主要来自胃肠，既含有经消化吸收来的营养物质，又含有消化吸收过程中产生的毒素、代谢产物及细菌、异物等有害物质。其中，营养物质在窦状隙处可被吸收、贮存或经加工、改造后再排入血液中，运到机体各利用；而代谢产物、细菌、异物等有毒、有害物质，则可被肝细胞结合或转化为无毒、无害物质，细菌、异物可被枯否氏细胞吞噬。因此，门静脉属于肝的功能血管。

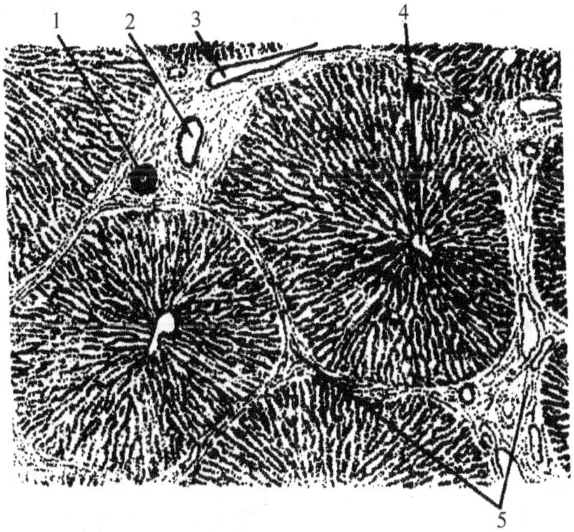

图 3-27 肝的组织切片(低倍)

1. 小叶间动脉 2. 小叶间静脉 3. 小叶间胆管 4. 中央静脉 5. 小叶间结缔组织

(中国农业广播学校，家畜解剖生理学，1986)

肝动脉：来自腹主动脉的分支，经肝门入肝后，在肝小叶间分支形成小叶间动脉，并伴随小叶间静脉分支后，进入窦状隙和门静脉血混合。部分分支还可到被膜和小叶间结缔组织等处。这支血管由于是来自主动脉，含有丰富的氧气和营养物质，可供肝本身物质代谢使用，所以是肝的营养血管。

门静脉 ——→ 小叶间静脉 ↘
肝动脉 ——→ 小叶间动脉 ↗ 窦状隙 ——→ 中央静脉 ——→ 小叶下静脉 ↓ 肝静脉 ↓ 后腔静脉

肝 管 ——→ 小叶间胆管 ——→ 胆小管

③肝的排泄管 肝细胞分泌的胆汁排入胆小管内，胆小管汇合成短小的小叶内胆管，穿出肝小叶，汇入小叶间胆管，小叶间胆管向肝门汇集，最后形成肝管出肝。

肝的血液循环和胆汁的排出途径简表如上图表：

④ 肝的功能

分泌：肝是体内最大的腺体，肝细胞分泌的胆汁可促进脂肪消化、脂肪酸和脂溶性维生素的吸收等作用。

代谢：肝是体内的代谢中心。肝细胞内可进行蛋白质、脂肪和糖的分解、合成、转化和贮存，很多代谢过程都离不开肝脏，且能贮存维生素 A、D、E、K 以及大部分 B 族维生素。

解毒：从肠道吸收来的毒物或代谢过程中产生的有毒有害物质，或经其他途径进入机体的毒物或药物，在肝内通过转化和结合作用变成无毒或毒性小的物质，排出体外。如将氨基酸代谢中脱出的氨(对机体有毒)转化成无毒的尿素，通过肾脏排出。

防御：窦状隙内的枯否氏细胞，具有强大的吞噬作用，能吞噬侵入窦状隙的细菌、异物和衰老的红细胞。

造血：是胚胎时期的造血器官，可制造血细胞。成年动物的肝只形成血浆中的一些重要成分，如清蛋白、球蛋白、纤维蛋白原、凝血酶原、肝素等。

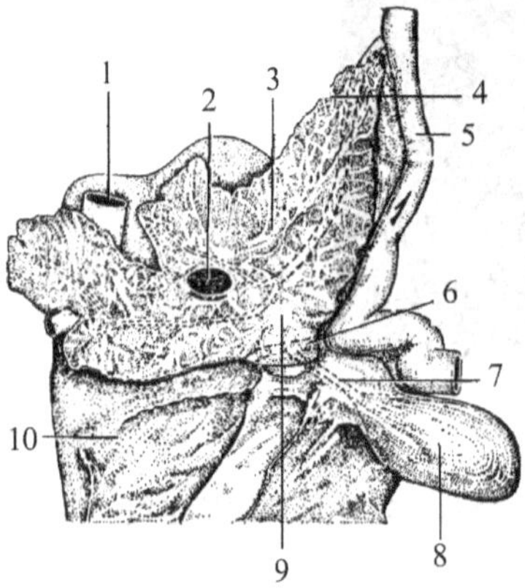

图 3-28 牛的胰(腹侧面)

1. 后腔静脉 2. 门静脉 3. 胰 4. 胰管 5. 十二指肠 6. 胆总管 7. 胆囊管 8. 胆囊 9. 肝总管 10. 肝

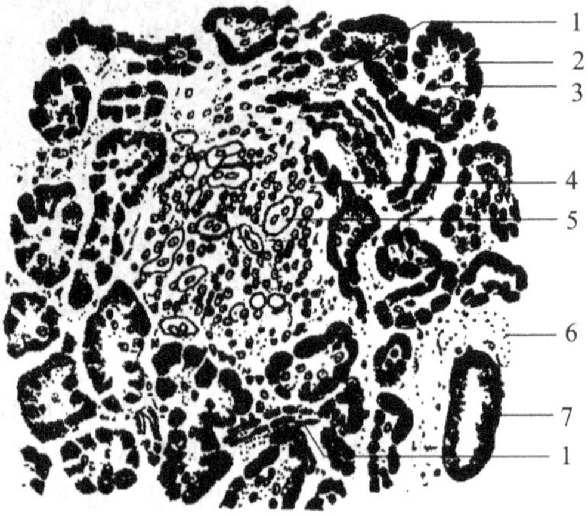

图 3-29 胰腺切面示意图

1. 润管 2. 腺泡 3. 泡心细胞 4. 胰岛 5. 血窦 6. 小叶间结缔组织 7. 小叶间导管

(马仲华，动物解剖及组织胚胎学，第三版，2002)

7. 胰的识别

(1)形态位置 胰呈淡红黄色，形态不规则，近似三角形。位于腹腔背侧，靠近十二指肠。胰分三叶，靠近十二指肠的部位叫中叶(或胰头)，左侧的部位为左叶，右侧的部位叫右叶。胰的输出管有一条(牛、猪)或两条(马、狗)，其中一条叫胰管，另一条叫副胰管，均开口于十二指肠。鸡有 3 条胰管，其中 2 条来自腹叶，1 条来自背叶；鸭、鹅有 2 条，与胆管一同开口于十二指肠末端。鸡的胰呈长条分叶状，淡黄或红色，位于十二指肠“U”形肠袢内，分为背叶、腹叶和中间叶。

(2)胰的组织构造 胰的外面包有一层薄层结缔组织被膜，结缔组织伸入腺体实质，将腺体分成许多小叶。胰的实质可分为外分泌部和内分泌部。

外分泌部：属消化腺，由许多腺泡和导管组成，占腺体的绝大部分。腺泡分泌胰液，经胰管注入十二指肠。

内分泌部：位于外分泌部的腺泡之间，由大小不等的细胞群组成，形似小岛，故名胰岛。胰岛细胞呈不规则索状排列，且互相吻合成网状，网眼内有丰富的毛细血管和血窦。胰岛细胞主要分泌胰岛素和胰高血糖素，经毛细血管进入血液，有调节血糖代谢的作用。

【相关知识】

1. 消化管的构造

消化管除口腔外，一般均可分为四层，由内向外依次为：黏膜层、黏膜下层、肌层、外膜。

(1)黏膜层　是消化管的最内层，色泽淡红，富有伸展性。当管腔空虚时，常形成皱褶。黏膜层具有保护、吸收和分泌等功能，可分为以下三层：

上皮：是执行机能活动的主要部分。口腔、咽、食管、胃的无腺部及肛门为复层扁平上皮，有保护作用；其余部分为单层柱状上皮，以利于消化、吸收。

固有层：由疏松结缔组织构成，内含丰富的血管、神经、淋巴管、淋巴组织和腺体等。

黏膜肌层：是固有膜下的薄层平滑肌。收缩时可使黏膜形成皱褶，有利于物质吸收、血液流动和腺体分泌物的排出。

(2)黏膜下层　位于黏膜层和肌层之间的一层疏松结缔组织，使黏膜具有一定的活动性。内含较大的血管、淋巴管和神经丛。在食管和十二指肠，此层内还含有腺体。

(3)肌层　主要是平滑肌，但口腔、咽、食管和肛门等处为横纹肌。肌层可分为内层的环行肌和外层的纵行肌。两层肌肉的交替收缩和舒张，可使消化管产生运动。

(4)外膜　位于管壁的最表面，是富有弹性纤维的疏松结缔组织。在食管胸、腹段以及胃肠外膜表面尚有一层间皮(单层扁平上皮)覆盖，称为浆膜。浆膜表面光滑润滑，有减少摩擦的作用。

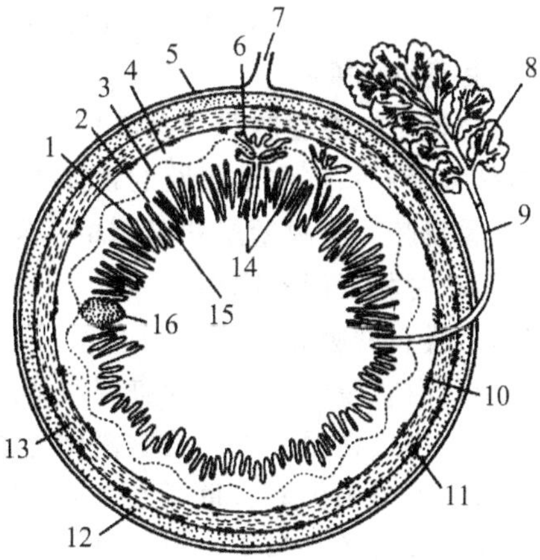

图 3-30　消化管壁构造模式图

1. 肠腺　2. 固有膜　3. 黏膜肌　4. 黏膜下层　5. 浆膜　6. 十二指肠腺　7. 肠系膜　8. 壁外腺　9. 腺导管　10. 黏膜下丛　11. 肌间神经丛　12. 纵行肌　13. 环形肌　14. 小肠绒毛　15. 黏膜上皮　16. 淋巴小结

(马仲华，动物解剖及组织胚胎学，第三版，2002)

2. 腹腔的划分

把腹腔划分成十个部分，以便于描述各个脏器在腹腔内位置。具体划分方法：

通过两侧最后肋骨后缘最突出点和髋结节前缘各做一个横断面，将腹腔首先划分为腹前部、腹中部、腹后部。

腹前部分三部分：以肋弓为界，肋弓以下为剑状软骨部，肋弓以上、正中矢状面两侧为左、右季肋部。

腹中部分为四部分：沿腰椎两侧横突顶点各做一个侧矢面，将腹中部分为左、右髂部和中间部；在中间部沿第一肋骨的中点作额面，将中间部分为背侧的腰部和腹侧的脐部。

腹后部分为三部分：把腹中部的两个侧矢面平行后移，使腹后部分为左、右腹股沟部和中间的耻骨部。

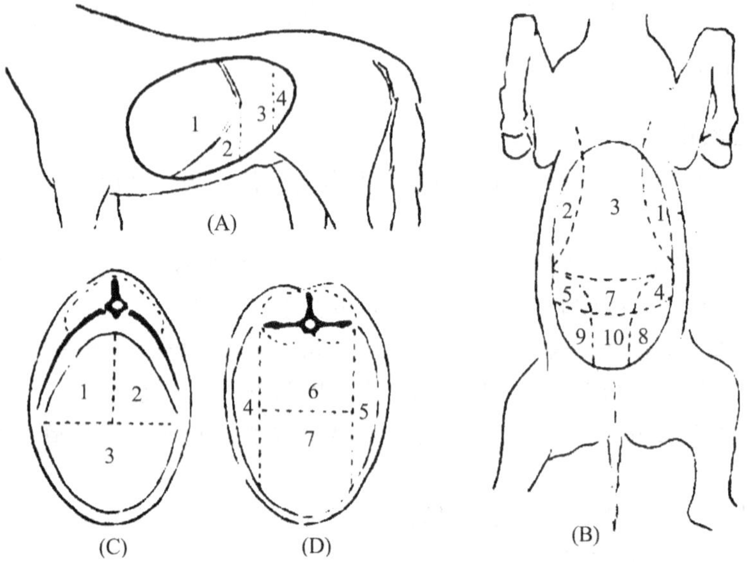

图 3-31 腹腔分区

（A）侧面 （B）腹面 （C）腹前部横断面 （D）腹中部横断面

1. 左季肋部 2. 右季肋部 3. 剑状软骨部 4. 左髂部 5. 右髂部 6. 腰下部

7. 脐部 8. 左腹股沟部 9. 右腹股沟部 10. 耻骨部

（马仲华，动物解剖及组织胚胎学，第三版，2002）

3. 腹膜和腹膜腔

(1)腹膜 衬在腹腔和骨盆腔内的浆膜称腹膜。其中紧贴于腹腔和骨盆腔内壁表面的部分为腹膜壁层；壁层从腹腔的顶壁折转而覆盖在内脏器官外表面的为腹膜脏层。

(2)腹膜腔 腹膜壁层和脏层的腔隙称腹膜腔，内有少量浆液，具有润滑作用，可减少脏器运动时相互间的摩擦。

(3)系膜、网膜和韧带

系膜：由腹膜壁层折转为脏层时形成的皱褶，将内脏悬吊在腹腔内。

韧带：连接在器官之间的皱褶称为器官间韧带。

网膜：以胃为中心，联系肝、脾和肠等器官的腹膜褶，因其呈网格状，所以称为网膜。网膜是双层的浆膜褶，根据其位置不同分为大、小网膜。大网膜又分为浅、深两层，各起于瘤胃的左、右纵沟，向下绕过瘤胃和前段肠管表面，止于十二指肠第二段和皱胃大弯。大网膜内含有大量的巨噬细胞，因此大网膜又是腹腔重要的防御器官。小网膜比大网膜面积小，起于肝的脏面，包过瓣胃外侧，止于皱胃小弯和十二指肠起始部。

【拓展知识】 消化器官的病理变化

动物发生胃炎时，可见胃黏膜充血发红，肿胀增厚，上皮细胞脱落及黏液分泌增多，有时见有点状出血和小糜烂斑。镜检见黏膜和黏膜下层有多量渗出液，其中有白细胞和多数红细胞，腺体组织萎缩，黏膜上皮细胞变性坏死。

肠炎导致肠壁显著肿胀增厚，黏膜呈点状、斑状、条带状或弥漫性暗红色或黑红色，有时黏膜坏死脱落形成糜烂斑，渗出物及肠内容物中混有血液。镜检黏膜固有层血管充血，白细胞浸润和水肿，黏膜上皮细胞中杯状细胞数量显著增多和上皮细胞脱落。

肝炎可致肝脏肿胀，被膜紧张，边缘变钝，切面呈红黄相间花纹，自切口流出暗红色血液，肝小叶结构模糊不清，质地脆弱。镜检见肝细胞颗粒变性、脂肪变性及坏死，肝细胞索零乱，并可见到少数再生的肝细胞，窦状隙扩张，内有巨噬细胞、淋巴细胞利嗜中性粒细胞浸润。肝淤血时病变部位暗红色或蓝紫色，镜下淤血组织的小静脉及毛细血管扩张充满红细胞。

任务2 认知消化器官的机能

观看消化生理录像以及完成小肠运动和吸收实验，认知饲料在口腔、胃和肠的机械消化、化学消化、生物学消化以及营养物质的吸收过程。

1. 认知口腔的消化

饲料在动物口腔内的消化包括采食、饮水、咀嚼和吞咽过程。

(1)采食和饮水　动物依靠视觉和嗅觉去寻找、鉴别和摄取食物。食物入口腔后，又借味觉和触觉加以评定，并把其中不适宜的物质吐出。

唇、舌、齿是采食的主要器官，但不同动物有自己的采食特点。牛主要依靠长、灵活而有力的舌将饲料卷入口内；猪喜欢用吻突掘取食物，舍饲时靠齿、舌和头部的特殊运动采食；马主要靠上唇和门齿采食，马的上唇尤其灵活，便于收集草茎、谷粒，并依靠头部牵拉动作将不易咬断的草茎扯断；绵羊和山羊主要靠舌和切齿采食，绵羊上唇有裂隙，能啃咬短的牧草；犬、猫等肉食动物，常以门齿和犬齿咬扯食物，且借头、颈运动，甚至靠前肢协助采食。积极采食是食欲旺盛、动物健康的重要临床指征。

动物饮水时，先把上、下唇合拢，中间留一小缝，伸入水中，然后下颌下降，舌向咽后部移，使口腔内形成负压，水便被吸入口腔。仔畜吮乳也是靠下颌和舌的节律性运动来完成。

(2)咀嚼　摄入口腔内的饲料，被送到上下颌臼齿间，在咀嚼肌的收缩和舌、颊部的配合运动下，食物被压磨粉碎，并混合唾液。牛采食未经充分咀嚼(约咀嚼 15～30 次)，待反刍时再咀嚼；马在饲料咽下前咀嚼较充分(约咀嚼 30～50 次)。

咀嚼的意义：碎裂粗大食物，增加消化液作用的表面积，尤其是可破坏植物细胞的纤维壁，暴露其内容物，有利于消化；使粉碎后的饲料与唾液混合，形成食团便于吞咽；反射性引起消化腺分泌和胃肠运动，为随后的消化作准备。

咀嚼的次数、时间与饲料的状态有关，一般湿的饲料比干的饲料咀嚼次数少，咀嚼的时间短。据统计乳牛一天内咀嚼的总次数约为 42000 次，因此，对饲料进行适当的加工如切短、磨碎等，可减少咀嚼次数，节省能量，提高饲料利用效率。

(3)吞咽　吞咽是由多种肌肉参与的复杂反射动作，是在舌、咽、喉、食管及贲门的共同作用下，使食团从口腔进入胃的过程。吞咽时呼吸暂时停止，以防止食物误入气管。咽部疾病可影响吞咽过程。

(4)唾液　是由唾液腺分泌的一种无色、略带黏性的液体。比重 1.001～1.009；一般都是碱性，平均PH：牛(羊)8.2、猪7.32、马7.56。其一昼夜的分泌量为：牛100～200 L、绵羊8～13 L、猪15 L、马40 L。唾液的成分主要为水(约98.5%～99.4%)、少量有机物和无机物。有机物主要为黏蛋白和其它蛋白质，此外，猪的唾液中还含有少量淀粉酶；无机物主要有钾、钠、钙的氯化物、磷酸盐和碳酸氢盐等。

唾液的主要作用如下：

①能湿润、软化饲料，便于咀嚼和吞咽。

②溶解食物某些物质，引起味觉。

③帮助清除一些饲料残渣和异物，清洁口腔。

④反刍动物的唾液含有大量缓冲物质碳酸氢盐和磷酸盐，可中和瘤胃微生物发酵产生的有机酸，用以维持瘤胃内适宜的酸碱度。

⑤唾液中含溶菌酶，具有杀菌作用。

⑥猪等动物的唾液中有淀粉酶，能将淀粉酶分解为糊精和麦芽糖。

⑦水牛、犬、鸡等动物汗腺不发达，可借唾液中水份蒸发来调节体温。

⑧反刍动物有大量尿素经唾液进入瘤胃，参与机体的尿素再循环，以减少氮的损失。

2. 认知胃的消化

(1)前胃的消化　主要进行生物学消化，其中瘤胃是主要部位。网胃相当于一个“中转站”，一方面将粗硬的饲料返送回瘤胃，另一方面将稀软的饲料送入瓣胃。瓣胃相当于一个“过滤器”，收缩时把饲料中较稀软的部分送入皱胃，而把粗糙部分留在叶片间揉搓研磨，以利于下一步消化。

① 瘤胃的生物学消化　瘤胃内由于有大量的有机物和水，pH接近中性(7.2)，温度适宜(39～40℃)，所以特别适合微生物的生长、繁殖。据测定，1g瘤胃内容物中约含细菌150～250亿，纤毛虫60～180万，总体积约占瘤胃液的3.6%，其中细菌和纤毛虫各占一半。在这些微生物的作用下，饲料发生下列复杂的消化过程。

1)纤维素的分解和利用：饲料中的纤维素在瘤胃内发酵后，经细菌和纤毛虫体内纤维素分解酶的协同或相继作用而逐渐分解，最后形成挥发性脂肪酸，二氧化碳和甲烷等。

$$\text{纤维素}\rightarrow\text{纤维二糖}\rightarrow\text{葡萄糖}\rightarrow\begin{matrix}\text{丙酮酸}\\\text{乳　酸}\end{matrix}\rightarrow VFA+CH_4+CO_2$$

挥发性脂肪酸主要是乙酸、丙酸和丁酸，其比例大体为70∶20∶10，但随饲料种类不同而发生显著的变化。通常乙酸和丁酸通过三羧酸循环而代谢，不增加糖原的贮藏，在泌乳期它们是反刍动物生成乳脂的主要原料；丙酸是反刍动物血液葡萄糖的主要来源，约占血糖的50%～60%。因此挥发性脂肪酸是合成乳脂和体脂的主要原料，而且提供机体所需的60%～70%的能量，所以反刍动物以粗饲料为主、精饲料为辅进行饲养。

2)其他糖的分解和合成：饲料中的淀粉、葡萄糖和其它糖类在瘤胃微生物的作用下分解，可产生低级脂肪酸、二氧化碳和甲烷等。同时瘤胃微生物还能利用饲料分解所产生的单糖和双糖合成糖原，贮存于微生物体内，待进入小肠后被消化分解为葡萄糖被机体利用。

3)蛋白质的分解和利用：进入瘤胃内的饲料蛋白质，有50%～70%在瘤胃内被微生物蛋白酶分解为肽和氨基酸，氨基酸在微生物脱氨酶的作用下，很快脱去氨基生成氨、二氧化碳和有机酸，从而降低了饲料蛋白的利用率。为此饲料处理上提出过瘤胃蛋白技术即经过技术处理(物理法、化学法和包埋法)将饲料蛋白质保护起来，避免在瘤胃内被发酵、降解，直接进入小肠被消化吸收，从而提高饲料蛋白质的利用率。对高品质饲料蛋白质的过瘤胃保护十分必要，但对劣质饲料蛋白质的保护没有实际意义。

瘤胃内微生物还可利用氨基酸、氨和其他非蛋白质氮(如尿素、铵盐、酰胺等)合成菌体蛋白和虫体蛋白，这些微生物蛋白进入小肠后被消化吸收，成为体内蛋白质的重要来源。

在畜牧生产中，可用尿素来代替日粮中约30%的蛋白质，降低饲养成本。但因尿素在瘤胃内脲酶作用下迅速分解，产生氨的速度为微生物利用氨速度的4倍，容易使瘤胃内储积氨过多而发生氨中毒。故必须通过抑制脲酶活性、制成胶凝淀粉或尿素衍生物使其释放氨的速度延缓，并在日粮中供给易消化糖类，使微生物合成蛋白质时能获得充分能量，才能提高它的利用率和安全性。

4)维生素的合成：瘤胃微生物能合成某些B族维生素(硫胺素、核黄素、生物素、吡多醇、泛酸、维生素 B_{12})、维生素K及维生素C。因此，一般日粮中少量缺乏这些维生素不致影响成年反刍动物的健康。

5)脂类的消化：饲料中的甘油三酯和磷脂能被瘤胃微生物水解，生成甘油和脂肪酸等物质。其中甘油多半转变成为丙酸，而脂肪酸的最大变化是不饱和脂肪酸加水氢化，变成饱和脂肪酸。因此，反刍动物体脂和乳脂与非反刍动物相比，具有大量的饱和脂肪酸，硬度大、融点高。

② 前胃运动　前胃的运动是互相密切配合的，先是网胃，然后是瘤胃，瓣胃运动与网胃协同进行。

网胃运动：网胃最先收缩，接连收缩两次：第一次只收缩一半即行舒张，可将漂浮在网胃上部的粗饲料压回瘤胃；接着进行第二次几乎完全的收缩，此时如网胃内有异物(如铁钉)时，可因收缩而发生创伤性网胃炎或心包炎。第二次收缩末，比较重的内容物被压入瓣胃。反刍时，在网胃第一次收缩之前还增加一次收缩，使胃内食物逆呕回口腔。

瘤胃运动：在网胃第二次收缩后，紧接着瘤胃收缩。瘤胃收缩有两种波形：第一种为A波，先由瘤胃前庭开始，沿背囊由前向后，然后转为腹囊，接着又沿腹囊由后向前，同时食物在瘤胃内也顺着收缩的次序和方向移动和混合，并把一部分内容物推向瘤胃前庭和网胃；在收缩之后，有时瘤胃还可发生一次单独的附加收缩，称为B波，由瘤胃本身产生，起始于后腹盲囊，行进到后背囊及前背囊，最后到达主腹囊，此次收缩与反刍及嗳气有关，而与网胃收缩没有直接联系。瘤胃的收缩可以从左髂部看到、听到或摸到。正常的瘤胃运动次数，休息时平均每分钟1.8次，进食时2.8次，反刍时2.3次。每次瘤胃运动持续的时间约15～25 s。其运动时产生“沙～沙”的音响称为瘤胃蠕动音。当牛患前胃积食或迟缓时，瘤胃收缩的次数减少或停止，声音也随之减弱或消失。所以听诊和触诊瘤胃是判定牛胃消化活动是否正常的重要标志。

瓣胃运动：缓慢而有力，它与网胃收缩相配合。当网胃第二次收缩时，瓣胃舒张，网瓣孔开放，压力降低，于是一部分食糜由网胃移入瓣胃，其中液体部分可通过瓣胃沟直接进入皱胃，较粗糙的部分则进入瓣叶之间，进行研磨后再送入皱胃。

③ 反刍　反刍动物在摄食时，饲料不经充分咀嚼即吞入瘤胃，在瘤胃内浸泡和软化。当休息时，较粗糙的饲料(秸秆不能切得过短)刺激网胃、瘤胃前庭和食管沟黏膜的感受

器，能将这些未充分咀嚼的饲料逆呕回口腔，进行仔细咀嚼、混合唾液后再吞咽入胃的过程称反刍。反刍可分为四个阶段，即逆呕、再咀嚼、再混唾液和再吞咽。

犊牛大约在出生后3～4周出现反刍，此时犊牛开始选食草料，瘤胃内有微生物滋生，如训练犊牛及早采食粗料或喂以成年牛逆呕出来的食团，则反刍可提前出现。成年动物一般在饲喂后0.5～1 h出现反刍，每次反刍平均为40～50 min，然后间隔一段时间再开始第二次反刍。这样一昼夜约进行6～8次(幼畜可达16次)，每天用在反刍上的时间约为7～8 h。

反刍的生理意义：充分咀嚼，帮助消化；混入唾液，中和胃内容物发酵时产生的有机酸；排出瘤胃内发酵产生的气体；促进食糜向后部消化道的推进。动物有病和过度疲劳都可能引起反刍的减少或停止，因此反刍是反刍动物健康的标志。

④ 嗳气　瘤胃内由于微生物的强烈发酵，不断产生大量的气体，主要是CO_2和CH_4，间有少量的H_2、O_2、N_2、H_2S等，这些气体约有1/4被吸收入血经肺排出；还有一部分被瘤胃微生物利用，剩余的气体则通过食管排出。我们把通过食管排出气体的过程，称为嗳气。牛嗳气平均17～20次/h。

牛、羊初春放牧，常因啃食大量幼嫩青草而发生瘤胃臌气。其机理是幼嫩青草迅速由前胃转入皱胃及肠内，刺激这些部位的感受器，反射性抑制前胃运动。同时，由于瘤胃内饲料急剧发酵产生大量气体，不能及时排除，于是形成急性臌气。

⑤ 食管沟反射　食管沟起自贲门，止于网瓣口。犊牛和羔羊在吸吮乳汁或饮料时，能反对性地引起食管沟唇闭合成管状，使乳汁或饮料由食管经食管沟和瓣胃沟直接进入皱胃，不在前胃内停留。当用桶给犊牛喂乳时，由于缺乏吸吮刺激，食管沟闭合不完全，部分乳汁会溢入瘤胃、网胃，引起异常发酵，导致腹泻。

食管沟闭合反射随着动物年龄的增长而减弱。某些化合物质尤其是NaCl和$NaHCO_3$溶液可使二岁牛的食管沟闭合。$CaSO_4$溶液能引起绵羊的食管沟闭合反射，但不能引起牛的食管沟闭合。在临床实践中，利用这些化学药品闭合食管沟的特点，可将药物直接输送到皱胃，以达到治疗的目的。

(2)真胃(皱胃)或单胃的消化　真胃能分泌胃液，主要进行化学消化。

① 胃液的消化作用　胃液是胃黏膜各腺体所分泌的混合液，为无色透明、常含粘丝的酸性液体，胃液除水分外，主要由盐酸、消化酶、黏蛋白、内因子和电解质组成。

盐酸：对胃的消化有重要的作用，首先是胃蛋白酶原的致活剂，为胃蛋白酶提供酸性环境；使蛋白质膨胀变性，有利于酶的消化；杀死随食物进入胃内的细菌；可促进胰液、胆汁的分泌，胆囊收缩；造成酸性环境有助于铁、钙的吸收。幼畜的胃液中含盐酸很少或完全缺乏，消化蛋白质和杀灭细菌的能力很弱，这是幼畜易患某些消化道疾病的一个重要原因。

消化酶：胃消化酶是由胃底腺的腺细胞分泌的，主要有胃蛋白酶、凝乳酶、胃脂肪酶等。胃蛋白酶刚分泌出来时无活性，在胃酸或已激活的胃蛋白酶作用下转变为有活性的胃蛋白酶，可使蛋白质初步分解。胃蛋白酶作用的适宜环境约为pH为2，在pH低于6的酸性环境中也有活性，pH大于6时，酶活性消失；凝乳酶的主要作用是使乳汁凝固，延长乳在胃内停留的时间，以加强胃液对乳的消化，这种酶哺乳期幼畜胃液内含量较高，哺乳期结束，则逐渐减少，甚至消失；胃脂肪酶主要是肉食动物胃液中含有少量丁酸甘油脂酶，可分解丁酸甘油脂。

胃黏液：主要成分是黏蛋白，由颈黏液细胞分泌出来后，在胃的内壁上形成厚约1.0～1.5 mm的中性或弱碱性黏液层，覆盖在胃黏膜的表面，一方面免受饲料的机械损伤，另一方面中和胃酸，防止胃蛋白酶对胃壁的消化，所以可保护胃黏膜。

内因子：能与食物中维生素B_{12}结合成复合物，以利于维生素B_{12}在小肠内吸收。当胃液中缺乏内因子时，机体就会因维生素B_{12}的缺乏而影响红细胞的生成而引起贫血。

胃腺机能对饲料的特征有惊人的适应性，长期用一定的营养制度来饲养动物，能使胃腺分泌活动定型。如果改变营养制度，则必须经过一段时间后，才能建立起新的胃腺分泌定型。所以，改变饲养管理制度必须缓慢进行，骤然改变，超过胃腺的适应能力，往往造成消化机能紊乱，畜牧生产中需引起注意。

② 真胃或单胃的运动　胃壁有纵行、环行、斜行三层平滑肌，这些肌肉的收缩和舒张产生胃的运动。胃运动的主要机能：使胃容纳一次进食的大量食物；将食物分裂成较小颗粒，与胃液混合形成食糜，并开始消化；推送胃内容物排入十二指肠。

容纳性舒张：当咀嚼和吞咽食物时，刺激咽、食管等处的感受器，反射性地通过迷走神经引起胃底部和体部的肌肉舒张，使胃容量增大而胃内压力却很少增加，称容纳性舒张。食物进入胃后逐层重叠，先进入的在周围，后进入的在中央。这种分层排列使胃液不易迅速浸透饲料，使混有唾液的饲料在胃的中心和无腺部保持较长时间的中性、弱碱性环境，来进行淀粉的消化。

紧张性收缩：进食后不久，胃开始紧张性收缩，胃内压力逐渐增高，使胃液渗入食物，并协助推动食物向幽门方向移动。

蠕动：从胃底部开始，向幽门方向呈波浪式推进并不断增强。蠕动一方面使胃内食物和胃液充分混合，另一方面使胃内食物向幽门移行，并通过幽门进入十二指肠。

排空：随着胃的蠕动，食物分批地由胃排入十二指肠的过程称为胃排空。排空取决于许多因素，其中最主要的是幽门两侧的压力差和酸度差。当胃内压或酸度高于十二指肠并达到一定数值时，则可反射性地引起幽门括约肌舒张，食糜即由胃内进入十二指肠(治疗急性胃扩张灌服乳酸或酸菜汤就是利用此原理)。反之，胃内容物的排空则受到抑制。胃的排空速度取决于食物的性质和动物的状况。流体和粥状食物一般在食后几分钟就很快离开胃；粗糙和较硬食物在胃内滞留时间较长。动物处于惊慌不安、疲劳等情况下，会引起胃的排空抑制，因此饲养管理时应加以注意。

3. 认知肠的消化

(1)小肠的消化 小肠是消化的重要部位，大部分营养物质在此被消化分解。而且以化学消化为主，同时伴有小肠的运动。

① 化学消化　主要通过胆汁、胰液和小肠液的作用来完成。

胆汁：是由肝细胞分泌的黏稠、具有强烈苦味的碱性液体。草食动物的呈暗绿色，肉食动物的呈红褐色，猪的呈橙黄色。胆汁由水、胆酸盐、胆色素、胆固醇、卵磷脂和无机盐等组成，其中胆酸盐和碱性无机盐与消化有关，其他都是排泄物。胆酸盐的作用：增强脂肪酶的活性；降低脂肪的表面张力，使脂肪乳化成微小颗粒，有利于脂肪的消化吸收；与脂肪酸结合成水溶性复合物，促进脂肪酸的吸收；促进脂溶性维生素(A、D、E、K)的吸收；刺激小肠的运动。因此，胆汁对脂肪消化具有极其重要的意义。胆汁中的碱性无机盐主要是碳酸氢钠，可中和一部分由胃入肠的酸性食糜，维持肠内适宜的PH值，有利于小肠的消化。

胰液：是胰腺腺泡分泌的无色透明的碱性液体，PH为7.8～8.4。内含胰蛋白分解酶、胰淀粉酶、胰脂肪酶、胰核酸酶以及麦芽糖酶、蔗糖酶、乳糖酶等双糖酶，可以将蛋白质、脂肪和碳水化合物等消化分解。此外，胰液中的碳酸氢钠可中和来自胃的酸性食糜，使肠黏膜免受强酸的侵蚀，也为小肠内多种消化酶的活动提供适宜的PH值环境。

小肠液：是由小肠黏膜内各种腺体分泌的混合物。一般是无色或灰黄色的混浊液，呈弱碱性(PH8.2～8.7)。内含肠激酶、蔗糖酶、麦芽糖酶、乳糖酶、淀粉酶、肠肽酶及肠脂肪酶等消化酶，主要是对前部消化器初步分解过的营养物质进行彻底的消化。

② 小肠的运动 是食糜进入小肠后刺激肠壁上的感受器引起的。小肠运动是靠肠壁平滑肌的舒缩来实现的。其作用是：使食糜与消化液充分混合，有利于消化；使食糜紧贴肠壁粘膜有利于吸收；有利于食糜向后推移。运动形式有蠕动、分节运动和钟摆运动三种。为防止食糜过快进入大肠，有时还出现逆蠕动。

蠕动：是一种速度缓慢、使食糜向大肠方向波状推进的运动。它是由于小肠某些部位的环状肌收缩，邻近部位的环状肌舒张，接着原来舒张的环状肌又收缩。这样连续进行好象蠕虫的运动。蠕动的速度一般每分钟数厘米。此外，还有一种进行速度很快(每秒5～25 cm)和推进距离较长的蠕动，称为蠕动冲。它由进食时吞咽动作或食糜进入十二指肠所引起，可将食糜从小肠始端一直推送到末端。在十二指肠和回肠末段有时还出现逆蠕动，与蠕动比较，除了方向相反外，收缩力量较弱，传播范围也较小。逆蠕动与蠕动相配合，使食糜在肠管内来回移动，以便有足够的时间进行消化和吸收。

分节运动：是以环行肌节律性收缩与舒张为主的运动。当食糜进入肠管的某段后，该段肠管许多点同时出现收缩，将食糜分为若干小节，随后原来收缩处舒张，原来舒张处收缩，使食糜又形成许多新的节段。如此继续几十分钟后，由蠕动把食糜推到下一段肠管，又在一个新肠段进行同样的运动。空腹时几乎不出现分节运动，进食后才逐渐加强。小肠各段分节运动的强度及频率以十二指肠最高，其次空肠，回肠最低。分节运动在反刍动物和肉食动物的小肠中最常见。分节运动的作用是使食糜和消化液充分混合，便于化学性消化；使食糜和肠壁紧密接触，为吸收创造良好条件；可挤压肠壁，有助于血液和淋巴的回流。

钟摆运动：以纵行肌节律性舒缩为主的运动。当食糜进入一段小肠后，该段肠的纵行肌一侧发生节律性的舒张和收缩，对侧相应的收缩和舒张，使肠管时而向左、时而向右摆动，食糜在肠腔内也来回摆动，其意义与分节运动相同。在草食动物中，钟摆运动较明显。

(2)大肠的消化 食糜经小肠消化和吸收后，剩余部分进入大肠。由于大肠腺只能分泌少量碱性粘稠的消化液，含消化酶甚少或不含。所以大肠的消化除依靠随食糜而来的小肠消化酶继续作用外，主要进行生物学消化。尤其是马属动物和兔等单胃草食动物。杂食动物(如猪)大肠以及家禽尤其鸭和鹅的盲肠内具备草食动物相似的微生物繁殖条件，在饲喂植物性饲料条件下，大肠内微生物的作用就占主要地位。

① 生物学消化 草食动物大肠容积大，运动缓慢，食物停留时间长，pH值、湿度、温度均适宜微生物的生存繁殖。因此，大肠进行强烈的生物学消化。纤维素和糖可被微生

物发酵产生低级脂肪酸，并被吸收利用。在小肠内未被消化吸收的蛋白质，在大肠内可被腐败菌分解，产生有毒的胺和酚等物质。这些物质一部分随粪便排出，另一部分由肠黏膜吸收入血，经肝解毒后随尿排出。如果毒物吸收过多，超过肝脏的解毒能力，即可引起自体中毒。但正常情况下，由于肠内发酵过程占优势，抑制了腐败菌的活动，故毒物产生较少。另外，大肠内的细菌也合成B族维生素和维生素K。

② 大肠运动　大肠蠕动速度较慢，强度也弱，还存在有逆蠕动，这样就能使粗饲料停留时间更长，便于脂肪酸和水的吸收。

(3)肠音　由于大肠和小肠的运动，内容物在肠腔移位而产生的声音称肠音。小肠音如流水音或含漱音，大肠音因肠腔宽大，似雷鸣音或远炮音。通过对肠音的听诊(在相应动物的肠区)，可了解肠的运动状况，对临床诊断有重要意义。

(4)粪便的形成和排粪　食糜经消化吸收后，残渣进入大肠后段，水分被大量吸收，逐渐浓缩而形成粪便。随大肠后段的运动，被强烈搅和，并压缩成团块。

排粪是一种复杂的反射动作。粪便停留在直肠内，量小时，肛门括约肌处于收缩状态。当聚集到一定量时，刺激肠壁压力感受器，通过盆神经(传入神经)传至荐部脊髓(排粪调整中枢)再传至延脑和大脑皮层(高级中枢)，由中枢发出冲动传至大肠后段，引起肛门括约肌舒张和后段肠壁收缩，且在腹肌收缩配合下，增加腹压进行排粪。

4. 认知营养物质的吸收

(1)吸收的部位　口腔和食管基本上不吸收；单胃只吸收少量水分、醇类和无机盐；反刍动物的前胃可吸收大量低级脂肪酸和氨；大肠主要吸收水分和盐类，对单胃草食动物还可吸收大量的挥发性脂肪酸。小肠是吸收的主要部位，原因是：小肠具有适于吸收各种物质的结构，如小肠长，盘曲多，黏膜具有环状皱褶，并拥有大量指状的肠绒毛，绒毛表面又有微绒毛，具有很大的吸收面积；食物在小肠内已被充分消化，适于吸收；食物在小肠内停留时间长。

(2)营养物质的吸收过程

糖的吸收：淀粉在淀粉酶和双糖酶的作用下分解为单糖(葡萄糖、果糖、半乳糖)，在小肠被吸收；纤维素在微生物作用下，分解成低级脂肪酸，在反刍动物的瘤胃和大肠内被吸收。单糖和低级脂肪酸被吸收后，大部分经门静脉入肝，少部分经淋巴循环再转入血液。

蛋白质的吸收：蛋白质在胃蛋白酶、胰蛋白酶、羧肽酶和肠肽酶的作用下，被分解为各种氨基酸被小肠黏膜吸收入血，经门静脉入肝。

脂肪的吸收：脂肪在胆酸盐和脂肪酶的作用下，分解为甘油和脂肪酸，少部分直接进入血液，经门静脉入肝，大部分在细胞内重新合成中性脂肪，经中央乳糜管进入淋巴液。

水分的吸收：水的吸收主要在小肠和大肠。牛、猪以小肠为主，马以大肠为主。

无机盐的吸收：主要在小肠中以水溶液状态被吸收。不同的盐类，吸收的难易不一样，单价盐类如氯化钠和氯化钾等较易吸收，二价及多价盐类如氯化钙和氯化镁等则吸收很慢，能与钙结合而沉淀的盐类如磷酸盐、硫酸盐、草酸盐等则不易被吸收。

维生素的吸收：脂溶性维生素(A、D、E、K)沿全部小肠吸收，而以十二指肠和空肠吸收为主。水溶性维生素除维生素B_{12}外，主要在小肠前段被吸收；而维生素B_{12}需要与来源于胃黏膜的内因子结合成复合物后，才能被空肠及回肠前段被大量吸收。

5. 认知影响胃肠运动的因素

(1)小肠运动和吸收实验

地点：生理实验室。

动物：家兔4只。

材料器械：解剖器械、生理多用仪、结扎线。0.01%肾上腺素、0.06%乙酰胆碱、5%氯化钠、0.9%氯化钠、蒸馏水、饱和硫酸镁、20%氨基甲酸乙酯(乌拉坦)。

方法步骤：教师指导，学生分组操作。

① 将家兔固定于手术台上，麻醉，剪去颈部和腹部被毛。注意家兔术前少喂食物，尤其不可喂的过饱。

② 自颈中部切开皮肤，分离迷走神经穿线备用。

③ 沿腹中线剖开腹腔，暴露小肠，观察小肠运动情况。

④ 用适宜感应电刺激迷走神经，观察小肠运动情况有何变化?

⑤ 取0.01%乙酰胆碱数滴滴加在小肠表面，观察小肠运动有何变化?然后用温热生理盐水冲洗肠管，待小肠运动恢复后，再向肠表面滴加0.01%肾上腺素，观察小肠运动有何变化?

⑥ 将小肠分等长数段结扎，在各段肠管中分别注入等量0.9%氯化钠、5%氯化钠、蒸馏水及饱和硫酸镁。20～30 min后观察其吸收情况，作比较分析。

结果分析：分析实验结果，并说明其原理。

(2)胃肠道机能的调节　胃肠的分泌、运动和吸收机能受神经和体液调节。

神经调节：胃肠机能受植物性神经和胃肠壁内在神经丛控制。胃肠平滑肌受交感神经和副交感神经的双重支配。副交感神经(如迷走神经)兴奋时，胃肠运动增加，腺体分泌增加；刺激交感神经则使它们的活动受到抑制。正常情况下，副交感神经的作用重要。胃肠壁内神经丛包括肌间神经丛和黏膜下神经丛。这些纤维丛有来自肠壁或黏膜上的化学、机械或压力感受器的传入纤维，构成一个局部神经反应系统。

体液调节：除了全身性作用的激素(如生长激素促进消化系统的生长发育、甲状腺素促进消化液分泌等)以外，调节胃肠功能活动的体液因素主要是胃肠激素，是胃肠道黏膜内大量内分泌细胞所分泌的。其生理作用主要是调节、激素释放和营养作用。

表3-1　胃肠主要内分泌细胞的名称、分布和分泌物

细胞名称	分泌产物	分泌部位
A细胞	胰高血糖素	胰岛
B细胞	胰岛素	胰岛
D细胞	生长抑素	胰岛、胃、小肠、结肠
G细胞	胃泌素	胃窦、十二指肠
I细胞	胆囊收缩素	小肠上部
K细胞	抑胃素	小肠上部
Mo细胞	胃动素	小肠
J细胞	神经降压素	回肠
PP细胞	胰多肽	小肠、大肠
S细胞	促胰液素	小肠上部

【相关知识】

1. 消化和吸收

动物在生命活动过程中，必须不断地从环境中摄取营养物质，以满足机体各种生命活动的需要。营养物质存在于饲料中，如蛋白质、糖、脂类、无机物、维生素、水等。其中水、无机盐、维生素可直接被机体吸收利用。而蛋白质、糖、脂肪都是高分子化合物，必须在消化管内经过物理、化学和生物作用，转变成结构简单的可溶性小分子物质，如氨基酸、甘油、脂肪酸、葡萄糖、挥发性脂肪酸、小肽等，才能被机体吸收利用。

饲料在消化道内分解成可吸收的小分子物质的过程，称为消化。

被消化的物质以及进入体内的水、无机盐、维生素等通过消化道黏膜上皮细胞进入血液和淋巴的过程，称为吸收。

2. 消化方式

(1)机械性消化(物理消化) 通过消化管的运动，改变饲料物理性状的一种消化方式。如咀嚼、吞咽、反刍、胃肠运动等。

机械消化作用：磨碎、压迫饲料，使其更好地与消化液混合，以利于化学消化和生物学消化；使食糜更好地与消化管壁贴近，有利于养分的吸收；促进内容物后移，有利于消化残余物的运送与排出。

(2)化学性消化 是指消化腺所分泌的酶和植物性饲料本身的酶对饲料的消化。它可将结构复杂的饲料分解为简单物质以便吸收，如将蛋白质分解为氨基酸，多糖分解为单糖，脂肪分解为脂肪酸和甘油等。

酶是体内细胞产生的一种具有催化作用的特殊蛋白质，通常称为生物催化剂。具有消化作用的酶称为消化酶，由消化腺产生，多数存在于消化液中，少数存在于肠黏膜脱落细胞或肠黏膜内。消化酶多为水解酶，具有高度的特异性，即一种酶只能影响某一种营养物质的分解过程，对其他物质无作用。如淀粉酶只能加快淀粉的分解，对蛋白质、脂肪及双糖都无作用。根据酶的作用对象不同，将其分为三种类型：蛋白分解酶、脂肪分解酶和糖分解酶。

酶的活性受各种因素的影响，如温度、酸碱度、激动剂、抑制剂等。温度对酶的活性影响最大，通常37～40℃是消化酶的最适宜温度，此时酶促反应速度最大，但当温度达到60℃时，酶的活性即受到破坏；酶对环境的pH值非常敏感，每种酶都有其特殊适合的环境，有的在酸性环境中最佳(如胃蛋白酶)，有的则在碱性环境中最好(如胰蛋白酶)，有的则在中性环境中最活跃(如唾液淀粉酶)；有些物质能增强酶的活性，称为激动剂，如氯离子是淀粉酶的激动剂；有些物质能使酶的活性降低甚至完全消失，称为抑制剂，如重金属(Ag、Cu、Hg、Zn等)离子。

有些消化酶在刚分泌出来时是没有活性的，称为酶原。酶原必须在一定条件下转化为有活性的酶，这一转化过程称酶致活。完成这一致活过程的物质称致活剂。如盐酸是胃蛋白酶原的致活剂。

(3)生物学消化 是指消化管内的微生物对饲料的消化。这种消化在草食动物消化中特别重要，因为其本身的消化液中不含纤维素分解酶，可饲料却含大量的纤维素、半纤维素。而微生物可产生纤维素分解酶，对纤维素类的消化起关键性作用。

3. 消化管平滑肌

机械消化的基础是依靠肌肉的收缩。整个消化道多数部分是由平滑肌构成。平滑肌具有下列生理特性：

兴奋性低收缩缓慢：要启动收缩，需要较长时间，收缩后要恢复原有长度也较慢。

富有展长性：能适应实际需要而伸展，因此胃、肠等器官可以容纳比自身体积大好几倍的食物。

紧张性：平滑肌经常保持在一种微弱的持续收缩状态，具有一定的紧张性，使胃肠等保持一定的形状和位置。

自律性收缩：平滑肌离体后，保持在适宜的环境溶液内，仍能作自律性收缩。

对化学、温度和机械牵张刺激较为敏感：微量的生物活性物质能显著地引起它的兴奋。如乙酰胆碱稀释一亿倍，还能使兔的离体小肠收缩加强；肾上腺素的千万分之一浓度，就能降低其紧张性，而停止收缩。

教学单元 2　呼吸系统

任务 1　识别呼吸器官的构造

借助新鲜器官、浸制标本、模型、图片和组织切片观察鼻、咽、喉、气管、支气管和肺，识别正常状态下各器官的位置、形态和构造。

呼吸系统由呼吸道(鼻、咽、喉、气管和支气管)、肺以及胸膜和胸膜腔等辅助装置构成。呼吸道是气体出入肺的通道，肺是气体交换的场所，呼吸道和肺在辅助器官协助下共同完成呼吸功能。

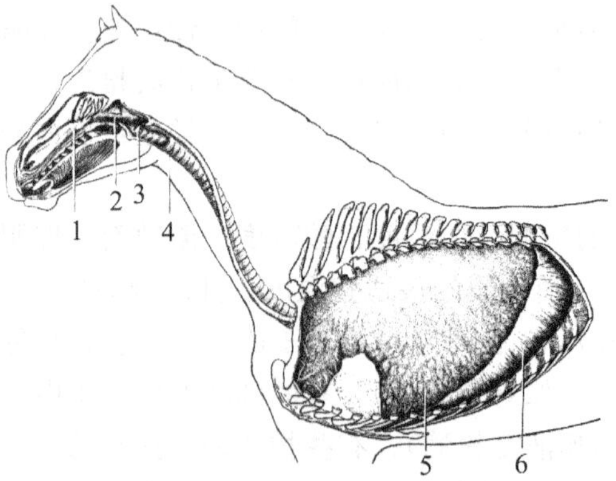

图 3-32　马呼吸系统全貌

1. 鼻腔　2. 咽　3. 喉　4. 气管　5. 肺　6. 膈

(范作良，动物解剖，2001)

1. 呼吸道的识别

(1)鼻是气体出入肺的通道，又是嗅觉器官，对发音也有辅助作用。包括鼻腔和鼻旁窦。

鼻腔被鼻中隔分成左、右两部分，每侧可分鼻孔、鼻前庭和固有鼻腔。

鼻孔是鼻腔的入口，由内外侧鼻翼围成，鼻翼为包有软骨和肌肉的皮肤褶，有一定的弹性和活动性。鼻前庭为鼻腔前部衬有皮肤的部分，即由鼻翼所围成的内腔，着生鼻毛，可滤过空气。固有鼻腔位于鼻前庭之后，侧壁上有上、下鼻甲骨，将每侧鼻腔分为上、中、下三个鼻道。上鼻道较窄，位于鼻腔顶壁与上鼻甲之间，通嗅区。中鼻道位于上、下鼻甲骨之间，通鼻旁窦。下鼻道最宽大，位于下鼻甲与鼻腔底壁之间，经鼻后孔通咽部。鼻中隔两侧与鼻甲骨之间的腔隙，称为总鼻道。

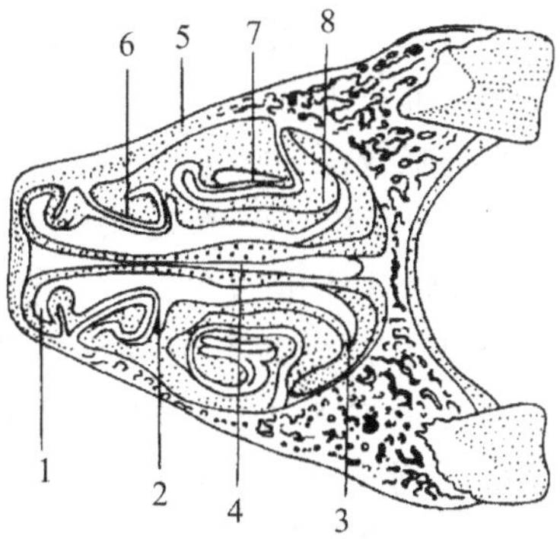

图 3-33 鼻腔横断面

1. 上鼻道 2. 中鼻道 3. 下鼻道 4. 鼻中隔 5. 总鼻道 6. 上鼻甲骨 7. 中鼻甲骨 8. 鼻静脉丛

（山东省畜牧兽医学校，动物解剖生理，第三版，2000）

鼻黏膜被覆于固有鼻腔内面，分为呼吸区和嗅区。呼吸区占鼻腔的大部分，呈粉红色，能温暖、湿润、清洁吸入的空气。嗅区位于鼻腔的后上方，内有大量的嗅觉细胞，具有嗅觉作用。犬的嗅觉灵敏。

猪的鼻尖与上唇一起形成特殊的吻突。马的鼻前庭背侧皮下有一盲囊，为其特有。鸡的鼻孔有膜质性鼻瓣，其周围有小羽毛，防止小虫、灰尘等异物进入。

鼻旁窦 见“运动器官”。

(2)咽 见“消化器官”

(3)喉 既是呼吸通道，又是发声的器官。喉位于下颌间隙的后方，在头颈交界处的腹侧，前方与咽相通，后端与气管相接。喉主要由喉软骨、喉黏膜和喉肌构成。

喉软骨：由一块环状软骨、一块甲状软骨、一块会厌软骨和一对杓状软骨共四种5块软骨构成。其中会厌软骨和一对杓状软骨围成喉口。会厌软骨具有弹性和韧性，吞咽时可盖住喉口，防止食物误入喉和气管。

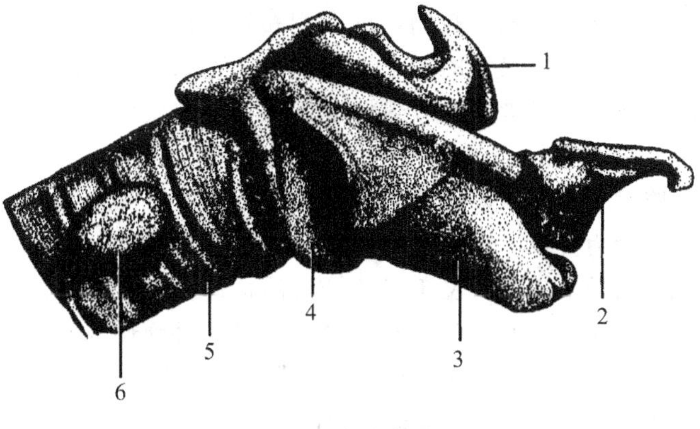

图 3-34 喉软骨

1. 杓状软骨 2. 会厌软骨 3. 甲状软骨 4. 环状软骨 5. 气管软骨环 6. 甲状腺

（山东省畜牧兽医学校，动物解剖生理，第三版，2000）

喉黏膜：衬在喉腔内表面，有丰富的感觉神经末梢，受到刺激会引起咳嗽，从而将异物排出。在喉腔中部的侧壁上有一对明显的黏膜褶为声带，两声带之间为声门裂，气流通过使声带振动便可发声。喉黏膜内还含有喉腺，可分泌黏液，有润滑声带的作用。

喉肌：属于横纹肌，附着于喉软骨的外侧，与吞咽、呼吸及发声等有关。

鸡的喉由环状软骨和勺状软骨构成，没有会厌软骨和甲状软骨。喉腔内无声带，因此鸡的发声部位不在喉部，而在气管分叉处的鸣管。喉软骨上有扩张和闭合喉口的肌性瓣膜，此瓣膜平时开放，仰头时关闭，故鸡吞食、饮水时常仰头下咽。

犬的喉较短，喉口较大，声带大而隆突。

(4)气管和支气管连接喉与肺之间的管道。由“U”形软骨环作为支架，可分颈段和胸段。气管在心基上方分为右尖叶支气管，随后又分出左、右两条主支气管，(马属动物仅有左、右支气管)，分别进入左、右肺。

气管壁由黏膜层、黏膜下层、外膜组成。黏膜层内含有大量的杯状细胞和弥散的淋巴组织，有局部免疫功能。黏膜下层含有丰富的血管、神经、脂肪细胞和气管腺。气管腺分泌物排入管腔，与杯状细胞分泌的黏液共同在黏膜表面形成黏液层，可黏附异物和细菌，并可溶解吸入的有害气体。外膜由透明软骨和结缔组织构成，“U”形软骨环的缺口朝向背侧，缺口之间有弹性纤维膜连接，膜内有平滑肌束，可使气管适度舒缩。相邻软骨环借韧带相连使气管适度延长。

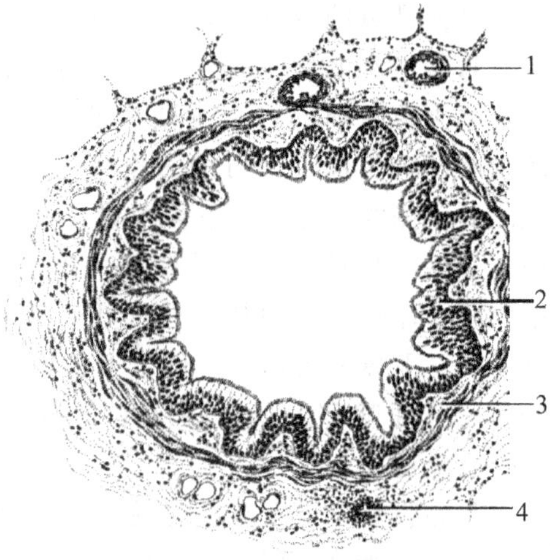

图 3-35 气管构造模式图

1. 血管 2. 黏膜 3. 黏膜下层 4. 气管腺

(马仲华，动物解剖及组织胚胎学，第三版，2002)

禽类的气管很长，由“O”形软骨环构成，相邻软骨环互相套叠，可以伸缩，适应颈部灵活运动。气管伴随食管后行，到颈后半部偏至右侧，入胸腔前又转到颈的腹侧，进入胸腔后，在心基上方分叉，形成鸣管的两个支气管。气管黏膜下层富含血管，可借蒸发散热调节体温，是重要的调节体温部位。

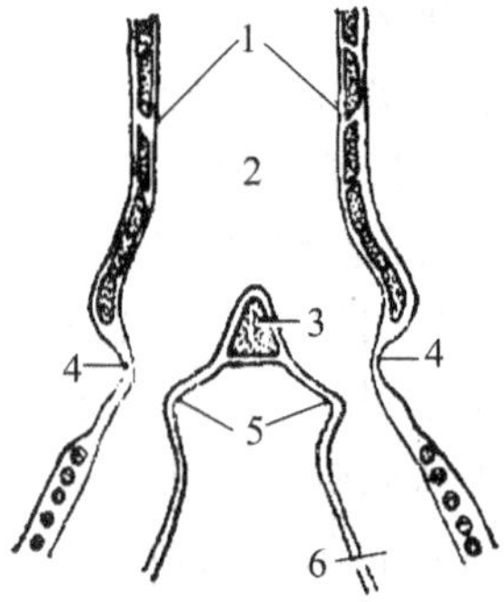

图 3-36 禽鸣管(纵剖面)

1. 气管 2. 鸣腔 3. 鸣骨 4. 外鸣膜 5. 内鸣膜 6. 支气管

(山东省畜牧兽医学校，动物解剖生理，第三版，2000)

鸣管又称后喉，是禽类特有的发音器官。鸣管以气管为支架，由几块支气管软骨和一块鸣骨构成。鸣骨呈楔形，位于气管分叉的顶部，鸣腔分叉处。在鸣管的内侧壁和外侧壁覆以两对弹性薄膜，分别为内、外鸣膜。两鸣膜形成一对狭缝，当禽呼吸时，空气振动鸣膜而发声。

2. 肺的识别

(1)肺的形态特点

健康的肺呈粉红色，海绵状，质地柔软而富有弹性。左右肺一起类似圆锥形，锥底朝向后方。肺有三个面和三个缘。

三个面：肋面在外侧，略凸，与胸腔侧壁接触，有肋压迹；纵隔面在内侧，较平，与纵隔接触，有心压迹、食管压迹和主动脉压迹，在心压迹的后方有肺门，是支气管、肺动脉、肺静脉、淋巴管和神经出入肺的门户；膈面在后下方，较凹，与膈接触。

三个缘：背缘钝而圆，位于肋椎沟中；腹缘薄而锐，有豁口状的心切迹，是肺分叶的依据，动物左肺心切迹略大于右肺心切迹，使心脏左壁在此处外露，兽医临床常将左肺心切迹作为心脏听诊部位；后缘薄而锐，位于胸外侧壁与膈之间。

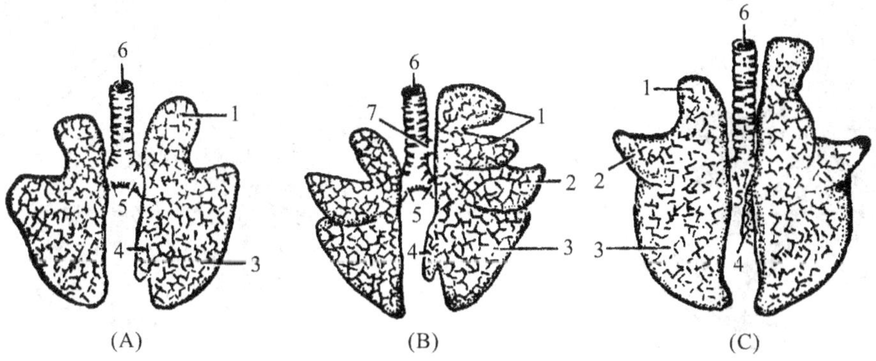

图 3-37 动物肺分叶模式图

(A) 马 (B) 牛 (C) 猪

1. 尖叶 2. 心叶 3. 膈叶 4. 副叶 5. 支气管 6. 气管 7. 右尖叶支气管

(山东省畜牧兽医学校，动物解剖生理，第三版，2000)

肺的分叶：左肺分为 3 叶，由前向后顺次为前叶(尖叶)、中叶(心叶)和后叶(膈叶)。右肺分为 4 叶：前叶(尖叶)、中叶(心叶)、后叶(膈叶)和纵隔面上的副叶。牛、猪右尖叶分为第一尖叶和第二尖叶。马肺分叶不明显，左、右肺分尖叶和膈叶，右肺内侧还有一个副叶。鸡的肺不分叶。

(2)肺的位置 位于胸腔内纵膈两侧，左、右各一，通常右肺略大于左肺。临床肺的听诊或叩诊一般可根据背缘线和后缘线来确定其体表投影位置。

牛肺区：背缘线是第 1 肋的 1/2 和第 12 肋上端的连线，或距脊柱背线 10 cm；后缘线由四点连成的弧线来定，分别是第 12 肋上端、髋结节水平线与第 11 肋交点、肩关节水平线与第 8 肋的交点和第四肋间隙下缘。

猪肺区：背缘线是第 1 肋的 1/2 和第 11 肋上端的连线，或距脊柱背线 4～5 cm；后缘线由四点连成的弧线来定，分别是第 11 肋上端、坐骨结节水平线与第 9 肋交点、肩关节水平线与第 7 肋的交点和第 4 肋间隙下缘。

马肺区：背缘线是第 1 肋的 1/2 和第 17 肋上端的连线，或距脊柱背线 10 cm；后缘线由五点连成的弧线来定，分别是第 17 肋上端、髋结节水平线与第 16 肋交点、坐骨结节水平线与第 14 肋交点、肩关节水平线与第 10 肋的交点和第 5 肋间隙下缘。

禽肺：较小，位于 1～6 肋之间，背侧面嵌入肋骨间，形成肋沟。

(3)肺的组织构造

肺的表面覆有一层浆膜(胸膜脏层)，浆膜深面的结缔组织伸入肺内，将肺实质分隔成众多肉眼可见的肺小叶。

肺小叶是以细支气管为轴心，由更细的呼吸性细支气管和所属的肺泡管、肺泡囊、肺泡构成的相对独立的肺结构体，一般呈锥体形，锥底朝肺表面，锥尖朝肺门。动物小叶性肺炎是单个小叶或一群小叶的炎症，而大叶性肺炎常侵犯一个肺叶、一侧肺叶或全肺。猪肺间质发达，肺小叶明显。

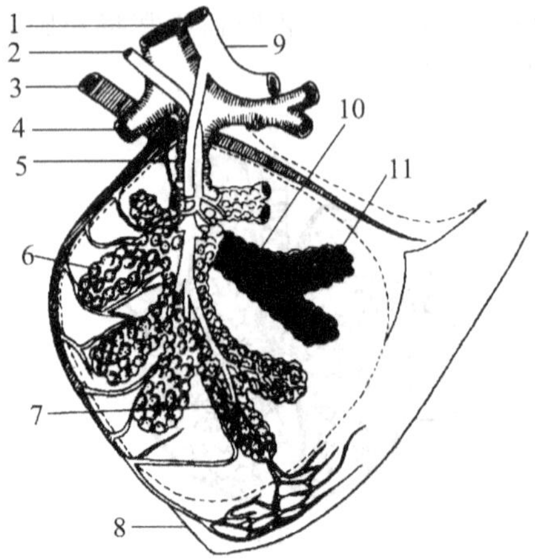

图 3-38 肺小叶模式图

1. 细支气管 2. 支气管动脉 3. 肺静脉 4. 终末细支气管 5. 呼吸性细支气管 6. 肺泡 7. 毛细血管网 8. 肺胸膜 9. 肺动脉 10. 肺泡管 11. 肺泡囊

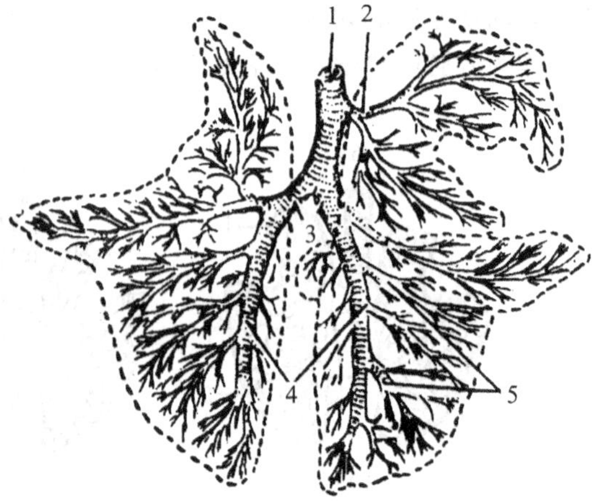

图 3-39 牛的支气管树

1. 气管 2. 右尖叶支气管 3. 支气管 4. 主支气管 5. 小支气管

（范作良，家畜解剖，2001）

肺的实质由肺内各级支气管和无数肺泡组成。支气管由肺门进入肺内，反复分支，形成树枝状，称为支气管树，支气管再分支，统称小支气管。小支气管分支到管径为 1 mm 以下时，称为细支气管，细支气管再分支，管径为 0.35～0.5 mm 时，称为终末细支气管，终末细支气管继续分支为呼吸性细支气管，管壁上出现肺泡，开始有呼吸功能，呼吸性细支气管再分支为肺泡管，肺泡管再分为肺泡囊，肺泡管和肺泡囊上有更多的肺泡。

终末细支气管以上的各级支气管是空气进出的通道称为导管部。呼吸性细支气管以下有肺泡存在，能进行气体交换，称为呼吸部。

① 肺的导管部　组织结构与气管、支气管基本相似，只是管径逐渐变小，管壁变薄。

1)黏膜　其厚度随支气管分支，管径变小而逐渐变薄。软骨环逐渐变成软骨片，并逐渐减小或消失，而平滑肌相对增加，当管腔缩小时，黏膜表面纵行皱褶也逐渐显著。

黏膜上皮：绝大部分为假复层柱状纤毛上皮，柱状细胞逐渐减少。到终末细支气管时，上皮变为单层柱状或立方纤毛上皮，杯状细胞已消失。

固有膜：随着支气管分支、管径变小而逐渐变薄。

肌层：肌纤维随支气管分支、管径变小而相对增多，由分散的平滑肌束逐渐形成一完整的环行肌层。

2)黏膜下层　随支气管分支、管径变小而逐渐变薄，腺体数量也逐渐减少，到细支气管时，腺体已经消失。

3)外膜　软骨成不规则的软骨片，数量也逐渐减少。到细支气管时，软骨完全消失。

从细支气管远段到终末细支气管，具有控制进入肺泡内气流的作用。在某些病理情况下，这部分管壁内的平滑肌发生痉挛时，加上黏膜水肿，可以导致管腔变窄甚至阻塞，影响通气，从而发生呼吸困难。临床上常见的哮喘病，即由此而发生。

② 肺的呼吸部

呼吸性支气管：开始具有气体交换的作用，其上段管壁仍为单层立方纤毛上皮，以后逐渐移行为单层立方上皮，纤毛消失，接近肺泡开口处变为单层扁平上皮。上皮下有薄层固有膜，内有弹性纤维和分散的平滑肌纤维。

肺泡管：管壁有许多肺泡的开口，表面为单层立方上皮或扁平上皮。

肺泡囊：由数个肺泡围成的公共腔体，呈梅花状，囊壁为肺泡壁。

肺泡：是气体交换的场所，呈半球状，一面开口于肺泡囊、肺泡管或呼吸性支气管，另一面借肺泡隔与相邻肺泡连接。

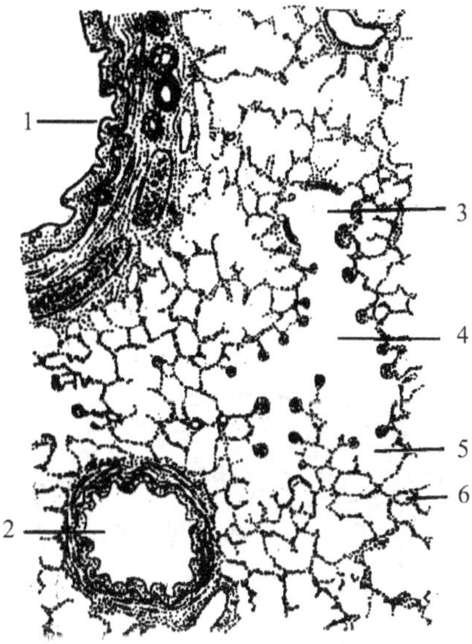

图 3-40 肺的微细结构

1. 支气管 2. 细支气管 3. 呼吸性细支气管 4. 肺泡管 5. 肺泡囊 6. 肺泡

（范作良，家畜解剖，2001）

肺泡隔：内有丰富的毛细血管网和少量的纤维。此外，在肺泡腔或肺泡隔内还有一种大而圆的吞噬细胞，称为隔细胞或尘细胞，能吞噬进入肺内的细菌和异物。相邻肺泡间借肺泡孔相通，有沟通和平衡相邻肺泡内气体的作用。但在肺部感染时，病原菌亦可经此孔扩散、蔓延。

禽类的支气管入肺后，纵贯全肺，称为初级支气管，后端出肺而连接于腹气囊。从初级支气管上，分出四群次级支气管，从次级支气管分出许多三级支气管，在相邻支气管之间，还有吻合支。因此，禽肺内的支气管分支形成互相通连的管道，而不象哺乳动物那样呈树枝状。

3. 气囊的识别

气囊是禽类特有的器官，容积比肺大 5～7 倍。由支气管出肺后形成的黏膜囊，大部分与含气骨相通。多数禽类有 9 个气囊，即一对颈气囊(鸡是 1 个)，位于胸腔前部背侧；一个锁骨间气囊，位于胸腔前部腹侧；一对前胸气囊，位于两肺腹侧；一对后胸气囊，最小，位于肺腹侧后部；一对腹气囊，最大，位于腹腔内脏两旁。气囊所形成的憩室可伸入到许多骨内和器官之间。

气囊具有贮存空气、参与呼吸、加强气体交换、减轻体重、散发体热、调节体温、加强发音等作用。公禽的腹气囊紧贴睾丸，使睾丸能维持较低的温度，保证精子正常生成。

禽的某些呼吸系统疾病或某些传染病常在气囊发生病变。

4. 胸膜和胸膜腔的识别

(1)胸膜　属于浆膜，可分为壁层和脏层。

脏层：在肺的表面，又称肺胸膜。

壁层：贴于胸腔壁和纵膈，按所在部位可分为三部分：肋胸膜，衬贴在肋及肋间肌内面；膈胸膜，贴在膈肌上；纵膈胸膜，贴在纵膈两侧。

(2)胸膜腔　是胸膜壁层与脏层之间的腔隙，左、各一，互不相通，腔内为负压，并有少量浆液，有润滑作用。

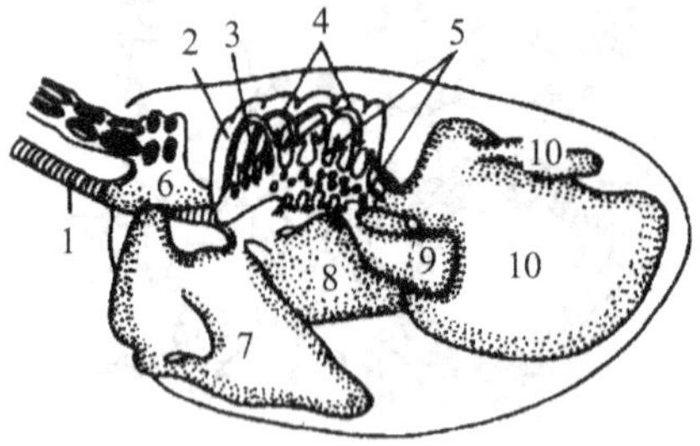

图 3-41　肺和气囊模式图

1. 气管　2. 肺　3. 初级支气管　4. 三级支气管　5. 次级支气管　6. 颈气囊　7. 锁骨间气囊　8. 前胸气囊　9. 后胸气囊　10. 腹气囊

（山东省畜牧兽医学校，动物解剖生理，第三版，2000）

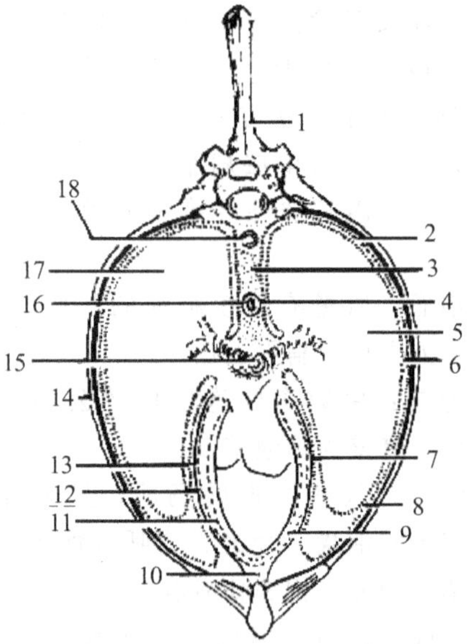

图 3-42　胸膜腔横断面模式图

1. 胸椎　2. 肋胸膜　3. 纵隔　4. 纵隔胸膜　5. 左肺　6. 肺胸膜　7. 心包胸膜　8. 胸膜　9. 心包腔　10. 胸骨心包韧带　11. 心包浆膜脏层　12. 心包浆膜壁层　13. 心包纤维层　14. 肋骨　15. 气管　16. 食管　17. 右肺　18. 主动脉

（范作良，动物解剖，2001）

胸膜炎时，胸膜腔出现大量渗出液（胸膜腔积水），或者胸膜壁层与脏层间发生粘连，影响动物的呼吸运动。

(3)纵隔　是两侧纵隔胸膜及其之间器官和组织的总称。纵隔内夹有胸腺、心包、心脏、气管、食管和大血管等。纵隔位于胸腔正中，将胸腔分为左右两个互不相通的腔。

任务 2　认知呼吸器官的机能

观看呼吸生理录像以及完成呼吸运动调节实验，认知呼吸的全过程及影响因素，掌握呼吸式判定、呼吸音听诊以及呼吸数测定方法。

呼吸过程包括外呼吸、气体运输和内呼吸三个环节。外呼吸是气体（氧气和二氧化碳）在肺泡和血液间的交换，又称肺呼吸（包括肺通气和肺换气）；内呼吸是血液与组织液之间的气体交换，又称组织呼吸。

1. 认知呼吸运动

呼吸肌的收缩和舒张引起胸廓和肺有节律的扩大和缩小称为呼吸运动，包括吸气运动和呼气运动。参与呼吸运动的吸气肌主要是肋间外肌和膈肌，呼气肌主要是肋间内肌和腹肌。

(1)吸气和呼气动作的产生

吸气过程：平静呼吸时，吸气运动由肋间外肌和膈肌收缩来完成。肋间外肌收缩引起肋骨开张，胸骨稍下降，胸廓的左右径和上下径增大；膈肌收缩，膈顶后移，胸廓前后径增大，肺也随之扩张，肺泡内压会迅速降低。当外界气压相对高于肺内压时，空气便从经呼吸道进入肺泡。

呼气过程：动物平静呼吸时，吸气过程一停止，肋间外肌和膈肌立即舒张，肋骨、膈顶和胸骨“宽息回位”，使胸腔和肺收缩，肺泡内压会迅速上升。当外界气压相对低于肺内压时，肺泡气体经呼吸道呼出体外。当动物剧烈运动或不安时，不仅肋间外肌和膈肌舒张，肋间内肌和腹壁肌群也参与呼气，使胸腔和肺缩得更小，肺内压升得更高，于是呼气比平时更快更多，此时吸气也会相应加强。

(2)认知胸内负压及其意义

胸膜腔是密闭的，没有气体，仅有少量浆液。这层浆液有两方面作用：一是在两层胸膜之间起润滑作用；二是浆液分子有内聚力，可使两层胸膜贴在一起，不易分开。胸膜腔的密闭性和两层胸膜间浆液分子的内聚力对于维持肺的扩张状态和肺通气具有重要的生理意义。

胸膜腔内的压力简称胸内压，因其总是略低于外界大气压，故称为胸内负压。胸膜腔内的压力实际是通过胸膜脏层作用于胸膜腔，胸膜脏层所承受的压力，一是肺泡内压，使肺泡扩张；另一是肺的回缩力，使肺泡缩小，因此胸膜腔内的压力就是这两种作用相反的代数和。可用公式表示为：

胸膜腔内压＝肺内压－肺的回缩力

肺内压指肺泡内的压力。吸气初，肺容积增大，肺内压下降，低于大气压，空气进入肺泡，肺内压也逐渐升高；吸气末，肺内压与大气压相等，气流也就停止。呼气初，肺容积减小，肺内压暂时升高，超过大气压，肺内气体便流出肺，肺内气体逐渐减少，肺内压下降，至呼气末肺内压降至与大气压相等。因此，在吸气之末和呼气之末，肺内压等于大气压，故胸膜腔内压＝大气压－肺的回缩力。若以大气压作为生理上的零单位，则胸膜腔内压＝－肺回缩力。因此，密闭的胸膜腔是产生负压的基础，肺的回缩力是产生负压的直接原因。动物吸气时，肺回缩力增大，胸膜腔负压也更负；呼气时，肺回缩力减少，胸膜腔的负压也相应减小。

动物因胸膜壁穿透或肺结核穿孔造成胸膜腔破裂时，胸内负压便随着胸膜腔进气(称为气胸)而消失。此时，即使胸腔运动仍在发生，由于肺借助自身弹性回缩而塌陷，不能随之扩大和缩小，肺通气便不再继续进行。

胸内负压是动物出生后发展起来的。胎儿时期胸腔容积极小，肺内无空气，是实体组织。胎儿出生后胸廓随着新生仔畜躯体伸展而扩大，肺被动牵拉而扩张，空气进入肺，从此产生了肺的回缩力，形成了胸内负压。胸内负压是肺扩张的重要条件，胸内负压对胸腔的其他器官有明显的影响。如吸气时，胸内压降得更低，引起腔静脉和胸导管扩张，促进静脉中的血和淋巴回流。胸内负压还可使胸部食管扩张，食管内压下降，因此有利于动物的呕吐和反刍动物的逆呕。

(3)认知呼吸方式　动物呼吸运动的方式有胸式、腹式、胸腹式三种。

胸式呼吸：呼吸时以肋间外肌活动为主，胸壁起伏明显。

腹式呼吸：呼吸时以膈肌活动为主，腹壁起伏明显。

胸腹式呼吸：呼吸时肋间肌和膈肌都参与，胸壁和腹壁的起伏均明显。

健康动物中除狗外(胸式呼吸)均为胸腹式呼吸。呼吸式常因动物生理状况和疾病而发生改变。当动物妊娠后期或腹部脏器发生病变时，常表现胸式呼吸。当胸膜脏器发生病变时，常表现为腹式呼吸。因此，观察动物的呼吸方式对临床诊断具有重要的意义。

(4)认知呼吸频率

健康动物安静状态下每分钟呼吸的次数为呼吸频率。可以通过观察呼吸式或感知鼻孔处气流等方法测定。

表 3-2 常见动物的呼吸数(次/分钟)

动 物	呼 吸 数	动 物	呼 吸 数
乳牛	18～28	鸡	15～30
猪	10～24	犬	10～30
绵羊	12～24	兔	50～60
山羊	12～20	马	8～16

呼吸频率因动物种类不同而异，同时还受年龄、外界温度、生理状况、海拔高度、使役以及疾病等因素的影响。如幼年动物呼吸频率比成年的略高；在气温高、寒冷、高海拔、使役等条件下，呼吸频率也会增高；乳牛泌乳高峰期呼吸频率会高于平时。因此诊断中应综合考虑并加以区别。

(5)认知呼吸音

呼吸运动时，气体通过呼吸道及出入肺泡产生的声音叫呼吸音。在胸廓表面和颈部气管附近，可以听到肺泡呼吸音和支气管呼吸音。

肺泡呼吸音：类似“F”的延长音，是肺泡扩张时产生的呼吸音。吸气时肺泡呼吸音在肺区能较清楚听到。

支气管呼吸音：类似“ch”的延长音，是气流通过声门裂引起涡旋产生的呼吸音。在喉头和气管可听到(在呼气时能听到较清楚的支气管音)，小动物和很瘦的大动物也可在肺的前部听到。

当肺部发生病变时，会出现各种病理性的呼吸音。

2. 认知气体交换

(1)肺换气　是指气体在肺泡与血液间的交换，是通过呼吸膜进行的。呼吸膜是由肺泡上皮及其基膜、毛细血管基膜及内皮等构成，又叫气血屏障，呼吸膜很薄，气体分子可自由通过。呼吸膜两侧的氧和二氧化碳分压差是换气的主要动力。气体分压是指混合气体中某种气体在总混合气体中所占的容积百分比。由于肺泡内的氧分压高于毛细血管周围的氧分压，而二氧化碳分压刚好相反，因此肺换气的结果是肺泡中的氧气进入血液，血液中的二氧化碳进入肺泡，血液由静脉血变成动脉血。

影响肺换气因素：

① 呼吸膜的厚度　呼吸膜总厚度约 0.5 μm，个别仅有 0.2 μm，O_2和 CO_2分子极易通过。动物患有肺炎和肺水肿时，呼吸膜厚度增厚，造成气体分子扩散速率降低，影响肺换气。

② 呼吸膜的面积　呼吸膜为 O_2和 CO_2在肺部气体交换提供了巨大的表面积。呼吸膜面积增大，扩散的气体量一般会增多。在动物运动或使役时，呼吸膜面积会增大；在肺气

肿、肺不扩张和毛细血管栓塞等疾病时，呼吸膜面积会减少，从而影响肺换气。

③ 肺血流量 体内的O_2和CO_2靠血液循环运输，所以单位时间内肺血流量增多会影响呼吸膜两侧的氧和二氧化碳的分压，从而影响肺换气。

(2)组织换气 是指气体在血液与组织细胞间的交换，是通过气体分子通透膜进行的。气体分子通透膜是由组织细胞膜、组织毛细血管壁以及两者之间的组织液构成，具有良好的气体通透性。换气动力是通透膜两侧存在氧和二氧化碳分压差。由于组织细胞在代谢过程中不断消耗氧气，产生二氧化碳，因此组织细胞内氧分压低于周围动脉血，而二氧化碳分压高于动脉血，所以氧气进入组织细胞中，二氧化碳进入血液，血液由动脉血变回静脉血。组织换气使组织细胞得到氧的供应，二氧化碳废气得以排出，因此组织换气(内呼吸)是整个呼吸的核心，若其发生障碍，必将导致窒息，引起动物体死亡。

影响组织换气因素：

① 通透性 在正常情况下，气体分子通透膜具有很强的通透性。但在组织水肿等病理情况，通透性会降低，影响组织换气。

② 全身血液循环障碍 在心力衰竭、局部贫血、淤血等病理情况下，会出现全身血液循环障碍，组织换气会受到影响，严重时会引起局部缺氧。

3. 认知气体运输

在呼吸过程中，血液以物理溶解和化学结合两种方式，不断地将氧从肺运到组织，同时将二氧化碳从组织细胞运到肺。

(1)氧的运输 血液中的氧主要是与红细胞内的血红蛋白(Hb)结合，以氧合血红蛋白的形式运输，占98.4%；物理溶解氧很少，只占1.6%。红细胞内的血红蛋白是一种结合蛋白。一分子血红蛋白含一分子珠蛋白和四分子亚铁血红素。

血红蛋白与O_2结合有列特征：

① 反映快、可逆、不需酶的催化，PO_2高时(肺部)，血红蛋白与O_2结合形成氧合血红蛋白(HbO_2)；PO_2降低时(组织)，氧合血红蛋白迅速解离，释放O_2。

② 血红蛋白与O_2结合，其中铁仍为二价，所以不是氧化而是氧合。

③ 只有在血红素的Fe^{2+}和珠蛋白结合的情况下，才具有运输O_2的功能，单独的血红素不具有运氧的功能。血红蛋白中血红素的Fe^{2+}若转为Fe^{3+}，血红蛋白也会失去运输O_2的能力。

④ 1分子血红蛋白可与4分子氧结合。

(2)二氧化碳的运输 血液中88%多的二氧化碳以碳酸氢盐的形式运输，7%多的二氧化碳与血红蛋白结合成氨基甲酸血红蛋白(HbNHCOOH)，约有5%的二氧化碳直接溶解于血液中，随血液运输。大部分进入红细胞内的二氧化碳在碳酸酐酶的作用下，与水反应生成碳酸，碳酸迅速解离成碳酸氢根和氢，碳酸氢根与K^+结合成碳酸氢钾。当红细胞内的碳酸氢根浓度大于血浆中的碳酸氢根浓度时，碳酸氢根由红细胞扩散入血浆中，与血浆中的Na^+结合成碳酸氢钠，随血液运到肺部，因二氧化碳分压较低，二氧化碳解离出来，进入肺泡而排出体外。

一氧化碳中毒是由于一氧化碳与血红蛋白亲和力比氧与血红蛋白亲和力大210多倍，而HbCO解离速度却是HbO_2的1/2100。因此，一氧化碳既妨碍血红蛋白与氧结合，又妨碍氧的解离，从而造成严重的缺氧。表现为皮肤、可视黏膜呈樱桃红色，严重时，因毛细血管收缩，可视黏膜呈苍白。

亚硝酸盐中毒时，血红蛋白中的二价铁在氧化剂作用下氧化成三价铁，形成高铁血红蛋白。一方面 Hb(Fe^{3+})丧失携带氧的能力；另一方面提高剩余 Hb(Fe^{2+})与 O_2 的亲和力，造成缺氧。表现为皮肤、可视黏膜呈咖啡色。

4. 认知呼吸运动的调节

(1)呼吸运动调节实验

地点：生理实验室。

动物：家兔 4 只。

材料器械：手术台、手术器械、粗注射针头、气管套管、橡皮管、生物信号采集系统、水检压计、20%氨基甲酸乙酯溶液等。

方法步骤：教师指导，学生分组操作。

① 将兔麻醉，仰卧固定于手术台上，剖开颈部皮肤，分离出气管和两侧迷走神经，穿线备用。

② 切开气管，插入气管套管，用棉线结扎固定。

③ 将生物信号采集系统的换能器固定于胸壁上，开动生物信号采集系统，描记一段正常呼吸曲线，并观察呼吸运动与曲线的关系。

④ 用止血钳夹闭气管套管上的橡皮管约 20s，呼吸运动有何变化？

⑤ 用橡皮球套在气管套管上，让其在橡皮球内呼吸，观察呼吸运动的变化？

⑥ 切断一侧迷走神经，呼吸运动有何变化？切断另一侧迷走神经，观察呼吸运动有何变化？分别刺激迷走神经的向中枢端、离中枢端，观察呼吸运动有何变化？

⑦ 于兔右侧胸壁第四肋间隙剪毛，切开皮肤约 1cm，然后插入以橡皮管连接水检压计的注射针头，观察水检压计的液面波动情况。

结果讨论：比较实验教学单元②与③的变化的区别；分析迷走神经对呼吸运动的调节；胸内负压对维持动物正常呼吸运动的作用。

注意事项：每项实验做完后，待呼吸恢复后再做下一项实验。

(2)认知呼吸运动的调节

① 神经调节　在中枢神经系统内，有许多调节呼吸运动的神经细胞群，统称为呼吸中枢。它们分布于脑、脊髓的许多部位(包括大脑皮层、间脑、脑桥、延髓和脊髓)，其中最基本中枢在延髓。延髓呼吸中枢分为吸气中枢和呼气中枢，两者之间存在交互抑制关系，即吸气中枢兴奋时，呼气中枢抑制，引起吸气运动；呼气中枢兴奋时，吸气中枢则抑制，引起呼气运动。

由延髓呼吸中枢发出的神经纤维，控制脊髓中支配呼吸肌的运动神经元，又通过肋间神经和膈神经支配呼吸肌的活动。

肺泡壁上有肺牵张感受器，当肺因吸气而扩张时，肺泡壁上的肺牵张感受器受到刺激而产生兴奋，冲动沿迷走神经传入延髓的呼吸中枢，引起呼气中枢兴奋，同时吸气中枢抑制，从而停止吸气而产生呼气；呼气之后，肺泡缩小，不再刺激肺泡壁上牵张感受器，呼气中枢转为抑制，于是又开始吸气。吸气运动之后，又是呼气运动，如此循环往复，形成了节律性的呼吸运动，上述过程称为肺牵张反射。

喉、气管和支气管的黏膜上有感受器，对机械刺激和化学刺激很敏感，当受炎性分泌物等化学性刺激时，则产生冲动通过迷走神经传入延髓，触发一系列反射，称为咳嗽反射；鼻黏膜上也有敏感的感受器，刺激物作用于鼻黏膜时而产生兴奋，冲动沿三叉神经传入延髓，触发一系列反射，称为喷嚏反射。咳嗽反射和喷嚏反射均属于防御性反射。

在脑桥中有呼吸调整中枢，对维持呼吸运动的节律性和呼吸深度有一定意义。

大脑皮层可以控制呼吸运动，使之变慢、加快或暂时停止。

总之，动物正常的节律性呼吸，是延髓呼吸中枢调节的结果，而延髓呼吸中枢的兴奋性又受肺部传来的迷走神经传入纤维和脑桥呼吸调整中枢的影响，呼吸调整中枢又受脑的高级部位乃至大脑皮层的控制。

② 体液调节　调节呼吸运动的体液因素主要是血液中的二氧化碳、氧浓度和酸碱度。

二氧化碳：当二氧化碳浓度升高时，呼吸运动增强，反之减弱，甚至使呼吸运动停止。

氧：缺氧引起呼吸增强，加大肺的通气量，以增加氧的摄取，如缺氧严重，将严重抑制呼吸中枢，使呼吸减弱，甚至停止呼吸。

酸碱度：血液 pH 值降低时，呼吸活动加强；血液 pH 值升高时呼吸活动减弱，从而维持体内的酸碱平衡。

【拓展知识】 呼吸器官的病理变化

上呼吸道发生炎症时，肉眼可见粘膜充血肿胀，表面附着多量粘液。镜检粘液分泌增多，上皮坏死脱落，毛细血管充血出血，白细胞、杯状细胞增多。

发生肺炎时，肺叶肿大、质地变软，散在分布灰黄色化脓性实质病灶。镜检可见细支气管粘膜充血、水肿，上皮坏死、脱落，周围肺组织充血，周围肺泡间隔和管腔内大量脓性渗出物。

肺气肿时肺胸膜苍白，膨胀，肿大，或出现岛屿样凸起，弹性降低。触摸和切割肺组织时捻发音不明显，切面比较干燥。显微镜下可见肺泡腔扩大，肺泡壁毛细血管因空气压迫而贫血，间隔变薄，肺泡无明显的破损。

肺萎缩时肺体积缩小，表面凹陷，呈暗红色或紫红色，缺乏弹性、似肉样。显微镜观察，肺泡壁呈平行排列，彼此相互接触，肺泡腔狭窄或完全消失，肺泡壁毛细血管充血，肺泡内有脱落的上皮细胞。

教学单元3　泌尿系统

泌尿系统由肾、输尿管、膀胱和尿道构成。禽类无膀胱和尿道，被泄殖腔代替。分别与尿的生成、运输、储存和排放尿液有关。

任务1　识别泌尿器官的构造

借助新鲜器官、标本、模型、挂图、组织切片和活体观察各种动物肾、输尿管、膀胱和尿道，识别其位置、形态和构造。

1. 肾的识别

(1)肾的位置　位于腹腔中部的腰区，末肋与腰椎腹侧面，在腹主动脉和后腔静脉的两侧。

牛肾：右肾位于第12肋间隙至第2、3腰椎横突腹侧。左肾位于第2～5腰椎横突腹侧靠近正中线的地方，夹在瘤胃背囊与结肠圆盘之间，初生犊牛由于瘤胃不发达，左、右肾位置近于对称。

猪肾：两肾位置对称，位于末肋上端至第3腰椎横突腹侧。

马肾：右肾位于第16(17)肋上端至第1腰椎横突腹侧。左肾位于第17(18)肋上端至前2(3)腰椎横突腹侧。

羊肾：位置与牛相似，只是右肾比牛稍靠后方，位于前3个腰椎横突腹侧。

鸡肾：位于腰荐骨与髂骨形成的凹陷中。

犬肾：右肾位于前3个腰椎横突腹侧。左肾位于第2～4腰椎横突腹侧，由于系膜松弛，受胃充满程度的影响其位置常有变动。

(2)肾的一般构造

肾脂肪囊：营养良好的动物肾周围包有脂肪，具有保护、固定肾的作用。

纤维膜：位于肾的表面，白色、薄而坚韧，正常情况下容易剥离。

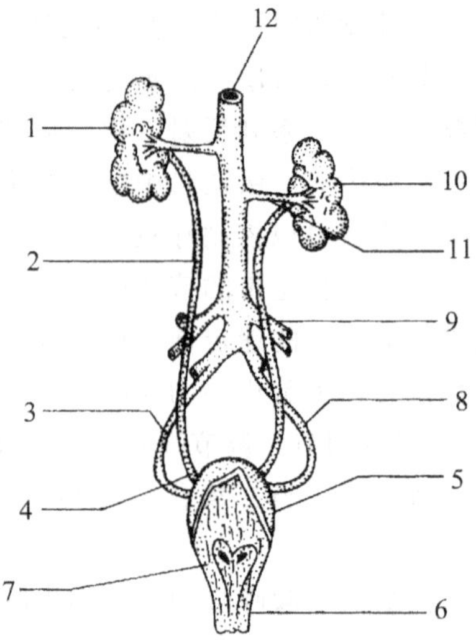

图3-43　牛泌尿系统模式图

1. 右肾　2. 右输尿管　3. 右脐动脉　4. 膀胱顶　5. 膀胱体　6. 膀胱颈　7. 输尿管开口　8. 左脐动脉　9. 左输尿管　10. 左肾　11. 左肾动脉　12. 腹主动脉

(山东省畜牧兽医学校，动物解剖生理，第三版，2000)

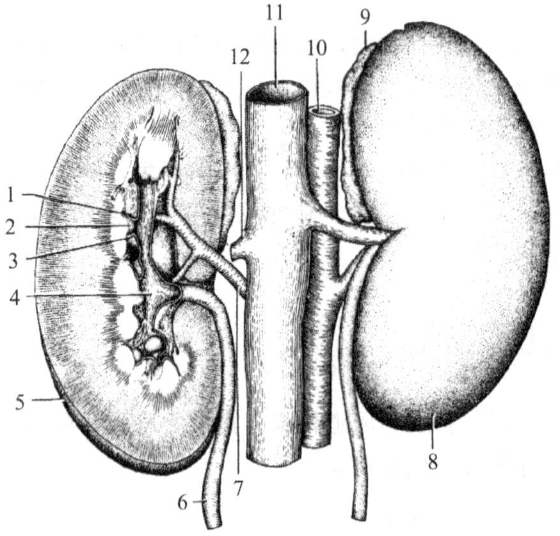

图3-44　猪肾的构造

1. 肾盏　2. 肾乳头　3. 肾盏　4. 肾盂　5. 右肾　6. 输尿管　7. 肾动脉　8. 左肾　9. 肾上腺　10. 腹主动脉　11. 后腔静脉　12. 肾静脉

(范作良，动物解剖，2001)

肾门：位于肾的内侧缘中部凹陷处，是肾动脉、肾静脉、输尿管、淋巴管和神经出入的地方。

肾窦：是肾门向肾深部扩大形成的腔隙，窦内含有肾盏、肾盂、血管和脂肪，还有输尿管的起始端。

皮质：位于浅层，因富有血管，新鲜标本呈红褐色，可见许多放射状淡色条纹和小点状的肾小体。

髓质：位于深层，色较淡，含有多个肾锥体，锥底朝外与皮质相接，锥尖圆钝为肾乳头。肾乳头和相应的肾小盏相连，数个肾小盏的基部集成肾大盏，数个肾大盏又在肾窦中汇成漏斗状的肾盂或收集管，肾盂和收集管在肾门处与输尿管的肾端连接。

肾皮质和髓质互有穿插，皮质伸入髓质内两个肾锥体之间的部分称肾柱，髓质伸入皮质的部分称髓放线。髓放线之间的皮质称为皮质迷路，是构成皮质的主要部分，内有许多颗粒状小点，为肾小体。每个肾锥体与其相连的皮质共同构成一个肾叶。

(3)肾的形态特点肾为实质性器官，一般呈豆形、红褐色，猪肾棕黄色，左右各一。

牛肾：右肾呈上下稍压扁的长椭圆形，左肾呈厚三棱形，前端较小，后端大而钝圆，牛肾为表面有沟的多乳头肾。有肾盏，无肾盂，肾大盏汇合成为两条收集管，后接输尿管。

猪肾：两肾均呈蚕豆形，背腹压扁，两端略尖，为表面光滑的多乳头肾。每个肾乳头对应一个肾小盏，肾小盏汇成两个肾大盏，肾大盏汇成肾盂，肾盂延续为输尿管。

马肾：右肾呈钝角三角形，左肾呈扁的蚕豆形，为表面光滑的单乳头肾。肾乳头合成嵴状的肾总乳头，突入肾盂中，马无肾盏。

羊肾：两肾均呈豆形，其构造与马相似，为平滑单乳头肾。

鸡肾：长条豆荚状，质软易碎。每侧肾分为前、中、后三部。肾门不明显，肾的血管和输尿管直接从表面进出。髓质不发达，缺乏肾盏、肾盂，肾内的收集管收集尿液后直接注入输尿管。鸡无肾脂肪囊。

犬肾：两肾均呈豆形，为平滑单乳头肾。

(4)肾的组织构造　肾实质由肾叶组成，肾叶由肾单位和集合管系构成。

① 肾单位　是肾的结构和功能的基本单位，由肾小体和肾小管构成。

1)肾小体：分布于皮质内，由肾小球和肾小囊组成。每个肾小体的一侧，都有血管极，是肾小球血管出入处，血管极的对侧为尿极，是肾小囊延接近曲小管处。

肾小球：位于肾小囊中，由入球小动脉进入肾小囊后反复分支盘曲成分叶状毛细血管球。禽肾单位的肾小球不发达，仅有2～3条血管袢。

肾小囊：是肾小管起始端膨大凹陷形成的杯状囊。囊壁外层为壁层，由单层扁平细胞构成；内层由一层多突起的扁平细胞即足细胞构成，与肾小球毛细血管壁构成滤过膜，具有良好的通透性。囊壁两层之间为肾小囊腔，内含肾小球滤出的原尿。

2)肾小管：分为近曲小管、髓袢和远曲小管。

近曲小管：长而弯曲，在肾小体附近弯曲盘绕，管壁的上皮细胞呈锥形，游离缘上有刷状缘，可增加重吸收的面积。

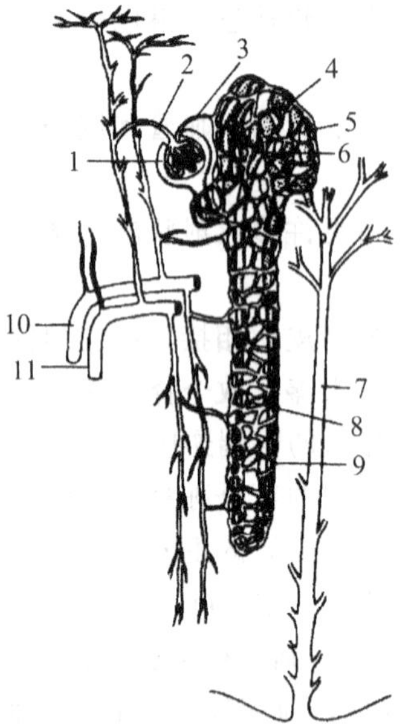

图 3-45 肾单位模式图

1. 肾小囊 2. 入球小动脉 3. 出球小动脉
4. 毛细血管 5. 远曲小管 6. 近曲小管
7. 集合管 8. 髓袢降支 9. 髓袢升支
10. 静脉 11. 动脉

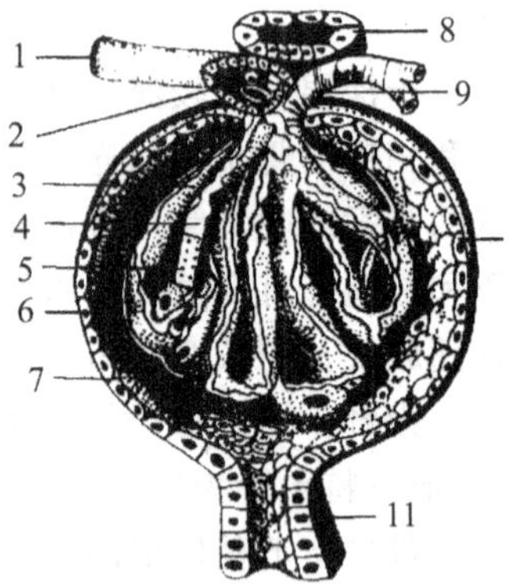

图 3-46 肾小体半模式图

1. 入球小动脉 2. 球旁细胞 3. 肾小囊脏层
4. 基膜 5. 内皮细胞及其孔 6. 肾小囊腔
7. 肾小囊壁层 8. 致密斑 9. 出球小动脉
10. 肾小球 11. 近曲小管

（山东省畜牧兽医学校，动物解剖生理，第三版，2000）

髓袢：是从皮质进入髓质，又从髓质返回皮质的“U 形小管”，连接近曲小管和远曲小管，可分为升支和降支。降支是近曲小管的延续，沿髓放线走向髓质，为直行的上皮管，管径较细，管壁由单层扁平上皮组成，刷状缘消失；升支自髓放线返回皮质，到肾小体附近延续为远曲小管。升支较降支管径粗，由立方上皮构成。

远曲小管：比近曲小管短且弯曲少，在皮质部弯曲盘绕于肾小体附近，管径较近曲小管细，但管腔大而明显，上皮为低柱状或立方上皮。

② 集合管系 包括集合管和乳头管。

集合管：由数条远曲小管汇合而成，自皮质直行入髓质。管壁上皮为单层立方上皮，较大的集合管壁上皮为单层柱状上皮。集合管有浓缩尿液的作用，可重吸收水分和钠。

乳头管：是位于肾乳头部较粗的排尿管，由集合管汇合而成。管壁上皮由单层柱状过渡为复层柱状，靠近肾乳头的开口处，上皮转为变移上皮。

③ 肾小球旁器

球旁细胞：是由入球小动脉中膜平滑肌细胞特化而成的上皮样细胞构成，细胞呈立方形或多角形，内有分泌颗粒，颗粒内含有肾素。

致密斑：在靠近入球小动脉和出球小动脉交叉处的内侧面，远曲小管上皮细胞变为高柱状细胞，呈现斑状隆起，故称致密斑。它可感受小管液中钠离子的浓度，并将信息传递至球旁细胞，调节肾素的分泌。

(5)肾的血液循环

① 肾的血液循环途径 由腹主动脉发出的肾动脉，入肾门后依次分支为叶间动脉（肾

锥体之间）、弓形动脉（皮质和髓质交界）、小叶间动脉（皮质内）、入球小动脉（皮质内）、球内毛细血管网（肾小球内）、出球小动脉（皮质内）、球后毛细血管网（肾小管周围），再汇合成与同名动脉伴行的小叶间静脉、弓形静脉、叶间静脉，最后汇成肾静脉出肾门，进入后腔静脉。

② 肾的血液循环特点

肾的血流量大：肾动脉直接来自腹主动脉的分支，口径大，行程短，因此肾的血液供应极为丰富，约占心输出量的1/4。

肾内毛细血管血压高：肾小球的入球小动脉粗，出球小动脉细长，血液流经肾小球时阻力大，使肾小球毛细血管内形成较高的血压，是原尿生成的主要动力。

再次形成毛细血管网：出球小动脉离开肾小体后，在肾小管和集合管周围再一次形成毛细血管网，血压降得更低，有利于肾小管和集合管中原尿的有用成分迅速被重吸收。

2. 输尿管的识别

为输送尿液的一对细长的肌性管道，起于肾盂或收集管（牛），出肾门后沿腹腔顶壁向后伸延进入盆腔，斜穿入膀胱颈背侧壁，并在膀胱内延伸约数厘米，阻止尿液倒流。禽的两条输尿管分别从两肾中部表面发出，沿肾的腹侧面向后延伸，直接开口于泄殖道顶壁的两侧。

输尿管壁由黏膜、肌层和外膜（或外膜）三层构成。黏膜有纵行皱褶，致使管腔横断面呈星状，黏膜上皮为变移上皮。肌层较发达，由平滑肌构成，可分为内纵行肌、中环行肌和薄而分散的外纵行肌三层，收缩可产生蠕动，使尿液流向膀胱。外膜大部分为浆膜，靠近肾的一段由疏松结缔组织构成。

3. 膀胱的识别

膀胱为暂时贮存尿液的囊状器官，略呈梨形。前端钝圆，为膀胱顶，突向腹腔；后端细小，为膀胱颈，以尿道内口与尿道相通；膀胱顶和膀胱颈之间的部分为膀胱体。

膀胱的形状、大小和位置随贮存尿液量多少而不同。空虚时，位于骨盆腔前部；充满尿液时，伸入腹腔。公畜膀胱的背侧是直肠、输精管末端、精囊腺和前列腺，母畜膀胱的背侧是子宫及阴道。

膀胱壁由黏膜、肌层和浆膜（或外膜）构成。膀胱黏膜厚而柔软，收缩时集拢成许多黏膜襞，扩张时消失。肌层由内纵行肌、中环行肌和外纵行肌三层构成，中环行肌最厚，在膀胱颈部形成膀胱颈内括约肌。膀胱外膜随部位不同而异，在膀胱顶和体部为浆膜，膀胱颈部为结缔组织的外膜。

膀胱位置由三个浆膜褶来固定：膀胱中韧带，位于腹面正中，是连于骨盆腔底壁和膀胱腹侧之间的腹膜褶；膀胱侧韧带，连于膀胱两侧与骨盆腔侧壁之间，其游离缘（前部）各有一膀胱圆韧带，为胎儿脐动脉的遗迹；膀胱后部，由疏松结缔组织与周围器官联系，结缔组织内常有多量脂肪。

4. 尿道的识别

尿道是尿液排出的通道，以尿道内口接膀胱颈、尿道外口通体外。公畜的尿道既有排尿还有排精的作用，又称为尿生殖道。尿生殖道一部分位于骨盆腔内，称为骨盆部；另一部分经坐骨弓转到阴茎的腹侧，称为阴茎部。母牛尿道短宽，起自尿道内口，开口于阴道前庭腹侧壁的前部、阴瓣的后方，在开口处的腹侧面有一凹陷，称尿道憩室，导尿时切忌将导尿管插入尿道憩室。

任务 2　认知泌尿器官的机能

观看泌尿生理录像以及完成影响尿生成因素实验，认知尿的生成过程及影响因素，解释临床上少尿、多尿、血尿、蛋白尿和糖尿发生的原因和机理。

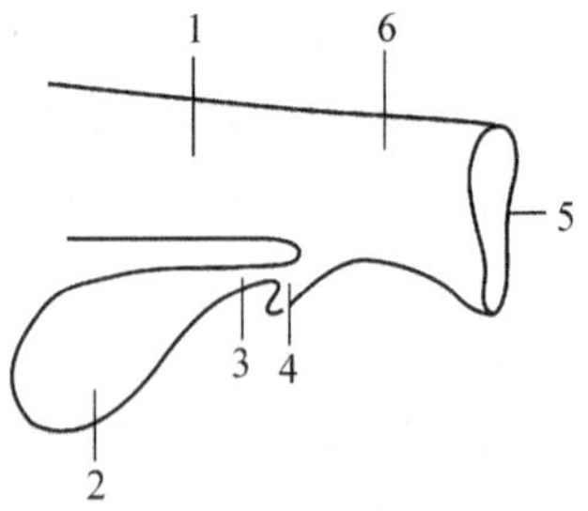

图 3-47　母牛尿道憩室位置模式图

1. 阴道　2. 膀胱　3. 尿道
4. 尿道憩室　5. 阴道外口
6. 尿生殖道前庭

（马仲华，动物解剖及组织胚胎学，第三版，2002）

1. 认知尿的成分和理化特性

尿的成分主要来自于血液，尿的理化性质和化学组成的变化不仅反映泌尿系统的机能状态，而且在一定程度上也代表体内物质代谢情况和全身机能活动状态。因此，检测尿液是改善饲养管理和诊断某些疾病的依据和手段。

(1)尿的成分　水约占 96%～97%，固体物为 3%～4%。固体物包括有机物和无机物。有机物大部分是蛋白质和核酸的代谢终产物，如尿素、尿酸、肌酐、马尿酸、嘌呤碱等，此外，还有少量的尿胆素、尿色素、某些激素、维生素和酶等；无机物主要是钾、钠、钙、镁的氯化物、硫酸盐、磷酸盐和碳酸氢盐。

(2)尿的理化性质

颜色：尿的颜色因畜种、饲料种类、饮水量多少和使役程度等不同而变化很大，一般草食动物的尿多呈淡黄色，猪尿呈透明水样。

透明度：尿的透明度常因动物种类不同而异，马属动物的尿因含有大量碳酸钙、不溶磷酸盐及粘性物质而呈混浊不透明，有时带有黏浆样细长的丝缕，当静置时，尿的表面可形成一层明亮的碳酸钙薄膜，其底层出现黄色沉淀；其他动物尿多呈透明，不混浊也无沉淀。

酸碱度：草食动物的尿一般呈碱性；肉食动物的则为酸性；杂食动物的有时呈酸性，有时呈碱性，这与它们采食饲料种类有关

2. 认知尿的生成过程

尿的生成包括肾小球的滤过作用形成原尿以及肾小管、集合管的重吸收、分泌和排泄作用形成终尿两个阶段。

(1)肾小球的滤过作用形成原尿　当血液流经肾小球时，血液中的成分除血细胞和大分子蛋白质外，其余的物质都能透过肾小球的滤过膜而进入肾小囊腔，这种滤过液称为原尿。原尿是一种基本上不含蛋白质的血浆滤过液。

肾小球的滤过作用取决两个因素：一是肾小球滤过膜的通透性；二是肾小球的有效滤过压。当肾小球的滤过机能降低时，会导致水、钠在体内潴留而引起水肿。

① 肾小球滤过膜的通透性 肾小球的滤过膜由肾小球毛细血管内皮、紧贴的基膜和肾小囊脏层构成。经电镜观察，肾小球毛细血管内皮极薄，内皮细胞之间有许多直径 50～100 nm 的小孔，可防止血细胞通过，但对血浆蛋白的滤过不起阻留作用；内皮的基底面有极薄的基膜，是滤过膜的主要屏障，它是水合凝胶构成的微纤维网状结构，网上有 4～8 nm 的多角形网孔，网孔的大小决定着有选择地让一部分溶质通过，而让另一部分不能通

过；肾小囊脏层的上皮细胞具有足突，相互交错的足突之间形成裂隙，裂隙上有一层滤过裂隙膜，膜上有4～14nm的孔。这些结构导致滤过膜的通透性比体内其他毛细血管的通透性要大25倍。

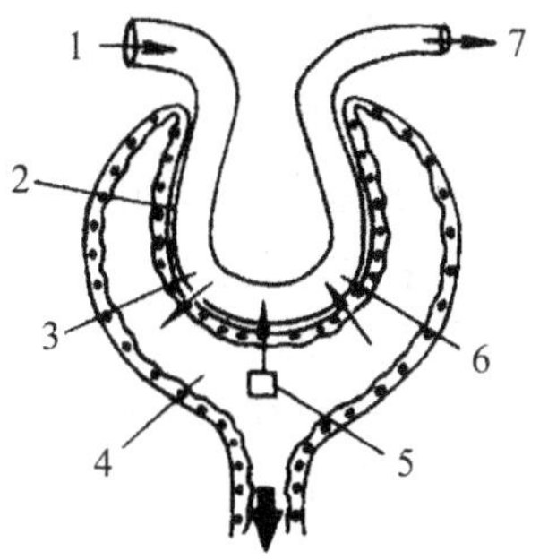

图3-48 有效滤过压示意图

1. 入球小动脉 2. 滤过膜
3. 肾小球毛细血管血压
4. 肾小囊腔 5. 囊内压
6. 血浆胶体渗透压
7. 出球小动脉

（山东省畜牧兽医学校，动物解剖生理，第三版，2000）

② 有效滤过压 肾小球滤过作用的主要动力是滤过膜两侧的压力差，称为有效滤过压。有效滤过压力是滤过膜两侧促进和阻止滤过两种力量相互作用的结果。促进血浆由肾小球滤出的力量是肾小球毛细血管血压，阻止肾小球滤出的力量是肾小囊内压和血浆胶体渗透压。有效滤过压可用下列公式表示：

有效滤过压＝肾小球毛细血管血压－(肾小囊内压＋血浆胶体渗透压)

在正常情况下，肾小球与入球小动脉相接端的有效滤过压为2.0 kPa，肾小球与出球小动脉相接端的有效滤过压为0 kPa。因此原尿的生成是在肾小球毛细血管与入球小动脉相接的那一部分。

由于有效滤过压的存在和肾小球滤过膜有较大的通透性，因而血浆中一部分水和各种溶质不断透出滤过膜而进入肾小囊。故原尿的生成速度快，量也大(占流经肾小球的血浆量的1/5)。

(2)肾小管和集合管的重吸收、分泌和排泄作用形成终尿。

① 重吸收作用 原尿流经肾小管和集合管时，其中绝大部分水和某些有用物质，全部或部分被管壁上皮细胞重新吸收回血液。

肾小管和集合管的重吸收作用具有一定的选择性。凡是对机体有用的物质，如葡萄糖、氨基酸、小分子蛋白质、钾、无机磷以及大部分水、钠等几乎全部或大部在此被重吸收；对机体无用或用处不大的物质，如尿素、尿酸、肌酐、硫酸根、碳酸根等，则只有少量被重吸收或完全不被重吸收。近曲小管的重吸收作用最强，髓袢、远曲小管和集合管可不同程度地重吸收水、钠和氯。当肾小管的重吸收机能增强时，也会导致水、钠在体内潴留而引起水肿。

② 分泌作用 是指肾小管和集合管将血浆或肾小管上皮细胞自身的代谢物(H^+、K^+、NH_3等)分泌到肾小管腔的过程。

③ 排泄作用 是指血液中的某些物质如青霉素、胆色素、肌酐、有机酸等排入肾小管腔的过程。

因此，重吸收、分泌和排泄作用将大幅度地改变原尿质和量，就数量而言，终尿只有原尿的1/100～1/150，从组成看，终尿中几乎不含葡萄糖。

3. 认知影响尿生成因素

(1)影响尿生成因素的实验

地点：生理实验室

动物：家兔

材料器械：手术器械、膀胱套管、生理多用仪、记滴器、保护电极、20％氨基甲酸乙酯、20％葡萄糖溶液、肾上腺素、抗利尿素、生理盐水、烧杯。

方法步骤：教师示教，学生观察。

① 家兔在实验前给予足够的饮水。用20％的氨基甲酸乙酯溶液沿耳静脉注射麻醉后，固定于手术台上。

② 尿液的收集　可选用膀胱套管法。切开腹腔，在耻骨联合前找到膀胱，在其腹面正中作一荷包缝合，再在中心剪一小口，插入膀胱套管，收紧缝线，固定膀胱套管，并在膀胱套管及所连橡皮管和直套管内充满生理盐水，将直套管下端连于记滴装置。

③ 记录正常情况下每分钟尿分泌的滴数。可连续记录5～10分钟，求其平均数并观察动态变化。

④ 耳静脉注射38℃生理盐水20 ml，记录每分钟尿分泌的滴数。

⑤ 耳静脉注射38℃的葡萄糖溶液10 ml，记录每分钟尿分泌的滴数。

⑥ 耳静脉注射0.1％肾上腺素0.5～1 ml，记录每分钟尿分泌的滴数。

⑦ 耳静脉注射抗利尿素1～2单位，记录每分钟尿分泌的滴数。

结果分析：对每项实验结果进行正确分析。

注意事项：在进行每一项步骤时，必需保持尿量基本恢复或者相对稳定后才开始，而且在每项实验前后，都要有对照记录。

(2)认知影响尿生成的因素

① 滤过膜通透性能的改变　在正常情况下，肾小球滤过膜具有一定的通透性，血细胞和大分子蛋白质不能通过，所以尿中不含这些物质。但在机体缺氧或中毒的情况下，肾小球的滤过膜通透性增大，滤过率增加，同时，原来不能通过的物质如血细胞和蛋白质可以通过滤过膜，因而尿量增加，并形成血尿和蛋白尿。在急性肾小球肾炎时，由于肾小球内皮细胞肿胀，基底膜增厚，除能减少有效滤过面积外，还使肾小球滤过膜的通透性降低，致使平时能正常滤过的水和溶质减少甚至不能滤过，因而出现少尿或无尿。

② 有效滤过压的改变　肾小球有效滤过压取决于肾小球毛细血管血压、血浆胶体渗透压和囊内压三种力量对比，也间接受肾血流量的影响。

肾小球毛细血管血压：当动物因创伤、失血、烧伤等原因引起全身血压下降，肾小球毛细血管血压随之降低，使有效滤过压减小，原尿生成减少。反之全身血压上升，肾小球毛细血管血压随之增大，有效滤过压增加，尿量增多。

血浆胶体渗透压：当静脉输入大量生理盐水后，一方面升高血压，另一方面又降低了血浆胶体渗透压，使肾小球有效滤过压升高，尿量增加。

囊内压：当输尿管结石或肿瘤压迫肾小管时，尿液流出受阻，可造成囊内压升高，有效滤过压下降，尿量减少。

肾血流量：肾血流量几乎占心输出量的1/5，它的变化对肾小球滤过作用有很大影响。一般来说，肾血流量增加，滤过率增大，原尿生成增多；反之原尿生成减少。

③ 原尿溶质浓度过高　当原尿中溶质浓度超过肾小管重吸收限度时，原尿的渗透压升高，妨碍肾小管对水的重吸收，使尿量增加。如静脉注入高渗葡萄糖后，原尿中糖的浓度超过了肾小管重吸收限度，有一部分糖因不能被重吸收而使原尿的渗透压升高，影响肾小管上皮细胞对水的重吸收，使尿量增加并且尿中有糖。据此在临床上有时给病畜服用不被肾小管重吸收的物质，利用它来提高小管内溶质的浓度，从而妨碍水的重吸收，以此达

到利尿和消肿的目的。

④ 激素的影响

抗利尿素：促进远曲小管和集合管对水的重吸收，从而使尿量减少。在反刍动物，它还能增加 K^+ 分泌和排出。血浆渗透压升高和循环血量减少，均可引起抗利尿激素的释放，创伤和一些药物也能引起抗利尿激素的分泌，减少排尿量。

醛固酮：促进远曲小管和集合管对 Na^+ 的重吸收，同时促进对 K^+ 的排出，既保 Na^+ 排 K^+。

甲状旁腺素：甲状旁腺素促进远曲小管和集合管对 Ca^{2+} 的重吸收，抑制近曲小管对磷酸盐的重吸收，因而使尿中 Ca^{2+} 含量减少，磷酸盐含量增加。

降钙素：降钙素能增加 Ca^{2+} 和磷酸盐从尿中排出，还能抑制 Na^+ 和 Cl^- 在近曲小管的吸收，使尿量和尿 Na^+ 排出增加。

4. 认知排尿反射

终尿生成后，从肾乳头处滴出，经肾盏和肾盂流进输尿管，再借助于输尿管的蠕动，连续不断地流入膀胱暂时积存。当膀胱中尿液贮存达一定量时，就会反射性地引起排尿动作，使尿液经尿道排出体外。

(1)膀胱和尿道的神经支配　支配膀胱和尿道的神经有盆神经、腹下神经和阴部神经。三者都含有感觉纤维和运动纤维。

盆神经：盆神经起自荐部脊髓，属于副交感神经。它的感觉纤维能传导膀胱的膨胀和疼痛感觉；运动神经兴奋时，可引起逼尿肌收缩和内括约肌舒张，使尿液从膀胱排出。

腹下神经：腹下神经来自腰部脊髓，属于交感神经。其感觉纤维也传导膀胱的膨胀和疼痛感觉；运动神经兴奋时，引起逼尿肌舒张和内括约肌收缩，有利于尿液在膀胱内贮存。

阴部神经：阴部神经来自荐神经丛，属于躯体神经。其感觉纤维主要传导尿道的感觉冲动；运动神经兴奋时，可使尿道括约肌收缩，以阻止膀胱内尿液的排出。

由于调节膀胱和尿道活动的神经都来自腰荐部脊髓，所以常把该段脊髓视为低级排尿中枢所在的部位。在机体内，脊髓低级排尿中枢经常受到延髓、脑桥、中脑、下丘脑以及大脑皮层的调节。大脑皮层是支配低级排尿中枢的最高级部位。

(2)排尿反射　当膀胱贮尿达一定量时，膀胱内压升高，于是刺激膀胱壁压力感受器使其兴奋，冲动先沿盆神经和腹下神经中的感觉纤维传到腰荐部脊髓，再由脊髓前行经延髓、脑桥、中脑直至大脑皮层。在脊髓以上直至大脑皮层的各级神经部位存在有排尿活动的易化区和抑制区。如果易化区兴奋，则产生排尿感觉，在条件许可的情况下，大脑皮层发出冲动，下行传至脊髓，引起低级排尿中枢兴奋，并产生两种效应：一是兴奋盆神经；二是抑制腹下神经和阴部神经。在这两种效应协同作用下，膀胱逼尿肌收缩，内、外括约肌舒张，尿由膀胱经尿道排出体外。如条件不许可，大脑皮层抑制区继续起作用，排尿暂时被抑制。

在排尿过程中，当尿液流经尿道时，可刺激尿道壁的感受器，冲动不断沿阴部神经的感觉纤维传到脊髓低级排尿中枢，使其保持兴奋状态，直到尿液排完兴奋才消失。排尿时，还反射性地发生声门关闭和腹肌强烈收缩，使腹内压升高，以压迫膀胱，促使尿液排尽。

由于排尿反射直接受大脑皮层控制，容易形成各种条件反射。因此，在动物饲养管理中，可以训练动物在一定地点和一定时间排尿，以利畜舍卫生。

【拓展知识】 泌尿器官的病理变化

肾小球肾炎时肾脏肿大，被膜紧张，肾表面及切面均呈红色，后期呈苍白色或淡黄色。切面皮质增厚，肾小球呈灰白色半透明的小颗粒状隆起，后期体积皱缩，表面凹凸不平。如是出血性肾小球肾炎时，在皮质的切面及肾表面均能见到分布均匀、大小一致的红色小点。镜检可见血管球内皮细胞肿胀增生、白细胞浸润及血管内凝血，肾小球血流量降低而呈贫血状态，血管球体积膨大，细胞核数日增多且密集，毛细血管彼此紧密贴连，血管内常见血栓形成。

膀胱炎时，由于黏膜下及膀胱壁的间质普遍发生细胞浸润及结缔组织增生，导致膀胱壁显著肥厚、变硬、缺乏弹性、黏膜增厚，呈灰白色皱襞状，膀胱体积往往明显缩小。

教学单元 4 生殖系统

任务 1 识别生殖器官的构造

借助标本、模型、挂图和组织切片观察睾丸、附睾、精索、副性腺、阴囊、卵巢、输卵管和子宫，识别其形态、位置和构造。

1. 雄性生殖器官的识别

雄性生殖器官包括睾丸、附睾、输精管、尿生殖道、副性腺、阴囊、阴茎和包皮。睾丸是生殖腺；附睾、输精管、尿生殖道是生殖管道；精囊腺、前列腺和尿道球腺是副性腺；阴茎和包皮是交配器官。公禽的生殖器官包括睾丸、附睾、输精管和阴茎。

(1)睾丸的识别

① 位置　睾丸位于阴囊内。公猪的睾丸位于会阴部。禽类睾丸位于腹腔内，被较短的系膜悬挂于肾前叶腹面，其体表投影在最后两肋骨的上端。

睾丸在胚胎时期位于腹腔内肾的后方，当胎儿发育到一定程度，睾丸和附睾经腹股沟管下降至阴囊内(阴囊内温度比腹腔低 3～4℃，适于精子的产生和存活)。动物出生后，如果发育不良，一侧或两侧睾丸仍留在腹腔内，称为隐睾，此动物不宜作种用。

② 形态　是成对的实质性器官，一般呈白色椭圆形。禽类睾丸的大小和颜色随年龄和性活动期而有很大变化。雏禽睾丸很小，呈黄色；性成熟后，特别是在配种时节，睾丸发育很大，颜色转为乳白色。

睾丸一侧与附睾相连，称为附睾缘；另一侧为游离缘。睾丸分头、体、尾三部分。

公牛的睾丸呈垂直方向，睾丸头朝上尾朝下。公猪的睾纵轴斜向后上方，睾丸头位于前下方。公马的睾丸在阴囊近于水平位，睾丸头朝前尾朝后。公犬的睾丸斜向前下，睾丸头位于前下方。

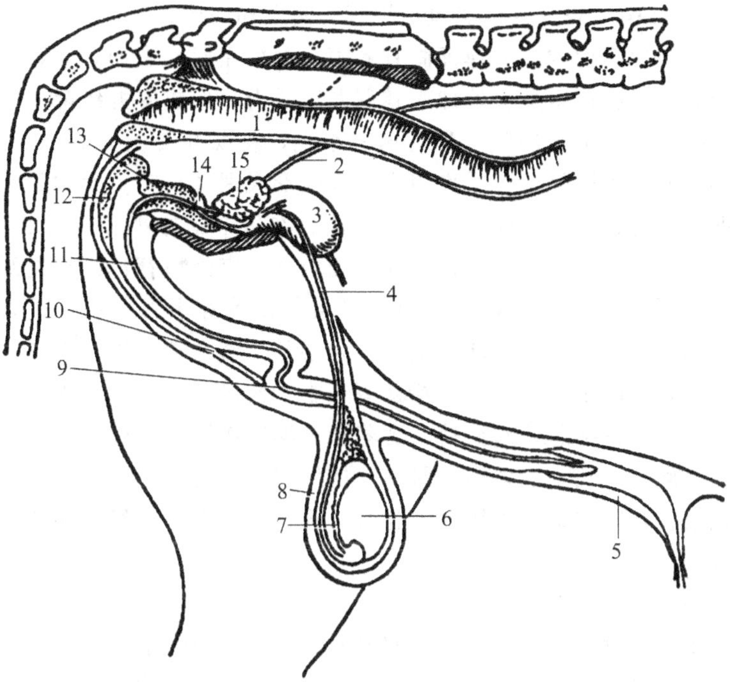

图 3-49 公牛生殖器模式图

1. 直肠 2. 输尿管 3. 膀胱 4. 输精管 5. 包皮 6. 睾丸 7. 附睾
8. 阴囊 9. 阴茎"乙状弯曲" 10. 阴茎缩肌 11. 雄性尿道
12. 坐骨海绵体肌 13. 尿道球腺 14. 前列腺 15. 精囊腺
（董常生，动物解剖学，第三版，2001）

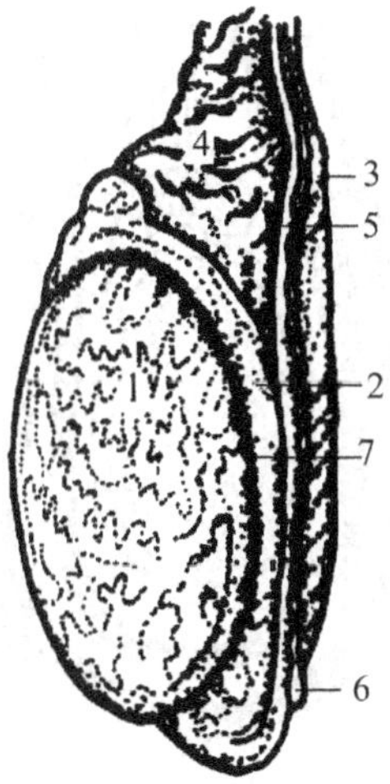

图 3-50 公牛的睾丸和附睾

1. 睾丸 2. 附睾 3. 输精管 4. 精索
5. 睾丸系膜 6. 阴囊韧带 7. 附睾窦

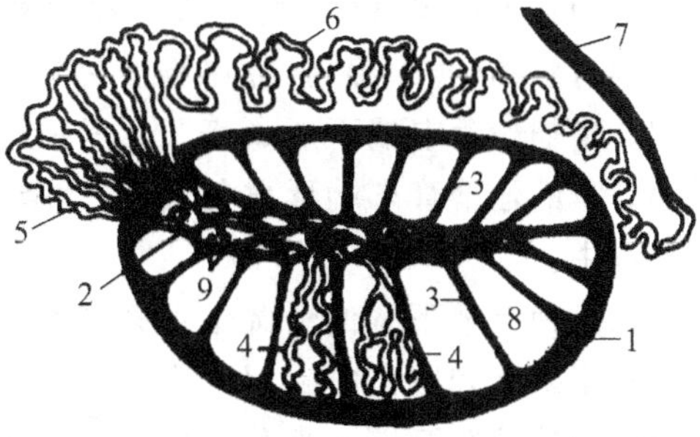

图 3-51 睾丸和附睾的结构模式图

1. 白膜 2. 睾丸纵膈 3. 睾丸小隔
4. 精曲细管 5. 睾丸输出小管 6. 附睾管
7. 输精管 8. 睾丸小叶 9. 睾丸网

（董常生，动物解剖学，第三版，2001）

③ 睾丸的组织结构　睾丸的构造包括被膜、实质和间质。

被膜：由浆膜和白膜构成。浆膜即固有鞘膜，被覆在睾丸表面，浆膜深面为由致密结缔组织构成的白膜。白膜在睾丸头处伸入到睾丸实质内，形成睾丸纵隔。自睾丸纵隔上分出许多呈放射状排列的结缔组织隔，称为睾丸小隔，将睾丸实质分成100～300个锥形的睾丸小叶。禽类睾丸内无纵隔，小梁也很少，也未形成睾丸小叶。犬的睾丸纵膈发达。

实质：由曲细精管、直细精管和睾丸网构成。在每个睾丸小叶内有2～3条弯曲的曲细精管，曲细精管在接近纵隔处变直，称为直细精管。直细精管进入睾丸纵隔内相互吻合呈网状，称为睾丸网。睾丸网汇成10～30条睾丸输出管穿出睾丸头，进入附睾头。曲细精管是产生精子的地方，外层是一薄层基膜，内层是生殖上皮。生殖上皮中两类细胞；一类是处于不同发育阶段的生精细胞，包括精原细胞、初级精母细胞、次级精母细胞、精细胞和精子；另一类叫支持细胞，起支持、营养和分泌等作用。各级生精细胞散布在支持细胞之间，镶嵌在其侧面。精子成熟后，脱离支持细胞进入管腔。

间质：曲细精管之间的结缔组织，内含有血管、淋巴管、神经和间质细胞。间质细胞在性成熟后能分泌雄性激素。

(2)附睾的识别

附睾附着在睾丸一侧，外被固有鞘膜和薄的白膜。分为附睾头(与睾丸头相对应)、附睾体和附睾尾(与睾丸尾相对应)。附睾由睾丸输出管和附睾管构成。睾丸输出管形成附睾头，输出管汇合成一条粗长的附睾管，盘曲成附睾体和附睾尾，在附睾尾处管径增大，最后延续为输精管。附睾尾借附睾韧带与睾丸尾相连。附睾韧带由附睾尾延续至阴囊的部分，称为阴囊韧带。去势时切开阴囊后，必须切断阴囊韧带和睾丸系膜，方能摘除睾丸和附睾。睾丸和附睾与较大的血管相邻，在去势时，要特别注意。犬的睾丸体积小，附睾较大。禽的附睾不发达，附着于睾丸的背内侧。

(3)输精管和精索的识别

输精管：为运送精子的管道，起始于附睾尾，经腹股沟管入腹腔，再向后进入盆腔，末端开口于尿生殖道起始部背侧壁的精阜两侧。输精管在膀胱背侧的尿生殖褶内膨大形成输精管膨大部，称为输精管壶腹。其粘膜内有腺体(壶腹腺)，分泌物有稀释、营养精子的作用。猪输精管末端不形成壶腹。马的输精管壶腹不发达。禽的输精管末端形成射精管，呈乳头状突入到泄殖道中。

精索：为上窄下宽的扁圆锥形索状物，基部附着于睾丸和附睾上较宽，向上逐渐变细，出腹股沟管内环，沿腹腔后部底壁进入骨盆腔内。精索内含有睾丸动脉、静脉、神经、淋巴管、睾内提肌和输精管，外包有固有鞘膜。去势时要结扎和截断精索。

(4)阴囊的识别

阴囊位于两股部之间，呈袋状，借助腹股沟管与腹腔相通，容纳睾丸、附睾和大部分精索。阴囊壁由

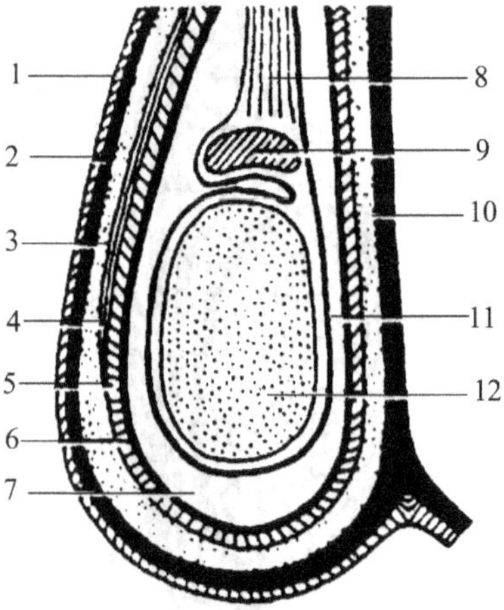

图 3-52　阴囊结构模式图

1. 阴囊皮肤　2. 肉膜　3. 精索外筋膜　4. 提睾肌　5、6. 总鞘膜　7. 鞘膜腔　8. 精索　9. 附睾　10. 阴囊中隔　11. 固有鞘膜　12. 睾丸

(范作良，动物解剖，2001)

皮肤、肉膜、阴囊筋膜、睾外提肌和总鞘膜构成。

阴囊皮肤：薄而柔软，富有弹性，表面有少量短而细的毛，内含丰富的皮脂腺和汗腺。阴囊表面的腹侧正中有阴囊缝，将阴囊从外表分为左、右两部分，是去势时的定位标志。犬的阴囊缝不明显。

肉膜：肉膜紧贴阴囊皮肤的内面，富含弹性纤维和平滑肌。肉膜在阴囊正中形成阴囊中隔，将阴囊分为左、右互不相通的两个腔。肉膜具有调节温度的作用，冷时肉膜收缩，使阴囊起皱，面积减小；天热时肉膜松弛，阴囊松弛下垂。

阴囊筋膜：位于肉膜深面，由腹壁深筋膜和腹外斜肌腱膜延伸而来。将肉膜与总鞘膜较疏松的连接起来。

睾外提肌：位于阴囊筋膜深面，来自腹内斜肌，包在总鞘膜的外侧面和后缘，与肉膜一同调节阴囊内的温度。

总鞘膜：为阴囊最内层，由腹膜壁层延续而来。总鞘膜折转而覆盖于睾丸和附睾上，称为固有鞘膜。折转处所形成的浆膜褶，称为睾丸系膜。固有鞘膜和总鞘膜之间的空隙叫鞘膜腔。内有少量浆液。鞘膜腔上段细窄，形成管状，称为鞘膜管，精索包于其中。鞘膜管通过腹股沟管以鞘膜管口或鞘膜环与腹膜腔相通。当鞘膜管口较大时，小肠可脱入鞘膜管或鞘膜腔内，形成腹股沟疝或阴囊疝，须手术进行恢复。

(5)副性腺的识别

副性腺的分泌物是精清。不同动物副性腺发达程度不同，分泌精清量不同，因此射精量和精子密度不同。副性腺包括精囊腺、前列腺和尿道球腺。

精囊腺：一对，位于膀胱颈背侧的尿生殖褶中。每侧精囊腺的导管与同侧输精管共同开口于精阜。牛、羊的精囊腺较发达；猪的精囊腺最发达；马的精囊腺呈梨形囊状，表面光滑。

前列腺：位于尿生殖道起始部背侧，以多数小孔开口于尿生殖道中。前列腺因年龄而有变化，幼龄时较小，到性成熟期增长较大，老龄时又逐渐退化。牛的前列腺分为腺体部和扩散部，体部很小，横位于尿生殖道壁起始部的背侧；羊的前列腺只有扩散部；猪的与牛相似；马的前列腺发达；犬无精囊腺和尿道球腺，只有发达的前列腺，环绕在膀胱颈和尿生殖道起始部，呈黄色的坚实球状。

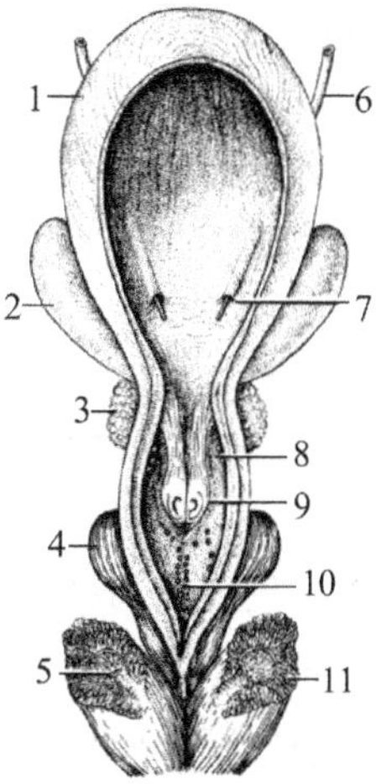

图 3-53 副性腺(腹面)

1. 膀胱 2. 精囊腺 3. 前列腺 4. 尿道球腺 5. 阴茎海绵体 6. 输尿管 7. 输尿管口 8. 前列腺管口 9. 精阜 10. 尿道球腺管口 11. 坐骨海绵体肌

(范作良，动物解剖，2001)

尿道球腺：成对，位于尿道骨盆部末端，坐骨弓附近。牛的尿道球腺为胡桃状；猪的尿道球腺很发达，呈圆柱形，位于尿道骨盆部后 2/3 部分；马的尿道球腺呈卵圆形。

(6)阴茎和包皮的识别 是交配器官

① 阴茎　位于腹壁之下，起自坐骨弓，经两股之间，沿中线向前伸延至脐部。分为阴茎头、阴茎体和阴茎根三部分。

牛的阴茎：呈圆柱状，细而长，阴茎体在阴囊后方形成“乙”状弯曲，勃起时伸直，阴茎头长而尖，自左向右扭转，游离端形成阴茎头帽，尿生殖道外口位于阴茎头前端的尿道突上。

羊的阴茎：头伸出长约 3～4 cm 的尿道突，突出于阴茎头之前；

猪的阴茎：与牛相似，阴茎体也有“乙”状弯曲，但位于阴囊的前方，阴茎头尖细呈螺旋状扭转，尿生殖道外口呈裂隙状，位于阴茎头前端的腹外侧。

马的阴茎：头端膨大形成龟头，其上有龟头窝，尿道外口开口于此。马的阴茎粗大、平直，腹侧有阴茎退缩肌。

禽的阴茎：是禽类的交配器官。鸡交配器官不发达，位于泄殖腔的肛道底部，为一小隆起，称阴茎乳头，刚孵出的雏鸡较明显，可用来鉴别雌雄。鸭、鹅阴茎发达，长 6～9 cm。

犬的阴茎：阴茎后部有一对海绵体，正中由阴茎中隔隔开，中隔前方有棒状的阴茎骨，阴茎头包在整个阴茎骨的表面。

畜牧生产中常根据动物阴茎类型不同采用不同的人工采精的方式，猪、狗多用徒手采精法，牛、羊、马等多用假阴道法。

② 包皮　是由皮肤折转形成的管状鞘，具有容纳、保护阴茎头和配合交配等作用。

2. 雌性生殖器官的识别

雌性生殖器官包括卵巢、输卵管、子宫、阴道和尿生殖前庭等。禽类的雌性生殖器官仅包括的卵巢和输卵管。

(1)卵巢的识别

卵巢是成对的实质性器官，由卵巢系膜悬吊在腰椎下面。后端以卵巢固有韧带与子宫角相连，前端接输卵管伞。卵巢系膜附着部称为卵巢门。

① 形态位置

1)牛的卵巢　呈稍扁的椭圆形，长约 3.7 cm，宽约 2.5 cm。随着性周期的变化，有成熟卵泡和黄体突出于卵巢表面，直肠检查时可以触及。没有怀孕的母牛，卵巢多位于骨盆腔内，耻骨前缘两侧稍后；经产的母牛位于腹腔内，耻骨前缘的前下方。

2)猪的卵巢　呈淡红色。卵巢随年龄的变化，其形态、大小及位置也发生变化。

4 月龄内的小母猪：卵巢呈椭圆形，表面光滑，大小约为 0.5 cm×0.4 cm。位于荐骨岬两侧稍后，膀胱的前上方，位置比较固定。去势时切口体表投影部位一般在腹下左侧倒数第二个乳头外侧 1 厘米左右，并根据猪只大小，以肥向前，瘦往后，饱向内，饥向外的原则，力求术部准确。

5～6 月龄母猪：卵巢呈桑葚状，表面有大小不等的突出卵泡，大小约为 2 cm×1.5 cm，位置前移下垂，在髋结节前缘的横断面上。

性成熟后及经产母猪：卵巢呈葡萄状，长约 5 cm，位于髋结节前缘约 4cm 的横断面上或髋结节与膝关节连线中点的水平面上。

3)马的卵巢　呈豆形，表面平滑，腹缘有一凹陷，叫排卵窝。中等大的马，卵巢大小为 4 cm×3 cm×2 cm。左侧卵巢位于第四、五腰椎横突下面，位置较低；右侧卵巢比左侧的稍向前，且位置较高。

4)禽的卵巢　仅有左侧的卵巢，右侧在个体发育过程中逐渐退化。位于左肾前部下方，以卵巢系膜悬挂在腹腔背侧壁左侧。幼禽卵巢为扁平的椭圆形，灰白或白色，表面有许多细小的卵泡；成禽卵巢的卵泡连续性生长，形成一群大小不等的葡萄状。

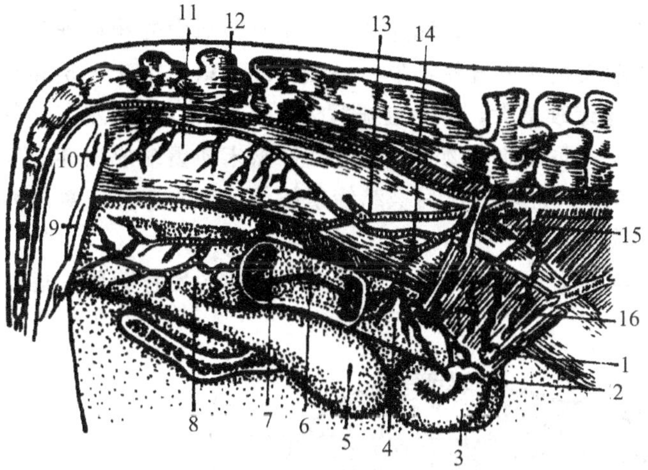

图 3-54　母牛生殖器官位置关系(右侧观)

1. 卵巢　2. 输卵管　3. 子宫角　4. 子宫体　5. 膀胱　6. 子宫颈管　7. 子宫颈阴道部　8. 阴道　9. 阴门　10. 肛门　11. 直肠　12. 荐中动脉　13. 尿生殖动脉　14. 子宫动脉　15. 卵巢动脉　16. 子宫阔韧带

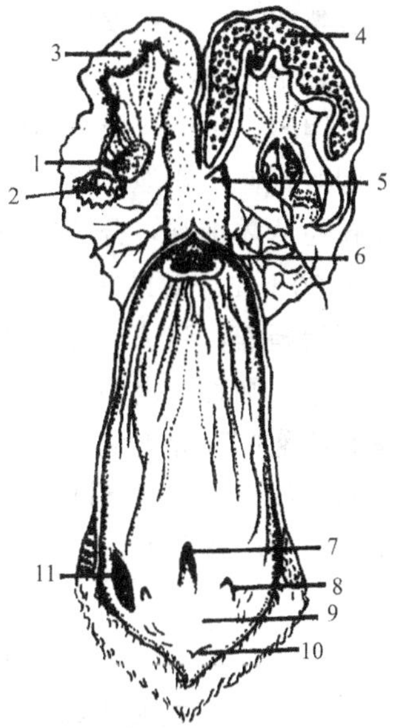

图 3-55　母牛生殖器模式图

1. 卵巢　2. 输卵管伞　3. 子宫角　4. 子宫阜　5. 子宫体　6. 子宫颈　7. 尿道外口　8. 前庭大腺开口　9. 阴道前庭　10. 阴蒂　11. 前庭大腺

（董常生，动物解剖学，第三版，2001）

5)犬的卵巢　呈扁平的椭圆形，位于肾的后方，在第3～4腰椎横突的下方。在发情期，卵巢表面有突出的卵泡。在非发情期，卵巢隐藏于发达的卵巢囊中，不易观察。

② 卵巢的组织结构　由被膜和实质构成。

被膜：由生殖上皮和白膜构成。生殖上皮被覆于卵巢表面，是卵细胞发生的最初部位。在生殖上皮深部，有一层由致密结缔组织构成的白膜。马的卵巢仅在排卵窝处有生殖上皮分布，其他部分由浆膜覆盖。而牛、羊、猪的卵巢表面无浆膜覆盖，因而卵巢表面各处均可排卵。

实质：包括皮质和髓质。皮质在外，内含许多不同发育阶段的卵泡。髓质在内，由结缔组织构成，含有丰富的血管、神经、淋巴管和平滑肌等。马属动物卵巢皮质和髓质的位置正好相反，皮质在中央靠近排卵窝处。

卵泡是由中央的卵母细胞和周围的卵泡细胞构成。根据发育程度不同，可分为原始卵泡、初级卵泡、次级卵泡和成熟卵泡。

原始卵泡：由初级卵母细胞及周围单层扁平的卵泡细胞组成，体积小，数量多，位于皮质浅层。

初级卵泡：卵泡细胞为立方、柱状，进而增殖为多层，称为颗粒细胞。卵母细胞表面出现一层厚膜称为透明带。

次级卵泡：卵泡内出现卵泡腔，内有透明的含蛋白质和雌激素的浅黄色液体，称为卵泡液。卵母细胞及周围的卵泡细胞被卵泡液挤到卵泡腔一侧，形成卵丘。紧靠透明带表面的颗粒细胞，增大变成柱状，呈放射状排列，称为放射冠。

成熟卵泡：体积增大，并突出于卵巢表面，卵泡壁变薄，卵泡腔增大。一般成熟卵泡的直径：牛 10～15 mm，羊、猪 8～10 mm，马 30～50 mm。

排卵时，由于成熟卵泡破裂，同时会伴随出血，血液进入原来卵泡腔内，称红体。随着周围血管伸入卵泡，逐渐将血液吸收，颜色变黄，称为黄体。此时卵泡中的颗粒细胞发育成粒性黄体细胞，分泌孕激素。一般成熟黄体直径：牛 20～25 mm，猪、羊 9～15 mm，马 25～30 mm。如果卵细胞受精，黄体继续增大，称为妊娠黄体，马妊娠 150 d 左右，黄体就开始萎缩，到 7 个月后就完全消失，而其他动物一直维持到妊娠末才萎缩成白体；如没有受精，则称为周期性黄体，可存在 2 周左右，然后被结缔组织代替变为白体。禽的卵泡没有卵泡腔和卵泡液，排卵后不形成黄体。

闭锁卵泡：一般情况下，卵巢内绝大多数卵泡不能发育成熟，而在各发育阶段中逐渐退化，称为闭锁卵泡。

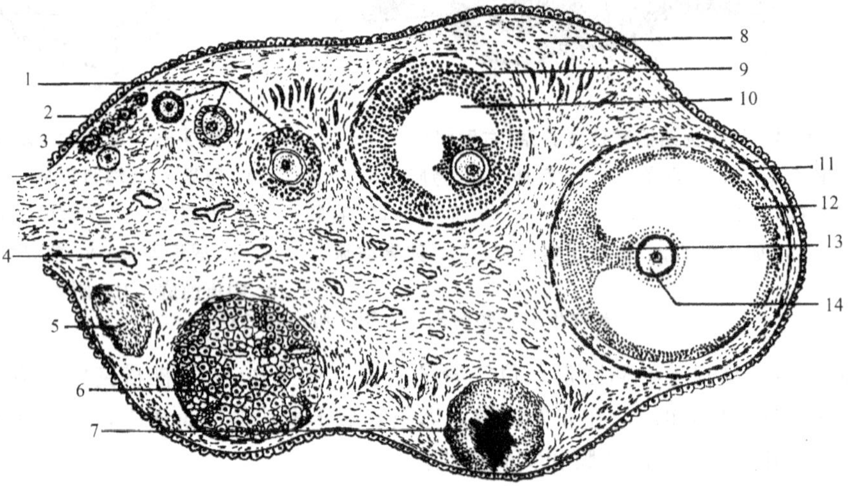

图 3-56 卵巢结构模式图

1. 初级卵泡 2. 生殖上皮 3. 原始卵泡 4. 血管 5. 白体 6. 黄体 7. 血体 8. 基质 9. 次级卵泡 10. 卵泡腔 11. 成熟卵泡 12. 颗粒层 13. 卵丘 14. 卵母细胞

（马仲华，动物解剖及组织胚胎学，第三版，2002）

一般当奶牛产后 45 天左右没有发情表现，可进行直检即隔着直肠壁检查卵巢，看卵巢表面是否有突出的成熟卵泡或黄体存在。二者的区分主要在于大小和质地：成熟卵泡壁薄，卵泡腔大，卵泡液多，质地柔软，有一触即破的感觉；而成熟黄体比成熟卵泡大，且质地比较硬。如直检发现有成熟卵泡存在，说明已发情，如果症状不明显，属于安静发情；如果是黄体，自然不发情，必须用药物将黄体溶解掉。

(2)输卵管的识别

输卵管为位于每侧卵巢和子宫角之间的一条细管，是输送卵细胞、受精和卵裂的场所。输卵管的前端为输卵管漏斗，漏斗边缘为不规则的皱褶称输卵管伞，漏斗中央有一口通腹腔，为输卵管腹腔口；输卵管的后端开口于子宫角的前端，为输卵管子宫口。输卵管上 1/3 较粗的部位是受精的部位，否则卵子继续下移时活力下降，并且包上一层输卵管分泌物，阻碍精子进入，从而失去受精能力。

输卵管的管壁从内至外由粘膜、肌层和浆膜构成。粘膜上皮为单层柱状上皮，具有纤毛；肌层主要是环行肌；浆膜包裹在输卵管的外面，并形成输卵管系膜。

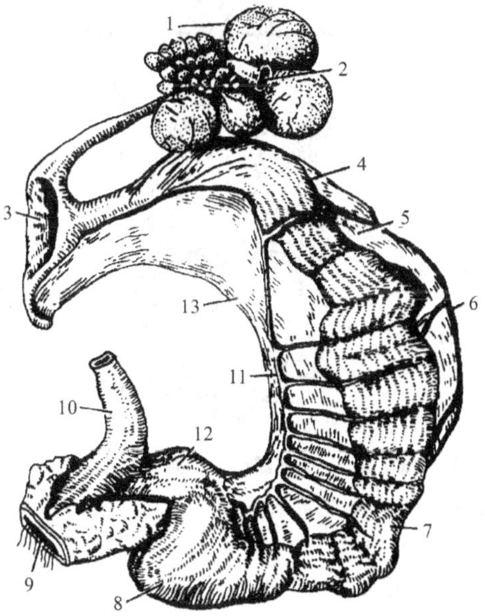

图 3-57 禽的输卵管

1. 卵巢　2. 卵泡膜　3. 漏斗部　4. 蛋白分泌部　5. 腹韧带　6. 输卵管腹缘动脉　7. 峡部　8. 子宫　9. 泄殖孔　10. 直肠　11. 输卵管中动脉　12. 阴道　13. 背韧带

（马仲华，动物解剖及组织胚胎学，第三版，2002）

家禽仅有左侧的输卵管发达(右侧的退化)，是一条长而弯曲管道，由系膜悬挂在腹腔左侧顶壁。根据构造和机能可将输卵管分为以下几部分：

漏斗部：位于卵巢后方，有摄取卵子的功能，也是受精的部位。

蛋白分泌部：是输卵管中最长且最弯曲的部分，可分泌蛋白。

峡部：位于蛋白分泌部之后，短而窄，管壁薄，黏膜内有分泌角蛋白的腺体，形成卵壳膜。

子宫部：是峡部之后的膨大部，常呈扩张状态，管壁厚，灰色或灰红色。黏膜内的腺体可分泌钙质、角质和色素，形成蛋壳和蛋壳的颜色。

阴道部：位于子宫部后上方，末端从左侧开口与泄殖道，是雌禽的交配器官。阴道部黏膜内有腺体，其分泌物在蛋壳表面形成一薄层致密的角质膜，有防止蛋内水分蒸发、阻止蛋外微生物侵入和润滑阴道部等作用。

(3)子宫的识别

① 形态位置　子宫是中空的肌质器官，富有伸展性，借子宫阔韧悬于腰下。大部分位于腹腔内，仅有部分子宫体和子宫颈位于骨盆腔内。子宫背侧为直肠，腹侧为膀胱，前

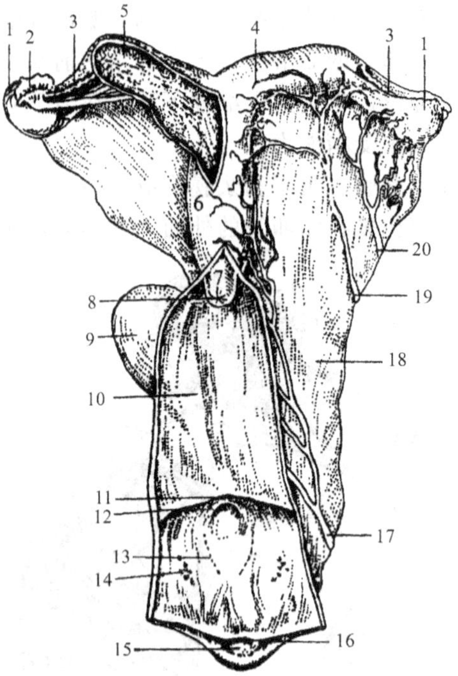

图 3-58 母马生殖器(部分剖开，背侧面观)

1. 卵巢 2. 输卵管伞 3. 输卵管 4. 子宫角 5. 子宫黏膜 6. 子宫体 7. 子宫颈阴道部 8. 子宫外口 9. 膀胱 10. 阴道 11. 阴瓣 12. 尿道外口 13. 前庭小腺开口 14. 前庭大腺开口 15. 阴带 16. 阴带窝 17. 尿生殖动脉 18. 子宫阔韧带 19. 子宫动脉 20. 卵巢动脉

(马仲华，动物解剖及组织胚胎学，第三版，2002)

接输卵管，后接阴道，两侧为骨盆腔侧壁。子宫是胎儿发育的场所(宫外孕是指在输卵管内受孕)，并参与分娩等。

子宫可分为子宫角、子宫体和子宫颈。两子宫角前接输卵管，向后汇合为子宫体。子宫颈为子宫体后段缩细部，壁厚腔窄，形成子宫颈管，后端突入阴道内(猪除外)，称子宫颈阴道部，其开口为子宫颈外口。

② 子宫壁构造 子宫壁由黏膜、肌层和浆膜构成。

黏膜：又称为子宫内膜，粉红色，内有大量子宫腺，其分泌物经腺管排至子宫内膜表面，称子宫乳，对早期胚胎有营养作用。

肌层：又称为子宫肌，由厚的内环行肌和薄的外纵行肌二层构成；两层肌肉之间还有一血管层，含丰富的血管和神经。肌层在怀孕时增生，在分娩过程中其收缩起着主要动力作用。子宫颈的环行肌特别发达，形成子宫颈括约肌，平时关闭，分娩时开张。

浆膜：是由腹膜延伸而来，被覆于子宫的表面，又叫子宫外膜。浆膜在子宫角背侧和子宫体两侧形成浆膜褶，称为子宫阔韧带，或子宫系膜。怀孕时子宫阔韧带也随着子宫增大而加长变厚。子宫阔韧带内有卵巢和子宫的血管通过，其中动脉由前向后有子宫卵巢动脉、子宫中动脉和子宫后动脉。这些动脉在怀孕时即增粗，其粗细和脉搏性质的变化，可通过直肠检查感觉到，常用于妊娠诊断。

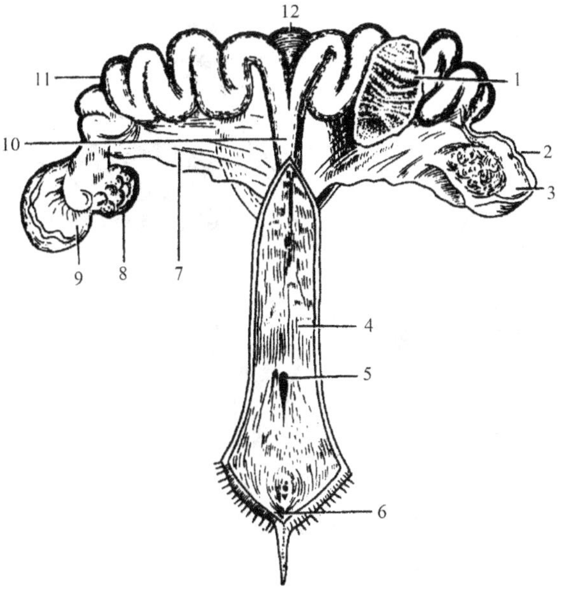

图 3-59 母猪生殖器官(背侧部分切除)

1. 子宫黏膜 2. 输卵管 3. 卵巢囊 4. 阴道黏膜 5. 尿道外口 6. 阴蒂
7. 子宫阔韧带 8. 卵巢 9. 输卵管腹腔口 10. 子宫体 11. 子宫角 12. 膀胱
(马仲华，动物解剖及组织胚胎学，第三版，2002)

③ 各种动物子宫特点：

牛(羊)的子宫：由于瘤胃的影响，成年母牛的子宫大部分位于腹腔的右侧后部，小部分位于骨盆腔内。子宫角呈绵羊状，后部以结缔组织和肌肉组织相连，外包浆膜，从外表看很像子宫体，称伪子宫体。子宫体短，子宫角和子宫体的黏膜上，有四排圆形隆起的子宫肉阜(或子宫子叶)，羊的子宫肉阜呈纽扣状，中央凹陷。子宫肉阜在怀孕时特别大，参与构成母体胎盘。子宫颈管黏膜突起嵌合成螺旋状，子宫颈外口呈菊花瓣状。子宫颈管平时闭合，发情时稍松驰，分娩时扩大。生产中进行人工授精时根据牛的子宫颈特点常采用直肠把握法输精，操作者能较易将精液输送到合适的部位。

马的子宫：呈“Y”形。子宫角稍弯曲呈弓形。子宫体与子宫角等长。子宫颈黏膜形成许多纵褶，子宫颈阴道部的黏膜褶形似花冠状，子宫颈外口位于中央。

猪的子宫：子宫角特别长(约 0.9～1.4 m)，外形弯曲似小肠，壁较厚。子宫体极短(约 3～5 cm)。子宫颈较长，为子宫体的 3 倍，其黏膜褶在两旁集拢形成两行半球形隆起，称子宫颈枕，交错相嵌，不形成子宫颈阴道部。

犬的子宫：子宫角细长，中等体型犬的子宫角全长约 12 cm，左右子宫角呈“V”字形，后端的结合部形成中隔。子宫体短，仅有 2～3 cm。子宫颈壁厚，长仅 1 cm 左右，其后端突入阴道内，形成子宫颈阴道部。

(4)阴道的识别

即是交配器官，也是产道。位于骨盆腔内，在直肠和膀胱之间，前接子宫，后为尿生殖前庭。阴道壁的外层在前部被覆有腹膜，后部为结缔组织的外膜；中层为肌层，由平滑肌和弹性纤维构成；内层为粘膜，阴道粘膜粉红色，较厚，并形成许多纵褶，没有腺体。

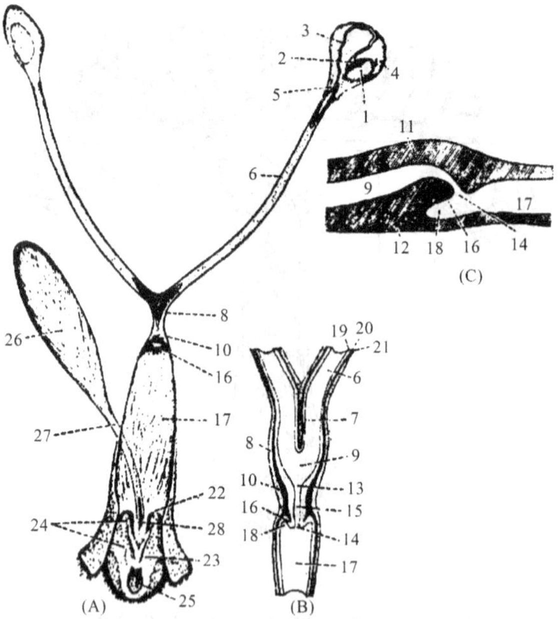

图 3-60 母犬生殖器模式图

(A) 犬的生殖器 (B) 犬的子宫断面 (C) 犬的子宫与阴道联络部模式图

1. 卵巢 2. 输尿管腹腔口 3. 输卵管 4. 卵巢囊 5. 输卵管子宫口 6. 子宫角 7. 中膈 8. 子宫体 9. 子宫体腔 10. 子宫颈 11. 子宫颈背侧壁 12. 子宫颈腹侧壁 13. 子宫颈管内口 14. 子宫颈管外口 15. 子宫颈管 16. 子宫颈阴道部 17. 阴道 18. 阴道前部 19. 子宫黏膜 20. 子宫肌层 21. 子宫浆膜 22. 阴瓣 23. 阴道前庭 24. 小前庭腺开口 25. 阴蒂 26. 膀胱 27. 尿道 28. 尿道外口

(董常生，动物解剖学，第三版，2001)

(5)尿生殖前庭和阴门的识别

尿生殖前庭：是交配器官和产道，也是尿液排出的必经之路，是阴道和阴门之间的部分。其前端腹侧有一横行的黏膜褶，称阴瓣。阴瓣后方有尿道外口。尿道外口后方两侧有前庭小腺开口，背侧有前庭大腺开口。母牛尿道外口腹侧有一盲囊，称尿道憩室，给母牛导尿时，勿使导尿管误入尿道憩室。

阴门：是尿生殖前庭的外口，位于肛门腹侧，以会阴部与肛门隔开。由两侧的阴唇构成，阴唇之间的裂隙为阴门裂。在阴门裂的腹侧联合内，有一小的突起，称阴蒂。

任务 2 认知生殖器官的机能

观看生殖生理录像并结合畜牧生产实践，认知睾丸、附睾、副性腺、卵巢、输卵管以及子宫等生殖器官的机能。

1. 认知雄性生殖器官的机能

(1)睾丸的功能

① 生成精子：精子的生成和发育是在睾丸的曲细精管内进行，从精原细胞开始，经分裂、生长、成熟和变形等阶段，到最后形成精子约需 45～60 d。在精子生成过程中，从曲细精管壁上的支持细胞获得支持和营养。精子生成需要充足的营养和低于腹腔的温度。因此，要保证精子有良好的受精能力和获得优良的后代，必须考虑公畜的年龄、环境温度

和饲养管理等因素。

精子由头、颈和尾三部分构成，呈蝌蚪状。头部呈扁圆形，含有父系遗传物质DNA，主要由一个核构成，核前面为顶体，与受精作用有关，后面被核后帽覆盖，此处死精子极易着色，是死活精子鉴别的标志。颈是头和尾的结合部，结构疏松，容易断裂。尾部使精子产生运动，运动形式有三种，即直线前进运动、原地转圈和原地抖动。只有直线前进运动的精子才有受精能力。

② 分泌雄性激素：睾丸间质细胞在腺垂体间质细胞刺激素的作用下，分泌雄激素和少量雌激素。雄激素的作用主要是刺激雄性动物副性器官的发育和副性征的出现。

(2)附睾的功能　附睾中具备保存精子的适宜条件，精子在这里停留很长时间，并经历重要的发育阶段而完全成熟。附睾的上皮能分泌供精子发育所需的养分，分泌物呈弱酸性，温度较低，适于精子的存活和发育成熟；能吸收精子悬浮液中的水分，浓缩精子悬浮液；附睾尾部较粗，能贮存较多的精子；管壁肌层收缩有力，能使动物在交配前把精子排至输精管。因此附睾有贮存、成熟、浓缩、运输精子等作用。

(3)输精管的功能　输精管的蠕动将精子从附睾尾送到输精管。配种时能将精子排到尿生殖道内。此外，输精管还有分泌精清、贮存精子的作用。

(4)副性腺的功能　精囊腺、前列腺和尿道球腺的分泌物共同组成精清。精清呈弱碱性，内含果糖、蛋白质、磷脂化合物、无机盐和各种酶等。精清主要作用是稀释精子，便于精子运行；为精子提供能量；保持精液正常的pH和渗透压；刺激子宫、输卵管平滑肌的活动，有利于精子运行；猪和马的精清能在阴道中凝固，防止精液倒流。

精囊腺的分泌物量大、粘稠，含球蛋白较多，呈白色胶状液，注入雌性阴道后，在阴道中很快凝固成栓，可防止精液倒流。

前列腺分泌较稀薄、不透明的液体，有特殊臭味，含蛋白质较多，呈碱性，紧随精子排出后进入母畜生殖道，能中和阴道内的酸性物质，并吸收精子排出的二氧化碳，以利于精子的活动。

尿道球腺分泌透明粘液，呈碱性，在射精时，首先分泌出来冲洗尿道，中和阴道内的酸性物质，为精子通过创造条件。

精清和精子共同构成精液。精液粘稠不透明，具有特殊气味，pH在7.0～7.3，渗透压与血浆相似。一般来讲，子宫接受精液的动物(马、猪、犬)有较大的射精量，但单位体积内精子数少；而阴道接受精液的动物(牛、羊)则射精量少，而精子数则多。各种动物每次交配时的射精量，平均为牛2～10 ml；猪200～300 ml；羊1 ml；马50～150 ml。

2. 认知雌性生殖器官的机能

(1)卵巢的机能　生成卵子和分泌雌性激素。

① 卵子的生成和排卵　雌性动物性成熟的主要生理特征是卵细胞的成熟和排出。

1)卵子的生成　卵细胞起源于卵巢的生殖上皮，它的生成分为增殖、生长和成熟三个阶段。牛、马的成熟卵泡在直肠检查时可触摸到，在人工受精和繁殖工作中，可通过直肠检查来确定卵泡的发育程度。

2)排卵　成熟卵泡破裂，卵细胞和卵泡液同时流出的过程称为排卵。可在卵巢表面的任何部分排卵，但马仅限于排卵窝处。卵自卵巢排出后，借助输卵管伞上皮纤毛的摆动，经输卵管腹腔口进入输卵管。

牛、马、猪、羊等动物卵泡发育成熟后即自然发生排卵，称自发性排卵；兔、猫等动物只有受到交配刺激才能排卵，称诱发排卵(或刺激性排卵)。

每个卵泡成熟时，一般只排出一个卵子，左右两侧卵巢交替出现。猪、山羊、犬、兔等动物，每次发情有好几个卵泡同时成熟，排出两个以上的卵子。每次发情成熟的卵泡数目在很大程度上决定着动物的产仔数。

② 分泌雌性激素　卵巢可分泌雌激素、孕激素和松弛激素。它们和促性腺激素相互作用，相互制约，使卵巢排卵、子宫内膜和阴道粘膜发生周期性变化。此外，卵巢还可分泌极少量雄性激素。

(2)输卵管的机能　卵子借助输卵管上皮纤毛的摆动和管壁肌层的收缩，运行到输卵管前端壶腹部，在此处如遇到精子将完成精子和卵子的结合即受精过程。卵受精后不久，即开始在输卵管内进行细胞分裂，叫卵裂。卵裂只是数目增多而没有体积增大。约 3d 变成 16～32 个细胞的桑葚体，约 4d 桑葚体进入子宫。因此输卵管既可以运输卵子，又是受精和卵裂的部位。

(3)子宫的机能　子宫内膜及其分泌物在生殖过程中起着重要的作用。交配时子宫肌收缩有助于精子移向输卵管；胚泡种植(着床)前，子宫分泌物滋养着发育的胚泡；着床后，子宫是胎盘形成和胎儿发育生长的地方，提供妊娠所需要的环境；分娩时，子宫的节律性收缩是胎儿娩出的动力；子宫内膜产生一种物质，具有溶解黄体的作用；子宫颈能分泌粘液，在妊娠时变成粘稠状，闭塞子宫颈口，可以防止感染物的进入。

(3)阴道的机能　在某些动物，阴道是接受精子的地方，又是胎儿和胎盘产出的通道。其前庭腺在母畜发情时能分泌粘液，是发情症状之一。

【相关知识】

1. 性成熟、体成熟和性季节

(1)性成熟　哺乳动物生长发育到一定时期，生殖器官已基本发育完全，能够产生精子和卵子，具备繁殖后代的能力，称为性成熟。性成熟时动物出现明显的副性征，公畜开始有正常的性行为，母畜开始出现正常的发情。

动物性成熟的年龄，随着种类、品种、性别、气候、营养和管理等情况而不同。一般小动物比大动物性成熟早，雄性比雌性的性成熟早，早熟品种、气温较高和良好的饲养管理等因素都能使性成熟提前。

(2)体成熟　动物达到性成熟时，身体仍在发育，直到具有成年动物固有的形态结构和生理特点，生长发育基本完成时，称为体成熟。

表 3-3　动物性成熟和体成熟年龄

动物种类	性成熟(月龄)	体成熟(月龄)
猪	3～8	8～12
羊	6～8	12～18
牛	10～18	18～24
马	12～18	36～48
犬	8～11	18～20
兔	4～5	4～8

(3)初配年龄的确定　在生产实践中，为了不影响动物的自身发育、生活力以及生产性能，一般选择在体成熟或体成熟之后进行初次配种。动物开始配种时的体重一般应达到成年体重的50～70%。

初配年龄：母牛14～22月龄、母羊9～18月龄、母猪8～10月龄、母马30－～6月龄、母犬12～18月龄。

各种动物的初配年龄，应根据地区特点、品种、饲养管理等条件灵活掌握。早熟品种、优良饲养管理、南方地区可以把初次配种年龄适当提早；晚熟品种、粗放饲养管理、北方寒冷地区就应该适当推迟。

(4)性季节

性季节是指发情季节。猪、牛和兔在一年之中除妊娠期外，都能周期性地出现发情，称终年多次发情；羊、马、猫等动物只在一定季节里表现多次发情，称为季节性多次发情，马一般在春季，羊一般在秋季；犬、狐等动物在发情季节中只出现一次发情，称为季节性单次发情，犬一般在春、秋两季各发情一次。

季节性发情动物在发情季节之间要经过一段无发情表现时期称为乏情期。

影响季节性发情的因素有营养、光照等。季节性发情动物随着驯化程度和饲养管理的改善，季节特征/表现在逐渐减弱。

2. 发情周期

发情周期是指从上一次排卵到下次排卵的间隔时间，又叫性周期。禽类没有发情周期。发情周期根据雌性动物生殖器官所发生的变化，一般可分为发情前期、发情期、发情后期和休情期。

发情前期：是发情周期的准备阶段和性活动的开始时期。在这期间，卵巢上有一个或两个以上的卵泡迅速发育生长，充满卵泡液，准备排卵。此时生殖器官开始出现一系列的生理变化，如子宫角的蠕动加强，子宫粘膜内的血管分布大量增生，阴道上皮组织增生加厚，整个生殖道的腺体活动加强。但还看不到阴道流出粘液，没有交配欲。

发情期：是母畜性周期的高潮时期。此时卵巢中出现排卵，整个机体和其它生殖器官表现一系列的形态和生理变化。如兴奋不安，有交配欲；子宫呈现水肿，血管大量增生；输卵管和子宫发生蠕动，腺体大量分泌；子宫颈口开张；阴道流出黏液等。这些变化均有利于卵子和精子的运行与受精。

发情后期：是发情结束后的一段时期，此期母畜变得比较安静，不让公畜接近。生殖器官的主要变化是：卵巢中出现黄体，黄体分泌孕激素(孕酮)。在孕酮作用下，子宫内膜增厚，腺体增生，为接受胚泡附植作准备，乳腺生长发育。如已妊娠，发情周期结束，直到分娩后再重新出现。如未受精，即进入休情期。

休情期：是发情后期之后的相对静止期。此时期的特点是：生殖器官没有任何显著的性活动过程，卵巢内的卵泡逐渐发育，黄体逐渐萎缩。卵巢、子宫、阴道等都从性活动生理状态过渡到静止的生理状态，准备进入下一个发情周期。

在生产实践中，常结合外阴变化、阴道粘液变化、行为变化，或结合试情公畜、静立反射等方式进行发情鉴定。掌握发情周期的规律性，可以在畜牧业生产中有计划地繁殖动物，调节分娩时间和畜群的产乳量，防止畜群的不孕或空怀等。

3. 受精

受精是指精子和卵子结合成合子的过程。受精部位在输卵管的壶腹部。

(1)精子的运行　精子在雌性动物生殖道内由射精部位移到受精部位的运动过程，叫做精子的运行。

① 精子运行的动力　精子的运行除本身具有运动能力外，更多的是借助于母畜子宫和输卵管的收缩和蠕动。接近卵子时，精子本身的运动才十分重要。

② 精子保持受精能力的时间　精子在雌性动物生殖道内保持受精能力的时间约1～2天。但马和犬例外，在马，精子在生殖道内可存活长达6.5天，而犬则可存活90小时。

③ 精子的受精获能过程　精于进入雌性动物生殖道之后，须经过一定变化后才能具有受精的能力。这一变化过程叫做精子的受精获能过程(或叫受精获能作用)。在一般情况下，交配往往发生在发情开始或盛期，而排卵发生在发情结束时或结束后。因此精子一般先于卵子到达受精部位，在这段时间内精子可以自然地完成获能过程。

(2)卵子保持受精能力的时间　卵子在输卵管内保持受精能力的时间就是卵子运行至输卵管峡部以前的时间。各种动物是不同的，牛8～12小时，猪8～10小时，绵羊16～24小时，马为6～9小时。卵子受精能力的消失是逐渐的。卵子排出后如未遇到精子，则沿输卵管继续下行，并逐渐衰老。

(3)受精过程

第一阶段　精子溶解卵子的放射冠。精子和卵子相遇后释放出透明质酸酶，溶解卵子周围放射冠的胶样基质，使精子接近透明带。

第二阶段　精子穿过卵子的透明带。精子头部接触透明带时，顶体具有使透明带质膜软化的酶，为精子钻入透明带接触卵黄膜溶解出一条通道。当第一个精子进入透明带触及卵黄膜时，能使卵子从休眠状态中激活过来，引起透明带发生特殊的变化，使后来的精子不容易进入透明带内，这种变化叫透明带反应，可防止多精子受精。且这一阶段具有种族选择性，一般只有同种或近似种的精子才能进入透明带。

第三阶段　精子穿过卵黄膜，进入卵内。精子进入卵后，卵黄膜即发生变化，防止其他精子进入，这叫卵黄封阻作用。

第四阶段　合子生成。进入卵黄膜的精子，头部膨大，细胞核形成雄原核。卵子的核形成雌原核。两个原核接近，各自形成的染色体进行组合，合子即形成。

4. 妊娠

受精卵在子宫内生长发育为成熟胎儿的过程叫妊娠。

(1)附植/植入/着床　胚泡在子宫内游离一段时间后，逐渐固定下来，并与子宫内膜发生组织和生理上的联系，称为附植/植入/着床。附植/植入/着床时间：牛约为45～75 d，羊为16～22 d，猪为20～30 d，马约为3～3.5个月。附植/植入/着床前是管理上容易发生流产的时期。

(2)胎膜和胎盘

胎膜(或胎衣)：是胚胎在发育过程中逐渐形成的一个暂时性器官，在胎儿出生后，即被摒弃。胎膜由羊膜、尿囊膜和绒毛膜组成。

胎盘：是胎儿的绒毛膜和母体的子宫内膜共同构成。牛和羊的胎盘为绒毛叶胎盘，是由绒毛叶与子宫肉阜互相嵌合而成。猪和马的胎盘为弥散型胎盘，是由绒毛膜上密布的绒毛与子宫内膜的凹陷部分互相嵌合而成。犬是环带状胎盘，这是由于犬的绒毛仅分布在绒毛膜中断，呈一宽环带状。胎盘不仅实现胎儿与母体的物质交换，保证胎儿的生长发育，而且分泌雌激素、孕激素和促性腺激素，以维持母体和胎儿的最佳状态。

(3)妊娠时母体的变化　母畜妊娠后，由于黄体产生大量孕酮，使卵巢中的卵泡不再成熟，也不排卵，发情暂时停止。子宫内膜加厚、增生，子宫颈分泌粘液，形成粘液塞，封闭子宫颈通道。

随着胎儿的生长发育，腹腔内脏器官受到挤压，引起消化、呼吸、泌尿和循环等器官发生适应性变化。呼吸呈现浅而快的胸式呼吸，肺活量减小。心肌出现代偿性肥大，血液凝固能力提高，红细胞沉降速率加快，在妊娠末期，形成生理性的“妊娠性酮血”。排粪和排尿次数增加，尿中会出现蛋白质。孕畜代谢增强，前期食欲旺盛。内分泌活动加强，腹围增大，出现甲状腺、甲状旁腺、肾上腺和垂体的妊娠性增大和亢进。到妊娠后期，四肢有时出现水肿，乳腺增大，临产前有胀奶现象。

(4)妊娠期是从卵受精开始，至胎儿娩出为止。各种动物的妊娠期平均为：牛 282 d，羊 152 d，猪 114 d，马 340 d，犬 62 d。

5. 分娩

发育成熟的胎儿和胎膜通过母畜生殖道产出的过程。分娩的主要动力是子宫肌和腹壁肌的强烈收缩，每两次收缩之间出现一定时间的间歇，收缩与间歇交替进行，称为阵缩。阵缩是有生理意义的，如果连续收缩没有间歇，胎盘和胎儿的血液循环将因子宫肌长期收缩而发生障碍，会引起胎儿的窒息和死亡。

生产实践中动物出现乳房膨大并可挤出少量乳汁，外阴肿胀，骨盆韧带松弛，精神不安，经常回顾后腹，食欲减少或废绝等征兆时，预示母畜分娩在即。

分娩过程一般分为三个阶段：

(1)开口期　由于子宫有节律的收缩，把胎儿和胎衣挤入子宫颈，导致子宫颈口开大，部分胎膜突入阴道，以致破裂流出部分胎水。此期主要的动力是子宫肌的阵缩。

(2)胎儿产出期　子宫肌发生强烈、频繁而持久的收缩。同时腹肌和膈也发生强烈的收缩，腹内压显著升高，迫使胎儿从子宫经阴道排出体外。

(3)胎衣排出期　胎儿排出后，经短暂的间歇，子宫又收缩，使胎衣与子宫壁分离，随后排出体外。胎衣排出后，子宫收缩压迫血管裂口，阻止继续出血。

狗、猫等动物的胎衣随着胎儿同时排出。马胎衣较容易脱落，故排出很快，一般不超过 1 h。牛胎衣不易脱落，排出较慢，但一般不超过 12 h。猪在全部胎儿排出后很快就排出。

6. 泌乳

(1)乳腺　是皮肤的附属腺。雌雄两性动物的乳腺在幼年时期没有明显的区别。随着雌性动物的生长和发育，乳腺的结缔组织和脂肪组织逐渐增加，雌畜的乳腺体积才明显的超过公畜。但此时乳腺的实质并没有发育。雌畜发育到性成熟后，卵巢开始分泌雌激素，促使乳腺的导管系统生长，逐渐形成分支复杂的细小导管系统，乳房体积进一步膨大，但乳腺腺泡还没有形成。雌畜妊娠时，卵巢内的黄体和胎盘分泌的孕酮，促使乳腺导管加速生长，每一导管的末端开始形成没有分泌腔的腺泡。到妊娠中期，导管和腺泡的体积不断增大，腺泡出现分泌腔，乳腺的结缔组织和脂肪组织逐渐被腺泡和导管系统所代替。与此同时乳腺内的神经纤维和血管数量也显著增加。到妊娠末期，腺泡的上皮出现分泌机能。临产前，腺泡开始分泌初乳。分娩后，乳腺开始正常的泌乳活动，经过一定的泌乳期之后，腺泡的体积逐渐缩小，分泌腔消失，乳腺导管萎缩，乳腺实质又逐渐被结缔组织和脂肪组织代替，于是泌乳量下降，乳房体积缩小，最后泌乳停止。当再次妊娠时，乳腺又重新生长发育。为了完成乳腺的改建工作，母牛两次泌乳期之间需一段时间的干乳期，约40～60 d。母牛在第6～8次泌乳期，乳腺达到最大发育程度和产乳量的最高峰。随着母牛年龄的增长，每次分娩后的乳量逐渐减少，乳腺的发育程度逐渐减退。母牛年龄过大，乳房便发生退行性变化，即乳腺生理性萎缩，最终丧失泌乳机能。

(2)泌乳　血液中的营养物质在乳腺内转化为乳汁并泌入腺泡腔的过程，称为泌乳。

母畜分娩后7 d内所分泌的乳叫初乳。初乳色黄而浓稠，稍有咸味，干物质含量较高。在干物质中又以蛋白质(清蛋白和球蛋白)和无机盐(主要镁盐)含量最多。初乳中还含有白细胞及大量免疫物质。新生仔畜吸吮初乳后，初乳中的蛋白质通过消化道可迅速吸收入血，以补充新生仔畜血浆蛋白的不足；免疫物质吸收后，可使新生仔畜获得被动免疫，以增强抗病的能力；镁盐具有轻泻作用，可促使胎粪的排除。由此可见，初乳是新生仔畜不可代替的食物。

乳是乳腺腺泡和腺小管分泌上皮细胞内制造的，包括一系列新的物质合成和复杂的选择性吸收过程。据计算，生成1 L乳汁大约需要400～500 L血液流过乳房。乳汁中的酪蛋白、乳糖和乳脂，在质和量上均与血液中有显著不同，这是乳腺分泌上皮细胞利用血液中的蛋白质、糖和脂肪为原料，在三磷酸腺苷提供能量及有关酶的参与下，通过细胞自身复杂的生化过程而合成的。乳腺的分泌上皮细胞能选择的吸收血液中的球蛋白、酶、激素、维生素及无机盐等，其中一部分物质直接成为乳汁中的各相应物质；而另一部分物质则被加以浓缩，如牛乳中的钙、钾、镁，分别大于血液中的含量13倍、7倍和4倍以上。

(3)排乳　哺乳或挤乳可引起乳房容纳系统紧张性改变，使贮积在腺泡和乳导管系统的乳迅速流向乳池的过程称为排乳。

排乳是一个复杂的反射过程。哺乳或挤乳时刺激母畜乳头的感受器，反射性的引起腺泡和细小乳导管壁外的肌上皮收缩。接着中等乳导管、粗大乳导管和乳池壁外的平滑肌强烈收缩，乳汁流入乳池，使乳池乳压迅速升高，乳头括约肌开放，于是乳汁排出体外。

最先排出的乳是乳池内的乳。由排乳反射引起的从乳腺腺泡及乳导管中排出的乳，称为反射乳。牛哺乳或挤乳不到1 min即可引起排乳反射，猪排乳反射需要较长时间的乳房刺激，仔猪用鼻吻冲撞母猪乳房2～5 min后，才产生排乳。

排乳能建立条件反射。排乳的时间、地点、挤乳设备、操作及挤乳员的出现都可以成为条件刺激而用来建立条件反射。这种条件反射对排乳活动有明显的影响，相反，异常的不良刺激能抑制排乳，使产乳量下降。

【拓展知识】 生殖器官的病理变化

动物发生急性卡他性子宫内膜炎时，外观无显著异常，切开后，可见子宫内积有浑浊粘稠的渗出物，子宫黏膜充血水肿，黏膜细胞坏死后形成假膜。镜检可见黏膜血管扩张充血，部分散在有出血和血栓形成；黏膜表面水肿，细胞浸润(中性粒细胞、巨噬细胞和淋巴细胞)，上皮细胞变性、坏死、脱落，与渗出的纤维素和红细胞凝结在一起。

奶牛发生乳腺炎时，炎症通常发生在乳腺的一个或几个腺叶，发炎腺叶显著肿大且变硬，致乳腺各叶大小不对称，病变部乳腺易于切开，切面上可见到渗出性炎变化。镜检时，在腺泡腔内有均质但带有空泡(脂肪滴)的渗出物，混有少数剥脱的上皮细胞和嗜中性粒细胞，腺泡上皮细胞呈颗粒变性、脂肪变性和脱落，间质明显水肿、血管充血和少数嗜中性粒细胞浸润。

计 划 单

模块3	内 脏				学 时	40
计划方式	小组讨论、同学间互相合作共同制订计划					
序 号	实施步骤				使用资源	备 注
制订计划说明						
计划评价	班 级		第 组	组长签字		
	教师签字			日 期		
	评语：					

决策实施单

<table>
<tr><td colspan="2">模块 3</td><td colspan="6">内　脏</td></tr>
<tr><td colspan="8">讨论小组制订的计划书，做出决策</td></tr>
<tr><td rowspan="7">计划对比</td><td>组号</td><td>工作流程的正确性</td><td>知识运用的科学性</td><td>步骤的完整性</td><td>方案的可行性</td><td>人员安排的合理性</td><td>综合评价</td></tr>
<tr><td>1</td><td></td><td></td><td></td><td></td><td></td><td></td></tr>
<tr><td>2</td><td></td><td></td><td></td><td></td><td></td><td></td></tr>
<tr><td>3</td><td></td><td></td><td></td><td></td><td></td><td></td></tr>
<tr><td>4</td><td></td><td></td><td></td><td></td><td></td><td></td></tr>
<tr><td>5</td><td></td><td></td><td></td><td></td><td></td><td></td></tr>
<tr><td>6</td><td></td><td></td><td></td><td></td><td></td><td></td></tr>
<tr><td colspan="8">制订实施方案</td></tr>
<tr><td>序号</td><td colspan="6">实施步骤</td><td>使用资源</td></tr>
<tr><td>1</td><td colspan="6"></td><td></td></tr>
<tr><td>2</td><td colspan="6"></td><td></td></tr>
<tr><td>3</td><td colspan="6"></td><td></td></tr>
<tr><td>4</td><td colspan="6"></td><td></td></tr>
<tr><td>5</td><td colspan="6"></td><td></td></tr>
<tr><td>6</td><td colspan="6"></td><td></td></tr>
<tr><td colspan="8">实施说明：</td></tr>
<tr><td colspan="2">班　级</td><td colspan="2"></td><td>第　组</td><td>组长签字</td><td colspan="2"></td></tr>
<tr><td colspan="2">教师签字</td><td colspan="3"></td><td>日　期</td><td colspan="2"></td></tr>
<tr><td colspan="2">决策评价</td><td colspan="6">评语：</td></tr>
</table>

材料设备清单

模块3	内 脏				学 时	12	
项 目	序号	名 称	作 用	数 量	型 号	使用前	使用后
所用设备	1	投影仪	观看视频图片	1个			
	2	显微镜	切片观察	40台			
	3	生物信号采集系统	生理实验	4套			
	4	生理实验多用仪	生理实验	4台			
所用材料	5	活体牛	内脏器官体表投影位置确定	4头			
	6	羊、兔、鸡	解剖和生理实训	各4只			
所用工具	7	手术器械	解剖和生理实训	4套			
所用材料	8	肠肝肺肾卵巢睾丸组织切片	观察组织构造	各40			
	9	内脏器官模型、标本、图片	大体解剖观察	各4套			
班 级			第 组	组长签字		教师签字	

作 业 单

模块 3	内　　脏
作业完成方式	课余时间独立完成
作业题 1	在下图中标出与咽相通的口：鼻后口、咽峡、喉口、食管口、耳咽管口。
作业解答	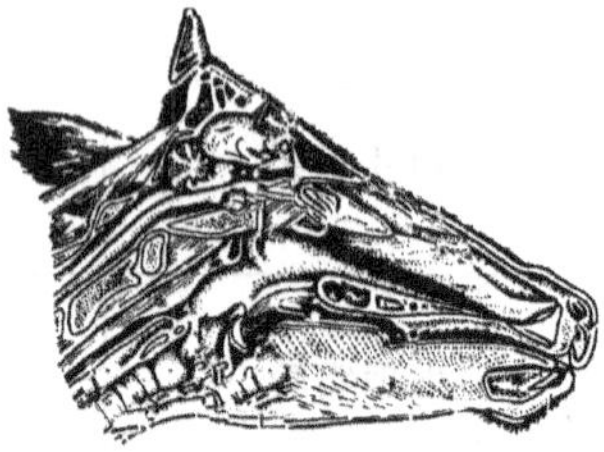
作业题 2	在下图中标猪的肺、肝、胃、肾、盲肠、结肠、空肠的位置。
作业解答	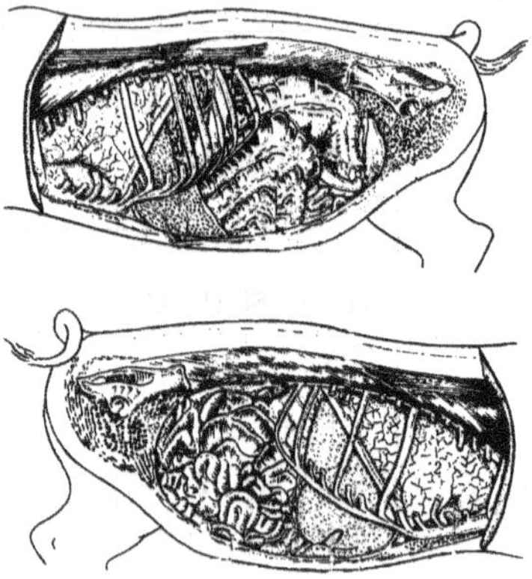
作业题 3	在下图中标出犬、马、猪、牛的十二指肠、空肠、回肠、盲肠、结肠和直肠的位置。
作业解答	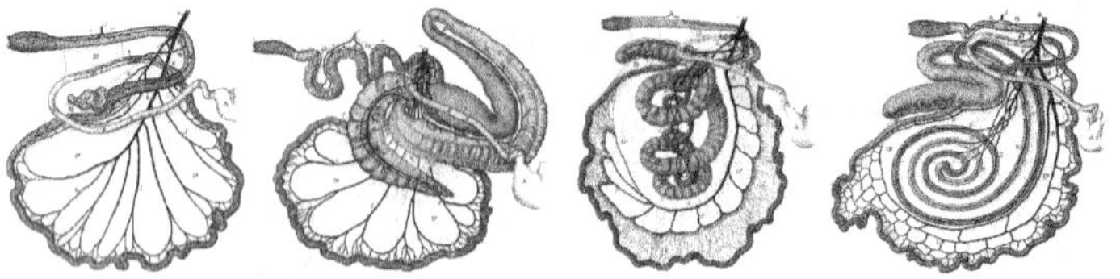
作业题 4	绘出小肠的组织构造图并标注名称。
作业解答	
作业题 5	绘出肝的组织构造图并标注名称。

续表

模块3	内 脏
作业解答	
作业题6	胃酸有何作用？为何新生仔猪容易出现下痢？
作业解答	
作业题7	瘤胃微生物有何作用？为何奶牛的饲料中可以添加少量的尿素？
作业解答	
作业题8	什么是反刍？有何意义？尽早训练犊牛吃草有何好处？
作业解答	
作业题9	在下图中标出肺的肋面、纵膈面、膈面的位置。
作业解答	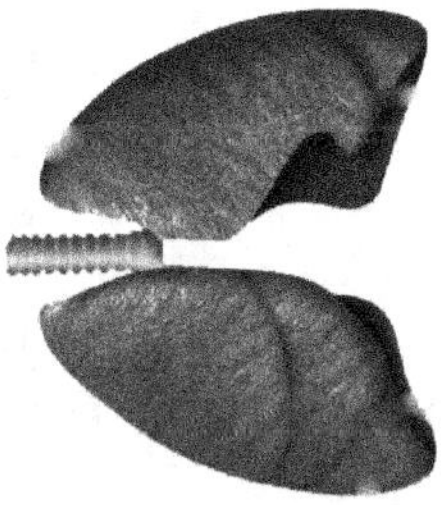
作业题10	在下图中标出肺的小支气管、细支气管、呼吸性细支气管、肺泡管、肺泡囊、肺泡的位置。
作业解答	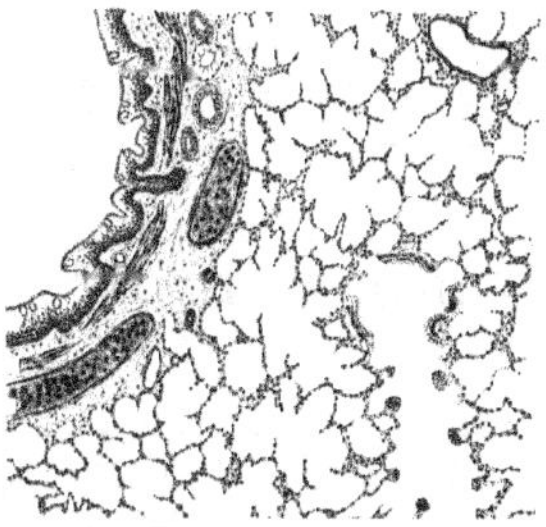
作业题11	牛临床肺区听诊位置如何确定？
作业解答	
作业题12	什么是肺小叶？临床小叶性和大叶性肺炎如何界定？
作业解答	
作业题13	胸内负压的含义、产生原因和意义是什么？“气胸”有何危害？
作业解答	
作业题14	呼吸方式有几种？正常动物以哪种呼吸方式为主？患有胸膜炎和腹膜炎的动物呼吸方式是哪种？为什么？
作业解答	
作业题15	各种动物的呼吸数如何测定？呼吸音有几种？分别在哪儿听取？
作业解答	

续表

<table>
<tr><td>模块 3</td><td colspan="6">内　　脏</td></tr>
<tr><td>作业题 16</td><td colspan="6">标出肾的皮质、髓质、肾窦的位置，并说明各种动物肾的构造特点。</td></tr>
<tr><td>作业解答</td><td colspan="6"></td></tr>
<tr><td>作业题 17</td><td colspan="6">什么是肾单位？标出肾小球、肾小囊、近曲小管、髓袢、远曲小管、集合管的位置。</td></tr>
<tr><td>作业解答</td><td colspan="6">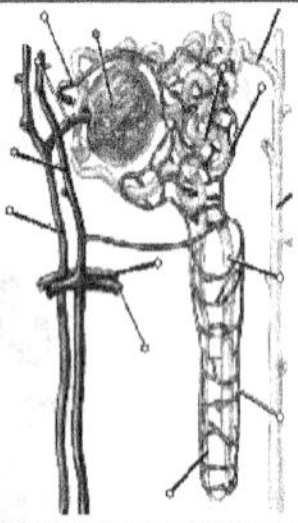</td></tr>
<tr><td>作业题 18</td><td colspan="6">为什么说肾的血液循环特点和组织构造特别适于泌尿？</td></tr>
<tr><td>作业解答</td><td colspan="6"></td></tr>
<tr><td>作业题 19</td><td colspan="6">叙述尿的生成过程，血液、原尿和终尿有何区别？</td></tr>
<tr><td>作业解答</td><td colspan="6"></td></tr>
<tr><td>作业题 20</td><td colspan="6">结合影响尿生成因素，说明临床少尿、多尿、血尿、蛋白尿和糖尿发生的原因和机理。</td></tr>
<tr><td>作业解答</td><td colspan="6"></td></tr>
<tr><td>作业题 21</td><td colspan="6">叙述雌、雄生殖系统的组成及主要器官的作用。</td></tr>
<tr><td>作业解答</td><td colspan="6"></td></tr>
<tr><td>作业题 22</td><td colspan="6">阴囊壁由哪几部分构成？公畜去势时需要切断哪些结构？</td></tr>
<tr><td>作业解答</td><td colspan="6"></td></tr>
<tr><td>作业题 23</td><td colspan="6">说明母牛和仔猪卵巢的位置。母牛子宫构造有何特点？</td></tr>
<tr><td>作业解答</td><td colspan="6"></td></tr>
<tr><td>作业题 24</td><td colspan="6">何谓初乳？新生仔畜为何要及时吃上初乳？</td></tr>
<tr><td>作业解答</td><td colspan="6"></td></tr>
<tr><td>作业题 25</td><td colspan="6">解释名词：性成熟　体成熟　发情周期　附植</td></tr>
<tr><td>作业解答</td><td colspan="6"></td></tr>
<tr><td rowspan="4">作业评价</td><td>班　　级</td><td></td><td>第　　组</td><td>组长签字</td><td colspan="2"></td></tr>
<tr><td>学　　号</td><td></td><td>姓　　名</td><td colspan="3"></td></tr>
<tr><td>教师签字</td><td></td><td>教师评分</td><td></td><td>日期</td><td></td></tr>
<tr><td colspan="6">评语：</td></tr>
</table>

效果检查单

<table>
<tr><td>模块3</td><td colspan="6">内　　脏</td></tr>
<tr><td>检查方式</td><td colspan="6">以小组为单位，采用学生自检与教师检查相结合，成绩各占总分(100分)的50%。</td></tr>
<tr><td>序号</td><td colspan="2">检查项目</td><td>检查标准</td><td>学生自检</td><td colspan="2">教师检查</td></tr>
<tr><td>1</td><td colspan="2">资讯问题</td><td>回答正确、认真</td><td></td><td colspan="2"></td></tr>
<tr><td>2</td><td colspan="2">食管位置描述</td><td>能准确说出颈部食管
与气管的关系</td><td></td><td colspan="2"></td></tr>
<tr><td>3</td><td colspan="2">胃、肠、肺
的位置确定</td><td>能在活体牛上准确
指出体表投影位置</td><td></td><td colspan="2"></td></tr>
<tr><td>4</td><td colspan="2">四个胃的黏膜
特点识别</td><td>从标本挂图以及新鲜器官上
能准确识别四个胃</td><td></td><td colspan="2"></td></tr>
<tr><td>5</td><td colspan="2">肠、肝、肺、肾、卵巢、
睾丸的组织构造观察</td><td>能在显微镜下
识别其主要构造</td><td></td><td colspan="2"></td></tr>
<tr><td>6</td><td colspan="2">胃、肝、肺、肾的
大体解剖观察</td><td>从标本挂图以及新鲜器官上
能准确识别颜色、质地、
形态和构造</td><td></td><td colspan="2"></td></tr>
<tr><td>7</td><td colspan="2">呼吸数测定
呼吸方式判定
呼吸音听诊</td><td>方法正确、操作准确</td><td></td><td colspan="2"></td></tr>
<tr><td>8</td><td colspan="2">消化、呼吸生理实
验完成情况</td><td>方案正确、操作规范、
现象明显、结果准确、
报告完整真实</td><td></td><td colspan="2"></td></tr>
<tr><td rowspan="3">检查
评价</td><td>班　　级</td><td></td><td>第　　组</td><td>组长签字</td><td colspan="2"></td></tr>
<tr><td>教师签字</td><td colspan="2"></td><td>日　　期</td><td colspan="2"></td></tr>
<tr><td colspan="6">评语：</td></tr>
</table>

评价反馈单

模块 3	内　　脏				
评价类别	教学单元	子教学单元	个人评价	组内评价	教师评价
专业能力（60%）	资讯（10%）	获取信息（5%）			
		引导问题回答（5%）			
	计划（5%）	计划可执行度（3%）			
		用具材料准备（2%）			
	实施（20%）	各项操作正确（8%）			
		完成的各项操作效果好（6%）			
		完成操作中注意安全（4%）			
		操作方法的创意性（2%）			
	检查（10%）	全面性、准确性（5%）			
		现场中出现问题的处理（5%）			
	过程（5%）	使用工具的规范性（2%）			
		操作过程规范性（2%）			
		工具和设备使用管理（1%）			
	结果（10%）	结果质量（10%）			
社会能力（20%）	团队合作（10%）	小组成员合作良好（5%）			
		对小组的贡献（5%）			
	敬业、吃苦精神（10%）	学习纪律性（4%）			
		爱岗敬业和吃苦耐劳精神（6%）			
方法能力（20%）	计划能力（10%）	制订计划合理（10%）			
	决策能力（10%）	计划选择正确（10%）			

意见反馈
请写出你对本学习情境教学的建议和意见

评价评语								
	班　级		姓　名		学　号		总　评	
	教师签字		第　组	组长签字			日　期	
	评语：							

模块 4

循环系统

学习任务单

模块 4	循环系统			学　时	18
布置任务					
学习目标	1. 了解血液的组成和理化特性。 2. 了解免疫及其作用。 3. 理解心肌的生理特性。 4. 理解淋巴结和脾的功能，理解淋巴循环的意义。 5. 理解心动周期、心输出量、血压、脉搏、微循环、碱储、等渗溶液、单核巨噬细胞系统。 6. 能在标本、模型或新鲜器官上识别心脏的构造。 7. 能在活体上确定心脏听诊的体表投影位置和静脉采血、脉搏检查的部位。 8. 能在显微镜下识别红细胞和各类白细胞。 9. 结合血液凝固的过程，能提出临床加速和防止血凝的措施。 10. 结合组织液的生成与回流，能解释临床水肿发生的机理。 11. 能在新鲜器官或标本上识别淋巴结和脾的形态、颜色、质地和构造。 12. 能在显微镜下识别淋巴结和脾的主要组织学构造。 13. 能在活体和尸体上正确指出兽医临床和食品卫生检疫中常检淋巴结的位置。				
任务描述	在牧场和实训室内对主要血液循环器官和淋巴循环器官进行观察，识别正常状态下各自的位置、形态、颜色、质地和构造，并认知其机能。 具体任务： 1. 在活体牛上确定心脏的听诊位置和静脉采血、脉搏检查的部位。 2. 在牧场活体牛上进行常检淋巴结的体表投影位置确定。 3. 在解剖室和标本室利用标本、模型或新鲜器官识别心脏、血管、淋巴结和脾的形态构造。 4. 在组织实训室内利用血涂片观察各类血细胞。 5. 在组织实训室内进行淋巴结和脾的镜下组织结构观察。 6. 结合视频认知心脏、血管和血液的机能。 7. 认知各免疫器官的机能。 8. 认知淋巴生成过程和淋巴循环的意义。 9. 结合组织液的生成和回流过程，认知水肿发生的机理。				
任务载体和工作场景	任务载体：血液和淋巴循环器官的标本、模型、新鲜器官以及活体等 工作场景：牧场和实训室				
学时分配	资讯 4 学时	计划 2 学时	决策 1 学时	实施 8 学时	考核 2 学时	评价 1 学时

续表

模块 4	循环系统	学　时	18
提供资料	1. 周其虎．动物解剖生理．北京：中国农业出版社，2008 2. 董常生．家畜解剖学．北京：中国农业出版社，2007 3. 周其虎．畜禽解剖生理．北京：中国农业出版社，2006 4. 南京农业大学．家畜生理学．北京：中国农业出版社，2007 5. 陈守良．动物生理学．北京：北京大学出版社，2005 6. 动物解剖与剖检技术精品课网址： http：//113.0.240.9：8080/book-show/c/385484/vindex.html 7. 畜牧课件网网址：http：//www.doc88.com/p-68143044163.html 8. 家畜生理学课件网网址：http：//www.docin.com/p-95293071.html		
对学生要求	1. 能根据任务单、资讯引导，查阅相关资料，在课前以小组合作的方式完成任务资讯问题。 2. 以小组为单位完成任务，体现团队合作精神。 3. 严格遵守实训室和牧场规章制度，避免安全隐患。 4. 对各种动物的解剖特点进行对比学习。 5. 严格遵守操作规程，做好自身防护，防止疾病传播。		

任务资讯单

模块 4	循环系统
资讯方式	通过资讯引导，观看挂图、模型和标本，观看生理演示实训，到本课程的精品课网站、图书馆查询，向指导教师咨询。
资讯问题	1. 心脏的体表投影位置如何确定？ 2. 心腔有哪些构造？心瓣膜、动脉瓣和房室瓣分别指什么？有何作用？ 3. 心壁由哪几部分构成？为何心房和心室的肌肉厚度不同？ 4. 心脏的传导系统由几部分构成？构成这个系统的细胞有何特性？心脏正常的起搏点在哪儿？ 5. 什么是心包？心包积水对心脏有何危害？ 6. 动脉、静脉和毛细血管有何特点和作用？ 7. 全身的血液循环路径有几条？什么是门脉循环？有何作用？ 8. 临床静脉采血和注射以及脉搏检查的血管和部位如何？ 9. 胎儿出生前后心血管有何变化？为什么？ 10. 血液由什么组成？血浆、血清和全血如何区分？ 11. 红细胞、白细胞和血小板有何作用？炎症和贫血时红、白细胞有何变化？ 12. 血液的渗透压由几部分构成？各有何作用？ 13. 什么是等渗溶液？为何临床输液要以等渗为原则？常用哪些等渗溶液？ 14. 何谓碱储？血液为何能呈弱碱性？正常血浆中 $NaHCO_3/H_2CO_3$ 比值是多少？ 15. 结合血液凝固过程，举例说明临床加速和防止血凝常采取的措施。 16. 什么是窦性心律和异位心律？为何离体的心脏还能跳动一段时间？ 17. 什么是心动周期？在一个心动周期中心脏是如何完成射血的？ 18. 常见动物的心率是多少？如何测定？ 19. 什么是心输出量？影响心输出量的因素有哪些？

续表

模块 4	循环系统
资讯问题	20. 什么是血压？临床的高压和低压是什么含义？为何血压要保持恒定？ 21. 哪些因素会影响静脉回流？为何长时间坐着或站立脚部会感觉发胀？ 22. 什么是微循环？由哪几部分组成？休克的发生与微循环有何关系？ 23. 结合组织液的生成与回流，说明水肿发生的机理。 24. 什么是免疫？有何作用？举例说明机体获得免疫的方式。 25. 中枢和周围淋巴器官有何不同？列举主要的中枢和周围淋巴器官。 26. 禽类特有的中枢淋巴器官是什么？位置在哪儿？有何作用？ 27. 活体和尸体上淋巴结的颜色有何不同？ 28. 兽医临床和卫生检疫常检的淋巴结有哪些？位置在哪儿？ 29. 为什么动物体发病一般首先在相应的淋巴结上体现？ 30. 淋巴结的组织构造如何？ 31. 各种动物脾的位置、颜色和质地如何？ 32. 脾的组织学构造如何？ 33. 淋巴结和脾的功能如何？ 34. 参与免疫的细胞有哪些？ 35. 什么是单核巨噬细胞系统？炎症时此系统有何变化？ 36. 血液、组织液和淋巴有什么关系？ 37. 淋巴循环有何意义？

相关信息单

教学单元 1 血液循环系统

循环系统包括血液循环系统和淋巴循环系统，由于淋巴最后回到血液，所以淋巴循环是血液循环的辅助部分。

血液循环系统由心脏、血管和血液组成。其中心脏是动力器官，血管是循环管道。心脏在神经和体液的调节下活动，推动血液在血管内周而复始地流动，将营养物质和氧气运到全身各组织细胞利用，同时把组织细胞产生的代谢产物，运到排泄器官排出体外。

任务 1 识别心脏的构造

借助模型、图片、标本、活体以及实训动物解剖观察心脏，识别其形态、位置和结构。

1. 心脏位置的确定

心脏位于胸腔纵隔内，夹在左、右两肺间，略偏左，约在胸腔下 2/3 部。

牛(羊)的心脏：位于第 3～6 肋之间，心基大致位于肩关节的水平线上，心尖距膈 2～5 cm。

猪的心脏：位于第 2～5 肋之间，心尖与第 7 肋软骨和胸骨结合处相对，距膈较近。

马的心脏：位于第 3～6 肋之间，心基大致位于第 1 肋骨中部水平线上，心尖距膈 6～8 cm，距胸骨约 1 cm。

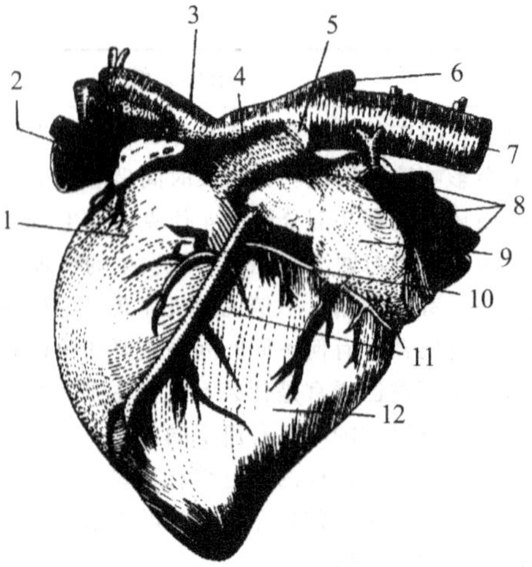

图 4-1 心脏及基部血管(左侧面)

1. 右心室 2. 前腔静脉 3. 臂头动脉总干 4. 肺动脉 5. 动脉导管索 6. 奇静脉 7. 主动脉 8. 肺静脉 9. 左心房 10. 左冠状动脉旋支 11. 心大静脉 12. 左心室

(山东省畜牧兽医学校，家畜解剖生理，第三版，2000)

犬的心脏：位于第 3～6 肋之间，微向前倾，心基位于第 4 肋骨中央，心尖在第 6 胸骨片的偏左侧。

禽的心脏：位于胸腔后下方，心基向前向上，与第 1 肋骨相对，心尖夹于肝两叶之间的前部。

2. 心脏构造的识别

(1)外部构造 心脏是一中空的肌质器官，外有心包包裹。心脏呈左、右稍扁的倒立圆锥形，其前缘凸，后缘短而直；上部大称心基，有进出心脏的大血管，位置较固定；下部小为心尖。心脏表面有一环状的冠状沟和两条纵沟，在牛心的后面还有一条副纵沟。冠状沟靠近心基，是心房和心室的外表分界，上部为心房，下部为心室。左纵沟位于心的左前方，几乎与心的右缘平行；右纵沟位于心的右后方，可伸达心尖。两室间沟是左、右心室的外表分界，前部为右心室，后部为左心室。在冠状沟和室间沟内有营养心脏的血管，并填充有脂肪。

(2)心腔的构造 心腔内的房中隔和室中隔把心腔分为左、右心房和左、右心室。

右心房：构成心室的右前部，位于右心室背侧，由右心耳和静脉窦组成。心耳为圆锥形盲囊。静脉窦是前、后腔静脉和奇静脉的入口。后腔静脉口附近的房中隔上有卵圆窝，是胚胎时期卵圆孔的遗迹。

右心室：位于右心房之下，心的右前部，下端达不到心尖。入口为右房室口，由弹性纤维环围成，上有 3 片三角形的瓣膜，称三尖瓣，瓣膜的游离缘朝向心室，并有腱索连于心室壁的乳头肌上，防止关闭时过度翻转。右心室的出口为肺动脉口，出口周围的纤维环上有三个半月形瓣膜，称半月瓣，瓣膜袋口朝向肺动脉。心脏里的瓣膜可防止血液倒流。

左心房：位于心基的左后部，在左心室背侧。构造与右心室相似，由左心耳和静脉窦组成。左心房背侧壁后部有 6～7 条肺静脉的入口。

左心室：位于左心房下方，心的左后部，向下形成心尖。入口为房室口，口上有两个大的瓣膜，称二尖瓣，瓣膜的游离缘朝向心室，并有腱索与心室壁的乳头肌相连。在房室口的前上方有主动脉出口，其周围亦有三个半月瓣，附着在主动脉口的纤维环上，袋口朝向主动脉。

家禽心脏比较发达，基本构造与家畜相似，具有两个心房和两个心室。特点在于右房室孔无三尖瓣，被肌肉膜代替。心外面有发达的心包。

(3)心壁的构造　由外向内为心外膜、心肌和心内膜。

心外膜：紧贴于心肌表面的一层浆膜，光滑湿润，相当于心包的脏层。

心肌：由心肌细胞构成，呈红褐色。心肌被房室口纤维环分为两个独立的肌系，即心房肌和心室肌，以保证心房和心室交替收缩和舒张。其中心室肌比心房肌厚，左心室肌最厚，可达右心室肌的 2～3 倍。左右心房壁上均有方向不同的肉嵴，称梳状肌。两心室内壁上均有 2～3 个锥形肌柱为乳头肌，起连接腱索的作用。还有连于室中隔和室侧壁的心横肌，当心室舒张时，防止心室过度扩张。

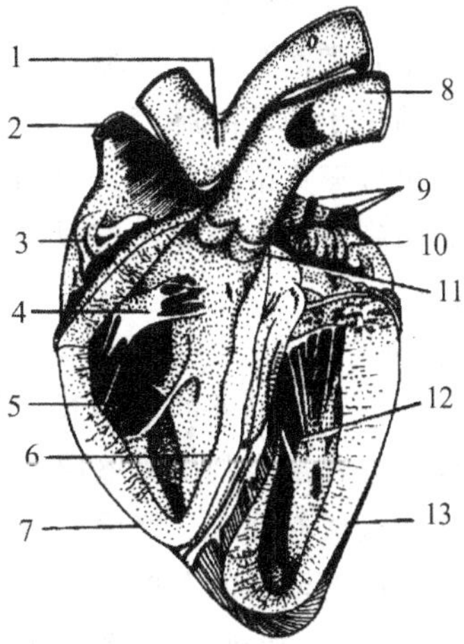

图 4-2　心腔纵切面(通过肺动脉)

1. 主动脉　2. 前腔静脉　3. 右心房　4. 三尖瓣　5. 右心室　6. 室中隔　7. 前缘　8. 肺动脉　9. 肺静脉　10. 左心房　11. 肺动脉半月瓣　12. 左心室　13. 后缘

(山东省畜牧兽医学校，家畜解剖生理，第三版，2000)

心内膜：薄而光滑，紧贴于心肌内表面，与血管内膜相延续。左右房室口和动脉口处瓣膜是由心内膜折成双层结构，中间夹一层致密结缔组织。心内膜深面有血管、淋巴管、神经和心传导纤维等。

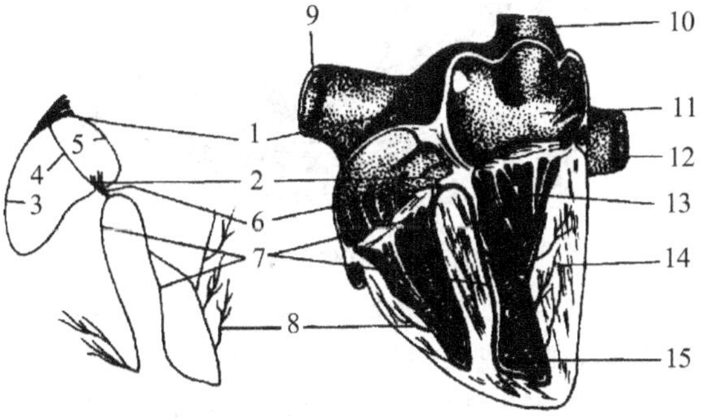

图 4-3　心脏的传导系统

1. 窦房结　2. 房室结　3. 结间前束　4. 结间中束　5. 结间后束　6. 房室束　7. 左右束支　8. 浦金野氏纤维　9. 前腔静脉　10. 肺静脉　11. 左心房　12. 后腔静脉　13. 腱索　14. 心肌　15. 心内膜

(山东省畜牧兽医学校，家畜解剖生理，第三版，2000)

3. 心脏传导系统的识别

心脏的传导系统由特殊的心肌细胞(自律细胞)构成，这种细胞能自动地产生兴奋，并沿此系统传导，从而使心脏有节律地收缩和舒张。心脏传导系统包括窦房结、结间束、房室结、房室束和浦肯野氏纤维。

窦房结位于前腔静脉与右心耳之间的心外膜下。房室结位于房中隔右房侧的心内膜下。结间束分三支沿房中隔、两侧房壁从窦房结到房室结。房室束沿室中隔下行并分左、右两支分布到左、右心室内表面，再分成许多细小的分支称浦肯野氏纤维，与普通心肌细胞相连。

4. 心包的识别

心包是包于心脏外的锥形囊，囊壁由浆膜和纤维膜构成，有保护心脏的作用。

浆膜：分壁层和脏层。壁层在纤维膜的内面，在心基部折转移行脏层；脏层紧贴于心肌外表面，构成心外膜。壁层和脏层之间的空隙为心包腔，内有少量的心包液，起润滑作用，以减少心搏动时的磨擦。

纤维膜：是一层坚韧的结缔组织膜，在心基部与进出心脏的大血管的外膜相连；在心尖部与心包胸膜共同形成心包胸骨韧带，将心包固定于胸骨的背面。

心包位于纵隔内，被覆于心包外的纵隔胸膜称为心包胸膜。

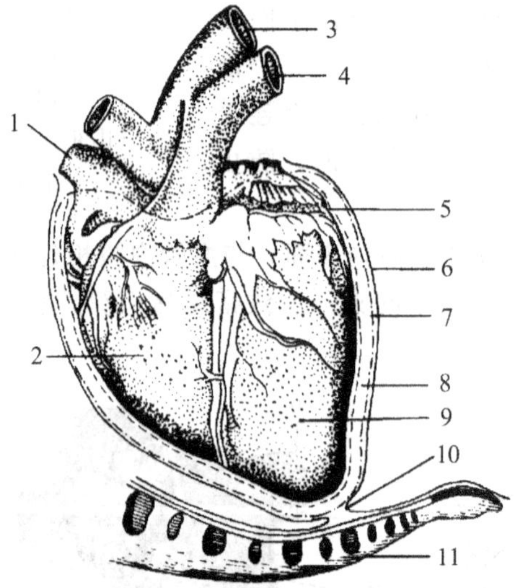

图 4-4 心包的构造

1. 前腔静脉 2. 右心室 3. 主动脉 4. 肺动脉 5. 心包脏层 6. 纤维膜 7. 心包壁层 8. 心包腔 9. 左心室 10. 胸骨心包韧带 11. 胸骨

（山东省畜牧兽医学校，家畜解剖生理，第三版，2000）

任务 2 识别血管的构造

借助图片和实训动物解剖观察各类血管，识别其构造和临床主要血管的分布。

1. 血管的种类和构造的识别

血管分动脉、静脉和毛细血管三种。

(1)动脉 引导血液出心脏，并向全身输送血液的管道。管壁厚而富有弹性，空虚时不塌陷，出血时呈喷射状。管壁分为外膜、中膜和内膜，中膜最厚，富含弹性纤维和平滑肌。

(2)静脉 引导血液流回心脏的血管，多与动脉相伴行。其管壁构造与动脉相似，也分三层，但中膜很薄，弹性纤维不发达，外膜较厚。静脉管壁薄，易塌陷，比同名动脉口径大，出血时呈流水状，大部分静脉特别是分布在四肢部和颈部的静脉内有折叠成对的游离缘向心脏方向的半月状静脉瓣，可防止血液逆流。

(3)毛细血管 连于动脉和静脉之间的微细血管。短而密，互相吻合成网，管壁非常薄，具有很大的通透性，是血液和组织之间进行物质交换的主要场所。另外，位于肝、脾、骨髓等处的毛细血管形成管腔大而不规则的膨大部，称为血窦。

2. 血液循环路径的识别

(1)小循环(肺循环) 其循环途径为：右心室→肺动脉→肺毛细血管→肺静脉→左心房。把含二氧化碳较多的静脉血由右心室经肺动脉运到肺脏，再把含有氧气较多的动脉血经肺静脉运回左心房。

(2)大循环(体循环) 其循环途径为：左心室→主动脉→体毛细血管→前、后腔静脉→右心房。把含有氧气较多的动脉血从左心室运出，经主动脉到达全身各组织器官，再将含有二氧化碳较多的静脉血经前、后腔静脉运回右心房。

门脉循环：是大循环中的一分支。胃、肠、脾、胰的静脉血经肝门处的门静脉入肝，在肝内将吸收入血的各种物质进行加工、改造、解毒等处理后，汇集成肝静脉从肝脏的膈面出肝脏进入后腔静脉，回到右心房。

3. 临床上常用动静脉血管的识别

(1)动脉 主要用于脉搏检查。

颌外动脉：位于下颌血管切迹处。马属动物多在此处脉搏检查。

股动脉：位于后肢股骨内侧。猪、羊、犬多在此处脉搏检查。

尾中动脉：位于尾根腹侧的尾中沟内。牛多在此处脉搏检查。

(2)静脉 体表的一些浅静脉常用于采血和注射。

颈静脉：沿颈静脉沟浅层延伸。牛、羊、马、犬等均可在颈静脉的上 1/3 与中 1/3 的交界处进行采血和注射。

胸外静脉：沿胸深后肌外侧缘，肘后相对处延伸。

乳房静脉：母牛的乳房静脉包括乳房两侧的阴部外静脉、腹皮下静脉和会阴静脉构成。在特殊情况下，牛也可在胸外静脉及母牛的乳房静脉进行采血和注射。

臂皮下静脉：沿胸浅前肌和臂头肌之间的沟伸延。犬多在此静脉采血和注射。

隐静脉：后肢跗关节外侧的小隐静脉和后肢股内侧的大隐静脉。犬也可在此采血和注射。

耳静脉：耳廓的三支浅静脉。猪多在此静脉采血和注射。

翼下静脉(臂静脉)：位于臂部内侧。禽多在此静脉采血和注射。

任务 3 认知血液的机能

借助多媒体课件、血液分析相关实训、显微镜检查等途径，认知血液的组成、机能及抗凝与促凝的措施。

血液是有机体的重要组成部分，是一种流动的结缔组织，充满于心血管系统中，在心脏的推动下循环流动，运输各种代谢产物及营养物质，维持机体内环境的稳定。

1. 认知内环境

(1)内环境的含义

体液及其分布：体液是指动物体内的水以及溶于水中物质的总称。约占体重的60%～70%，其中存在于细胞内的称细胞内液，约占体重的40%～45%；存在于细胞外的称细胞外液，包括血浆、组织液、淋巴液和脑脊液等，约占体重的20%～25%，各种体液彼此隔开而又相互联系，通过细胞膜和毛细血管壁进行物质交换。

内环境的含义：细胞内液是细胞内各种生化反应进行的场所，而细胞外液是细胞直接生活的具体环境，又称机体的内环境。

(2)血液对内环境稳定的意义　尽管外环境不断发生变化，但机体内环境却在神经体液的调节下，通过血液循环使其理化性质(温度、渗透压、酸碱度、含氧量等)保持相对稳定。从而保证细胞的正常生命活动，保证整个机体在剧烈变化的外环境中生存与发展。

血液在维持内环境稳定方面具有决定性意义：血液在组织与各脏器之间运输各种物质，从而维持内环境稳定；血液对内环境某些理化因素变化有一定的缓冲作用；血液可以反映内环境理化性质的微小变化，为维持内环境稳定的调节系统提供必要的反馈信息。

2. 认知血液的组成

正常血液为红色粘稠的液体。由液体成份血浆和有形成分(包括血细胞和血小板)组成，二者合起来称为全血。

如果将加有抗凝剂(草酸钾或枸橼酸钠)的血液置于离心管中离心沉淀后，能明显地分成三层：上层淡黄色液体为血浆；下层为深红色的红细胞；在红细胞与血浆之间有一白色薄层为白细胞和血小板。全血中被离心压紧的红细胞所占的容积百分比，称红细胞压积，或红细胞比容。其正常值，大多数动物在34%～45%之间。当血浆量或红细胞数发生改变时，均可使红细胞压积发生改变。测定红细胞压积有助于了解血液浓缩和稀释的情况，帮助诊断疾病。

离体血液如不作抗凝处理，将很快凝固成胶冻状的血块并逐渐紧缩析出淡黄色的透明液体，称为血清。血清与血浆的主要区别在于血清中不含纤维蛋白原，因为血浆中的可溶性纤维蛋白原参与血凝而入血块中。

(1)血液的有形成分　包括红细胞、白细胞和血小板。

① 红细胞　大多数哺乳动物的成熟红细胞无核，呈双面凹的圆盘状。在血涂片标本上，中央染色较浅，周围染色较深。骆驼和鹿的红细胞则呈卵圆状。单个红细胞呈淡黄绿色，大量红细胞聚集在一起则呈红色。禽的红细胞有核，椭圆形，体积比哺乳动物大。

红细胞的细胞质内充满大量血红蛋白，约占红细胞成分的33%。红细胞运输氧和二氧化碳的功能是由血红蛋白完成的。血红蛋白的含量受品种、性别、年龄、饲养管理等因素的影响，常以每升血液中含有的克数表示。

红细胞在血细胞中数量最多，其正常数量随动物种类、品种、性别、年龄、饲养管理和环境条件而有所变化。如高产品种比低产品种多，幼龄的比成年的多，雄性比雌性多，高原的比平原多，去势的比不去势的多，强健的比衰弱的多，饲养条件好的比差的多。

表 4-1　成年健康动物红细胞数量和血红蛋白含量

动物种类	红细胞数(10^{12}/L)	血红蛋白数(g/L)
猪	6.5(5.0～8.0)	130(100～160)
牛	7.0(5.0～10.0)	110(80～150)
马	7.5(5.0～10.0)	115(80～140)
绵羊	10.0(8.0～12.0)	120(80～160)
山羊	13.0(8.0～18.0)	110(80～140)
鸡	3.5(3.0～3.8)	100(80～120)
兔	6.9	120

红细胞主要是在红骨髓生成而进入血液循环。在体内存活时间平均为 120 d。衰老的红细胞由脾、肝、骨髓中的巨噬细胞将其吞噬、破坏。红细胞被破坏后，释放出的血红蛋白很快被分解成为珠蛋白、胆绿素和铁三部分。珠蛋白和铁可重新参加体内代谢，胆绿素立即被还原成胆红素，经肝脏随胆汁入十二指肠。

② 白细胞　白细胞为无色有核的血细胞，体积比红细胞大，质量却较轻。白细胞的数量远比红细胞少。畜禽的每 mm^3 血液中的白细胞总数约为 8000～10000 个。其变动范围较大，如下午的数量比早晨多，运动后比安静时多，食后也增多(草食动物无此现象)，此外，白细胞总数增多还见于妊娠末期，分娩时可达到高峰。由于病理因素的作用，白细胞总数及分类计数也发生明显变动。

按细胞质中有无特殊染色颗粒，可分为两大类：一类是粒性白细胞，包括嗜中性粒细胞、嗜酸性细胞和嗜碱性细胞；另一类是无粒白细胞，包括淋巴细胞和单核细胞。

白细胞的主要功能是通过吞噬和免疫等反应，抵抗外来微生物对机体的损害。

1)嗜中性粒细胞　是有粒白细胞中数量最多的一种。胞体呈球形，胞质中有许多细小而分布均匀的淡紫色中性颗粒，可被酸性和碱性染料同时着色。核的形状随细胞的成熟程度而不同，分为幼稚型、杆核状和分叶型。幼龄阶段呈肾形、豆形，中龄阶段呈杆状，后期有 2～5 叶，年龄越老，分叶越多，一般可分三叶，叶间有细丝相连。中性粒细胞具有很强的变形运动和吞噬能力。当机体局部受到细菌侵害时，它对细菌产物和受损组织所释放的某些化学物质有趋向性，以变形运动穿出毛细血管，聚集到病变部位吞噬细菌和清除组织碎片。在急性化脓性炎症时，中性粒细胞显著增多。

2)嗜酸性粒细胞　数量较少，细胞呈球形。胞核为肾形或分叶形，通常为两叶。胞质内充满粗大而均匀的圆形嗜酸性颗粒，一般染成橘红色。嗜酸性粒细胞能以变形运动穿出毛细血管进入结缔组织，在过敏性疾病或某些寄生虫疾病时明显增多。它能吞噬抗原抗体复合物，释放组胺酶，灭活组胺，从而减轻过敏反应。

3)嗜碱性粒细胞　数量最少，细胞呈球形。胞核常呈 S 形或分叶形。胞质内含有大小不等、分布不均的嗜碱性颗粒，染成深紫色，胞核常被颗粒掩盖。颗粒内有肝素、组织胺和白三烯。嗜碱性粒细胞能变形游走，但无吞噬功能。颗粒中的组织胺对局部炎症区域的小血管有舒张作用，能加大毛细血管的通透性，有利于其他白细胞的游走和吞噬活动。它所含的肝素对局部炎症部位有抗凝血作用。

4)单核细胞　是白细胞中体积最大的细胞，呈圆形或椭圆形。胞核呈肾形、马蹄形或扭曲折叠的不规则形，染色质呈细网状，着色较浅。胞质较多，呈弱嗜碱性，染成浅灰蓝色，内有散在的嗜天青颗粒。单核细胞由骨髓产生释放至血液后，很快进入肝、脾和淋巴结等组织，转变为体积大、含溶酶体多、吞噬能力强的巨噬细胞。患结核、寄生虫病等慢性感染性疾病时，其数量显著增加。巨噬细胞是体内吞噬能力最强的细胞，能吞噬较大的异物和细菌。

5)淋巴细胞　数量较多，呈球形。一般按直径大小分为大、中、小三种。健康动物血液中，大淋巴细胞极少，中淋巴细胞较少，主要是小淋巴细胞。胞核较大，呈圆形或肾形，深蓝或蓝紫色。胞质很少，仅在核周围形成蓝色的一薄层。淋巴细胞主要参与体内免疫反应。

五种白细胞是由不同器官组织生成的。颗粒白细胞是由红骨髓的原始粒细胞分化而来；单核细胞大部分来源于红骨髓，也有一部分生成于网状内皮系统；淋巴细胞则在脾、淋巴结、胸腺、骨髓、扁桃体以及肠黏膜下集合淋巴结内生成。白细胞一般在血液中停留时间很短，有的只有几小时或几天。衰老的白细胞，除大部分被网状内皮系统的巨噬细胞清除外，有相当数量的粒性白细胞由唾液、尿、胃肠黏膜和肺排出，有的在执行任务时被细菌或毒素所破坏。

表 4-2　各种畜禽白细胞数及白细胞分类百分比(%)

动物种类	白细胞总数(10^9/L)	嗜中性粒细胞	嗜酸性粒细胞	嗜碱性粒细胞	淋巴细胞	单核细胞
猪	8.5	53.0	4.0	0.6	39.4	3.0
牛	8.0	31.0	7.0	0.7	54.3	7.0
绵羊	8.2	37.2	4.5	0.6	54.7	3.0
山羊	9.6	42.2	3.0	0.8	50.0	4.0
马	14.8	46.1	3.0	1.2	47.6	2.1
鸡(♂)	16.6	25.8	1.4	2.4	64.0	6.4
鸡(♀)	29.4	13.3	1.5	2.4	76.1	5.7

③血小板　是一种无色、呈圆形或卵圆形的小体，表面有完整的细胞膜，但无细胞核，体积比红细胞小，是骨髓巨核细胞的胞质脱落碎片，在血液中呈两面凸起的圆盘形或椭圆形。其主要机能为促进止血和加速血液凝固。当血管破裂而发生出血时，血小板释放5—羟色胺、去甲肾上腺素等，使血管平滑肌收缩，有利于止血；另外，还释放与血液凝固有关的物质，促进血液凝固。此外，对修复毛细血管的内皮有重要作用。

血小板进入血液后，只是在前2～3 d内有正常的生理功能，寿命平均为7～14 d，而后在脾脏和肝脏中被吞噬破坏，也可能在生理止血及血管内皮修复过程中被消耗。

(2)血浆　是血液的液体成分，其中水分占90%～92%，溶质占8%～10%。血浆的化学成分有来自消化管吸收的消化产物，有来自组织细胞释放的代谢产物。在正常情况下，血浆的各种成分都保持在一定浓度的范围内，如果它们发生较长时间或较大幅度的改变，则表示体内代谢过程发生了紊乱或某些器官的生理功能失调。因此，分析血浆化学成分，可以辅助疾病的诊断和了解病情的变化。

血浆蛋白质：血浆蛋白约占血浆总量的6%～8%。包括清蛋白、球蛋白和纤维蛋白原三种。其中清蛋白最多，球蛋白次之，纤维蛋白原最少。血浆蛋白可形成血浆胶体渗透压，对调节血液与组织液之间水分平衡起重要作用；血浆蛋白还能与其他物质如游离脂肪酸、维生素、类固醇类激素、胆色素和某些金属离子等结合，增强其水溶性，有利于这些物质在血液中的运输；血浆蛋白可形成蛋白缓冲对，调节血液的酸碱平衡；有些球蛋白含有大量的抗体，可对某些疾病产生一定的抵抗作用；纤维蛋白原是止血和血凝不可缺少的重要因素。

血糖：血液中所含的葡萄糖称为血糖，约为0.06%～0.16%。

血脂：血液中脂肪为0.1%～0.2%，多以中性脂肪的形式存在，部分以磷脂、胆固醇和胆固醇脂的形式存在。

无机盐：血浆中无机盐的含量约为0.8%～0.9%，均以离子状态存在于血液中，如Na^{+}、K^{+}、Ca^{2+}、Cl^{-}、HCO_3^{-}等，它们对维持血浆渗透压、酸碱平衡、神经肌肉的正常兴奋性都有重要作用。

其他物质：血浆中的维生素、激素、酶等物质虽然含量甚微，但对机体的代谢及生命活动却有重要的作用。另外一些代谢产物如尿酸、尿素、氨、胆色素等却需要依靠血液运输到排泄系统而排出，一旦排泄障碍也会使机体患病。

3. 认知血液的理化特性

(1)比重和粘滞性　血液的比重主要决定于红细胞的浓度，其次是血浆蛋白质的浓度。血液粘滞性是指血液流动时内部分子互相摩擦所表现出来的黏着特性。其大小主要取决于所含红细胞数量和红细胞的可塑变形能力以及血浆蛋白的数量。

(2)渗透压　水通过半透膜向溶液中扩散的现象称为渗透。溶液促使水向半透膜另一侧溶液中渗透的力量，称为渗透压。渗透压的高低取决于溶液中溶质颗粒的多少，而与溶质的种类和颗粒的大小无关。在单位体积的溶液中，颗粒越多，吸引水分的能力越强。血液渗透压与0.9%的氯化钠溶液或5%的葡萄糖溶液相等，凡与血液渗透压相等的溶液称为等渗溶液。临床输液应以等渗溶液为原则。

血液的渗透压由两部分构成：一种是由血浆中的无机离子、尿素和葡萄糖等晶体物质构成的晶体渗透压，约占总渗透压的99.5%；另一种是由血浆蛋白质构成的胶体渗透压，仅占总渗透压的0.5%。血浆晶体渗透压，虽然数值较大，但由于毛细血管壁的通透性较大，晶体溶质颗粒可迅速通过毛细血管壁而进入细胞间液，因而对血液和组织液之间的水交换影响不大，其主要影响细胞内外的水分交换，对于维持血细胞和组织细胞的正常形态和功能有重要意义。而血浆的胶体渗透压虽然数值小，但由于血浆蛋白一般不易透过毛细血管壁而进入组织液，有促进组织液水分回流到毛细血管，影响血浆和组织液间的水分交换，对于血容量及体内水平衡的保持有重要作用。

(3)酸碱度　动物的血液呈弱碱性，pH在7.35～7.45之间。在正常情况下，血液pH之所以保持稳定，是因为血液中含有许多既可中和酸又可中和碱的缓冲对。如$NaHCO_3/H_2CO_3$、Na_2HPO_4/NaH_2PO_4、Na^{-}蛋白质/H^{-}蛋白质等，其中以$NaHCO_3/H_2CO_3$最为重要。临床上把每100 mL血浆中含有的$NaHCO_3$的量称为碱贮。在一定范围内，碱贮增加表示机体对固定酸的缓冲能力增强。

4. 认知抗凝和促凝的措施

血液从血管流出后，形成胶冻状的固体，这种现象称为血凝。血凝是因为血液中的可溶性纤维蛋白原转变为不溶的呈丝状有粘性的纤维蛋白，纵横交错，把血细胞网罗在一起，形成固态的血凝块。各种家畜血凝发生所需时间略有差异：牛 6.5 min、羊 2.5 min、猪 3.5 min、马 11.5 min。

(1)血凝过程　血凝是一系列复杂的连锁性生化反应，大体可分为三步：

凝血酶原激活物的形成：凝血酶原激活物不是一种单纯物质，而是由多种凝血因子经过一系列的化学反应而形成的复合物。当组织受到损伤(外源性系统)或血管内皮损伤(内源性系统)时，就会使体内原来存在的一些没有活性的组织因子和接触因子被激活，这些因子进一步活化凝血因子，在 Ca^{2+} 的参与下，即可形成凝血酶原激活物。

凝血酶原转变成凝血酶：血浆中有肝脏生成的没有活性的凝血酶原，当凝血酶原激活物出现后，即可在 Ca^{2+} 的参与下，催化凝血酶原成为有活性的凝血酶。

纤维蛋白原转变为纤维蛋白：凝血酶出现后，在 Ca^{2+} 的参与下，使纤维蛋白原(溶解状态)转变为非溶解状态的纤维蛋白，从而使血液发生凝固。

血液在血管内流动时一般不发生凝固，其原因为：一方面是心血管内皮光滑，上述反应不易发生；另一方面是血浆中存在一些抗凝血物质，如肝素，可抑制凝血酶原激活物的形成，阻止凝血酶原转化为凝血酶，抑制血小板粘着、聚集，影响血小板内凝血因子的释放；此外，如果血液在心血管中由于纤维蛋白的出现而产生凝血时，血浆中存在的纤维蛋白溶解酶也往往被激活，迅速将纤维蛋白溶解，使血液不再凝固，保证血液正常运行。

(2)抗凝或促凝的方法

a. 抗凝或延缓血凝的方法

低温：血液凝固是一系列酶促反应，而酶的活性受温度影响最大，把血液置于较低温度下可降低酶促反应而延缓凝固。

加入抗凝剂：在凝血的三个阶段中，都有钙离子的参与。如果除去 Ca^{2+} 可防止血凝。血液化验时常用的抗凝剂有草酸盐、柠檬酸盐等。

血液与光滑面接触：将血液置于特别光滑的容器内或预先涂有石蜡的器皿内，可以减少血小板的破坏，延缓血凝。

使用肝素：肝素在体内、外都有抗凝血作用。

使用双香豆素：双香豆素可阻止某些凝血因子在肝内合成，故注射于循环血液后能延缓血凝。草木樨的青贮或干草腐霉时，由于所含的香豆素能转变为双香豆素，牛、羊连续采食此种饲料后，常引起皮下和肌肉中广泛的血肿及胸腔、腹腔内出血。

脱纤维：若将流入容器内的血液，迅速用木棒搅拌，或容器内放置玻璃球加以摇晃，由于血小板迅速破裂等原因，加快了纤维蛋白的形成，并使形成的纤维蛋白附着在木棒或玻璃球上，血液不再凝固。

b. 加速血凝的方法

升高温度：血液加温后能提高酶的活性，加速凝血过程。

提高创面粗糙度：可促进凝血因子的活化，促使血小板解体释放凝血因子，最后形成凝血酶原激活物。

注射维生素 K：肝脏在合成凝血酶原的过程中，首先合成凝血酶原前体。在有充足维生素 K 存在时，凝血酶原前体在肝脏进一步转化成凝血酶原，并释放入血，维生素 K 还可促进某些凝血因子在肝脏合成。因此，维生素 K 对出血性疾病具有加速血凝和止血的作用。

5. 认知血量和失血

家畜的血液总量，一般可按体重百分比计算：牛8.0%、猪4.6%、马10.0%。这些血液在安静时并不全部参加血液循环，总有一部分交替贮存于脾、肝、皮肤的毛细血管等处。这些具有贮存血液机能的脏器或部位称为血库，其贮存的血量大约为血量的8%～10%。在机体剧烈活动或大失血时会迅速释放参加血液循环。因此家畜一次失血如果不超过10%，不会影响健康。因失血而损失的水分、无机盐等在1～2 h内，可由细胞间液得到补充；血浆蛋白可由肝脏在几天内加速合成而补充；血细胞一方面由血库补充，另一方面也可由骨髓加速生产，约经一个月完全恢复。但如果一次性失血超过20%，机体生命活动会受到影响；短时间内失血超过30%，可能危及生命。

临床上输血时首选血型为同型的血型交叉配血试验。供血者红细胞与受血者血清相混合，称为主测(直接配血)；同时将受血者红细胞与供血者血清相混合，称为次测(间接配血)。如果两测都无凝集反应，方可输血，如果出现凝集反应，特别是主测凝集，绝对不能输血。

6. 认知血液的机能

(1)运输作用　血液的主要机能是运输营养物质和氧气到各组织细胞，同时将代谢产物运到排泄器官排出体外。血液还可运输激素，以实现体液调节。

(2)调节作用　血液通过与细胞内液、组织间液的不断交换及循环运输，可调节内环境的相对稳定。

(3)防御和保护作用　血液中的白细胞可吞噬细菌和病原体；抗体可参与免疫；凝血因子及血小板等参与凝血。因此血液对机体有重要的防御和保护作用。

任务4　认知心脏的机能

观看多媒体课件和心脏生理实验录像，认知心脏的泵血机能。

1. 认知心肌的生理特性

(1)自动节律性　心脏在没有神经支配的情况下，在若干时间内仍能维持自动而有节律的跳动的特性称为自动节律性。自动节律性源于心脏的传导系统。构成心脏传导系统的细胞均有自律性，但自律性高低不一。窦房结的自律性最高，成为心脏正常活动的起搏点。其他自律细胞的自律性依次降低，在正常情况下不自动产生兴奋，只起传导兴奋的作用，所以是潜在的起搏点。以窦房结为起搏点的心脏节律性活动，称为窦性心律。当窦房结的功能出现障碍，兴奋传导阻滞或某些自律细胞的自律性异常升高时，潜在起搏点也可自动产生兴奋而引起部分或全部心脏的活动。这种以窦房结以外为起搏点的心脏活动，称为异位心律。

(2)传导性　是指心肌细胞的兴奋沿着细胞膜向外传播的特性。正常生理情况下，由窦房结发出的兴奋可以按一定途径传播到心脏各部，顺次引起整个心脏中的全部心肌细胞进入兴奋状态。兴奋在房室结的传导速度明显放慢，并有约0.07s的短暂延搁，保证心房完全收缩把全部血液送入心室，使心室收缩时有充足的血液射出。

(3)兴奋性　心肌对适宜刺激发生反应的能力，称兴奋性。当心肌兴奋时，它的兴奋性也发生相应的周期性变化。

绝对不应期：心肌在受到刺激而出现一次兴奋后，有一段时间兴奋性极度降低到零，无论给予多大的刺激，心肌细胞均不发生反应，称为绝对不应期。绝对不应期比其他任何电兴奋细胞都长得多，这对保证心肌细胞完成正常功能是极其重要。它使心肌细胞每两次兴奋之间都保持一定的时间间隔，从而保证心肌兴奋所引起的收缩能够一次一次地分开。

相对不应期：在心肌开始舒张的一段时间内，给予较强的刺激，可引起心肌细胞产生兴奋，称为相对不应期。此期心肌的兴奋性已逐渐恢复，但仍低于正常。

超常期：在舒张完毕之前的一段时间内，给予较弱的刺激，就可引起兴奋，称为超常期。超长期过后，心肌细胞的兴奋性完全恢复正常水平。

(4)收缩性　心肌兴奋的表现是肌纤维收缩，称为收缩性。心肌收缩的最大特点是单收缩而不像骨骼肌的强直收缩，从而使心脏保持舒缩活动交替进行，保证心脏的射血和血液回流等功能的实现。

在心脏的相对不应期内，如果给予心脏一个较强的额外刺激，则心脏会发生一次比正常心律提前的收缩，称为额外收缩(期外收缩)；额外收缩后，往往发生一个较长的间歇期，称为代偿间歇，恰好补偿上一个额外收缩所缺的间歇期时间，以保证心脏有充足的补偿氧和营养物的时间，而不致发生疲劳。代偿间歇后的收缩往往比正常收缩强而有力。

心肌的各种特性，常因内环境中许多理化因素的改变而改变。如体温升高可使心跳加强加快，体温下降则使心跳变慢；血液 pH 值低于 7.35 时，心肌收缩明显减弱；血钠、血钾、血钙三种离子必须同时存在，因为钠离子是维持心肌兴奋性必不可少的离子，钾离子又可抑制心肌的兴奋性和传导性，如血钾过高会引起心动过缓，传导阻滞，心肌收缩不良，但血钾过低又会引起心肌自动节律性增强，发生期外收缩，钙离子是心肌维持收缩性所必需的离子，过高会导致心脏舒张不全，甚至发生心脏停止于收缩期的现象，所以临床上输液时一定要注意上述三种离子的比例、用量和输液速度，必要时应调整给药方法。

2. 认知心动周期和心率

(1)心动周期　心脏每收缩和舒张一次，称为一个心动周期。在一个心动周期中，心脏各部分的活动遵循一定规律，又有严格的顺序性，一般分为三个时期：

心房收缩期：左、右心房基本上同时收缩，两心室处于舒张状态。

心室收缩期：左、右心室收缩，两心房已收缩完毕，进入舒张状态。

间歇期：心室已收缩完毕，进入舒张状态，而心房仍然保持舒张状态。

心动周期中间歇期占总时间的 50%，保证心脏有充足的时间使静脉血回流和充盈心室，并使心肌有充分的时间从冠状循环中得到足够的血液供应，因而心脏具有不疲劳性。

在心动周期中，由于心房和心室收缩期都比舒张期短，所以心肌在每次收缩后能够有效地补充氧和营养物质以及排出代谢产物。由于心房的舒缩对射血意义不大，所以一般都以心室的舒缩为标志，把心室的收缩期叫心缩期，而把心室的舒张期叫心舒期。

心动周期的长短，依心率的变化而不同。如果心率增加，心动周期就缩短，收缩期和舒张期均缩短，但一般舒张期的缩短更明显。因此，心率增快时心肌的工作时间相对延长，休息时间相对缩短，对心脏的持久活动不利。

(2)心率　健康动物安静状态下每分钟的心跳次数称为心率。心率与起搏点的频率相一致。心率可因动物种类、年龄、性别、所处环境、地域等情况而不同。一般表现为基础代谢率高者，心率稍高。如幼龄、雄性、妊娠母畜、小动物等心率稍高，而运动剧烈、惊恐等情绪紧张时，心率也要加快。同一个体在安静或睡眠时心率慢。

表 4-3 各种动物心率的正常变动范围

动 物	心率(次/min)	动 物	心率(次/min)
马	28～42	狗	80～130
奶牛	60～80	兔	120～150
公牛	30～60	鸡、火鸡	120～200
羊	60～80	猪	60～80

3. 认知心脏的泵血过程

(1)心房收缩期 心房收缩时，房内压升高，血液便通过开放的房室瓣进入心室，使心室血液更充盈。

(2)心室收缩期 心室收缩，室内压逐渐升高，当超过房内压时，房室瓣关闭，使血液不能逆流回心房。室内压继续升高，当超过主动脉和肺动脉内压时，血液冲开动脉瓣，迅速射入主动脉和肺动脉内。心室收缩时，心房已处于舒张期，可吸引静脉血液流入心房。

(3)间歇期 心室开始舒张，室内压急剧下降，低于动脉内压时，动脉瓣立即关闭，防止血液逆流回心室。尔后室内压继续下降，当低于房内压时，房室瓣开放，吸引心房血液流入心室，为下一个心动周期做准备。

4. 认知心音的产生

心动周期中，由于心肌收缩、瓣膜启闭，引起血流振动产生的声音，称为心音。

第一心音为心缩音，在心脏收缩时，由于房室瓣关闭、腱索弹性震动，血液冲开主动脉瓣、肺动脉瓣及血液在动脉根部的震动以及心肌收缩心室壁的震动而产生。特点是音调低而持续时间长。

第二心音为心舒音，在心脏的舒张期，心室内压突然下降，引起心室壁震动，主动脉瓣、肺动脉瓣关闭产生的震动。特点是音调高而持续时间短。

听诊心音主要在于判断心音的频率及节律，注意心音的强度与性质的改变，是否有心音分裂和心杂音。依此而推断心脏的功能及血液循环状态。

5. 认知心输出量

(1)每搏输出量和每分输出量 心脏收缩时，从左右心室射进动脉的血量基本上是相等的。每个心室每次收缩排出的血量叫每搏输出量。在相对安静状态时，每搏输出量只占心室内血量的一小部分。每个心室每分钟排出的血液总量称为每分输出量。一般所说的心输出量都是指每分输出量而言。它是衡量心脏功能的一项重要指标。每分输出量大致等于每搏输出量和心率的乘积即：

心输出量＝每搏输出量×心率

正常时，心输出量是随机体新陈代谢的强度而改变。新陈代谢增强时，心输出量会相应增加。如食后进行消化活动时，心输出量可比安静时明显增加，妊娠后期的心输出量可增加45%～85%。心脏这种能够增加心输出量来适应机体需要的能力，叫做心脏的储备力。当心脏的储备力发挥最大限度后，仍不能适应机体需要时，即发生心力衰竭。

(2)影响心输出量的主要因素 决定心输出量的因素是每搏输出量和心率，而每搏输出量的大小主要受静脉回流量和心室肌收缩力的影响。

静脉回流量：实验证实，心肌的收缩力决定于心肌收缩前的肌纤维长度，也就是心室舒张末期的容积。在一定范围内，心室舒张末期的容积越大，心室肌的收缩力就越强，每搏输出量越多。因此凡是影响心室舒张末期容积的因素都会影响每搏输出量。在这些因素中，最主要是静脉回流量。当静脉回心血量增加时，心室容积相应增大，收缩力加强，每搏输出量就增多。反之，静脉回心血量减少，每搏输出量也减少。

心室肌收缩力：在静脉回流量和心舒末期容积不变的情况下，心肌可在神经系统和各种体液因素的调节下，改变心肌的收缩力量。如动物运动时，心舒末期容积并不增大，但是在交感—肾上腺系统的调节下，心肌收缩力量增强，使心缩末期的容积比正常时进一步缩小，减少心室的残余血量，从而使每搏输出量明显增加。

心率：心率加快在一定范围内能够增加心输出量。但心率过快会使心动周期的时间缩短，特别是舒张期的时间缩短。这样就造成心室还没有被血液完全充盈的情况下进行收缩，结果每搏输出量减少。此外，心率过快会使心脏过度消耗供能物质，从而使心肌收缩力降低。所以，动物心力衰竭时，尽管心率增快，但并不能增加心输出量而使循环功能好转。经过良好训练的动物，主要依靠增加每搏输出量的方式来提高心输出量；而没有经过充分锻炼的动物常依靠增加心率来提高心输出量。

任务 5　认知血管的机能

观看多媒体课件和临床实际，认知血压、脉搏和组织液等知识。

不论体循环或肺循环，由心室射出的血液都流经动脉、毛细血管和静脉，最后返回到心房。动脉是分布系统，它将血液运到全身各部，并调节各部的血液供应来适应各器官组织的需要。毛细血管是交换血管，在血液流经组织的短时间内与组织进行物质交换，是循环系统真正发挥作用的部位。静脉是引流系统，把毛细血管的血液输送回心脏。

1. 认知动脉血压和动脉脉搏

血压是指血液在血管内流动时对血管壁产生的侧压力，血压的数值通常用千帕(kPa)来表示。形成血压的两个基本因素：一是心脏、血管中血液充盈；二是心脏射血。心室收缩时，推动血液带着一定的能量高速流进动脉，其中小部分能量转化为推动血液流动的动能，其余大部分能量则以势能的形式作用于血管壁而产生血压。在心舒期，大动脉发生弹性回缩，又将一部分势能转变为推动血液流动的动能，使血液在血管中继续向前流动。由于血液从大动脉流向心房的过程中不断消耗能量，所以，血管系统各部分的血压是逐渐降低。主动脉血压最高，中、小动脉血压较低，毛细血管血压进一步降低，到心脏附近的大静脉，血压降到最低点，而且常为负值。通常所说的血压是指动脉血压。

(1)动脉血压　动脉血压在血液循环中占有重要地位，它决定其他血管中的压力，是保证血液克服阻力供应各器官的主要因素。动脉血压过低不能保证有效的循环和血液供应；动脉血压过高会增加心脏和血管的负担，甚至损伤血管引起出血。血压长期过高往往会引起左心室代偿性肥大和心血管系统的其他功能性和器质性的病理性变化。每次心动周期中，动脉血压可随着心室的舒缩活动而波动。在心室收缩射血过程中，动脉血压所能达到的最高值，叫收缩压或最高压，它的高低可反映心缩力量的大小。当心室舒张时，动脉血压下降的最低值，叫舒张压或最低压，它主要反映外周阻力的大小。收缩压和舒张压的差，叫脉搏压，它可以反映动脉管壁的弹性。动脉管壁弹性良好可使脉压减小，弹性下降则脉压上升。在动脉系统各部，收缩压的下降比舒张压明显，所以这两种动脉血压越向外周就越相互接近，脉搏压也随着缩小，在末梢小动脉，血压不再出现收缩压和舒张压的差别。

动脉血压的数值主要取决于心输出量和外周阻力，因此，凡是能影响心输出量和外周阻力的因素，都影响动脉血压。临床上大动物多在尾中动脉或正中动脉、小动物多在股动脉测定血压。

(2)动脉脉搏

① 动脉脉搏的形成　每次心室收缩时，血液射向主动脉，使主动脉内压在短时间内迅速升高，富有弹性的主动脉管壁向外扩张。心室舒张时，主动脉内压下降，血管壁又发生弹性回缩而恢复原状。因此，心室的节律性收缩和舒张使主动脉壁发生同样节律扩张和回缩的振动。这种振动沿着动脉系统的管壁以弹性压力波的形式传播，形成动脉脉搏。通常临床上所说的脉搏是指动脉脉搏。它起始于主动脉，借血液和动脉管壁的传递由近心端向远心端作波形扩布，称为脉搏波。脉搏波运行到小动脉末端时，因沿途克服阻力而逐渐消失。

② 动脉脉搏的临床意义　由于脉搏是心搏动和动脉管壁的弹性所产生，它不但能够直接反映心率和心动周期的节律，而且能够在一定程度上通过脉搏的速度、幅度、硬度、频率等特性反映整个循环系统的功能状态。所以检查动脉脉搏有很重要的临床意义。

脉搏检查的部位：牛在尾动脉或颌外动脉；马在颌外动脉；羊和小动物在股动脉；猪在心脏听诊。

表 4-4　健康动物的血压参考值

动物种类	收缩压(kPa)	舒张压(kPa)
马、骡	13.33～16.0	4.67～6.67
牛	14.67～18.67	4.00～6.67
羊	13.33～16.0	6.67～8.67
猪	18.00～20.66	6.00～7.33
犬	18.67～22.66	4.00～9.33
猫	20.66	13.33
兔	12.00～17.33	8.00～12.13
骆驼	17.33～20.66	6.67～10.00

2. 认知静脉血压和静脉回流

(1)静脉血压　血液通过毛细血管后，绝大部分能量用于克服血管系统的阻力而消耗，所以静脉血压很低，而且在整个静脉系统中的压力相差不大。右心房作为体循环的终点，血压最低，接近于零。通常将在右心房和胸腔内大静脉的血压称为中心静脉压，而各器官的静脉血压称为外周静脉压。

(2)静脉血回流

血压差促使血液回流：动物躺卧时，全身各大静脉大都与心脏在同一水平，由于远心段静脉血压依次向近心段降低，所以单靠静脉系统中各段的血压差就可以推动血液流回心脏。

骨骼肌的挤压作用：当血液因重力而下沉时，除反射性地引起小动脉和静脉收缩，能迫使血液向心流动外，骨骼肌的收缩也是促进静脉回流的重要因素。骨骼肌收缩时，挤压附近的静脉，使其中的血液推开瓣膜朝着向心的方向流动。当骨骼肌舒张时，因静脉内有瓣膜存在，使静脉中的血液只能向心方向流动而不会倒流。

胸腔负压的抽吸作用：胸腔内压力比大气压低，吸气时更低。由于静脉管壁薄而柔软，所以吸气时，胸腔内的大静脉受到负压牵引而被动扩张，使静脉容积增大，内压下降，因而对静脉血回流起着抽吸作用。同时由于吸气时膈的后退，能压迫腹腔内脏血管而使腹腔内静脉血回流加快。此外，心脏舒张时在心房和心室内产生的较小的负压对静脉回流也有抽吸作用。

临床需要大量补液时，根据中心静脉压测定，可以使血容量迅速补足，又可避免引起循环负荷过重的危险。如中心静脉压低，血压低，表明血容量不足，必须大量、快速补液，以提高血容量，改善循环功能。如果中心静脉压已回升到接近正常水平，血压也已回升，可放慢补液速度和减少补液量。如果中心静脉压超过正常值，血压偏低，表明心功能不全或心力衰竭，必须首先改善心功能，并严格控制补液。

3. 认知微循环

微循环是指小动脉和小静脉之间微细血管的血液循环，其功能是完成血液和组织液之间的物质交换。典型的微循环由微动脉、后微动脉、毛细血管前括约肌、真毛细血管、通血毛细血管、动—静脉吻合支和微静脉等部分组成。微动脉的管壁有环形的平滑肌，其收缩和舒张可控制微血管的血流量。微动脉分支成为管径更细的后微动脉。每根后微动脉向一根至数根真毛细血管供血。在真毛细血管起始端通常有1～2个平滑肌细胞，形成一个环，即毛细血管前括约肌。该括约肌的收缩状态决定进入真毛细血管的血流量。

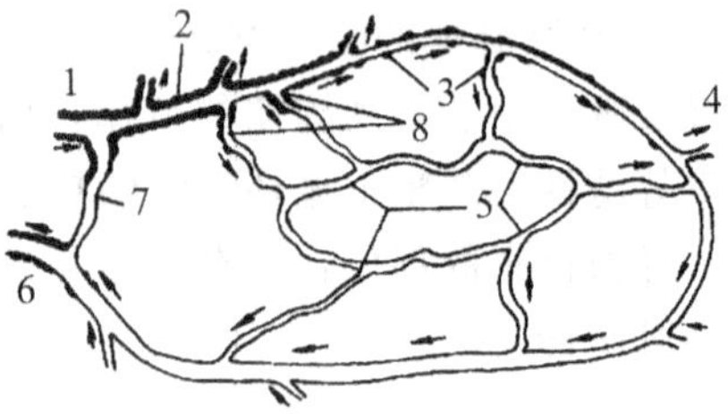

图 4-5　微循环模式图

1. 小动脉　2. 中间小动脉　3. 前毛细血管　4. 通血毛细血管　5. 真毛细血管　6. 小静脉　7. 动静脉短路　8. 前括约肌

（山东省畜牧兽医学校，家畜解剖生理，第三版，2000）

在微循环系统中，血液由小动脉到小静脉有三条不同的途径：

(1)直捷通路　指血液从微动脉经后微动脉和通血毛细血管进入微静脉的通路。通血毛细血管比一般的真毛细血管稍粗，中途不分支，路程短血流速度快。物质交换作用不大，其主要功能是在静息状态时保证血液能及时通过微循环区，而不至于在真毛细血管滞留，不会影响静脉回流，使血压能维持正常。直捷通路在骨骼肌组织的微循环中较为多见。

(2)营养通路　指血液由微动脉、后微动脉和开放着的前毛细血管括约肌，进入由真毛细血管组成的迂回曲折的真毛细血管网，最后汇集于微静脉。该通路中血流速度慢，血液流程长，与组织细胞接触广泛，所以能完成血液和组织间的物质交换作用。当组织处于安静状态时，多数毛细血管前括约肌收缩而关闭，使大部分血液经直捷通路流回微静脉。当组织活动增强时，括约肌由于受到血中代谢产物(如二氧化碳、乳酸等)的影响而舒张，于是真毛细血管开放，借以增加血液与组织间的物质交换。

(3)动—静脉短路　在某些情况下，血液从微动脉经动静脉吻合支直接流进微静脉，完全没有物质交换的作用。其功能是快速调运血液和调节通过局部毛细血管床的血流量。这条通路多见于皮肤、耳郭、肠系膜和肝、脾等器官中。在一般情况下，此通路经常处于关闭状态。皮肤的动静脉短路对于调节皮肤的局部温度和调节机体的体温有一定的作用。

4. 认知组织液的生成与回流

存在于血管外组织细胞间隙中的液体称为组织液，呈胶冻状，不能自由流动，不会因为重力作用而流向身体低垂部位，同时也无法用注射器抽出，是毛细血管中血液与血管外组织细胞进行物质交换的媒介。

(1)组织液的生成与回流　组织液来自毛细血管血液。因毛细血管壁具有通透性，除血细胞和大分子物质(如高分子蛋白质)外，水和其它小分子物质，如营养物质、代谢产物、无机盐等，都可以弥散或滤过的方式透过毛细血管壁，在血液和组织液之间进行交换。组织液中各种离子成分与血浆相同。组织液中也存在各种血浆蛋白质，但其浓度明显低于血浆。

组织液是血浆滤过毛细血管壁形成的。液体通过毛细血管壁的滤过和重吸收取决于四个因素：即毛细血管血压、组织液胶体渗透压、组织液静水压、血浆胶体渗透压。其中，毛细血管血压和组织液胶体渗透压是促使液体由毛细血管内向血管外滤过的力量(生成压)，组织液静水压和血浆胶体渗透压是将液体从血管外重吸收入毛细血管内的力量(回流压)。滤过的力量和重吸收的力量之差，称为有效滤过压，它决定着毛细血管内血浆成分的移动方向和速度。在毛细血管动脉端的有效滤过压为 1.37 kPa，血管中部分血浆滤出到组织间隙形成组织液；在毛细血管的中部，有效滤过压逐渐减小到零，而使滤过作用完全停止；在毛细血管的静脉端，毛细血管血压下降到 1.6 kPa，而组织液静水压、血浆胶体渗透压和组织液胶体渗透压却保持恒定，因此，毛细血管静脉端的有效滤过压为－1.03 kPa，这样组织液中部分水分和溶解在其中的各种代谢产物就重新被毛细血管所吸收。其余约 10％进入毛细淋巴管，成为淋巴液。

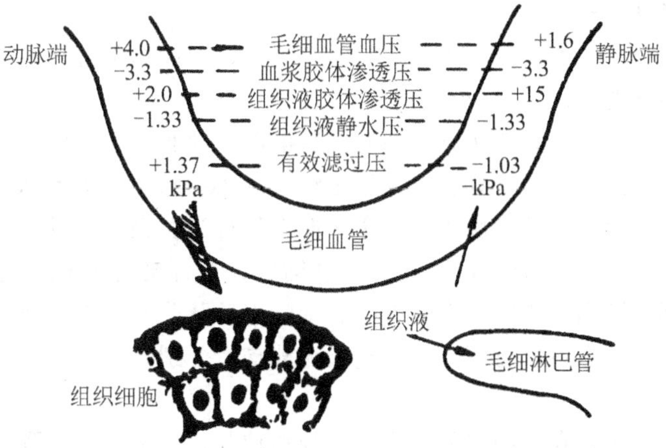

图 4-6　组织液生成与回流示意图

(南京农业大学，家畜生理学，第三版，1998)

(2)影响组织液生成的因素　组织液的生成与回流取决于有效滤过压，因此凡是影响有效滤过压的因素，均可影响组织液的生成。在正常情况下，组织液保持动态平衡，故血量和组织液量能维持相对稳定。如果这种动态平衡被破坏，发生组织液生成过多或重吸收减少，而形成组织水肿。

① 毛细血管血压 凡能使毛细血管血压升高的因素都可促进组织液和淋巴液的生成。炎症部位小动脉舒张，或静脉回流受阻时毛细血管后阻力增加，都可以使毛细血管血压升高，使组织液和淋巴液的生成量增加。若组织液生成大于回流，则导致水肿。

② 血浆胶体渗透压 在正常生理状况下，血浆胶体渗透压的变化幅度很小，不会成为引起有效滤过压明显变化的因素。在病理状况下，如某些肾脏疾患，因有大量蛋白尿，使血浆蛋白质损失，血浆胶体渗透压降低，导致有效滤过压升高，组织液生成量增加，回流减少，可出现水肿。

③ 毛细血管壁的通透性 组织活动时代谢增强，能使局部温度升高，PH 值降低，氧消耗增加，这些都可以使毛细血管壁通透性增大，促进组织液和淋巴液的生成。

④ 淋巴回流 由于一部分组织液经淋巴管回流入血液，因此，如淋巴回流受阻，在受阻部位远端的组织间隙中组织液积聚，也可引起水肿，如丝虫病引起的肢体水肿等。

【相关知识】

1. 血管的分布

(1)体循环的血管分布 体循环是指血液从左心室压开主动脉瓣，通过主动脉口进入主动脉，再通过主动脉的分支进入全身各处毛细血管网，而后汇集成前腔静脉和后腔静脉，分别进入右心房。这个循环途径又称为大循环。

① 动脉 主动脉为体循环的总干，起于左心室主动脉口，呈弓形向后上方伸延至第 6 胸椎腹侧，此段为主动脉弓。主动脉弓向后伸延至膈的主动脉裂孔处，此段称为胸主动脉。胸主动脉穿过膈上的主动脉裂孔伸延为腹主动脉，腹主动脉在骨盆腔前口处或 5、6 腰椎腹侧分出左右髂外动脉和左右髂内动脉，其主干移行为荐中动脉、尾中动脉依次沿荐椎和尾椎腹侧向后伸延至尾端。

1)主动脉弓及分支 主动脉弓为主动脉的第一段，在起始部分出左右冠状动脉后，向前分出一支臂头动脉总干。

2)臂头动脉总干 是分布于头颈、前肢及胸前部的动脉主干，短粗，沿气管腹侧向前上伸延至第 3 肋处分出左锁骨下动脉，主干延续为臂头动脉。臂头动脉在气管腹侧继续前行至第 1 肋附近，分出一支颈动脉总干，主干向右移行为右锁骨下动脉。左锁骨下动脉在出胸腔前分出一支肋颈动脉干，它再分为肋颈动脉、颈深动脉和椎动脉，分布于左侧颈部、颈椎和胸前部的肌肉、皮肤及脊髓上。右锁骨下动脉分支与左锁骨下动脉相同，分布到颈胸右侧相应部位。左右锁骨下动脉分出上述分支后分别绕过第 1 肋出胸腔，移行为腋动脉。

3)颈总动脉 很短，在胸前口处分为左右颈总动脉，分别沿左右颈静脉沟深层向上伸延，至环枕关节处分为枕动脉、颈内动脉和颈外动脉。枕动脉向上伸延通过枕骨大孔入颅腔，主要分布于脑脊髓和脑膜上。颈外动脉是三支中最粗的一支，为颈总动脉的直接延续，向前上伸至下颌关节处延续为颌内动脉，分布于头部大部分器官内及肌肉皮肤上。它在下颌支内侧分出一支颌外动脉，沿咽外侧壁向前下伸延，绕过下颌血管切迹转至面部移行为面动脉。颈总动脉分叉处有两个特殊的结构：颈动脉球(颈动脉体)位于颈总动脉分叉

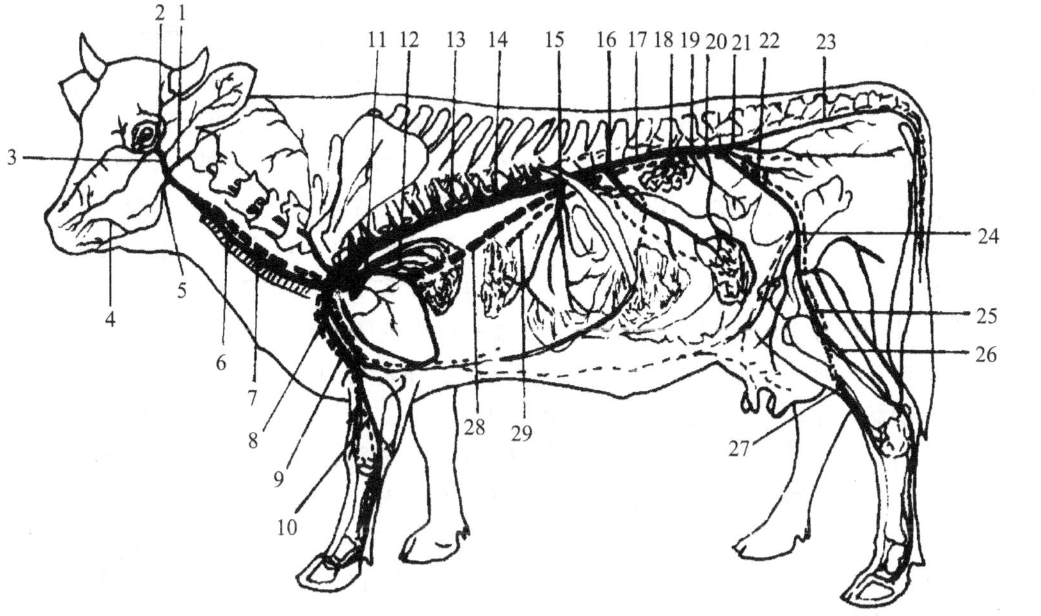

图 4-7 牛动脉和静脉分布

1. 枕动脉 2. 颌内动脉 3. 颈外动脉 4. 面动脉 5. 颌外动脉 6. 颈动脉 7. 颈静脉 8. 腋动脉 9. 臂动脉 10. 正中动脉 11. 肺动脉 12. 肺静脉 13. 胸主动脉 14. 肋间动脉 15. 腹腔动脉 16. 前肠系膜动脉 17. 腹主动脉 18. 肾动脉 19. 精索内动脉 20. 后肠系膜动脉 1. 髂内动脉 22. 髂外动脉 23. 荐中动脉 24. 股动脉 25. 腘动脉 26. 胫后动脉 27. 胫前动脉 28. 后腔静脉 29. 门静脉

（范作良，家畜解剖，2001）

处夹角内的一个丝状球，含有化学感受器，对二氧化碳和氧气的含量变化敏感；颈动脉窦是颈总动脉分叉处血管稍膨大，管壁内含有压力感受器，对血压变化敏感。

4)前肢动脉　是由锁骨下动脉延伸而来，左(右)锁骨下动脉绕过第1肋出胸腔即到肩关节内侧为腋动脉，向下至臂部为臂动脉，在前臂部为正中动脉，在掌部为指总动脉，指总动脉分为指内、外侧动脉，分别沿指间下行至指端(牛)。前肢动脉干各段均有分支分布于相应部位的肌肉、皮肤、骨骼等处。

5)胸主动脉及分支　胸主动脉是主动脉弓向后的直接延续，其分支有肋间动脉和支气管食管动脉。肋间动脉牛有13对，前3对由左锁骨下动脉和臂头动脉的分支分出，后10对均由胸主动脉分出。分布于胸部脊柱背侧、腹侧的肌肉、皮肤上。支气管食管动脉在第6胸椎处以一主干起自于胸主动脉腹侧，然后分为一支气管动脉和一食管动脉。分别分布于肺组织和食管等处。

6)腹主动脉及分支　腹主动脉为腰腹部的动脉主干，其分支有二类：一类为壁支，即成对的腰动脉，牛有6对，腰动脉分布于腰部背侧、腹侧的肌肉、皮肤及脊髓脊膜等处；另一类为脏支，分布于腹腔、盆腔的器官上，由前向后依次为腹腔动脉、肠系膜前动脉、肾动脉、肠系膜后动脉和睾丸动脉(子宫卵巢动脉)。

腹腔动脉：在隔的主动脉裂孔稍后处，起自腹主动脉，向前下伸延分为几支，分布于脾、胃、肝、胰及十二指肠等器官上。

肠系膜前动脉：在第1腰椎腹侧，起于腹主动脉，分布于小肠、结肠、盲肠和胰等处。

肾动脉：成对的动脉支，在第2腰椎处由腹主动脉发出，经肾门入肾。

肠系膜后动脉：在4～5腰椎处由腹主动脉发出，比较细，分布于结肠后段和直肠上。

睾丸动脉(子宫卵巢动脉)：在肠系膜后动脉附近由腹主动脉分出。公畜向后下行走进入腹股沟管的精索，分支分布于鞘膜、输精管、附睾和睾丸。母畜沿子宫阔韧带向后延伸，分为卵巢动脉和子宫前动脉，分支分布于卵巢、输卵管和子宫角上。

骨盆部及荐尾部动脉：髂内动脉在5、6腰椎腹侧由腹主动脉分出，沿荐骨腹侧及荐坐韧带内侧向后伸延，分布于骨盆腔器官、荐臀部、尾部的肌肉和皮肤。

7)后肢动脉　左右髂外动脉为左右后肢的动脉主干，它们在第5腰椎处由腹主动脉向后左右侧分出，沿髂骨前缘和后肢内侧面下伸至趾端。在腹腔段为髂外动脉，至股部为股动脉，在膝关节后为腘动脉。转到胫骨背侧面为胫前动脉，在趾骨背侧为趾背侧动脉，走向趾端为第3趾、第4趾动脉(牛)。主干沿途分支分布于后肢相应部位的骨骼、肌肉、皮肤等处。在耻骨前缘，分出一支阴部腹壁动脉干，它又分出一支阴部动脉，在母牛为乳房动脉，分支分布于乳房上。

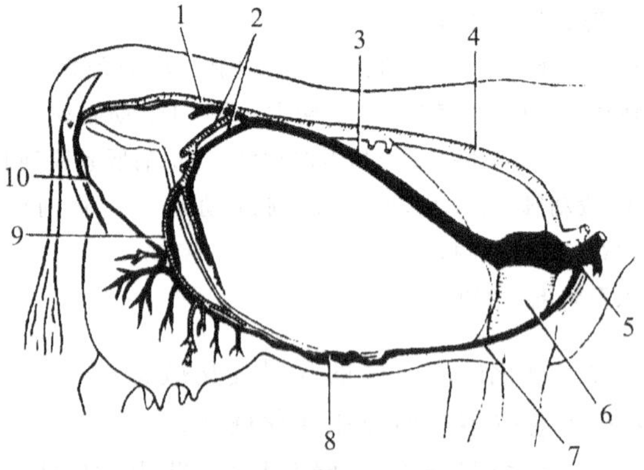

图4-8　母牛乳房血液循环模式图

1. 髂内动静脉　2. 髂外动静脉　3. 后腔静脉　4. 胸主动脉　5. 前腔静脉　6. 心脏　7. 胸内静脉　8. 腹皮下静脉　9. 阴部外动、静脉　10. 会阴动、静脉

(范作良，家畜解剖，2001)

② 静脉

前腔静脉系：收集头颈部、前肢部和部分胸壁的血液，位于气管和臂头动脉总干的腹侧，它由左、右颈静脉和左、右腋静脉在心前纵隔内向后伸延注入右心房。在注入右心房前还接纳了胸壁、胸椎等部位的静脉支。

后腔静脉系：后腔静脉在骨盆腔入口处由左右髂总静脉汇合而成，沿腹主动脉右侧向前伸延，经过肝的腔静脉窝(在此接受肝静脉)，穿过膈的腔静脉孔进入胸腔，经右肺膈叶与副叶间进入右心房。沿途有腰静脉、睾丸静脉(子宫卵巢静脉)、肾静脉、肝静脉等汇入。后腔静脉收集后肢、骨盆及盆腔器官、腹壁、腹腔器官及乳房的静脉血。

乳房的静脉：乳房的静脉血大部分经阴部外静脉注入髂外静脉；一小部分经腹皮下静脉注入胸内静脉。乳房两侧的阴部外静脉、腹皮下静脉和会阴静脉在乳房基部互相吻合，形成一个大的乳房基部静脉环，所以当任何一支静脉血流受阻时，其他静脉可起代偿作用。

门静脉：位于后腔静脉的下方，是腹腔内一条大的静脉干，它收集胃、脾、胰、小肠、大肠(直肠后部除外)的静脉血，穿过胰的门脉环与肝动脉一同经肝门入肝，分支成毛细血管网，再汇成数支肝静脉，在肝背侧缘的腔静脉窝内直接注入后腔静脉。

(2)肺循环血管的分布　肺循环是血液从右心室冲开动脉瓣，经肺动脉口压入肺动脉，经肺动脉进入肺脏的毛细血管网，而后汇集成肺静脉(牛为6条、马为7～8条)返回左心房。此循环又称为小循环。

肺动脉：肺动脉起于右心室的肺动脉口，在左右心耳之间沿主动脉弓的左侧向后上方伸延至心基的后上方分为左右两支，分别与左右支气管一起从肺门入肺。牛、羊、猪的右侧支在入肺前还向右肺尖叶分出一支，随右肺尖叶支气管一起入肺。肺动脉在肺内随支气管进行分支，最后在肺泡周围形成毛细血管网，在此进行气体交换。

肺静脉：肺静脉由肺部毛细血管网汇合而成，随肺动脉和支气管行走，最后汇成6～8支，由肺门出肺后注入左心房。

2. 胎儿血液循环特征

胎儿在母体子宫内发育所需要的全部营养物质和氧气均由母体供应，代谢产物也由母体带走，因而胎儿的血液循环具有与此相适应的一些特点。

(1)心脏和血管的构造特点

卵圆孔：在胎儿心脏的房中隔上有一卵圆孔，以沟通左、右心房。孔的左侧有一卵圆形瓣膜，而且右心房压力高于左心房，所以右心房内的血液只能流向左心房。

动脉导管：胎儿的主动脉和肺动脉之间有动脉导管相通，因此右心室到肺动脉内的大部分血液都经动脉导管流入主动脉，仅有少部分进入肺内。

胎盘：胎盘是胎儿与母体进行气体及物质交换的器官，借脐带与胎儿相连。脐带内有两条脐动脉和两条脐静脉(牛)，马和猪有一条脐静脉。脐静脉由胎盘毛细血管构成，经脐带由脐孔进入胎儿腹腔，牛的两条脐静脉入腹腔后合为一条，沿肝的镰状韧带伸延，经肝门入肝。

(2)血液循环路径　胎盘内富含营养物质和氧气较多的动脉血，经脐静脉进入胎儿肝内，最终汇成数支肝静脉注入后腔静脉，牛有部分脐静脉血经静脉导管直接到后腔静脉。进入右心房后，大部分通过卵圆孔进入左心房，再经左心室到主动脉及其分支，而小部分血虽然进入了右心室，注入肺动脉，但因此时肺并无呼吸活动，所以仍有一部分通过动脉导管进入主动脉，大部分到头颈和前肢。因此胎儿的肝、头颈和两前肢的血液含氧和营养物质较多，通过物质交换后，经前腔静脉返回右心房到右心室，再入肺动脉，通过动脉导管入主动脉到身体后半部，并经脐动脉到胎盘。所以到后半部和肺的血液中含氧和营养物质少。

(3)胎儿出生后血液循环的变化

脐动脉和脐静脉退化：出生后脐带被剪断，脐动、静脉血停止，血管逐渐萎缩，在体内的一段形成韧带。脐动脉形成膀胱圆韧带，脐静脉变为肝圆韧带。

动脉导管闭锁：因肺开始呼吸，肺扩张，肺内血管的阻力减少，肺动脉压降低，动脉导管因管壁肌组织收缩而发生功能性闭锁，形成动脉导管索或动脉韧带。

卵圆孔封闭：因肺静脉回左心房的血液量增多，血压增高，致使卵圆孔瓣膜与房中隔贴连，结缔组织增厚，将卵圆孔封闭，形成卵圆窝。为此，心脏的左半部和右半部完全分开，左半部为动脉血，右半部为静脉血。

混合血变成纯的动脉血和静脉血：由于卵圆孔和动脉导管的存在，胎儿体内的大部分血液是混合血，但混合程度不同。到肝、头、颈和前肢的血液，含氧和营养物质较多，以

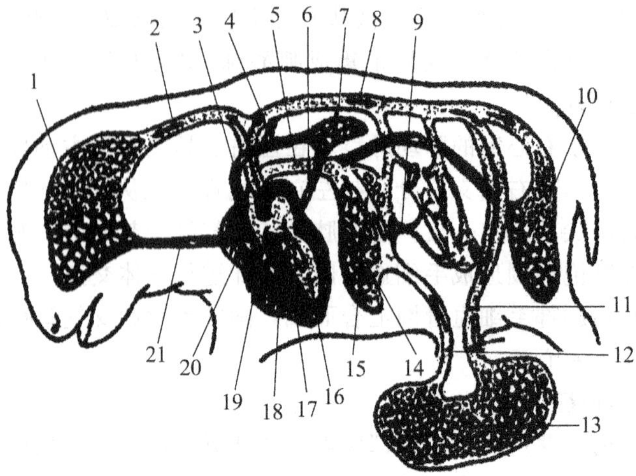

图 4-9　胎儿血液循环模式图

1. 头、颈部毛细血管　2. 臂头干　3. 肺干　4. 后腔静脉　5. 动脉导管　6. 肺静脉　7. 肺毛细血管　8. 腹主动脉　9. 门静脉　10. 骨盆部和后肢毛细血管　11. 脐动脉　12. 胎盘毛细血管　13. 脐静脉　14. 肝毛细血管　15. 静脉导管　16. 左心室　17. 左心房　18. 右心室　19. 卵圆孔　20. 右心房　21. 前腔静脉

（董常生，家畜解剖学，第三版，2001）

适应肝功能活动和胎儿头部发育较快的需要；而到肺、躯干和后肢的血液，含氧和营养物质较少。而出生后卵圆孔和动脉导管闭锁，混合血即变为纯的动脉血和静脉血。

临床常见的先天性心脏病是指在动物胚胎发育时期(怀孕初期)，由于心脏及大血管的形成障碍而引起的局部解剖结构异常，或出生后应自动关闭的通道(动脉导管、卵圆孔)未能闭合(在胎儿属正常)的心脏，称为先天性心脏病。

【拓展知识】　心脏的病理变化

1. 心脏的病理变化

动物发生实质性心肌炎时，眼观可见心肌呈粉灰色，稍浑浊，质地松软，心腔扩张，炎症病变呈灰黄色或黄白色，病变部呈斑块状或条纹状散在于粉红色的心肌组织内，其形状颇似虎皮的斑纹，故称之为“虎斑心”。镜检时，心肌纤维呈颗粒变性和脂肪变性，严重者还可见有水泡变性和蜡样坏死，其心肌纤维呈滴状溶解，并有时在坏死的心肌内有钙盐沉着，间质结缔组织呈纤维素样变或纤维索样坏死，并见有炎性充血、水肿及细胞浸润(嗜中性粒细胞、嗜酸性粒细胞及淋巴细胞等)，成纤维细胞增生比较轻微。

2. 血栓

当心血管内膜受到损伤、血流状态改变或血液凝固性增强等情况下，会导致在活体的心脏或血管内发生血液凝固，形成血栓。血栓和死后血凝块的区别是血栓表面干燥、粗糙、无光泽，色泽混杂、灰红相间，尾部暗红，质地较硬、脆，与心血管壁粘着，具有珊瑚样特殊结构；而死后血凝块表面湿润、表面平滑、有光泽，柔软有弹性，暗红色或血块上层呈鸡脂样，易与血管壁分离，无特殊结构。

教学单元2 淋巴循环系统

淋巴循环系统具有双重功能，既是血液循环系统的辅助部分，又是机体重要的免疫防御体系。其主要功能是识别和清除侵入体内的抗原性异物以及自身变性细胞，从而维持机体内部的稳定。免疫功能下降或失调，将使机体的抗病能力降低，从而引起各种感染性疾病、肿瘤或自身免疫性疾病，因此又把淋巴循环系统叫免疫系统。它包括淋巴器官、淋巴管和淋巴液。

任务1 识别淋巴器官的构造

借助图片、标本、显微镜观察，识别淋巴结、脾、胸腺、法氏囊、淋巴管的形态、位置和结构。

1. 中枢淋巴器官的识别

中枢淋巴器官是免疫细胞发生、分化和成熟的场所。主要包括骨髓、胸腺和法氏囊。

(1)识别骨髓　骨髓中的红骨髓可以生成血液中的一切血细胞。骨髓中的多数干细胞经过增殖、分化成髓样干细胞和淋巴干细胞。前者是颗粒性白细胞和单核吞噬细胞的前身；后者是淋巴细胞的前身。哺乳动物的B淋巴细胞直接在骨髓内分化、成熟，然后进入血液和淋巴中发挥作用；禽类的B淋巴细胞则是淋巴干细胞从骨髓内转移到法氏囊中分化和成熟的。

(2)识别胸腺　胸腺位于胸腔前纵隔内，向前分成左右两叶，并延伸至颈部。单蹄动物和肉食动物的胸腺主要在胸腔内，猪和反刍动物的胸腺除胸部外，颈部也较发达，向前可到喉。幼畜发达，呈粉红色或红色，胸腺的大小和结构随年龄有很大变化，性成熟后逐渐退化，被结缔组织或脂肪组织所代替，但并不完全消失。

牛胸腺：粉红色，犊牛很发达。分颈、胸两部。胸部位于心前纵隔内；颈部分左、右两叶，自胸前口沿气管、食管向前延伸至甲状腺的附近。4～5岁时开始退化，至6岁时退化完。

羊的胸腺：呈淡黄色，由心脏伸至甲状腺附近，2岁时开始退化。

猪的胸腺：幼猪胸腺发达，呈灰红色，在颈部沿左右颈总动脉向前伸延，1岁左右开始退化。

犬的胸腺：粉红色，分左右两叶，位于胸腔前部纵膈腹侧，略偏左。犬胸腺在出生后6～9周龄完全发育，约4月龄开始萎缩。

禽的胸腺：位于颈部，形成不规则的两串，每串大约鸡有3～8叶，一般7叶，鸭、鹅5叶。淡黄或带红色，沿颈静脉直到胸腔入口的甲状腺处。在性成熟后开始退化，但常保留一些遗迹。

(3)识别腔上囊　又叫法氏囊，是禽类特有的淋巴器官。鸡的呈圆形，鸭、鹅的为长椭圆形。位于泄殖腔肛道背侧，开口于泄殖道。黏膜形成纵褶，内有排列紧密的淋巴小结。法氏囊性成熟前(3～5月龄)发育最大，此后即逐渐萎缩为小的遗迹(鸡10月龄、鸭1年、鹅更迟)，直至完全消失。

2. 周围淋巴器官的识别

周围淋巴器官是免疫细胞定居和产生免疫应答的部位。主要包括淋巴结和脾。

(1)识别脾的构造

①形态位置

牛脾：长而扁椭圆形，灰蓝色，质地较硬，位于瘤胃背囊左前方。

羊脾：钝角三角形，红紫色，质较软，瘤胃背囊前上方。

猪脾：狭长，断面三角形，暗红色，质较硬，位于胃大弯左侧。

马脾：镰刀形，位于胃大弯左侧。

犬脾：镰刀形，深红色，位于胃左侧和左肾之间。

禽脾：圆形或三角形，褐红色，位于腺胃右侧。

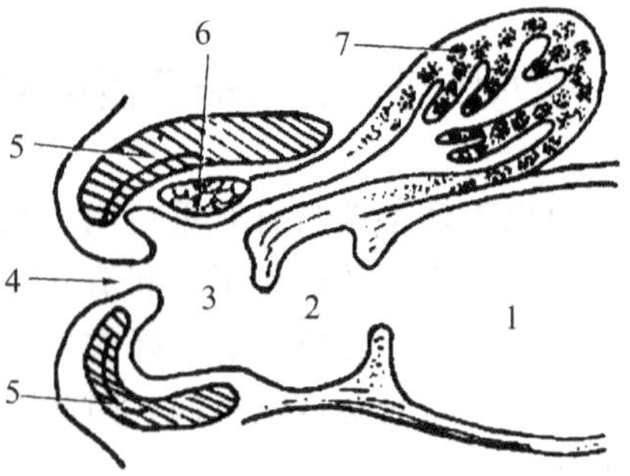

图 4-10 腔上囊

1. 粪道 2. 泄殖腔 3. 肛道 4. 肛门 5. 括约肌 6. 肛腺 7. 法氏囊

(董常生，家畜解剖学，第三版，2001)

② 组织构造 由被膜和实质构成。

被膜：是覆盖在脾表面富含弹性纤维和平滑肌的结缔组织膜，被膜伸入脾脏内部形成小梁，构成网状支架，被膜和小梁内的平滑肌舒缩，可调节脾的血量。

实质：包括白髓和红髓。红髓由脾索和脾窦组成，因含有许多红细胞，故呈红色。脾索，为彼此吻合成网的淋巴组织索，除网状细胞外，还有B淋巴细胞、巨噬细胞、浆细胞和各种血细胞，脾窦分布于脾索之间。白髓分散于红髓之间，包括动脉周围淋巴鞘和淋巴小结。动脉周围淋巴鞘包在穿行的中央动脉周围，主要是T细胞定居的地方；淋巴小结即脾小结，位于淋巴鞘的一侧，主要为B淋巴细胞。

(2)识别淋巴结的构造

① 形态结构 淋巴结位于淋巴管通路上，形态有球形、卵圆形、扁圆形等。淋巴结的一侧凹陷为淋巴结门，是血管、神经和淋巴管出入的地方；另一侧凸面，有多条输入淋巴管注入。但猪淋巴结的输入输出淋巴管位置正好相反。活体上淋巴结呈淡红色，肉尸上略呈灰白色。

禽的淋巴结仅见水禽，在淋巴管壁内发育而成。主要有2对：颈胸淋巴结，位于颈基部，贴于颈静脉上，纺锤形，长约1～1.5 cm；腰淋巴结，位于腰部主动脉两侧，长可达2 cm。

② 组织构造 淋巴结由被膜和实质构成。

1)被膜 为覆盖在淋巴结表面的结缔组织膜，主要由胶原纤维、网状纤维、少量的弹性纤维和平滑肌构成。被膜结缔组织伸入实质形成许多小梁并相互连接成网，构成淋巴结的支架，进入淋巴结的血管沿小梁分布。

2)实质 可分为皮质和髓质。

皮质：位于淋巴结的外周，颜色较深。由淋巴小结、副皮质区和皮质淋巴窦组成。淋巴小结呈圆形或椭圆形，在皮质区浅层，可分为中央区和周围区。中央区着色淡，除网状细胞外，主要有B淋巴细胞、巨噬细胞、少量的T淋巴细胞和浆细胞等。此区的淋巴细胞增殖能力较强，称为生发中心。周围区着色较深，聚集大量的小淋巴细胞。副皮质区为

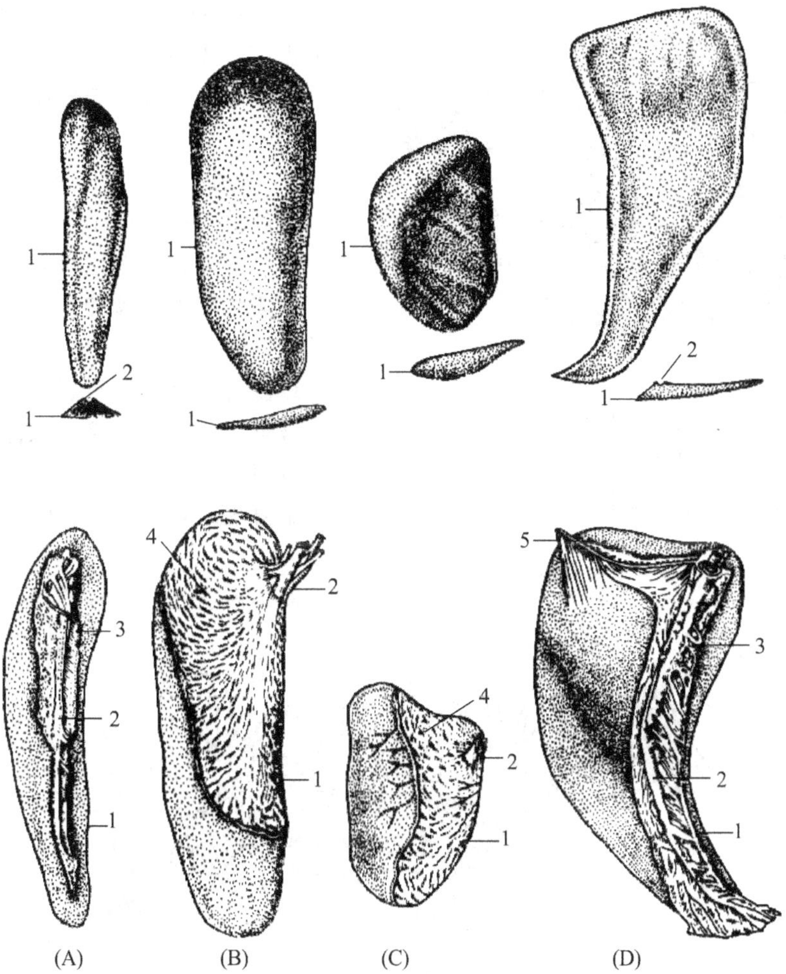

图 4-11 脾的形态(上图为壁面，中图为横断面，下图为脏面)

(A) 猪 (B) 牛 (C) 绵羊 (D) 马

1. 前缘 2. 脾门 3. 胃脾韧带 4. 脾和胃的粘连处 5. 脾悬韧带

(董常生，家畜解剖学，第三版，2001)

弥散淋巴组织，位于淋巴小结之间及皮质和髓质的交界处，是 T 淋巴细胞的主要分布区，在抗原的刺激下，该区的淋巴细胞可大量繁殖，离开淋巴结，经淋巴管而进入血液。皮质淋巴窦是位于被膜下、淋巴小结和小梁之间互相通连的腔隙，是淋巴流经的部位，接受输入淋巴管流来的淋巴。窦内存在着网状细胞、淋巴细胞和巨噬细胞。窦壁由内皮细胞构成，壁上有孔，淋巴细胞和淋巴液可以进出。

髓质：位于中央部和门部，颜色较淡。由髓索和髓质淋巴窦组成。髓索是排列呈索状的淋巴组织，彼此吻合成网状，其主成分是 B 淋巴细胞，还有浆细胞和巨噬细胞，淋巴结功能活跃时，淋巴索发达，浆细胞多，产生抗体。髓质淋巴窦位于髓索之间和髓索与小梁之间，结构与皮质相同，接受来自皮质淋巴窦的淋巴并将汇入输出淋巴管。

猪的淋巴结形态因部位不同而差异较大，如肠系膜淋巴结多合并成串，不显淋巴结

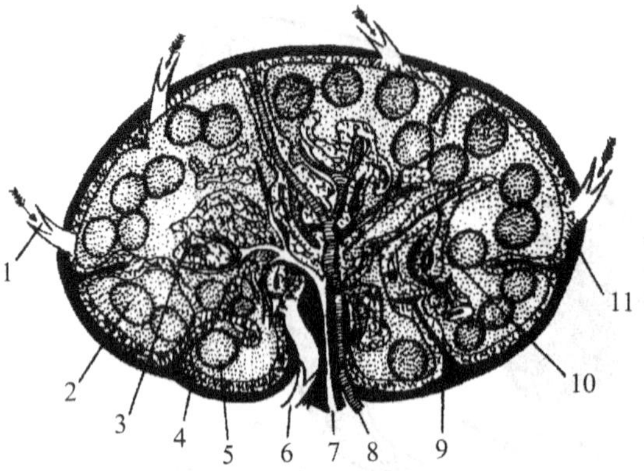

图 4-12 淋巴结构造模式图

1. 输入淋巴管 2. 生发中心 3. 髓质窦 4. 皮质窦 5. 淋巴小结 6. 输出淋巴管 7. 静脉 8. 动脉 9. 小梁 10. 髓索 11. 被膜

（山东省畜牧兽医学校，家畜解剖生理，第三版，2000）

门。淋巴结的皮质、髓质位置正好相反。即淋巴结的皮质位于中央，髓质则分布于外周。但成年猪淋巴结外周有时也见有淋巴小结。

③ 识别常检的淋巴结

下颌淋巴结：位于下颌间隙中，下颌骨后下缘内侧、下颌血管切迹后方，卵圆形。收集头腹侧、鼻腔、口腔前部及唾液腺的淋巴。

颈浅淋巴结：位于肩前，在肩关节上方，被臂头肌覆盖。接收颈部、前肢和胸壁的淋巴，汇入右气管淋巴干或胸导管。

腋淋巴结：位于前肢内侧，肩关节稍后方。

髂内淋巴结：左右各有一大群，位于旋髂深动脉始部和髂外动脉附近。接纳后肢、骨盆壁、盆腔器官和腰部的淋巴，汇入腰淋巴干。

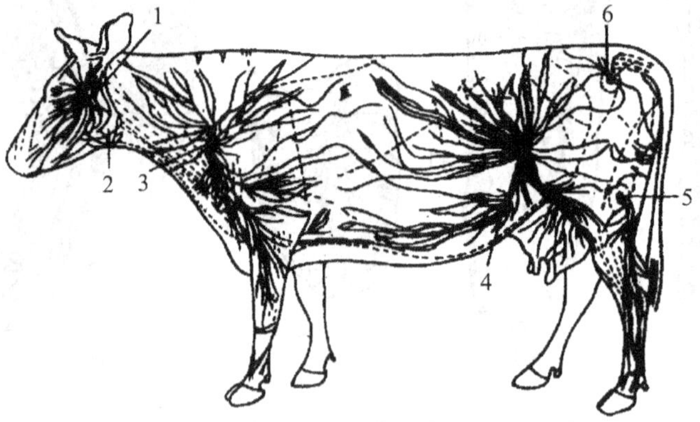

图 4-13 牛体浅层主要淋巴结

1. 腮腺淋巴结 2. 下颌淋巴结 3. 颈浅淋巴结 4. 髂下淋巴结 5. 腘淋巴结 6. 坐骨淋巴结

（董常生，家畜解剖学，第三版，2001）

腹股沟浅淋巴结：位于腹壁皮下、大腿内侧、腹股沟管皮下环附近。公畜为阴囊淋巴结，在阴茎两侧；母畜为称乳房淋巴结，在乳房基部后上方皮下，接纳乳房前庭、阴门及股部、小腿部皮肤的淋巴。

髂下淋巴结：又称股前或膝上淋巴结。位于髋结节和膝关节之间、股阔筋膜张肌前缘的膝褶中，大而长，体表可触摸到。接纳腹壁、骨盆、股部、小腿部皮肤的淋巴。

腘淋巴结：位于腓肠肌的后上方、股二头肌和半腱肌之间，接纳小腿部的淋巴。

气管支气管淋巴结：位于气管分叉的附近，形状不规则，主要接纳支气管、心、肺的淋巴，汇入胸导管。

肝门淋巴结：位于肝门附近，沿门静脉、肝动脉和肝管分布。接纳肝、胰、十二指肠和胃的淋巴，输出管汇入腹腔淋巴干。

肠系膜淋巴结：位于肠系膜前、后动脉附近和肠系膜中，数目很多。收集小肠、大肠各段的淋巴及其他腹腔淋巴的汇入支，最后汇入肠淋巴干及髂内淋巴结内。

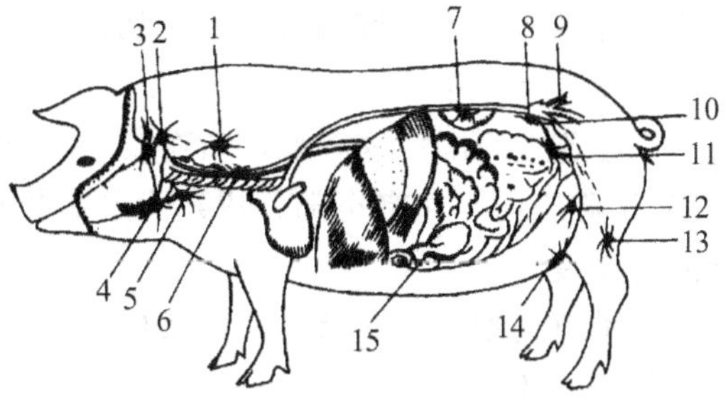

图 4-14　猪淋巴结分布模式图

1. 颈浅背侧淋巴结　2. 咽背淋巴结　3. 腮淋巴结　4. 下颌淋巴结　5. 下颌副淋巴结　6. 颈浅腹侧淋巴结　7. 肾淋巴结　8. 髂内淋巴结　9. 腹下淋巴结　10. 腹股沟深淋巴结　11. 髂外淋巴结　12. 股前淋巴结　13. 腘淋巴结　14. 腹股沟浅淋巴结　15. 肠淋巴结

（董常生，家畜解剖学，第三版，2001）

3. 淋巴管的识别

淋巴管是淋巴通过的管道。淋巴生成后，沿毛细淋巴管、淋巴管、淋巴导管，进入前腔静脉或颈静脉流回到血液，此循环称为淋巴循环。

(1)毛细淋巴管　以略膨大的盲端起始于组织间隙，并彼此吻合成网，与毛细血管相邻，但不相通。其通透性比毛细血管大，可使组织液中的大分子物质如细菌、异物等较易进入毛细淋巴管内。因而，当动物受到感染时，其炎症、病灶首先要在淋巴系统表现出来。

(2)淋巴管　由毛细淋巴管汇合而成，其形态构造与静脉相似。但管壁较薄，瓣膜较多，管径较细，数量较多。在淋巴管的行程中，通常要通过一个或多个淋巴结。

按淋巴管所在的位置，可分为浅层淋巴管和深层淋巴管。前者汇集皮肤和皮下组织的淋巴，其行程多趋向与浅层静脉；后者汇集肌肉、骨和内脏的淋巴，多伴随深部血管和神经。

按淋巴对淋巴结的流向，可分为输入淋巴管和输出淋巴管。前者较多，可从淋巴结的整个表面进入淋巴结；后者较少，从淋巴门离开淋巴结。

(3)淋巴导管　为全身最大的淋巴集合管，有两条即为胸导管和右淋巴导管。

胸导管：为全身最大的淋巴管，起始部呈长梭状膨大称为乳糜池，位于最后胸椎和第二、三腰椎腹侧，在主动脉和右膈脚之间，牛、马的长达 10 cm，直径达 1.5～2 cm，猪、羊的直径约 1 cm。胸导管入胸腔后，沿胸主动脉的右上方向前伸延，约至第六胸椎处，越过食管和气管左侧转而向下，注入前腔静脉左侧或左颈静脉。乳糜池和胸导管沿途主要收集两后肢、腹壁、腹腔、骨盆壁、骨盆腔内的各器官以及左侧胸壁、左肺、左心、左头颈部、左前肢的淋巴。由此可见，胸导管几乎收集除右淋巴导管以外的全身淋巴。

右淋巴导管：短而粗，位于胸腔入口附近，最后注入前腔静脉起始部的右侧或右颈静脉。右淋巴导管主要收集右侧头颈部、右前肢、右肺、右心以及右侧胸壁的淋巴。

任务2 认知淋巴器官的机能

观看多媒体课件和查阅相关资料，认知中枢、周围淋巴器官和淋巴的机能。

1. 认知中枢淋巴器官的机能

骨髓：哺乳动物的B淋巴细胞直接在骨髓内分化、成熟，然后进入血液和淋巴中发挥作用。

胸腺：来自骨髓的淋巴干细胞在胸腺中受胸腺素和胸腺生成素等的诱导作用，增殖分化，大部分经过2～3天便死于胸腺内，只有小部分成熟为具有免疫功能的T细胞，而后进入周围淋巴器官，参与细胞免疫。

法氏囊：禽类的B淋巴细胞在骨髓内产生后转移到法氏囊中分化、成熟。因此，禽类的B淋巴细胞又叫囊依赖性淋巴细胞。

2. 认知周围淋巴器官的机能

(1)脾的机能

造血：胚胎期脾能产生各种血细胞，成年后仅能产生淋巴细胞和单核细胞。但当机体大失血或某种疾病时则能恢复其产生各种血细胞的机能。

滤血：脾内有大量巨噬细胞，边缘区、脾窦等处都是滤血的场所，除了能清除进入血液的细菌和抗原物质外，还能吞噬、分解衰老的红细胞和白细胞等。

储血和调节血量：脾窦和脾索内都可以储存血液。在机体大失血、剧烈运动等情况下，脾收缩，排出血液进入血液循环，以满足机体的需要。

免疫：脾内B淋巴细胞较多，可产生抗体，参与机体的免疫过程。

(2)淋巴结的机能

滤过与吞噬：淋巴结收集相应区域的淋巴液，经输入淋巴管进入淋巴结后，经过皮质淋巴窦和髓质淋巴窦，再经输出淋巴管流出淋巴结。随淋巴液流经淋巴结的各种病原微生物、毒素、细胞残屑等可在淋巴窦内过滤、吞噬而被清除。

免疫：在淋巴结输出液中的抗体及淋巴细胞比输入液中的多，这是由于当机体受抗原刺激时，淋巴结皮质浅层的B淋巴细胞分裂增殖，经淋巴母细胞分化为浆细胞，并向髓质聚集产生大量抗体，参与体液免疫；皮质深层的T淋巴细胞可分化为效应T淋巴细胞，经淋巴管输出，发挥细胞免疫作用。

造血：在某些情况下，如骨髓纤维化时，脾脏及淋巴结都是髓外造血器官，可产生红细胞、粒性白细胞和血小板。

4. 认知淋巴的机能

(1)淋巴的生成　淋巴是淋巴循环系统的组成成分，也是体内的主要体液之一，在淋巴管内流动，是无色或微黄色的液体，由淋巴浆和淋巴细胞组成。在未通过淋巴结的淋巴内，没有淋巴细胞。

淋巴是组织液透过毛细淋巴管壁进入毛细淋巴管内形成的。毛细淋巴管管壁极薄，管壁外又无基膜，通透性极大，允许较大的蛋白质分子和脂肪微粒直接进入淋巴管。另外毛细淋巴管是以盲端起始于组织间隙，其管壁是由互不连接的单层内皮细胞呈瓦片状或鱼鳞状互相覆盖而成。在生理条件下，组织液压力大于毛细淋巴管内的压力，所以组织液可顺利进入毛细淋巴管盲端而生成淋巴。当运动时，血流量增大，静脉压升高，淋巴的生成速度也加快。

(2)淋巴的机能　淋巴是体液的重要组成部分，其生理意义在于：

① 调节血浆和组织细胞之间的体液平衡　淋巴的回流虽然缓慢，但对组织液的生成与回流平衡却起着重要的作用。如果淋巴回流受阻，可引起淋巴淤积而出现组织液增多，局部肿胀等症状。

② 免疫、防御、屏障作用　淋巴在循环、回流入血过程中，要经过淋巴循环系统的许多器官，而且液体中含有大量免疫细胞，能有效地参与免疫反应，清除细菌、异物等抗原，产生抗体。所以，淋巴系统具有重要的免疫、防御、屏障作用。

③ 回收组织液中的蛋白质　由毛细血管动脉端滤出的血浆蛋白不能逆浓度差从组织间隙重吸收入毛细血管，只有经过淋巴回流，才不至于在组织液中堆积。据测定，每天经淋巴回流入血的血浆蛋白约占循环血浆蛋白总量的四分之一。

④ 运输脂肪　由小肠黏膜上皮细胞吸收的脂肪微粒，主要经肠绒毛内毛细淋巴管回收，而后经过乳糜池—胸导管回流入血，因而胸导管内的淋巴液呈白色乳糜状。小肠绒毛的中央乳糜管和胸导管起始端的乳糜池的名称即是由此而来的。

【相关知识】 免疫

1. 免疫的作用

免疫是指机体识别外来异物，并将这些异物中和、清除及消灭，以达到维持机体生理平衡的能力。免疫的主要作用是：

(1)免疫防御　免疫系统可阻止病原微生物侵入机体，抑制其在体内繁殖、扩散，并将其清除掉，这种机能降低可导致重复感染，但过高又可导致机体过敏，产生变态反应。

(2)免疫稳定　免疫系统可清除体内衰老、破坏和损伤的细胞，以维持体内细胞数目恒定的自身稳定。

(3)免疫监视　免疫系统能够识别、杀伤和清除体内的突变细胞，否则这些突变细胞易发展成为肿瘤。

2. 获得免疫的方式

(1)先天性免疫(非特异性免疫)是由先天遗传而获得的，能非特异性地阻挡或清除入侵体内的病原微生物，但免疫能力弱。

(2)获得性免疫(特异性免疫)是生后由于机体感染了某种病原微生物或接触了异种、异体抗原而获得的，针对某种病原微生物或抗原具有免疫力，免疫力强，不能遗传。

3. 免疫细胞

(1)免疫细胞的种类

① 淋巴细胞　淋巴细胞大小不一，胞核大，嗜碱性，胞质少，呈浅蓝色。随血周流全身，因而在机体的每个组织中都能找到。其主要机能是不但能识别外来的“非己”物质，而且能辨别自己体内的成分，这种能力是淋巴细胞的主要特征，也是免疫反应的起点。现已发现的淋巴细胞有如下几种：

T 细胞：是骨髓生成的淋巴干细胞在胸腺分化、成熟的淋巴细胞，也称胸腺依赖性淋巴细胞，用胸腺(thymus)一词英文字头“T”来命名。成熟后进入血液和淋巴液，参与细胞免疫。

B 细胞：是淋巴干细胞在骨髓或禽的腔上囊中分化成熟的淋巴细胞，又称为骨髓依赖性淋巴细胞或囊依赖性淋巴细胞。用骨髓(bone)一词英文字头“B”命名。B 淋巴细胞进入血液和淋巴后，在抗原刺激下转为浆细胞，产生抗体，进行体液免疫。

K 细胞：是发现较晚的淋巴样细胞，分化途径尚不明确，具有非特异性杀伤功能。它能杀伤与抗体结合的靶细胞，且杀伤力较强。

Nk 细胞：又称自然杀伤细胞，它不依赖抗体，不需抗原作用即可杀伤靶细胞。尤其是对肿瘤细胞及病毒感染细胞，具有明显的杀伤作用，能使靶细胞溶解。

② 单核巨噬细胞系统　是指分散在许多器官和组织中的一些形态不同，名称各异，但都来源于血液的单核细胞，具有吞噬能力和活体染色反应的一类细胞。主要包括疏松结缔组织中的组织细胞、肺内的尘细胞、肝血窦中的枯否氏细胞、血液中的单核细胞、脾和淋巴结内的巨噬细胞、脑和脊髓内的小胶质细胞等。血液中的嗜中性细胞虽有吞噬能力，但不是由单核细胞转变而来，也无活体染色反应，因此不属于单核巨噬细胞系统。

单核巨噬细胞系统的主要机能是吞噬侵入体内的细菌、异物以及衰老、死亡的细胞，并能清除病灶中坏死的组织和细胞；在炎症的恢复期参与组织的修复；肝脏中的枯否氏细胞还参与胆色素的制造等。

③ 抗原提呈细胞　指在特异性免疫应答中，能够摄取、处理、转递抗原给 T 细胞和 B 细胞的细胞，其作用过程称为抗原提呈。有此作用的细胞主要有巨噬细胞、B 细胞、周围淋巴器官中的树突状细胞、指状细胞及真皮层中的郎格罕氏细胞等。

④ 粒性白细胞　细胞质中含有颗粒的白细胞称粒性白细胞。其中，中性粒细胞除具有吞噬细菌、抗感染能力外，尚可与抗原、抗体相结合，形成中性粒细胞—抗体—抗原复合物，从而加强对抗原的吞噬作用，参与机体的免疫过程；嗜碱性粒细胞主要参与体内的过敏性反应和变态反应；嗜酸性粒细胞与免疫反应过程密切相关，常见于免疫反应的部位，有较强的吞噬能力，抗寄生虫的作用也较强。

(2)免疫细胞的作用

淋巴细胞、巨噬细胞是免疫活动的骨干细胞。淋巴细胞首先能识别抗原为外来物，尔后给以应答，不同淋巴细胞采取不同的应答方式：一种是淋巴细胞分化为浆细胞，进而产生抗体；另一种是淋巴细胞分化成能执行细胞免疫的细胞，尔后由这种细胞去直接破坏抗原。巨噬细胞的免疫则较少有特异性，其免疫方式主要是：直接吞噬抗原；或以免疫源的形式将抗原提供给淋巴细胞群。巨噬细胞和淋巴细胞间相互作用，并与免疫系统发生广泛的联系。

【拓展知识】　淋巴器官的病理变化

动物发生急性淋巴结炎时，肉眼可见淋巴结肿大，呈暗红色或黑红色，质地柔软，切面湿润隆起，在某些情况下，如猪瘟、炭疽发生时，淋巴结出血现象严重，切面深红而湿润。显微镜下观察，淋巴结有中性粒细胞和单核细胞及少量浆细胞浸润，淋巴样组织及网状内皮细胞增殖。

急性脾炎常见于某些急性传染病过程中，脾脏明显肿大、柔软、切面隆凸；颜色深红至黑色，实质结构模糊，不见脾小梁及脾白髓。镜检可见脾髓显著充血，内有嗜中性白细胞，淋巴细胞及浆细胞浸润，网状纤维肿胀、裂解，窦内皮细胞肿胀、增殖。

计 划 单

模块 4	循环系统			学 时	18
计划方式	小组讨论、同学间互相合作共同制订计划				
序 号	实施步骤			使用资源	备 注
制订计划说明					
计划评价	班 级		第 组	组长签字	
	教师签字			日 期	
	评语：				

决策实施单

<table>
<tr><td colspan="2">模块 4</td><td colspan="6">循环系统</td></tr>
<tr><td colspan="8">讨论小组制订的计划书，做出决策</td></tr>
<tr><td rowspan="7">计划对比</td><td>组号</td><td>工作流程的正确性</td><td>知识运用的科学性</td><td>步骤的完整性</td><td>方案的可行性</td><td>人员安排的合理性</td><td>综合评价</td></tr>
<tr><td>1</td><td></td><td></td><td></td><td></td><td></td><td></td></tr>
<tr><td>2</td><td></td><td></td><td></td><td></td><td></td><td></td></tr>
<tr><td>3</td><td></td><td></td><td></td><td></td><td></td><td></td></tr>
<tr><td>4</td><td></td><td></td><td></td><td></td><td></td><td></td></tr>
<tr><td>5</td><td></td><td></td><td></td><td></td><td></td><td></td></tr>
<tr><td>6</td><td></td><td></td><td></td><td></td><td></td><td></td></tr>
<tr><td colspan="8">制订实施方案</td></tr>
</table>

<table>
<tr><td>序号</td><td>实施步骤</td><td>使用资源</td></tr>
<tr><td>1</td><td></td><td></td></tr>
<tr><td>2</td><td></td><td></td></tr>
<tr><td>3</td><td></td><td></td></tr>
<tr><td>4</td><td></td><td></td></tr>
<tr><td>5</td><td></td><td></td></tr>
<tr><td>6</td><td></td><td></td></tr>
<tr><td colspan="3">实施说明：</td></tr>
</table>

<table>
<tr><td>班级</td><td></td><td>第　组</td><td>组长签字</td><td></td></tr>
<tr><td>教师签字</td><td colspan="2"></td><td>日　期</td><td></td></tr>
<tr><td>决策评价</td><td colspan="4">评语：</td></tr>
</table>

材料设备清单

模块 4	循环系统				学 时	18	
项 目	序号	名 称	作 用	数 量	型 号	使用前	使用后
所用设备	1	投影仪	观看视频	1 个			
	2	显微镜	血图片镜检、脾和淋巴结组织构造识别	40 台			
所用动物	3	活体牛	心脏、浅层淋巴结投影位置确定	4 头			
	4	家兔	心脏构造观察	4 只			
	5	活体羊	心脏、血管、淋巴结、脾脏观察	1 只			
	6	鸡	心腔、脾、腔上囊观察	4 只			
所用工具	7	解剖器械	观察心脏、血管、脾、淋巴结	4 把			
所用材料	8	新鲜心脏	观看	4 个			
	9	牛、马、猪、羊和禽的循环系统挂图和标本	观看	4 套			
	10	牛、马、猪、羊和禽的血涂片、脾和淋巴结切片	镜检	各 40 个			
	11	血管铸型标本	观看	4 套			
班 级			第 组	组长签字		教师签字	

作　业　单

模块 4	循环系统
作业完成方式	课余时间独立完成
作业题 1	心脏形态构造如何？如何确定心脏听诊的体表投影位置？
作业解答	
作业题 2	结合心腔构造，说明心音产生的原因。
作业解答	
作业题 3	在心脏构造图中，标明左心房、左心室、右心房、右心室以及二尖瓣、三尖瓣、半月瓣、主动脉、肺动脉、腱索、乳头肌的位置。
作业解答	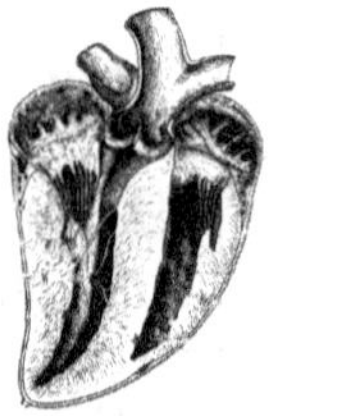
作业题 4	叙述组织液生成与回流，并说明影响组织液生成的因素。
作业解答	
作业题 5	结合血液凝固的过程，说明临床加速和防止血凝的措施。
作业解答	
作业题 6	免疫有何作用？机体可以通过哪些途径获得免疫？
作业解答	
作业题 7	兽医临床和食品卫生检疫常检查的淋巴结有哪些？位置如何？
作业解答	
作业题 8	各种动物脾的形态、颜色、质地和构造如何？
作业解答	
作业题 9	淋巴生成有何意义？
作业解答	
作业题 10	解释名词：心脏传导系统　等渗溶液　碱储　微循环　心动周期　单核巨噬细胞系统
作业解答	

作业评价						
	班　级		第　组	组长签字		
	学　号		姓　名			
	教师签字		教师评分		日期	
	评语：					

效果检查单

<table>
<tr><td>模块 4</td><td colspan="6">循环系统</td></tr>
<tr><td>检查方式</td><td colspan="6">以小组为单位，采用学生自检与教师检查相结合，成绩各占总分(100 分）的 50%。</td></tr>
<tr><td>序号</td><td colspan="2">检查项目</td><td colspan="2">检查标准</td><td>学生自检</td><td>教师检查</td></tr>
<tr><td>1</td><td colspan="2">资讯问题</td><td colspan="2">回答正确、认真</td><td></td><td></td></tr>
<tr><td>2</td><td colspan="2">心脏、浅层淋巴结体表投影位置</td><td colspan="2">方法正确、部位准确</td><td></td><td></td></tr>
<tr><td>3</td><td colspan="2">静脉注射和采血位置</td><td colspan="2">部位准确</td><td></td><td></td></tr>
<tr><td>4</td><td colspan="2">心音听诊</td><td colspan="2">方法正确、描述准确</td><td></td><td></td></tr>
<tr><td>5</td><td colspan="2">脉搏检查</td><td colspan="2">方法正确、操作准确</td><td></td><td></td></tr>
<tr><td>6</td><td colspan="2">血涂片镜检</td><td colspan="2">操作准确、计数准确</td><td></td><td></td></tr>
<tr><td>7</td><td colspan="2">抗凝、促凝措施</td><td colspan="2">方法正确、效果明显</td><td></td><td></td></tr>
<tr><td>8</td><td colspan="2">胸腺、骨髓、腔上囊位置</td><td colspan="2">描述准确</td><td></td><td></td></tr>
<tr><td>9</td><td colspan="2">牛、猪、马和禽脾脏形态特征识别</td><td colspan="2">准确描述各种动物脾的颜色、质地</td><td></td><td></td></tr>
<tr><td>10</td><td colspan="2">脾、淋巴结组织构造观察</td><td colspan="2">能准确找出红髓、白髓、皮质、髓质、淋巴小结等主要结构</td><td></td><td></td></tr>
<tr><td rowspan="3">检查评价</td><td>班　　级</td><td></td><td colspan="2">第　　组</td><td>组长签字</td><td></td></tr>
<tr><td>教师签字</td><td colspan="3"></td><td>日　　期</td><td></td></tr>
<tr><td colspan="6">评语：</td></tr>
</table>

评价反馈单

模块2	体　壁				
评价类别	教学单元	子教学单元	个人评价	组内评价	教师评价
专业能力（60%）	资讯（10%）	获取信息（5%）			
		引导问题回答（5%）			
	计划（5%）	计划可执行度（3%）			
		用具材料准备（2%）			
	实施（20%）	各项操作正确（8%）			
		完成的各项操作效果好（6%）			
		完成操作中注意安全（4%）			
		操作方法的创意性（2%）			
	检查（10%）	全面性、准确性（5%）			
		现场中出现问题的处理（5%）			
	过程（5%）	使用工具的规范性（2%）			
		操作过程规范性（2%）			
		工具和设备使用管理（1%）			
	结果（10%）	结果质量（10%）			
社会能力（20%）	团队合作（10%）	小组成员合作良好（5%）			
		对小组的贡献（5%）			
	敬业、吃苦精神（10%）	学习纪律性（4%）			
		爱岗敬业和吃苦耐劳精神（6%）			
方法能力（20%）	计划能力（10%）	制订计划合理（10%）			
	决策能力（10%）	计划选择正确（10%）			
意见反馈					
请写出你对本学习情境教学的建议和意见					

评价评语	班　级		姓　名		学　号		总　评	
	教师签字		第　组	组长签字			日　期	
	评语：							

模块 5

神经和内分泌系统

学习任务单

模块 5	神经和内分泌系统			学　时	14
布置任务					
学习日标	1. 了解神经和内分泌系统的组成。 2. 了解脑神经、脊神经和植物性神经的大体分布。 3. 理解脑脊膜、脑脊液和激素。 4. 理解神经和体液因素(激素）对体温的调节。 5. 能利用挂图、模型或标本识别主要神经和内分泌器官的形态、位置和结构。 6. 能在活体上确定硬膜外腔和腰旁神经麻醉的位置。 7. 能在活体上准确找到甲状腺和肾上腺的位置。 8. 能正确测定各种动物的体温。 9. 结合神经纤维和各级中枢的机能特点，能解释临床与之相关的生理和病理现象，并合理地加以应用。 10. 结合激素的作用，能解释临床实践中巨大症、侏儒症、甲亢、地方性甲状腺肿大、呆小症、糖尿病等发生的机理。				
任务描述	在牧场和实训室内对神经和内分泌器官进行观察，识别其形态、位置和构造，认知其机能以及神经和体液因素对体温的调节。 具体任务： 1. 在解剖实训室利用挂图、模型或标本识别脑、脊髓、脑垂体、甲状腺、肾上腺、胰岛的形态、位置和构造。 2. 在牧场活体牛上确定腰旁麻醉和硬膜外腔麻醉的位置。 3. 在牧场活体动物上测定体温。 4. 在生理实训室观看神经和内分泌生理录像，认知脑、脊髓、脑垂体、甲状腺、肾上腺等器官的机能。 5. 认知神经和体液因素对体温的调节过程。				
任务载体和工作场景	任务载体：神经和内分泌器官的标本、模型、新鲜器官以及活体等 工作场景：牧场和实训室				
学时分配	资讯 3 学时	计划 1 学时	决策 0.5 学时	实施 8 学时	考核 1 学时	评价 0.5 学时

续表

学习情境 5	神经和内分泌系统	学　时	14
提供资料	1. 周其虎．动物解剖生理．北京：中国农业出版社，2008 2. 董常生．动物解剖学．北京：中国农业出版社，2007 3. 周其虎．畜禽解剖生理．北京：中国农业出版社，2006 4. 南京农业大学．动物生理学．北京：中国农业出版社，2007 5. 陈守良．动物生理学．北京：北京大学出版社，2005 6. 动物解剖与剖检技术精品课网址： http：//113.0.240.9：8080/book-show/c/385484/vindex.html 7. 动物解剖生理精品课网址： http：//113.0.240.9：8080/book-show/c/184860/vindex.html 8. 畜牧课件网网址：http：//www.doc88.com/p-68143044163.html 9. 动物生理学课件网网址：http：//www.docin.com/p-95293071.html		
对学生要求	1. 能根据任务单、资讯引导，查阅相关资料，在课前以小组合作的方式完成任务资讯问题。 2. 以小组为单位完成任务，体现团队合作精神。 3. 严格遵守实训室和牧场规章制度，避免安全隐患。 4. 对各种动物的解剖特点进行对比学习。 5. 严格遵守操作规程，做好自身防护，防止疾病传播。		

任务资讯单

学习情境 5	神经和内分泌系统
资讯方式	通过资讯引导，观看挂图、模型和标本，到本课程的精品课网站、解剖实训室、实习牧场、图书馆查询，向指导教师咨询。
资讯问题	1. 神经系统的组成。 2. 脊髓的构造如何？临床上脊髓灰质炎发生在脊髓的什么部位？ 3. 脑和脑干各由哪几部分构成？为什么把延髓称为“生命中枢”？ 4. 大脑的构造如何？大脑皮层根据机能分成哪几个区？ 5. 脑脊膜由哪几部分构成？什么是硬膜外腔？临床上硬膜外腔麻醉部位在哪儿？ 6. 什么是脑脊液？有何作用？何谓脑水肿或脑积水？ 7. 脑发出的神经有哪些对？ 8. 瘤胃手术需麻醉哪三根神经？位置如何确定？如何理解“1、2、4，前、后、前”？ 9. 什么是植物神经，它和躯体神经有何区别？ 10. 交感神经和副交感神经有何区别？ 11. 什么是神经纤维？它有何功能？神经纤维传递兴奋有哪些特征？临床的药物或低温麻醉的机理是什么？ 12. 什么是突触？兴奋性突触和抑制性突触传递过程是什么？ 13. 突触传递有何特征？临床上兴奋剂和麻醉剂的作用机理是什么？ 14. 什么是牵涉痛？为什么动物内脏患病时会引起体壁的疼痛感觉？

续表

学习情境 5	神经和内分泌系统
资讯问题	15. 交感神经和副交感神经有何机能？为何动物分娩或母鸡产蛋大多在夜间进行？ 16. 植物性神经纤维末梢释放的递质及相应的递质灭活物有哪些？临床上有机磷农药中毒是什么原理？ 17. 皮层下各级中枢神经是指哪些？各有何机能？ 18. 条件反射和非条件反射有何不同？条件反射如何建立？它在畜牧生产上有何意义？ 19. 什么是激素，有何作用特点。 20. 脑垂体由几部分构成？腺垂体分泌哪些激素？各有何机能？ 21. 巨大症和侏儒症的发病机理是什么？ 22. 卵泡刺激素和黄体生成素在胚胎移植上有何应用？ 23. 神经垂体内储存哪些激素？有何机能？抗利尿素为何在临床上不作加压药使用？ 24. 甲状腺的位置及其机能。 25. 呆小症和侏儒症发病机理有何不同？甲亢的人为何能吃不胖而且性情比较暴躁？ 26. 缺碘为何容易引起皮下黏液性水肿？ 27. 参与血钙调节的主要激素是什么？它们是如何调节血钙的？ 28. 肾上腺的形态、位置和构造如何？应激时肾上腺有何形态变化？ 29. 肾上腺皮质分泌哪些激素？各有何机能？当机体严重感染或创伤时，为何可适当使用糖皮质激素但又不能长期使用？ 30. 肾上腺髓质分泌哪些激素？各有何机能？强心剂和升压药中一般主要含哪类激素？ 31. 胰岛分泌哪些激素？它们是如何调节血糖的？ 32. 松果体位于什么位置？它分泌的褪黑素有何作用？养鸡业中为何在开产之前控制光照？ 33. 睾丸分泌的雄性激素有何作用？为何摘除睾丸后，雄性动物的第二性征会发生改变？ 34. 雌激素和孕激素的作用如何？举例说明它们在实践中的应用。 35. 机体哪个部位温度最高？哪个部位最低？临床体温测定一般在什么位置？如何测定？ 36. 各种动物的体温变动范围，举例说明影响体温变动的因素。 37. 体热的主要来源有哪些？为什么寒冷时动物要多运动？ 38. 机体散热的途径有哪些？它们与外界温度有何关系？ 39. 皮肤通过哪几种方式散热？解释炎热夏季畜禽舍要做好通风、猪体喷淋的机理。 40. 体温调节中枢神经在哪儿？如何理解调定点？发热时体温调定点有何变化？ 41. 举例说明神经和体液因素对体温的调节过程。

●●●● 相关信息单

教学单元1 神经系统

神经和内分泌系统是有机体的调节系统，通过神经和体液调节来调节体内各器官系统的活动，使之协调成为统一整体，又能使动物体适应外界环境的变化，保证动物体与环境间的相对平衡，以维持生命活动的正常进行。

- 神经系统
  - 中枢神经
    - 脑
    - 脊髓
  - 外周神经
    - 躯体神经
      - 脑神经
      - 脊神经
    - 植物神经
      - 交感神经
      - 副交感神经

神经系统结构和功能的基本单位是神经元。神经元借突触彼此连接构成了整个中枢和外周神经，细胞体大部分位于中枢内，构成脑和脊髓的灰质；小部分形成外周神经节。突起即神经纤维，在中枢形成脑、脊髓的白质，在外周形成神经。神经与感受器和效应器相联系形成各种末梢器。

任务 1. 识别神经器官的构造　借助挂图、多媒体课件、模型和标本观察脑、脊髓以及其所发出的神经，识别它们的位置、形态与结构。

1. 中枢神经的识别

(1)脊髓的识别

① 形态和位置　脊髓位于椎管内，呈背腹稍扁的圆柱状，前端经枕骨大孔与延髓相连，后端达荐骨中部。可分为颈髓、胸髓、腰髓和荐髓。其中有两个膨大，即颈、胸交界处的颈膨大，由此发出支配前肢的神经；腰、荐交界处的腰膨大，此处发出支配后肢的神经。腰膨大之后则逐渐缩小呈圆锥状，称脊髓圆锥，向后伸出一根细丝，叫终丝。终丝与其左右两侧的神经根聚集成马尾状，合称马尾。

脊髓背侧有一背正中沟，腹侧有一正中裂。脊髓两侧发出成对的脊神经根，每一脊神经根又分为背根和腹根。较粗的背根上有一膨大部，称脊神经节，是感觉神经元的胞体所

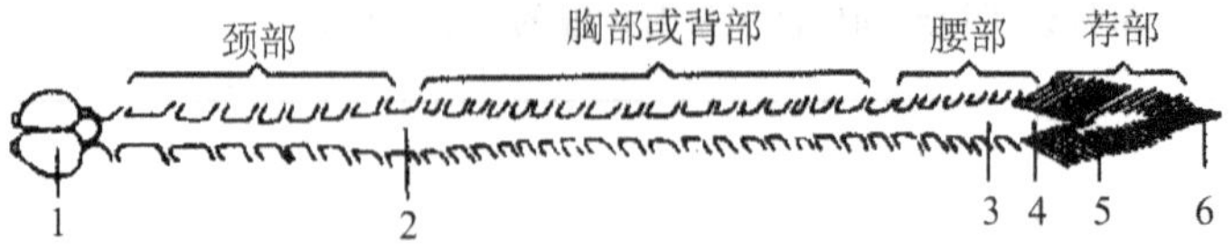

图 5-1　脊髓分段模式图

1. 大脑半球　2. 颈膨大　3. 腰膨大　4. 脊髓圆锥　5. 马尾　6. 终丝

（山东省畜牧兽医学校，动物解剖生理，第三版，2000）

在处，在此发出感觉神经纤维，专管感觉，又称感觉根；腹根是由腹角运动神经元发出运动神经纤维，专管运动，称为运动根。背根和腹根在椎间孔处合并为脊神经出椎间孔。

② 脊髓的结构　在脊髓横断面上可见脊髓是由中央呈蝴蝶形颜色较深的灰质和外周颜色较浅的白质构成。在灰质中央有一个脊髓中央导水管。

灰质：主要是由神经元的胞体构成。从横断面上看，灰质分为一对背角和一对腹角，在胸腰段脊髓灰质还形成一对侧角。从脊髓纵向观，背角形成背侧柱，腹角形成腹侧柱，侧角形成侧柱。背角主要由联络神经元胞体构成；腹角主要由运动神经元胞体构成；侧角主要由交感神经元胞体构成。

白质：主要由神经纤维构成，被灰质分成背侧索、腹侧索和侧索。背侧索位于两个背侧柱及背正中沟之间，主要由感觉神经元发出的上行纤维束构成；腹侧索位于两个腹侧柱及腹正中裂之间，主要由运动神经元发出的下行纤维束构成；侧索位于背侧柱和腹侧柱之间，由脊髓背侧柱的联络神经元的上行纤维束和来自大脑与脑干的中间神经元的下行纤维束构成。一般靠近灰质柱的白质都是一些短的纤维，主要联络各段的脊髓。

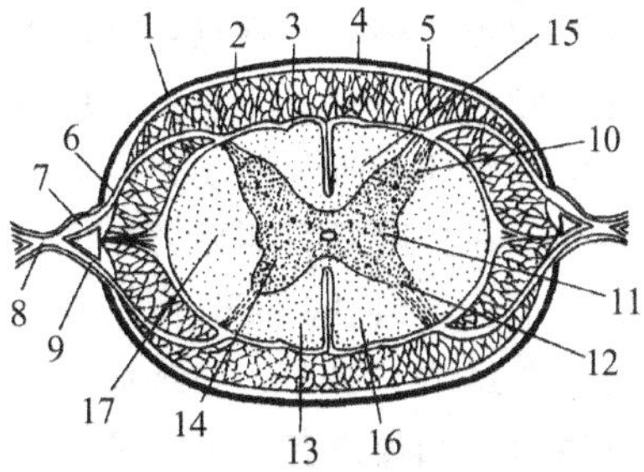

图 5-2　脊髓横断面模式图

1. 硬膜　2. 蛛网膜　3. 软膜　4. 硬膜下腔　5. 蛛网膜下腔　6. 背根　7. 脊神经节　8. 脊神经　9. 腹根　10. 背角　11. 侧角　12. 腹角　13. 白质　14. 灰质　15. 背索　16. 腹索　17. 侧索

（山东省畜牧兽医学校，动物解剖生理，第三版，2000）

(2)脑的识别　脑是神经系统的高级中枢，位于颅腔内，大小与颅腔相适应。脑分为大脑、小脑和脑干三部分。大脑位于前方，脑干位于大脑和脊髓之间，小脑位于脑干背侧。

① 脑干　由延髓、脑桥、中脑及其前端的间脑构成。脑干后连脊髓，前接大脑，是脊髓与大脑、小脑连接的桥梁。

延髓：是脊髓向前的延续，形似脊髓，腹侧正中线两侧各有一纵行的由运动神经纤维束形成的隆起称锥体。锥体大部分运动神经纤维束在其后部向对侧交叉，称锥体交叉。延髓背侧面的前部扩展，形成第四脑室底壁后半部分。背侧及两侧各有一股纤维束，连于小脑。延髓中含有唾液分泌、吞咽、呕吐、呼吸、心跳等生命中枢。

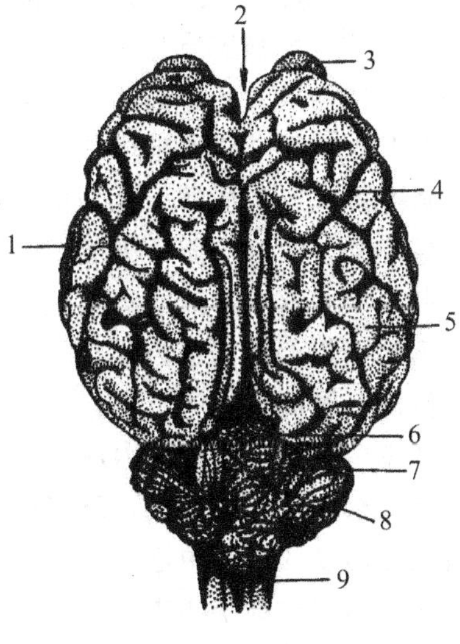

图 5-3　脑髓背面

1. 大脑半球　2. 大脑纵裂　3. 嗅球　4. 脑沟　5. 脑回　6. 大脑横裂　7. 小脑蚓部　8. 小脑半球　9. 延髓

（董常生，动物解剖学，第三版，2001）

脑桥：位于延髓前方，腹侧面为横向隆起，内含横向纤维，是连接中枢神经系统前后各部和小脑的重要通道。背侧面构成第四脑室底壁的前部。

中脑：位于脑桥前方，间脑后方。腹侧面有两条短粗纵行纤维柱称大脑脚；背侧有四个丘形隆起，称四叠体。前方一对较大称前丘；后方一对较小称后丘，分别与视觉、听觉反射有关。四叠体和大脑脚之间有中脑导水管，前接第三脑室，后通第四脑室。

间脑：位于中脑的前方，大部分被两侧的大脑半球所覆盖。间脑主要分为丘脑和下丘脑。丘脑为两个卵圆形的灰质块，其内侧面彼此靠近以中间块相连，在灰质块间的矢状面有一环形间隙，称第三脑室，其前方经左、右脑室间孔，通大脑半球内的侧脑室，后方经中脑导水管与第四脑室相通。丘脑后部外侧有两个隆起，分别称为内侧膝状体和外侧膝状体。内侧膝状体是听觉冲动通向大脑皮层的联络站；外侧膝状体是视觉冲动通向大脑皮层的联络站。在丘脑的背侧后方与中脑的四叠体之间，有一椭圆形小体，叫松果体，属于内分泌腺。下丘脑(丘脑下部)位于丘脑腹侧，包括第三脑室侧壁下部的一些灰质核团，以及视交叉、灰结节、漏斗、脑垂体、乳头体等结构。还含有视上核、室旁核，它们分别能释放抗利尿激素和催产素。下丘脑是调节内脏活动的较高级中枢。

② 小脑　略呈球形，位于延髓和脑桥背侧。小脑表面有许多凹陷的沟和凸出的回。小脑分为中间较窄且卷曲的蚓部和两侧膨大的小脑半球。小脑灰质主要覆盖于小脑半球的表面；小脑白质在深部，呈树枝状分布。白质中有分散存在的神经核。小脑构成第四脑室的顶壁。

③ 大脑　主要由左、右两个完全对称的大脑半球组成。两个大脑半球借巨大的横行纤维束构成的胼胝体相连。两个大脑半球内分别有一个呈半环形狭窄腔隙，叫侧脑室，两侧脑室分别以室间孔与第三脑室相通。大脑半球由顶部的大脑皮质、内部的白质和基底核以及前底部的嗅脑等组成。

大脑皮质：大脑皮质为表层的灰质，由神经细胞胞体构成，其表面凹凸不平，凹处为沟，凸起处为回，以此来增加大脑皮质的面积。禽类的大脑灰质薄，无沟回。根据机能和位置不同，大脑皮质分为五个叶，各叶内有各种高级中枢。半球的背外侧前部为额叶，有运动中枢；背侧部为顶叶，为感觉中枢；外侧部有颞叶，为听觉中枢；后部为枕叶，为视觉中枢；大脑半球内侧面因其位置在大脑和间脑交界处的边缘，所以称为边缘叶，有内脏活动的高级中枢。

白质：由三种纤维构成。连合纤维是联系左、右半球的神经纤维，构成胼胝体；联络纤维是联系同侧半球的神经纤维；投射纤维是联系大脑皮质与皮层下中枢的上、下行纤维。以上这些纤维把脑的各部与脊髓联系起来，再通过外周神经与各个器官联系起

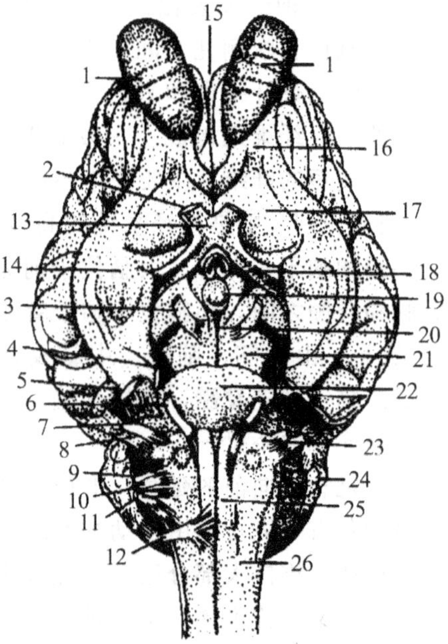

图 5-4　脑髓腹面

1. 嗅球　2. 视神经　3. 动眼神经　4. 滑车神经　5. 三叉神经　6. 外展神经　7. 面神经　8. 听神经　9. 舌咽神经　10. 迷走神经　11. 副神经　12. 舌下神经　13. 视交叉　14. 梨状叶　15. 纵裂　16. 嗅束　17. 嗅三角　18. 漏斗与灰结节　19. 乳头体　20. 脑间窝　21. 大脑脚　22. 脑桥　23. 斜方体　24. 小脑　25. 锥体　26. 延髓

（董常生，动物解剖学，第三版，2001）

来，因而大脑皮质能支配所有的活动。

基底核(纹状体)：是大脑白质中基底部的灰质核团，主要有尾状核和豆状核，两核之间有白质(上、下行的投射纤维)构成的囊。基底核、尾状核、内囊和豆状核都有灰、白质相间的条纹，称纹状体。一般认为，纹状体是锥体外系统发放冲动的一个重要联络站。基底核在大脑皮质控制下可调节骨骼肌的运动。禽类的基底核比较发达。

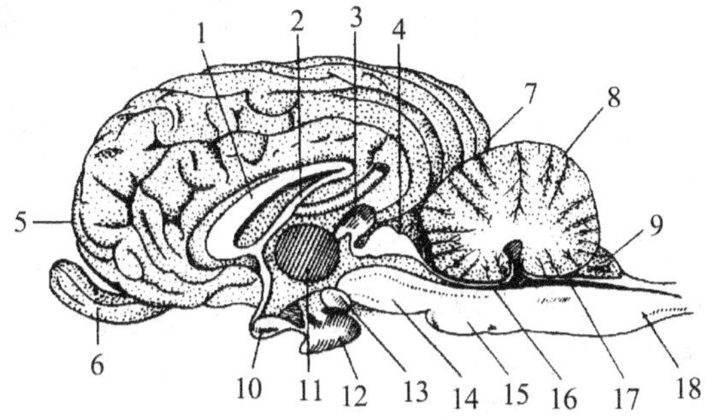

图 5-5　脑正中切面

1. 胼胝体　2. 穹窿　3. 松果体　4. 四叠体　5. 额极　6. 嗅球　7. 枕球
8. 小脑　9. 脉络丛　10. 视交叉　11. 丘脑中间块　12. 脑垂体　13. 乳头体
14. 大脑脚　15. 脑桥　16. 前髓帆　17. 后髓帆　18. 延髓
(董常生，动物解剖学，第三版，2001)

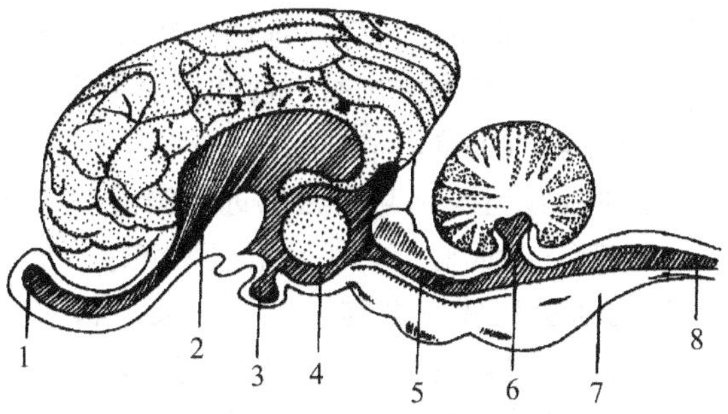

图 5-6　脑室系统半模式图

1. 嗅球室　2. 侧脑室　3. 脑垂体腔　4. 第三脑室　5. 中脑水管
6. 第四脑室　7. 延髓　8. 中央管
(董常生，动物解剖学，第三版，2001)

嗅脑：主要包括位于大脑腹侧最前端的嗅球(接受来自鼻腔嗅区的嗅神经，其功能与嗅觉有关)以及沿脑腹侧面延续的嗅回、梨状叶、海马等。其中梨状叶、海马和大脑半球内侧面合称边缘叶，边缘叶与皮层下的一些结构共同构成大脑边缘系统。

(3)脑脊膜、脑脊液和血脑屏障的识别

① 脑脊膜　在脑和脊髓表面都有三层膜，由内向外依次为软膜、蛛网膜和硬膜，可以保护和支持脑和脊髓。

软膜：薄而富有血管，紧贴于脑和脊髓，分别称脑软膜和脊软膜。脑软膜随血管分支伸入脑室，形成脉络丛，是产生脑脊液的主要结构。

蛛网膜：蛛网膜薄，位于软膜的外面，且分出无数小梁与之相连。蛛网膜和软膜之间的腔隙，称为蛛网膜下腔，内含脑脊液。

硬膜：是一层较厚而坚韧的致密结缔组织，位于蛛网膜的外面。在脑部，脑硬膜紧贴颅腔壁，无间隙。脊髓部分的脊硬膜与椎管内面骨膜之间形成的腔隙称硬膜外腔，腔内充满大量的脂肪和疏松结缔组织。兽医临床上常用硬膜外腔麻醉的方法麻醉脊神经根。硬膜与蛛网膜之间的腔隙称为脑、脊硬膜下腔，内含少量脑脊液。

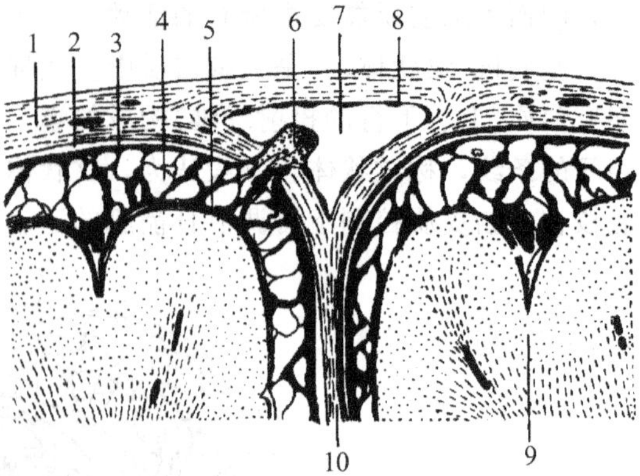

图 5-7 脑脊膜构造模式图

1. 硬膜 2. 硬膜下腔 3. 蛛网膜 4. 蛛网膜下腔 5. 软膜 6. 蛛网膜绒毛 7. 静脉窦 8. 内皮 9. 大脑皮质 10. 大脑镰

（山东省畜牧兽医学校，动物解剖生理，第三版，2000）

② 脑脊液 是由各脑室脉络丛产生的无色透明的液体。正常情况下，脑脊液的产生与吸收是保持动态平衡的，如果这种平衡受到破坏，便可引起脑积水和颅内压升高，使脑组织受到压迫，而出现神经症状。

脑脊液的主要作用有：维持脑组织渗透压和颅内压的相对恒定；保护脑和脊髓、减少或免受外力的震荡；供给脑组织的营养；参与代谢产物的运输等作用。

③ 脑脊髓的血管 脑脊髓的血液来自颈动脉、枕动脉、椎动脉、肋间动脉及腰动脉等的脊髓支。它们在脑底合成一动脉环，围绕脑垂体；在脊髓腹侧汇合成一脊髓腹侧动脉，沿脊髓腹侧正中裂伸延。从动脉环和脊髓腹侧动脉分出侧支，分布于脑和脊髓。静脉血则分别汇入颈内静脉和一些节段性的同名静脉。

④ 血脑屏障 脑内的毛细血管能限制某些物质进入脑组织，例如给家兔从静脉注射台盼蓝染料后，身体其他器官都被染成蓝色，而脑组织不着色。这一事实说明血液和脑组织之间存在着某种屏障，称为血脑屏障。血脑屏障的构成与脑内毛细血管的结构特点有关：脑内毛细血管内皮上无孔；而且内皮细胞之间紧密连接，没有间隙；同时脑内毛细血管的外表面还有一层由神经胶质细胞突起形成的胶质膜包围，使血管不与神经细胞直接接触。血脑屏障可防止有毒和有害物质进入脑内损害神经细胞，同时也能维持神经系统内环境的相对恒定，保证神经细胞的正常功能。

2. 外周神经的识别

外周神经系统是神经系统的外周部分，即除脑、脊髓外，所有神经干、神经节、神经丛及神经末梢的总称。它们一端连于脑或脊髓，另一端同动物体各器官的感受器或效应器相连。将来自感受器的内外环境的刺激冲动，传至中枢，再把中枢神经冲动传递到各效应器官(肌肉或腺体)。

外周神经可分为脑神经、脊神经和植物性神经。

(1)脑神经的识别 脑神经共有十二对，多数从脑干发出，通过颅骨的一些孔出颅腔。其中有的是感觉神经，有的是运动神经，有的是含感觉和运动纤维的混合神经。

脑神经名称的记忆口诀：一嗅二视三动眼，四滑五叉六外展，七面八听九舌咽，十迷一副舌下全。

表 5-1 脑神经分布简表

顺序及名称	连脑部位	性 质	分 布 范 围	机 能
Ⅰ嗅神经	嗅球	感觉	鼻黏膜嗅区	嗅觉
Ⅱ视神经	间脑	感觉	视网膜	视觉
Ⅲ动眼神经	中脑	运动	眼球肌	眼球运动
Ⅳ滑车神经	中脑	运动	眼球肌	眼球运动
Ⅴ三叉神经	脑桥	混合	头部肌肉、皮肤、泪腺结膜、口腔齿髓、舌、鼻腔等	头部皮肤、口、鼻腔、舌等感觉，咀嚼运动
Ⅵ外展神经	延髓	运动	眼球肌	眼球运动
Ⅶ面神经	延髓	混合	鼻唇肌、耳肌、眼睑肌、唾液腺等	面部感觉、运动唾液的分泌
Ⅷ位听神经	延髓	感觉	内耳	听觉和平衡觉
Ⅸ舌咽神经	延髓	混合	舌、咽	咽肌运动、味觉、舌部感觉
Ⅹ迷走神经	延髓	混合	咽、喉、食管、胸腔、腹腔内大部分器官和腺体等	咽、喉和内脏器官的感觉和运动
Ⅺ副神经	延髓和颈部脊髓	运动	斜方肌、臂头肌、胸头肌	头、颈、肩带部的运动
Ⅻ舌下神经	延髓	运动	舌肌	舌的运动

(2)脊神经的识别 脊神经是由背根(感觉根)和腹根(运动根)汇合而成，都是混合神经。按照从脊髓发出的部位分颈神经、胸神经、腰神经、荐神经和尾神经。

脊神经出椎间孔后，分为背侧支和腹侧支。背侧支细，分布于脊柱背侧如颈背部、鬐甲、背腰部的皮肤和肌肉；腹侧支较粗，分布于脊柱腹侧(胸腹壁)及四肢等的肌肉和皮肤。脊神经分支很广，现将在生产和临床中常用脊神经腹侧支的分支分布情况介绍如下：

① 躯干神经

膈神经：由第Ⅴ、Ⅵ、Ⅶ对颈神经腹侧支连合而成，经胸前口入胸腔，沿纵隔后行，分布于膈。

肋间神经：为胸神经腹侧支。在每一肋间隙沿肋间动脉后缘下行，分布于肋间肌。其中最后一对肋间神经在第一腰椎横突末端前下缘进入腹壁，分布于腹肌和腹部皮肤，以及阴囊皮肤、包皮或乳房等处。

髂下腹神经(髂腹后神经)：为第一腰神经腹侧支。牛的经第二、三腰椎横突之间(马属动物的则在第二腰椎横突末端的后缘)进入腹壁肌肉，分布于腹肌和腹部皮肤。

髂腹股沟神经：为第二腰神经的腹侧支。牛沿第四腰椎横突末端的外侧缘(马属动物的则沿第三腰椎横突末端的后缘)伸入腹肌之间，分布于腹肌、腹壁和股内侧皮肤。

掌握最后肋间神经、髂下腹神经、髂腹股沟神经的行程和分布，为腹壁手术的腰旁传导麻醉打基础。

② 前肢神经 分布于前肢的神经由臂神经丛发出。牛的臂神经丛是由最后3对颈神经腹侧支和第1对胸神经腹侧支(马属动物则由第Ⅵ、Ⅶ、Ⅷ对颈神经腹侧支和第Ⅰ、Ⅱ对胸神经腹支)连合而成，位于肩关节内侧。由此丛发出的神经有肩胛上神经、肩胛下神经、腋神经、桡神经、尺神经和正中神经等。其中正中神经是前肢最长的神经，由臂神经

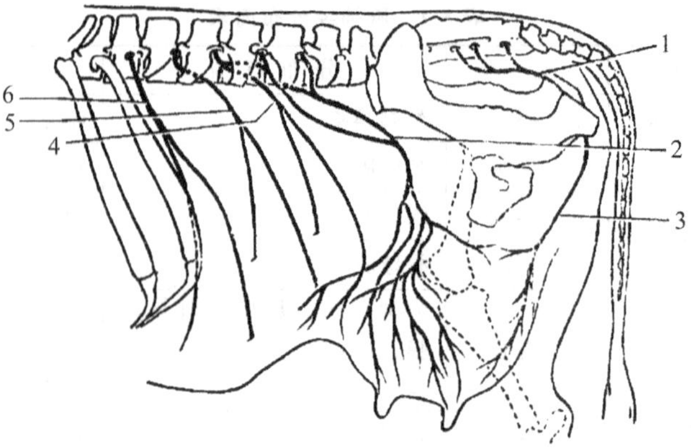

图 5-8 母牛的腹壁神经

1. 阴部神经 2. 精索外神经 3. 会阴神经的乳房支
4. 髂腹股沟神经 5. 髂下腹神经 6. 最后肋间神经
（范作良，动物解剖，2001）

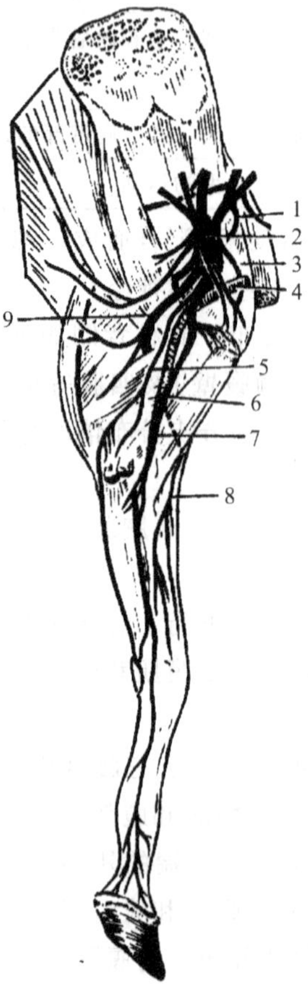

图 5-9 牛的前肢神经

1. 肩胛上神经 2. 臂神经丛 3. 腋神经
4. 腋动脉 5. 尺神经 6. 正中神经和肌皮神经总干 7. 正中神经 8. 肌皮神经皮支 9. 桡神经
（范作良，动物解剖，2001）

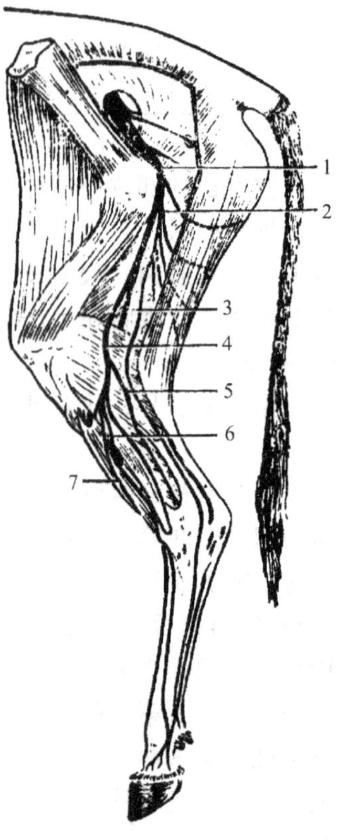

图 5-10 牛的后肢神经

1. 坐骨神经 2. 肌支 3. 胫神经 4. 腓神经
5. 小腿外侧皮神经 6. 腓浅神经 7. 腓深神经
（范作良，动物解剖，2001）

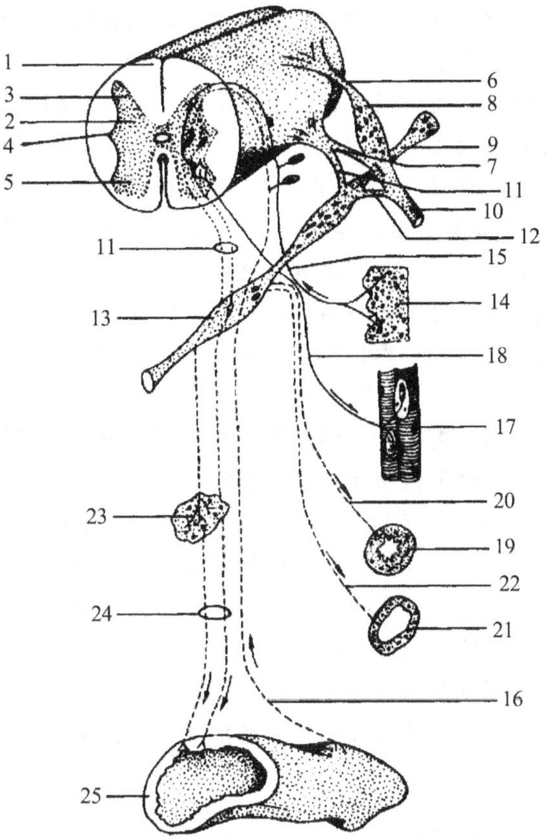

图 5-11　植物性神经构造模式图

1. 白质　2. 灰质　3. 背角　4. 侧角　5. 腹角　6. 背根　7. 腹根　8. 脊神经节　9. 交感神经干　10. 脊神经　11. 节前纤维　12. 节后纤维　13. 椎神经节　14. 皮肤　15. 传入神经　16. 内脏传入神经　17. 骨骼肌　18. 支配骨骼肌的传出神经纤维　19. 血管壁平滑肌　20. 支配血管的传出神经纤维　21. 皮脂腺　22. 支配腺体的传出神经纤维　23. 椎下神经节　24. 节后纤维　25. 内脏(肠或其他器官)

(山东省畜牧兽医学校，动物解剖生理，第三版，2000)

丛向下伸延到蹄。

③ 后肢神经　分布于后肢的神经由腰荐神经丛发出。腰荐神经丛由后三对腰神经及前两对荐神经的腹侧支构成，位于腰荐部腹侧。由腰荐神经丛发出的神经有股神经、坐骨神经、胫神经、腓神经、跖内侧神经和跖外侧神经。其中股神经分出的肌支分布于髂腰肌，还分出一隐神经分布于股部、小腿部及跖部内侧面的皮肤；坐骨神经为全身最粗最长神经，由坐骨大孔出盆腔，沿荐坐韧带的外侧面向后下方伸延，它除分布于臀部肌肉和皮肤外，在髋关节后下方，又分为腓神经和胫神经，分支分布于后肢小腿部以下的肌肉和皮肤。临床上常见由股神经和坐骨神经麻痹引起的跛行。

(6)植物神经的识别　植物性神经是指调节平滑肌、心肌和腺体的神经。由于传入神经和脑、脊神经相同，所以一般所讲的植物性神经是指其传出神经而言。由于平滑肌多分布在内脏周围，所以植物性神经又称内脏神经。

① 植物性神经和躯体神经(脑神经和脊神经)的区别

分布不同：躯体神经分布在骨骼肌，可随意运动；而植物性神经分布于平滑肌、心肌和腺体等处，不发放随意运动。

结构不同：躯体神经从中枢出发直达所支配的骨骼肌；而植物性神经从中枢出发，需更换一个神经元，才能到达所支配的效应器，第一个神经元(节前神经元)在中枢内，发出的纤维叫节前纤维，第二个神经元(节后神经元)在神经节中，发出的纤维叫节后纤维。

② 植物性神经分类　根据中枢位置和功能不同，植物性神经可分为交感神经和副交感神经。两者都是内脏运动神经，并且多数是共同支配一个器官。两者在起始部位、形态结构、分布范围和生理机能等方面各有特点，主要区别如下：

中枢部位不同：交感神经的中枢位于脊髓胸腰段灰质侧角中；副交感神经的中枢位于脑干和荐部脊髓。

周围神经节的部位不同：交感神经的周围神经节位于脊柱两旁的椎旁神经节和椎下神经节；副交感神经的周围神经节位于所支配的器官内或器官附近。

节前纤维和节后纤维的比例不同：一个交感神经的轴突可与许多节后神经元形成突触；而一个副交感神经的轴突则与较少的节后神经元形成突触。

分布范围不同：交感神经的分布范围较广，除分布胸腹腔器官外，还遍及头颈器官以及全身的血管和皮肤；副交感神经的分布范围不如交感神经广泛，汗腺、竖毛肌、肾上腺皮质以及大部分的血管均无副交感神经支配。

作用不同：交感神经和副交感神经的作用是拮抗的，但又协调统一，从而使各器官的功能活动维持动态的平衡。

任务 2　认知神经器官的机能

观看多媒体课件和神经生理实训录像，认知神经纤维、脊髓、脑干、小脑以及大脑的机能。

1. 认知神经纤维的机能

神经纤维是由神经元的长突起和包在其表面的神经胶质细胞构成。其主要功能是传导兴奋，也就是传导冲动。

(1)神经纤维兴奋的产生

① 静息电位　细胞、组织兴奋时，不论其外部表现如何不同，它们都有电位的改变，统称为生物电。实验证明，神经纤维和其他细胞一样，在静息状态下，细胞膜表面各点之间电位是相等的，而膜内外有明显的电位差，即内负、外正的电位，这种细胞膜内外的电位差，称静息电位(或膜电位)。细胞膜保持外正、内负的极化状态，叫做极化。极化状态是神经纤维实现其特殊传导功能的先决条件，也是它对刺激产生兴奋或抑制的物质基础。各种因素凡能消除或降低这种极化状态时，就将产生兴奋；反之，就会产生抑制。

静息电位的产生，一般用“离子学说”来解释，是由于一些离子在细胞膜内外两侧不均衡分布造成的，特别是在静息状态下，内侧的 K^+ 外流，而有机负离子在内，这样形成内负、外正的电位差。之所以产生上述电位和变化的电位，是由于细胞膜在不同情况下对不同离子有不同的通透能力。

② 动作电位　当神经纤维受到刺激而兴奋时，引起细胞膜的通透性改变，此时细胞膜对 Na^+ 的通透性突然发生瞬间增大。膜外的 Na^+ 就依靠膜内外原有的 Na^+ 浓度差和外

正内负的电位差推动，而迅速向膜内扩散，在流入过程中，先使膜内外原有的电位差迅速缩小，直至消除静息时膜两侧的极化状态，此过程叫去极化；随着更多的 Na^+ 继续流入膜内，去极化进一步发展，从而使膜内带正电位，膜外带负电位，这个过程叫反极化；最后细胞膜恢复原来的通透性，又恢复为膜外为正、膜内为负的静息状态电位水平，这个过程叫复极化。神经纤维在受到刺激后产生由去极化到复极化的可传播的特殊电位变化，称为动作电位。

在生理学上常把动作电位看作是细胞兴奋的标志。因而兴奋也成了动作电位的同义词。所以，兴奋性就可理解为在接受刺激时产生动作电位的能力。

③ 兴奋的传导　神经纤维一局部受到刺激而产生兴奋(动作电位)便沿神经纤维传播，这就是神经纤维的传导性。

④ 神经纤维兴奋传导的速度　主要受到两方面影响，一是有无髓鞘，有髓鞘者传导快，无髓鞘者传导慢；二是神经纤维的粗细，直径大者传导快，直径小者传导慢。

局部电流(学说)传递：一般是指无髓神经纤维某一点受到刺激而产生兴奋，即产生了动作电位，这个动作电位就会沿着无髓神经纤维一点一点的连续向两端传递，这就是兴奋在无髓神经纤维上传递过程。

跳跃式传递：有髓神经纤维的动作电位是沿着神经纤维从一个朗飞氏节跳到另一个邻近朗飞氏节，其传导兴奋的速度显然比无髓神经纤维或一般细胞的传导速度要快得多。

(2)神经纤维传递兴奋的特征

① 神经纤维的完整性　神经纤维传导冲动时，首先要求神经纤维在结构上和生理功能上是完整的，如果神经纤维被切断，冲动就不能通过切口向下传递；如果神经纤维受压、局部低温或麻醉药等作用，冲动传导也会发生降低或阻滞。

② 神经纤维的绝缘性　一条神经干内含有许多条神经纤维，但是任何一条纤维的冲动，只能沿本身纤维传导，以保证传递信息的准确性，使动物产生有效的反射活动。

③ 神经纤维传导的双向性　刺激神经纤维的任何一点，所产生的冲动可沿纤维向两端同时传导，叫传导的双向性。

④ 相对不疲劳性　神经纤维始终保持其传导能力，具有相对的不疲劳性。

⑤ 神经纤维传递冲动的不衰减性　神经纤维在传导神经冲动时，不论传导距离多远，其冲动的大小、数目和速度自始至终保持不变。保证机体调节机能的及时、迅速和准确。

2. 认知突触传递的过程

① 突触　是指神经元间或神经元与效应器细胞之间的功能性接触点，主要完成细胞间的信息传递。突触结构包括突触前膜(内含小泡可释放化学递质)、突触间隙和突触后膜(膜上有接受递质的受体)。

② 突触传递的过程　主要包括兴奋性突触的传递和抑制性突触的传递。

兴奋性突触传递过程：当动作电位传至轴突末梢时，使突触前膜兴奋，并释放兴奋性化学递质，递质经突触间隙扩散到突触后膜，与后膜的受体结合，使后膜对 Na^+、K^+，尤其是对 Na^+ 的通透性升高，Na^+ 内流，使后膜出现局部去极化，这种局部电位变化，叫做兴奋性突触后电位。单个兴奋性突触产生的一次兴奋性突触后电位，所引起的去极化程度很小，不足以引发突触后神经元的动作电位。只有同一突触前末梢连续传来多个动作电位，或多个突触前末梢同时传来一排动作电位时，突触后神经元将许多兴奋性突触后电位叠加起来，使电位幅度加大。当达到阈电位时，便引起突触后神经元的轴突始段首先爆发动作电位，然后产生扩布性的动作电位，并沿轴突传导，传至整个突触后神经元，表现为突触后神经元的兴奋，此过程称兴奋性突触传递。

抑制性突触传递过程：当抑制性中间神经元兴奋时，其末梢释放抑制性化学递质。递质扩散到后膜与后膜上的受体结合，使后膜对 K^+、Cl^-，尤其是对 Cl^- 的通透性升高，K^+ 外流和 Cl^- 内流，使后膜两侧的极化加深，即超极化，此超极化电位叫做抑制性突触后电位，这个过程称抑制性突触传递。

突触的传递可概括如下：

突触前神经元末梢兴奋→释放兴奋性递质→兴奋性突触后电位（突触后膜去极化）→突触后神经元兴奋。

突触前神经元末梢兴奋→释放抑制性递质→抑制性突触后电位（突触后膜超极化）→突触后神经元抑制。

③ 突触传递的递质、受体及递质的灭活

递质：主要包括乙酰胆碱和去甲肾上腺素。所有植物性神经节前纤维、大多数副交感神经的节后纤维、少数交感神经的节后纤维，以及支配骨骼肌的纤维释放的递质是乙酰胆碱；多数交感神经节后纤维释放的递质是去甲肾上腺素。

受体：主要包括胆碱能受体和肾上腺素能受体。凡是能与乙酰胆碱结合的受体称乙酰胆碱能受体，主要分为毒蕈碱型受体（M）和烟碱型受体（N）。凡是能与去甲肾上腺素或肾上腺素结合的受体均称为肾上腺素能受体，主要分为 α 型受体和 β 型受体等。

递质的灭活：在正常情况下，从神经末稍释放的递质一方面作用于受体，另一方面又被各自相应的酶所破坏或移除。如：乙酰胆碱在几毫秒内，即被组织中的胆碱酯酶所破坏，作用时间十分短促。去甲肾上腺素大部分被重新吸收回轴浆中，小部分被组织中的儿茶酚胺氧位甲基移位酶破坏，其重新被吸收和破坏的速度比较缓慢，所以交感神经发挥效应的时间较长。若递质不能及时消除则会出现病症。如动物有机磷农药中毒时，因为有机磷与胆碱酯酶发生结合，使其失去活性，致使乙酰胆碱不能被水解，在体内大量蓄积，出现支气管痉挛、呼吸困难、瞳孔缩小、流涎、出汗、大小便失禁等一系列副交感神经极度兴奋的现象，出现这种情况时，可用阿托品和解磷定类药物急救。

④ 突触传递的特征　突触传递神经冲动明显不同于神经纤维上的冲动传导。这是由于突触本身的结构和化学递质的参与等因素决定。

单向性：兴奋在通过突触传递时只能从突触前神经元传递给突出后神经元，不能反向传递。因为只有突触前膜能释放递质，这些递质也只能和后膜上的相应受体结合，因此兴奋不能逆向传递。这种特性使神经冲动按特定的方向和途径传递，保证神经系统调节和整合活动有规律进行。

突触延搁：兴奋通过突触时所发生的传导速度明显放慢的现象，称为突触延搁。因为突触传递过程比较复杂，包括突触前膜释放递质、递质与受体结合以及一系列的电位变化等，需要较长的时间。

总和：在突触传递过程中，突触后神经元发生兴奋需要有多个兴奋性突触后电位总和，才能使膜电位的变化达到阈电位水平，从而爆发动作电位。兴奋的总和包括时间总和和空间总和。如果同一突触前末梢连续传来多个冲动，或多个突触前末梢同时传来一排冲动，则突触后神经元可将所产生的突触后电位总和起来，前者称为时间总和，后者称为空间总和。如果总和未达到阈电位，此时的神经元与静息状态下比，兴奋性有所提高。

敏感性：突触部位易受内环境变化的影响，如缺氧、酸碱度、某些药物等均可作用于突触传递的某些环节，改变突触传递的能力。如急性缺氧而造成递质合成减少。突触对内环境的酸碱度改变也极为敏感。当动脉血的 pH 值从正常值 7.4 上升到 7.8 时，可提高后膜对递质的敏感性，而使之易于兴奋，从而诱发惊厥，出现碱中毒；当动脉血的 pH 值下降到 7.0 或 6.95 时，可降低后膜对递质的敏感性而难以兴奋，从而导致昏迷，出现酸中毒。突触对某些药物亦很敏感。临床上常用的兴奋或麻醉药，多数是通过改变突触后膜对兴奋性或抑制性递质的敏感性而发挥作用的。如上的宁可降低后膜对抑制性递质的敏感性，特别是对脊髓内的突触作用最为明显，故常用作脊髓兴奋剂；又如巴比妥类可降低后膜对兴奋性递质的敏感性或提高其对抑制性递质的敏感性，特别是对脑干网状结构内的突触作用最为明显，故常用作镇静剂或麻醉剂。

易疲劳性：在反射弧中，突触是最容易出现疲劳的部位。因为在经历了长时间的突触传递后，突触小泡内的递质将大大减少，从而影响突出传递而发生疲劳。

3. 认知中枢神经系统的感觉机能

主要包括特异性传入系统和非特异性传入系统。

(1)特异性传入系统　从机体各种感受器传入的神经冲动进入中枢神经后(除嗅觉)，均沿专一特定的传入通路到达丘脑，并在丘脑内更换神经元，再由丘脑发出上行纤维(投射纤维)达到大脑皮质的特定区域引起特异性的感觉，叫特异性传入系统。特异性传入系统具有程度很高的点对点的投射关系，其功能是传递精确的信息到大脑皮层引起特定的感觉，并激发大脑皮层发出传出神经冲动。

(2)非特异性传入系统　特异性传入系统的纤维在途经脑干时，发出侧支与脑干网状结构内的神经元发生突触联系，然后抵达丘脑，再由丘脑发出纤维投射到大脑皮质的广泛区域，从而失去了感觉的特异性，叫非特异性传入系统。其生理作用其激动整个大脑皮质，维持和提高其兴奋性，使大脑处于醒觉状态。

特异性传入系统与非特异性传入系统两者互相影响，互相配合，使大脑既能处于觉醒状态，又能产生特定感觉。

(3)中枢神经内脏感觉的特点　内脏的感觉是比较模糊、弥散、定位不精确的。内脏疼痛感觉特点是牵涉痛，就是当某内脏患病时，往往会引起体壁一定部位产生疼痛感觉，而感觉到疼痛的体壁实际上并未发生病变，这种痛觉称牵涉痛。

4. 认知中枢神经系统的运动机能

大脑皮层是中枢神经系统控制和调节骨骼肌活动的最高级中枢，它是通过锥体系统和锥体外系统来实现的。实验证明，皮质运动区支配对侧骨骼肌，呈现左右交叉的关系，即左侧运动区支配右侧躯体的骨骼肌，右侧运动区支配左侧躯体的骨骼肌。

(1)锥体系统　皮质运动区内存在许多大锥体细胞，这些细胞发出粗大的下行纤维组成锥体系统。其纤维一部分经脑干交叉到对侧，与脊髓的运动神经元相连，调节各小组骨骼肌参与的精细动作。如锥体系统受损坏，随意运动即消失。

(2)锥体外系统　除了大脑皮层运动区外，其他皮层运动区也能引起对侧或同侧躯体某部分的肌肉收缩。这些部分和皮质下神经结构发出的下行纤维，大部分组成锥体外系统。该系统主要是调节肌紧张，使躯体各部分协调一致。如动物前进时，四肢运动能协调配合。

正常生理状态下，皮质发出的冲动通过两个系统分别下传，使躯体运动既协调又准确。动物的锥体系统不如锥体外系统发达。若锥体外系统受损伤，机体虽能产生运动，但动作不协调。

5. 认知中枢神经系统对内脏的调节

内脏活动一般受植物性神经调节。植物性神经包括交感神经和副交感神经，这两种神经对同一内脏器官的调节作用既是相反的，又互相协调统一。

表 5-2　植物性神经的主要机能

器　官	交感神经	副交感神经
心血管	心搏动加快、加强。腹腔脏器血管、皮肤血管、唾液腺与生殖器官血管收缩，肌肉血管收缩或舒张(胆碱能)	心搏动减慢，收缩减弱，分布于软脑膜与外生殖器官的血管舒张
呼吸器官	支气管平滑肌舒张	支气管平滑肌收缩，黏液分泌
消化器官	分泌黏稠的唾液，抑制胃肠运动，促进括约肌收缩，抑制胆囊活动。	分泌稀薄的唾液，促进胃液、胰液分泌，促进胃肠运动，括约肌舒张，胆囊收缩
泌尿生殖器官	逼尿肌舒张，括约肌收缩，子宫(怀孕)收缩和子宫(未怀孕)舒张	逼尿肌收缩，括约肌舒张
眼	瞳孔放大，睫状肌松弛，上眼睑平滑肌收缩	瞳孔缩小，睫状肌收缩，促进泪腺的分泌
皮肤	竖毛肌收缩，汗腺分泌	
代谢	促进糖的分解，促进肾上腺髓质的分泌	促进胰岛素的分泌

(1)交感神经的机能　交感神经的机能活动比较广泛，主要作用是促使机体适应环境的急骤的变化(如剧烈运动、窒息和大失血等)。交感神经兴奋，使心脏活动加强加快，心率加快，皮肤与腹腔内脏血管收缩，血压上升，血流加快，促进大量的血液流向脑、心及骨骼肌；使肺活动加强、支气管扩张和肺通气量增大；肾上腺素分泌增加；使消化及泌尿系统活动受到抑制。交感神经在应激状态下(即环境急骤变化的条件下)动员许多器官的潜在力量来应付环境的急变。

(2)副交感神经机能　副交感神经机能活动比较局限，主要在于使机体休整，促进消化、贮存能量以及加强排泄，提高生殖系统功能。这些活动有利于营养物质的同化，增加能量物质在体内的积累，提高机体的储备力量。

6. 认知皮层下各级中枢的机能

(1)脊髓的机能

传导机能：主有传导感觉和运动冲动的机能。

反射机能：能完成骨骼肌、内脏的简单反射活动。如：屈肌反射、牵张反射、排粪反射、排尿反射等。

(2)脑干的机能

延髓：传导机能和反射机能(包括呼吸中枢、心血管运动中枢、吞咽中枢、消化腺分泌反射中枢，有“生命中枢”之称)。

脑桥：传导机能和反射机能(包括角膜反射、呼吸调整中枢等)。

中脑：传导机能和反射机能(包括协调机体运动、视觉和听觉的低级中枢)。如：姿势反射(翻正反射)、朝向反射(探究反射)。

脑干网状结构的机能：有调节内脏活动中枢，如心血管中枢、呼吸运动中枢；具有维持大脑皮层的兴奋水平，使大脑皮层保持醒觉状态；调节肌紧张，含有调节肌紧张的易化区及抑制区，具有调节运动平衡的作用。

间脑：丘脑有感觉冲动的第三级神经元(除嗅觉外)，对传入的冲动有粗略的分析和综合，即有一定的感觉机能，并上传到大脑相应区域。下丘脑有调节植物性神经、水的代谢、体温、摄食行为等功能；在性行为、生殖过程及情绪反应等方面起很重要作用；分泌各种释放因子和激素，从而间接影响内脏活动，是调节内脏活动的较高级中枢。

(3)小脑的机能　调节肌紧张，维持躯体平衡(如小脑损伤时出现的共济失调)，使各种随意运动准确和协调。

7. 认知大脑皮层的机能

(1)大脑皮层的主要机能分区　顶叶为感觉区、枕叶为视觉区、颞叶为听觉区、额叶为运动区、边缘叶为内脏感觉和运动协调区。

(2)条件反射　是大脑皮层特有的机能。

反射是中枢神经系统的基本活动形式，反射又分为条件反射和非条件反射。

① 非条件反射与条件反射的区别

非条件反射：是先天遗传的，同种动物共有；有固定的反射弧，不受客观环境影响；大脑皮层以下各级中枢就能完成；非条件刺激引起，数量有限，适应性差。如动物生下来就会吸吮乳汁；食物接触动物口腔，就会引起唾液分泌等。这些反射只能保证动物的基本生存和简单的适应。

条件反射：是后天获得的，有个体差异；没有固定的反射弧，容易受客观环境影响；必须经过大脑皮层才能完成；条件刺激引起，数量无限，适应性强。

② 条件反射的形成 条件反射是一个复杂的过程，动物采食时，食物入口引起唾液分泌，这是非条件反射。如食物在入口之前，给予哨声刺激。最初哨声和食物没有联系，只是作为一个无关的刺激而出现，哨声并不引起唾液分泌，但如果哨声与食物总是同时出现，经过多次结合后，只给哨声刺激也可引起唾液分泌，便形成了条件反射，这时的哨声就不再是与吃食物无关的刺激了，而成为食物到来的信号。所以，把已形成的条件反射的条件刺激又称为信号。可见，形成条件反射的基本条件，就是条件刺激与非条件刺激在时间上的结合，这一结合过程称强化。任何条件刺激与非条件刺激结合应用，都可形成条件反射。但条件刺激出现于非条件刺激之前或同时，条件反射就易形成，反之就很难形成。

③ 影响条件反射形成的因素

刺激方面：条件刺激必须与非条件刺激多次结合；条件反射必须要经常用非条件刺激来强化和巩固，否则条件反射会逐渐消失。

机体方面：要求动物必须是健康的，大脑皮层必须处于清醒状态。昏睡或病态的动物是不易形成条件反射的。此外，还应避免其他刺激对动物的干扰。

④ 条件反射的生物学意义

动物在后天生活过程中建立了大量的条件反射，可扩大机体的反射活动范围，增强机体活动的预见性和灵活性，从而提高机体对环境的适应能力。

条件反射有一定可塑性，既可强化，又可消失。在畜牧生产中可以利用这种可塑性，使动物按人们的意志建立大量条件反射，便于科学饲养管理和合理使用，以提高动物的生产性能。

【相关知识】

1. 眼

眼是视觉器官，由眼球及其辅助结构构成。

(1)眼球　由眼球壁、折光装置构成。

① 眼球壁　分为纤维膜、血管膜和视网膜三层。

纤维膜：厚而坚韧，形成眼球的外壳，有保护内部组织和维持眼球形状的作用。前部1/5为透明的角膜，后部4/5为白色不透明的巩膜。角膜具有折光作用，没有血管，但分布着丰富的感觉神经末梢，所以反应灵敏。巩膜由互相交织的胶原纤维，内有少量的弹性纤维组成，具有保护作用。由于巩膜上有与胆红素亲和力高的弱性蛋白，因此黄疸一般首先在巩膜上表现。

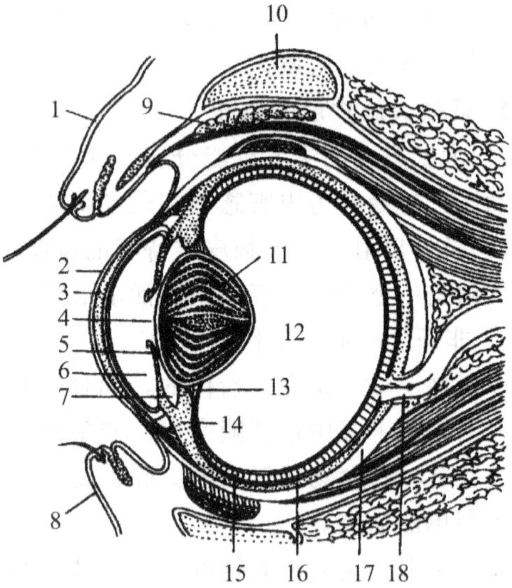

图5-12　眼球构造模式图

1. 上眼睑　2. 球结膜　3. 角膜　4. 瞳孔　5. 虹膜　6. 眼前房　7. 眼后房　8. 下眼睑　9. 泪腺　10. 眶上突　11. 晶状体　12. 玻璃体　13. 睫状小带　14. 睫状体　15. 视网膜　16. 脉络膜　17. 巩膜　18. 视神经

(山东省畜牧兽医学校，动物解剖生理，第三版，2000)

血管膜：位于中层，富含血管，为眼内组织提供营养，另外内含色素细胞，形成暗环境，利于视网膜对光的感应。血管膜由前向后依次为虹膜、睫状体、脉络膜。虹膜在晶状体之前，呈圆盘状，可从眼球前部看到。虹膜中部有一瞳孔。瞳孔周围有瞳孔括约肌和瞳孔扩大肌，前者受副交感神经支配，在强光下可使瞳孔缩小，以减少进入眼内的光线；后者受交感神经支配，在弱光下使瞳孔扩大，以增加进入眼内的光线。睫状体为血管膜中部增厚的部分，位于巩膜与角膜连接处的内面。在睫状体的外面有平滑肌构成的睫状肌，受副交感神经支配，其作用能产生房水和调节视力。脉络膜衬于巩膜的内面，富含血管和色素，反光很强，加强对视网膜的刺激作用，利于动物在暗光下对光的感应。

视网膜：眼球壁的最内层，有感光作用，活体为淡红色，死后呈灰白色。在视网膜中央区，有一视神经乳头，是视神经穿过眼球的地方，无感光作用，称为盲点，视网膜动脉由此分支分布视网膜上。视网膜衬于脉络膜内面的部分为感光部分。感光细胞包括视杆细胞和视锥细胞。视锥细胞的感光敏锐，能分辨颜色。视锥细胞在视网膜中央区最多，由此向四周逐渐减少。视杆细胞内含有视紫红质，能感受弱光，视杆细胞比视锥细胞多若干倍，在视网膜的中央区很少或者不存在，由此向外周逐渐增多。

② 眼球的折光系统　角膜、眼房水、晶状体和玻璃体组成了眼的折光系统。角膜前面已经介绍。

眼房水：眼房位于角膜和晶状体之间，被虹膜分为前房和后房。眼房水为睫状体产生的无色透明的液体，充满眼房，它除了供给角膜和晶状体营养外，还可维持眼内压。若眼房水排出受阻，可引起眼内压增高而影响视力，临床上称为青光眼。

晶状体：双凸透镜，透明而富有弹性，位于虹膜和玻璃体之间。睫状肌的收缩与松弛，可改变晶状体的曲度，以调节焦距，使物体的投影能聚集在视网膜上。晶状体若因疾病或创伤而变得不透明，临床上称为白内障。

玻璃体：是无色透明的胶状物质，充满于晶状体与视网膜之间，除有折光作用外，还有支撑视网膜的作用。

(2)眼的辅助器官

① 眼睑　覆盖在眼球前方的皮肤褶，具有保护眼球的作用，分为上、下眼睑，游离缘上具有睫毛。

② 结膜　位于眼球与眼睑之间一层薄膜。分为睑结膜(位于眼睑内面)、球结膜(位于巩膜前部由睑结膜折转来的)，二者之间形成结膜囊。位于眼内角的结膜褶叫第三眼睑(也叫瞬膜)，呈半月形，常有色素，内有一片软骨。正常的结膜呈淡红色，在发绀、黄疸或贫血时易显示不同颜色，常作为临床诊断疾病的依据。

③ 泪器　分泪腺、泪道两部分。泪腺略呈卵圆形，位于眼球的背侧，有十余条泪道开口于结膜囊，分泌的泪液有湿润、清洁结膜等作用。多余的泪液经骨质的鼻泪孔而至鼻腔，开口于鼻腔前庭，随呼吸而蒸发。

④ 眼肌　附着在眼球外面的一些小块随意肌，使眼球多方向转动。眼肌具有丰富的血管、神经，使眼睛运动灵活，不易疲劳。

2. 耳

耳是位听器官，分为外耳、中耳、内耳。外耳和中耳有收纳和传导声波的装置；内耳藏有听觉感受器、位平衡感受器。

(1)外耳　由耳郭、外耳道、鼓膜构成。耳郭位于头部两则，以软骨为基础，被覆皮肤。外耳道位于耳郭的基部至鼓膜之间的管道，有皮肤腺即盯聍腺，其分泌物称耳蜡。鼓膜是外耳与中耳的分界限。

(2)中耳　由鼓室、听小骨、咽鼓管等构成。鼓室位于颞骨内，是一

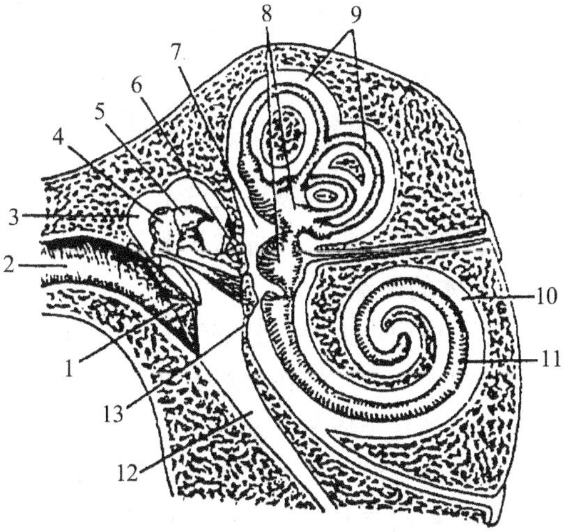

图 5-13　耳构造模式图

1. 鼓膜　2. 外耳道　3. 鼓室　4. 锤骨　5. 砧骨　6. 镫骨及前庭窗　7. 前庭　8. 椭圆囊和球囊　9. 半规管　10. 耳蜗　11. 耳蜗管　12. 咽鼓管　13. 耳蜗窗

(山东省畜牧兽医学校，动物解剖生理，第三版，2000)

个含空气的骨室，内面被覆黏膜。外侧壁是鼓膜；内侧壁由前庭窗(以镫骨封闭)、耳蜗窗(以薄膜封闭)。听小骨位于骨室内，由锤骨、砧骨、镫骨构成。咽鼓管是连接鼓室与咽的管道。

(3)内耳　位于颞骨内，是由迷路、位听感受器构成。迷路分为骨迷路和膜迷路。迷路是曲折迂回的双层套管结构。外层是骨质迷路称骨迷路(充满外淋巴)；内层是由膜性管构成，叫膜迷路(充满内淋巴)。骨迷路是由前庭、三个半规管、耳蜗三部分构成，彼此相通，三个半规管互相垂直。膜迷路位于骨迷路内，由椭圆囊、球囊、膜半规管和耳蜗管组成。在迷路内含有位觉器(前听器)、听觉器(螺旋器)。

【拓展知识】　脑的病理变化

动物发生化脓性脑膜炎时，脑有肿胀，严重者使其移位并使小脑成为圆锥状，蛛网膜间隙有渗出物，当基底血管与动眼神经干部分或全部被渗出物淹没或遮蔽时，基底窦与沟充满渗出物，局部正常解剖结构消失。镜检可见蛛网膜腔有少数单核细胞与少量中性粒细胞，渗出物内纤维素含量不一，渗出物可沿静脉周围浸润。脉络丛肿胀时，上皮有许多单核细胞浸润，并为纤维素性与细胞性沉着物所覆盖。室管膜也被侵蚀，其下的组织发生水肿，周围静脉有白细胞浸润。

教学单元 2　内分泌系统

内分泌系统是由内分泌腺、内分泌组织和内分泌细胞组成的一个信息传递系统，它与神经系统联系和配合，共同调节机体的各种生命活动，以维持内环境相对恒定。

动物体内典型的内分泌腺包括脑垂体、甲状腺、甲状旁腺、肾上腺和松果体；内分泌组织主要是胰腺内的胰岛；内分泌细胞主要是睾丸内的间质细胞、卵巢内的卵泡细胞和黄体细胞等。

任务 1　识别内分泌器官的构造

借助图片、标本、模型以及解剖录像观察各种内分泌器官，识别脑垂体、甲状腺、肾上腺等主要器官的形态、位置和构造。

1. 脑垂体的识别

脑垂体是体内最大的内分泌腺，位于间脑下丘脑的脑垂体窝内，呈上下稍扁的卵圆形，红褐色腺体。脑垂体在形态上可分为前叶、中叶和后叶；从组织结构和生理机能上则分为腺垂体和神经垂体两部分。

腺垂体主要是前叶和中叶构成，属于腺组织，内有许多不同类型的细胞，可分泌多种激素。神经垂体由后叶构成，不是腺组织，而是一种神经组织，内有多种神经纤维和神经胶质细胞，这些神经纤维来自丘脑下部的视上核和室旁核的神经元，这两种神经核分别释放抗利尿激素和催产素，这些激素沿神经纤维运送到神经垂体并贮存于该处，根据需要，在神经系统控制下释放入血液，发挥其生理效应。

2. 甲状腺的识别

甲状腺位于喉后方，气管前端两侧和腹面的红褐色腺体。一般分左右两侧叶和中间的

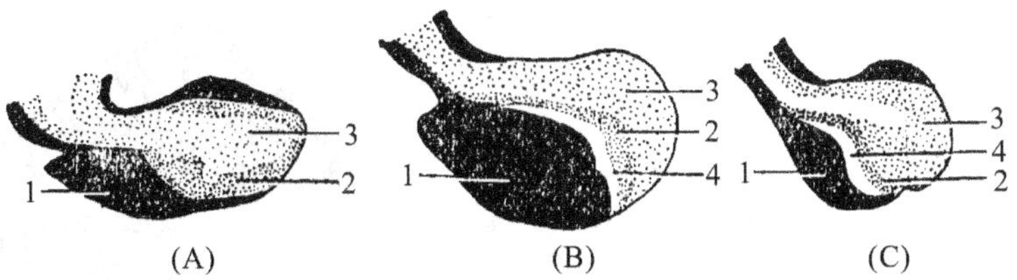

图 5-14　脑垂体构造图

（A）马　（B）牛　（C）猪

1. 远侧部　2. 中间部　3. 神经部　4. 垂体腔

（周其虎，畜禽解剖生理，2001）

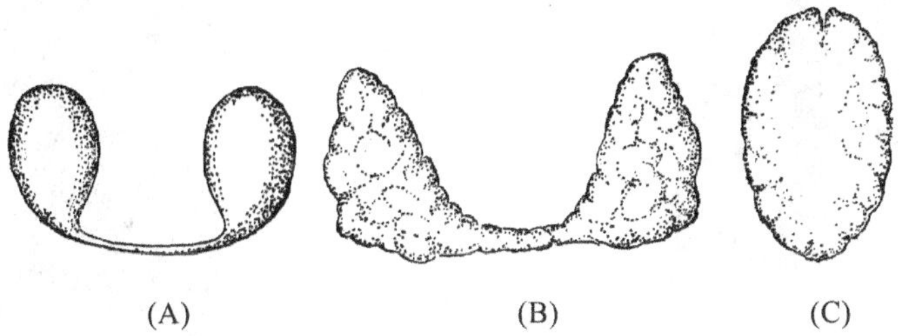

图 5-15　甲状腺

（A）马　（B）牛　（C）猪

（周其虎，畜禽解剖生理，2001）

峡部。家禽的甲状腺位于胸腔前口处气管两侧，一般黄豆粒大小。

甲状腺表面有一层薄的致密结缔组织被膜，并伸入腺体内将其分成许多小叶，小叶内含有大小不一的腺泡，腺泡腔内充满由腺泡细胞分泌的含碘球蛋白称甲状腺素。腺泡周围由基膜和少量结缔组织围绕，并有丰富的毛细血管和淋巴管。

甲状腺内还有内分泌细胞，称滤泡旁细胞，常单个或成群分布于腺泡之间，能产生降钙素。

3. 甲状旁腺的识别

甲状旁腺多位于甲状腺附近，很小，呈圆形或椭圆形。牛有内外两对甲状旁腺，猪只有 1 对，马有 2 对。甲状旁腺外面有一层结缔组织膜，细胞排列成团或索状，可产生甲状旁腺素。

4. 肾上腺的识别

肾上腺是成对的红褐色腺体，位于肾的前内侧。家禽的肾上腺位于肾前端，黄色、橘黄或淡褐色。肾上腺表面有一层致密结缔组织被膜，实质分为外层的皮质和内层的髓质。

皮质按细胞排列状态，可分为三层：外层叫多形区，反刍动物的细胞排列成团块和索状，猪排列不规则，马排列成弓形，多形区的细胞能分泌盐皮质激素；中层叫束状区，细胞排列成束，能分泌糖皮质激素；内层叫网状区，细胞排列成网状，能产生性激素。

髓质由排列不规则的细胞索和窦状隙组成，能分泌肾上腺素和去甲肾上腺素。

急性应激时，眼观肾上腺变小、浅黄色，有散在的小出血点。慢性应激时，肾上腺皮质增宽，肾上腺肿大。因此，肾上腺的病变可作为应激的指征之一。

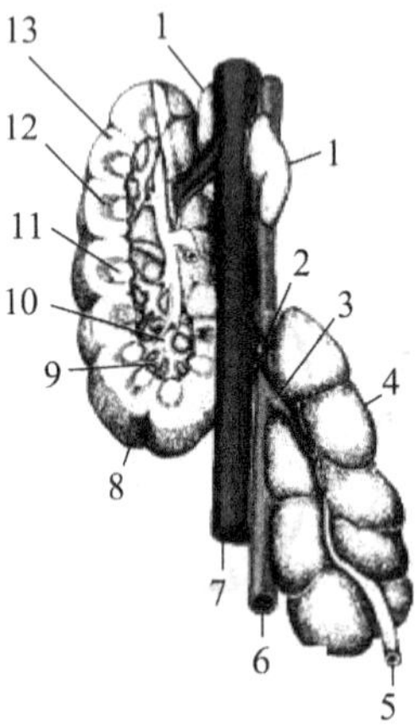

图 5-16 肾上腺(牛)

1. 肾上腺 2. 肾静脉 3. 肾动脉 4. 左肾 5. 输尿管 6. 腹主动脉 7. 后腔静脉 8. 右肾 9. 肾小盏 10. 肾盏管 11. 肾乳头 12. 髓质 13. 皮质

(山东省畜牧兽医学校，动物解剖生理，第三版，2000)

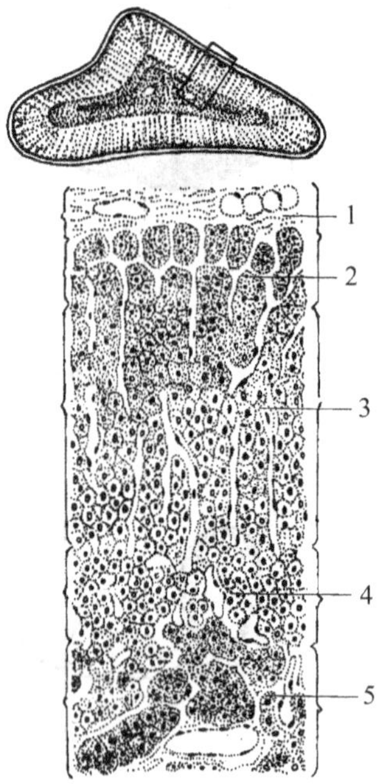

图 5-17 肾上腺组织结构

1. 被膜 2. 多形带 3. 束状带 4. 网状带 5. 髓质

(范作良，动物解剖，2001)

5. 胰岛的识别

胰岛是分散于胰腺中大小不等的细胞群，如同小岛所以称为胰岛。主要有 α 和 β 细胞两种。α 细胞分泌胰高血糖素，β 细胞分泌胰岛素。

6. 松果体的识别

松果体又称脑上腺，为一红褐色坚实的豆状小体，位于四迭体与丘脑之间，以柄连于丘脑上部。

松果体表面有一薄层结缔组织被摸，被膜伸入把实质分为许多不规则的小叶。小叶由松果腺细胞和神经胶质细胞构成。随着年龄的增长，松果体内的结缔组织增多，成年后不断有钙盐沉积，形成大小不等的颗粒，称为脑砂。

任务 2 认知内分泌器官的机能

观看多媒体课件和内分泌生理实训录像，认知脑垂体、甲状腺、甲状旁腺、肾上腺、胰岛、性腺和松果体的机能。

1. 认知脑垂体的机能

(1)腺垂体的机能 腺垂体能分泌促甲状腺激素、促肾上腺皮质激素、促性腺激素(包括卵泡刺激素和黄体生成素)、促黑色素细胞激素、催乳素和生长激素。其中前三种分别促进甲状腺、肾上腺皮质和性腺的生长发育以及激素的分泌。促黑色素细胞激素能促进黑色素的合成及使皮肤和被毛颜色加深；催乳素促进乳腺生长发育并维持泌乳，刺激促黄体生成激素受体的形成，少数动物还能促进黄体分泌少量孕酮。生长激素能促进蛋白质的合成，特别是能促进骨骼和肌肉的生长。所以，幼畜若生长激素分泌不足，则停滞生长，体躯矮小，形成“侏儒症”；如果分泌过多，则过度生长，形成高大畸形的“巨大症”。

(2)神经垂体的机能　神经垂体内部贮存着由丘脑下部的视上核和室旁核分泌的抗利尿素和催产素。

抗利尿激素：可促进肾脏的远曲小管、集合管对水分的重吸收，使尿量减少。由于抗利尿激素可使除脑、肾外的全身小动脉收缩而升高血压，又称加压素。但由于它也可使冠状动脉收缩，使心肌供血不足，临床上不用作升压药。

催产素(子宫收缩素)：能促进妊娠末期子宫收缩，因而常用于催产和产后止血。此外，它还能引起乳腺导管平滑肌收缩，引起泌乳。

2. 认知甲状腺的机能

甲状腺主要分泌四碘甲状腺原氨酸(T4)和三碘甲状腺原氨酸(T3)，其主要原料之一都是碘，所以当碘缺乏时，就会影响甲状腺素的合成，此时甲状腺细胞增生肥大，造成甲状腺肿。此外，甲状腺还可分泌降钙素。

(1)甲状腺激素的机能：甲状腺激素的主要作用是促进机体的新陈代谢及生长发育。

① 促进新陈代谢　甲状腺激素可促进蛋白质合成，维持机体的生长发育。但当分泌过多，超过生理剂量时，反而加速蛋白质分解，特别是骨骼肌蛋白质大量分解，促进脂肪分解、脂肪酸氧化和胆固醇转运及排泄。因此，甲状腺机能亢进时，身体消瘦，皮下脂肪少，血中胆固醇低于正常，血糖升高。

② 促进生长发育　甲状腺激素可促进幼畜生长发育，特别是对骨骼、神经和生殖器官的发育影响最大。实验证明，切除幼畜甲状腺，不但生长停滞，体躯矮小，而且反应迟钝，形成“呆小症”。

③ 其它机能　甲状腺激素能加强交感神经的活动，因此当甲状腺机能亢进时，动物容易激动，烦躁不安，心搏动加快等现象。甲状腺激素对水盐的排出有调节作用，若甲状腺机能减弱，可出现黏液蛋白、水和电解质在皮下蓄积，形成黏液性水肿。

(2)降钙素的机能　甲状腺内的滤泡旁细胞能分泌降钙素，有增强成骨细胞活性，促进骨组织钙化和血钙降低的作用。

3. 认知甲状旁腺的机能

甲状旁腺分泌甲状旁腺素，主要作用是升高血钙浓度。其通过以下途径升高血钙：

(1)在维生素D存在的情况下，促进小肠对钙的吸收。

(2)刺激破骨细胞使骨骼中磷酸钙溶解并转入血液中，以补充血磷，提高血钙含量。

(3)促进肾小管对钙重吸收和磷的排泄，使血钙浓度升高，血磷降低。

当切除动物甲状旁腺后，可使血钙浓度降低，使神经肌肉兴奋升高，四肢抽搐，可导致死亡。

甲状旁腺素和降钙素共同调节血钙水平。当血钙浓度升高时，可抑制甲状旁腺的分泌，使降钙素分泌增加；血钙浓度降低时，可促进甲状旁腺的分泌，使降钙素分泌减少。

4. 认知肾上腺的机能

(1)肾上腺皮质的机能　分泌盐皮质激素、糖皮质激素和少量性激素。

① 盐皮质激素　以醛固酮为代表，主要参与体内水盐代谢的调节。它可促进肾小管对钠和水的重吸收，抑制对钾的重吸收，有“保钠排钾”的作用，从而可维持体内血量的相对恒定。当盐皮质激素分泌不足时，可使大量钠和水由肾排出，而钾的重吸收增加。由于失钠和失水，可出现血浆减少，血液浓缩，血压降低，循环衰竭等症状。

② 糖皮质激素　主要是氢化可的松，其次有少量皮质酮。

对物质代谢的作用：糖皮质激素对糖代谢有较强的调节作用，它可促进肝糖原异生，增加肝糖原的贮存，同时还能抑制葡萄糖氧化，减少细胞对糖的利用，因此，有升高血糖，对抗胰岛素的作用。糖皮质激素可促进脂肪的分解，也能促进肌肉等组织蛋白质的分解。所以，大量使用糖皮质激素，可引起生长缓慢、机体消瘦、皮肤变薄、骨质疏松、创伤愈合迟缓等现象。

增强机体对有害刺激的适应能力：当机体受到内外环境中有害刺激时(如剧烈的环境温度变化、中毒、感染、创伤、疼痛、失血、缺氧等)，都能引起机体发生一系列非特异性全身反应，叫做应激性反应。此时，肾上腺皮质释放的皮质激素能够增强对应激反应的耐受力。实验证明，切除肾上腺皮质后，若只给予正常剂量的糖皮质激素，动物只能在安静条件下生活，但遇到上述有害刺激时，会产生不良后果。故机体严重感染或创伤时，可适当采用糖皮质激素来调节机体的适应能力。

其它作用：糖皮质激素能抑制淋巴组织的活动，减少抗体生成，故有抗过敏作用。能降低毛细血管通透性，抑制纤维组织增生，故有抗炎症作用。此外，也有“保钠排钾”作用，但较醛固酮弱得多。

③ 性激素　与睾丸或卵巢分泌的性激素相似。

(2)肾上腺髓质的机能　肾上腺髓质部分泌肾上腺素和去甲肾上腺素，它们的生理机能基本相似，均有类似交感神经兴奋的作用，但也有差别。

① 对心脏和血管的作用　两者都能使心跳加快、血管收缩和血压上升。在临床上，由于肾上腺素有较好的强心作用，所以常用作急救药物。去甲肾上腺素可使小动脉收缩，增加外周阻力使血压升高，因此是重要的升压药。

② 对平滑肌的作用　肾上腺素能使气管和消化道平滑肌舒张，胃肠运动减弱。此外，肾上腺素还可使瞳孔扩大及皮肤竖毛肌收缩，被毛竖立。去甲肾上腺素也有这些作用，但较弱。

③ 对代谢的作用　两者均能促进肝和肌肉组织中糖元分解为葡萄糖，使血糖升高；并能分解脂肪。但去甲肾上腺素在前者作用较弱，在后者作用较强。

④ 对神经系统的作用　两者都能提高中枢神经系统的兴奋性，使机体处于警觉状态，以利于应付紧急情况。

5. 认知胰岛的机能

胰岛可分泌胰岛素和胰高血糖素，两者共同调节体内血糖水平。

(1)胰岛素的作用

① 促进肝糖原生成和葡萄糖分解，以及促进糖转变为脂肪，从而使血糖降低。因此，胰岛素分泌不足时，血糖升高，当超过肾糖阈时，则大量的血糖从尿中排出，导致依赖性糖尿病。

② 促进肝脏内和脂肪细胞内脂肪的合成，抑制脂肪的分解，使血中游离脂肪酸减少。

因此，胰岛素分泌不足时，脂肪即大量分解，血内脂肪酸增高，在肝脏内不能充分氧化而转化为酮体，出现酮血症并伴有酮尿，严重时可导致酸中毒和昏迷。

③ 促进氨基酸进入细胞内，使细胞内蛋白质合成加快，抑制蛋白质分解和尿素生成。

(2)胰高血糖素的作用

① 促进糖原分解，促进糖异生，升高血糖。

② 促进脂肪分解，促进脂肪酸氧化，使酮体增多。

③ 增强心肌收缩力，增加心跳频率，使心输出量增加，血压升高。

6. 认知性激素的机能

(1)雄激素的作用　由睾丸间质细胞分泌。主要成分是睾酮，其主要机能是：

① 促进雄性副性器官(前列腺、精囊腺、尿道球腺、输精管、阴茎和阴囊)的生长发育，并维持其成熟状态。

② 刺激雄性动物产生性欲和性行为。

③ 促进精子的发育成熟，并延长在附睾内精子的贮存时间。

④ 促进雄性动物特征的出现，并维持其正常状态。

⑤ 促进蛋白质的合成，使肌肉和骨骼比较发达，并减少体内脂肪的贮存。

⑥ 促进雄性动物皮脂腺的分泌增强，特别是公羊和公猪比较明显。

(2)雌激素的作用　由卵巢的卵泡细胞分泌，其中作用最强的是雌二醇，其机能是：

① 促进雌性动物生殖器官的生长发育。

② 促进雌性动物特征的出现，并维持其状态。

③ 促进雌性动物发情。

④ 刺激雌性动物发生性欲和性兴奋。

(3)孕激素的作用　由黄体细胞分泌，又称孕酮，主要机能是：

① 促进排卵后子宫内膜增厚，分泌子宫乳，为受精卵在子宫内附植和发育做准备。

② 抑制子宫平滑肌的活动，有保胎作用。

③ 刺激乳腺发育，准备泌乳。

(4)松弛激素的作用　由妊娠末期的黄体分泌。其生理机能是扩张产道，使子宫和骨盆联合的韧带松弛，便于分娩。

7. 认知松果体的机能

松果体主要分泌褪黑激素。光照能抑制松果腺活动，使褪黑素分泌减少，黑暗则刺激它的活动，使褪黑素分泌增多。

褪黑素的主要机能是抑制性腺和副性器官的发育，延缓性成熟。另外对甲状腺、肾上腺和胰岛的功能也有抑制作用。

养禽业中，通过控制光照来延缓禽的性成熟，防止早产蛋就是利用此原理。

【相关知识】　激素

1. 激素的概念和分类

由内分泌腺或散在的内分泌细胞所分泌的高效能的生物活性物质为激素。激素经过细胞分泌后直接渗入组织液，进而入血液或淋巴，通过循环系统运到全身各处，对相应的细胞、组织或器官发生一定的生物效应。常把激素作用的细胞、组织或器官，称为靶细胞、靶组织或靶器官。

体内激素按其化学本质分为两大类：一类是多肽类激素，如脑垂体、甲状腺、甲状旁腺、胰岛和肾上腺髓质的分泌物，这类激素容易被胃肠道的消化酶分解破坏，因此不宜口服，应用时必须注射；另一类是类固醇激素，如肾上腺皮质和性腺所分泌的激素，这类激素可口服。目前许多激素已能提纯或人工合成，并应用于畜牧生产和兽医治疗工作中。

2. 激素的作用特点

激素的种类很多，化学结构和生理作用也不同，但它们在发挥作用时都具有下列共同特点：

(1)激素本身不是营养物质，也不能被氧化分解提供能量，它的作用只是促进或抑制靶器官、靶组织或靶细胞原有的功能，使其加快或减慢。如肾上腺素可使心跳加强加快，胰岛素可使血糖降低等。

(2)激素是一种高效能的生物活性物质，在体内含量很少，它们在血液的浓度一般在百分之几微克以下，但对机体的生长发育、新陈代谢都有着非常重要的调节作用。千万分之一克(0.1 微克)的肾上腺素就能使血压升高；将十万分之一微克的雌二醇直接作用于阴道黏膜或子宫内膜，就能产生作用。

(3)各种激素的作用都有一定的特异性，即某一种激素只能对特定的细胞或器官产生调节作用，但一般没有种间的特异性。

(4)激素的分泌速度和发挥作用的快慢均不一致。如肾上腺素在数秒钟就能发生效应；胰岛素较慢，需数小时；甲状腺素则更慢，需几天。这对机体的整合作用很重要，有利于机体适应内外环境变化的需要。

(5)激素在体内通过水解、氧化、还原或结合等代谢过程，逐渐失去活性，不断从体内消失。

3. 激素的作用机理

激素对靶细胞发挥调节作用是通过存在于靶细胞的受体实现的，受体是指存在于靶细胞的细胞膜、细胞质或细胞核内能与某些化学物质(神经递质、激素)发生特异性结合并诱发生物学效应的特殊生物分子。体内两类激素的受体存在部位不同，其作用机理也不同。

(1)多肽类激素的作用机理　这类激素的分子一般比较大，不能直接进入靶细胞内发挥作用，而是通过与靶细胞膜上的受体结合而发挥调节作用。当这类激素随血液循环到达靶细胞后，首先和细胞膜上特异性受体结合，这种结合引起与受体分子紧密连接的腺苷酸环化酶的活性增强，从而发生一系列细胞生物化学反应，表现激素特定的生理效应。

(2)类固醇类激素的作用机理　这类激素的分子较小，又是亲脂性物质，因此它们随血液循环到达靶细胞后，能透过细胞膜进入细胞内，激素进入细胞后首先在一定条件下与胞浆受体结合成激素胞浆受体复合物，该复合物经过核膜进入细胞核内，在核内经过一系列生物化学反应，表现出激素特定的生理效应。

【拓展知识】 内分泌器官的病理变化

动物发生弥漫性甲状腺肿大时，眼观可见甲状腺弥漫性肿大、质地柔软，切面呈海绵状并带半透明样，镜检可见滤泡大小不等，腔内充满着染色深浓的蛋白质胶样物，滤泡甚至破裂融合，特别扩大的滤泡，其上皮扁平，有些腺泡其上皮萎缩呈刺状或呈乳头状突出于腺泡腔内。

当发生结节状甲状腺肿时，表面出现大小不等近似球形的结节，切面颜色不均、有呈灰白色而质致密，有呈褐色并有内含冻胶样物的小泡。镜检，结节的组织结构常类似腺瘤样，滤泡高度扩大，泡内充满多量胶样物，滤泡上皮呈乳头状增生合并吻合形成新的滤泡。常见组织坏死、出血，液化形成囊腔或导致结缔组织增生，或透明变性，常见钙化。

应激反应的机制十分复杂，机体作为一个有机整体，通过神经—内分泌途径几乎动员了所有的器官和组织来对付应激源的刺激，其中中枢神经系统特别是大脑皮层起整合作用，而交感—肾上腺髓质系统和垂体—肾上腺皮质系统等则主要起执行作用。在应激源的作用下，家畜交感神经兴奋，肾上腺髓质分泌功能加强，引起心率加快，心搏增强，血管收缩，血流加快，血糖升高等生理变化。

教学单元 3　体温

任务 1　体温测定

在牧场活体动物上进行体温测定，掌握动物体温数和测定方法。

1. 体温及正常变动

体温是指动物体内的温度，它来源于机体在新陈代谢过程中所产生的热量。体内各部的温度是不完全相同的。机体内部的温度一般比体表的温度高些，即使机体内各器官因机能不同温度也有差异。如肝脏代谢旺盛温度高，皮肤温度较低，四肢末端最低。各种动物体温(直肠温度)如下表：

除此之外，体温还因个体、品种、年龄、性别、环境温度、肌肉活动等因素的影响而有差异。一般来讲，幼龄动物的体温比成年动物的高；雌性动物比雄性动物的高；雌性动物在发情、妊娠等时期的体温要高；在一昼夜内体温变化的规律是白天比夜间高，午后最高，早晨最低，一般每天体温变动不超过 1℃；动物食后体温升高，长期饥饿体温可降低 2～2.5℃；刚出壳雏鸡的体温低于 30℃，以后逐渐升高。因此测量动物体温时应考虑这些因素。

表 5-3　各种动物体温(℃)

动　物	平均体温	变动范围	动　物	平均体温	变动范围
乳牛	38.6	38.0～39.3	鸡	41.6	39.6～43.6
猪	39.2	38.7～39.8	犬	38.9	37.9～39.9
绵羊	39.1	38.3～39.9	兔	39.5	38.6～40.1
山羊	39.1	38.5～39.7	马	37.6	37.2～38.2

2. 体温恒定的意义

在正常情况下，动物体温是相对恒定的，这是保证机体新陈代谢和各种功能活动正常进行的一个重要条件。因为新陈代谢需要酶的参与，而最适于酶活动的温度是 37～40℃，过高或过低的温度都会影响酶的活性。过高温度会使酶活性丧失，过低使酶的活性降低，致使机体的各种代谢发生紊乱，甚至危及生命。当动物患病时，对中枢系统的影响很大，从而体温调节机制发生紊乱，体温会升高或降低。因而，观察动物体温的变化，是临床中检查机体健康状况的一个重要参考指标。

3. 体温的测定

在实际工作中，一般都是以测量直肠的温度作为畜禽体深部的体温指标。先将动物保定好，然后将体温计的水银柱甩至35℃以下，并在外面涂以少量的润滑油，用左手提起尾根，右手持体温计旋转插入直肠中，并用铁夹固定体温计，3～5分钟后取出读数，记录该动物的体温。

任务2 认知体温调节的过程

通过实例了解产热和散热的过程，理解神经和体液因素对体温的调节。

1. 认知机体的产热和散热过程

动物体温的相对恒定，是机本产热与散热两个过程动态平衡的结果。

(1)产热过程 机体的热量来自体内各组织器官所进行的氧化分解反应。由于各种器官的代谢水平不同和机体所处的功能状态不同，它们的产热量也不同。安静状态下的主要产热器官是内脏器官，产热量占机体总产热量的56%，其中肝脏产热量最大，肌肉占20%，脑占10%。运动时的产热主要器官是骨骼肌，其产热量可达机体总产热量的90%。

此外，草食动物饲料在消化管内消化产生大量热量，也是体热的一个主要来源。一些外界因素，如热的饲料、饮温水、外环境温度增高等，都可以成为体内产热的一部分来源。

当环境温度降低时，机体靠两种方式来维持体温的恒定：一是物理性调节，即体表血管收缩，被毛竖立、腺体分泌减少；另一个是化学性调节，即靠机体内物质代谢增强，使体热增加，化学性调节是在物理性调节已不能维持体温恒定时才开始起作用。

(2)散热 机体不仅要产生热量，而且还要不断的将所产生的热量发散掉，这样才能维持体温的相对恒定。否则，体热在体内蓄积会导致死亡。机体主要通过皮肤、呼吸道、排粪、排尿的途径来散热。其中以皮肤散热为主，机体通过皮肤散热的方式有四种：

① 辐射散热 是机体以红外线的方式直接将热量散发到环境中去的一种散热方式。动物经该途径散发的热量约占总散热量的70%～85%，因此，辐射散热是机体散热的主要途径。当皮肤与环境温差增大，辐射散热增多，反之则少。当环境温度高于体表温度时，机体不仅不能利用辐射散热，反而会从环境吸收热量而使体温升高。所以在寒冷时，动物受到阳光照射或靠近红外线及其他热源，均有利于动物保温；而炎热季节的烈日照射，可使身体温度升高，发生日射病。

② 传导散热 将体热直接传给与机体接触的较冷物体的一种散热方式。传导散热量除了与物体接触面积、温差大小有关外，还与所接触物体的导热特性有关。与皮肤接触的物体导热性越好，温度越低，传导所散失的热量就越多。空气是热的不良导体，因此，在寒冷环境中动物毛发、羽毛竖起，增加了隔热层的厚度，以减少散热。动物体脂肪也是热的不良导体，因此，肥胖动物由机体深部向体表的传导散热较少，而新生动物皮下脂肪薄，体热容易散失，应注意保暖。水的导热性比空气好，因此在炎热的夏季猪、水牛喜欢水浴。

③ 对流 是机体靠周围环境冷热空气的不断流动散发体热的一种方式。动物体表的

空气，由于受到体热的加温，密度变小而逐渐上升，被冷空气取而代之。这样冷热空气的不断对流就把动物的体热带走。影响这一散热方式的主要因素是空气的流动速度及其温度的高低。在一定限度内，对流速度(风速)越大，散热就越多。在实际生产中，冬季应减少动物舍内空气的对流，夏季则应加强通风。

④ 蒸发　是当机体所处环境的温度等于或超过体温时，由体表蒸发水分和呼吸道呼出水蒸气的一种散热方式。1 g水分蒸发可带走2.43 KJ的热量，所以蒸发是有效的散热方式。尤其外界气温高于体表温度时，其余三种方式的散热量急剧减少，这一方式显得更为重要。汗腺不发达的动物则可通过呼气、唾液等蒸发来散热。禽类缺乏汗腺，但其皮肤血管丰富，在炎热的天气，皮肤的水分通过毛细血管透出的热量也增加，加大了散热。但对家禽来讲，更主要是靠呼吸道蒸发来散热，因为禽类的气囊发达，蒸发面积也大，当气温升高时，禽类会出现热性喘息(成年鸡的体温达40℃以上出现热性喘息，呼吸频率可达250次/mim)。

2. 认知体温调节的过程

(1)体温调节机制　动物体通过神经和体液调节，使体内的产热和散热过程保持动态平衡，从而维持体温恒定。

① 神经调节　下丘脑是体温调节中枢，在下丘脑内存在热敏感神经元和少数的冷敏感神经元。当热敏感神经元兴奋时，可使机体的散热量加强；而冷敏感神经元兴奋时，会引起机体的产热加强。由这两种神经元共同构成了机体的体温调节中枢。

动物体温之所以能保持在一个稳定的范围内，还由于下丘脑的体温调节中枢存在着调定点，调定点的高低决定着体温的高低。下丘脑的温敏感神经元就起调定点的作用。温敏神经元对温热的感受有一定的阈值，动物不同阈值不同，如马、猪的阈值就是38℃，这个阈值就叫该动物体温稳定的调定点。当中枢的温度升高时，温敏感神经元冲动发放的频率就增加，使散热增加，反之则发出的冲动减少，产热增加，从而达到调节体温，使其保持相对恒定。

② 体液调节　最主要和最直接参与体温调节的激素是甲状腺素和肾上腺素。如果动物暴露在寒冷环境中，它将随意或不随意地颤抖，以增强产热。此时肾上腺素分泌增加，产热量增加，同时增加摄食量。如果动物长期在寒冷环境中，会通过甲状腺素分泌增加而提高基础代谢率使体温升高。如动物长期处于热紧张状态，会降低甲状腺的功能，使基础代谢率下降，此时摄食量下降、嗜睡以减少产热。

(2)体温调节过程

正常情况下，当体内、外温度降低时，皮肤、内脏的温度感受器接受刺激发出神经冲动，沿着传入神经到达下丘脑的热敏感神经元；或血液温度降低直接刺激热敏感神经元和冷敏感神经元，分别使其抑制或兴奋，从而共同作用于下丘脑的体温调节机构。此时，皮肤血管收缩，减少皮肤直接散热，全身骨骼肌紧张度增强，发生寒战。同时在中枢的支配下，促进肾上腺素和甲状腺素分泌增加，使机体代谢增强，产热量增加。另外动物行为方面会表现出被毛竖立，家禽羽毛增厚，皮下脂肪蓄积，增加产热作用，畜禽还采取蜷缩姿态等来减少散热。反之，当外界环境温度升高时，皮肤感受的热刺激和血液温度的轻微升高，可以通过下丘脑的体温调节中枢，反射性地引起皮肤血管舒张，汗腺分泌增强，肌肉紧张度下降，动物代谢减弱等相反的途径来增加散热，减少产热量而维持体温的相对恒定。

总之，来自各方面的温度变化信息在下丘脑整合后，经神经和体液途径调节体温：通过交感神经系统控制皮肤血管舒缩反应和汗腺分泌影响散热过程；通过躯体运动神经改变骨骼肌活动(如肌紧张、寒战)；通过甲状腺和肾上腺髓质分泌活动的改变来调节产热过程。

【拓展知识】 发热

正常家畜体温是相对恒定，各种原因引起家畜产热过多或散热过少，使体温超过正常范围，则称为发热。发热在兽医临床上是最常见的症状，临床上对发热的认识及初步处置对进一步治疗家畜疾病有很大关系。根据体温上升程度，将发热分为微热、中热、高热及极高热四种。体温超过常温 0.5～1 ℃叫微热，超过常温 1～2℃叫中热，超过常温 3℃以上的叫极高热，多见于急性传染病，如炭疽、脓毒败血症等。

计　划　单

模块 5	神经和内分泌系统				学　时	14
计划方式	小组讨论、同学间互相合作共同制订计划					
序　号	实施步骤				使用资源	备　注
制订计划说明						
计划评价	班　　级		第　组	组长签字		
	教师签字			日　　期		
	评语：					

决策实施单

<table>
<tr><td>模块 5</td><td colspan="7">神经和内分泌系统</td></tr>
<tr><td colspan="8">讨论小组制订的计划书，做出决策</td></tr>
<tr><td rowspan="7">计划对比</td><td>组号</td><td>工作流程的正确性</td><td>知识运用的科学性</td><td>步骤的完整性</td><td>方案的可行性</td><td>人员安排的合理性</td><td>综合评价</td></tr>
<tr><td>1</td><td></td><td></td><td></td><td></td><td></td><td></td></tr>
<tr><td>2</td><td></td><td></td><td></td><td></td><td></td><td></td></tr>
<tr><td>3</td><td></td><td></td><td></td><td></td><td></td><td></td></tr>
<tr><td>4</td><td></td><td></td><td></td><td></td><td></td><td></td></tr>
<tr><td>5</td><td></td><td></td><td></td><td></td><td></td><td></td></tr>
<tr><td>6</td><td></td><td></td><td></td><td></td><td></td><td></td></tr>
<tr><td colspan="8">制订实施方案</td></tr>
<tr><td>序号</td><td colspan="6">实施步骤</td><td>使用资源</td></tr>
<tr><td>1</td><td colspan="6"></td><td></td></tr>
<tr><td>2</td><td colspan="6"></td><td></td></tr>
<tr><td>3</td><td colspan="6"></td><td></td></tr>
<tr><td>4</td><td colspan="6"></td><td></td></tr>
<tr><td>5</td><td colspan="6"></td><td></td></tr>
<tr><td>6</td><td colspan="6"></td><td></td></tr>
<tr><td colspan="8">实施说明：</td></tr>
<tr><td>班　级</td><td colspan="2"></td><td>第　组</td><td>组长签字</td><td colspan="3"></td></tr>
<tr><td>教师签字</td><td colspan="3"></td><td>日　　期</td><td colspan="3"></td></tr>
<tr><td>决策评价</td><td colspan="7">评语：</td></tr>
</table>

材料设备清单

模块 5	神经和内分泌系统				学　时	14	
项　目	序号	名　称	作　用	数　量	型　号	使用前	使用后
所用材料	1	投影仪	观看视频文件	1 个			
	2	显微镜	观察切片	40 个			
所用动物	3	牛	硬膜外腔腰旁神经麻醉和体温测定	4 头			
所用材料	4	脊髓、甲状腺组织切片	观察组织构造	40 个			
	5	神经和内分泌器官的标本、模型、挂图	观察其形态构造	各 4 套			
班　级			第　组	组长签字		教师签字	

作 业 单

<table>
<tr><td>模块 5</td><td colspan="6">神经和内分泌系统</td></tr>
<tr><td>作业完成方式</td><td colspan="6">课余时间独立完成</td></tr>
<tr><td>作业题 1</td><td colspan="6">在下图中标出大脑、小脑以及脑干的延髓、脑桥、中脑、间脑、脑垂体和松果体的位置，并解释延髓为什么被称为“生命中枢”？</td></tr>
<tr><td>作业解答</td><td colspan="6">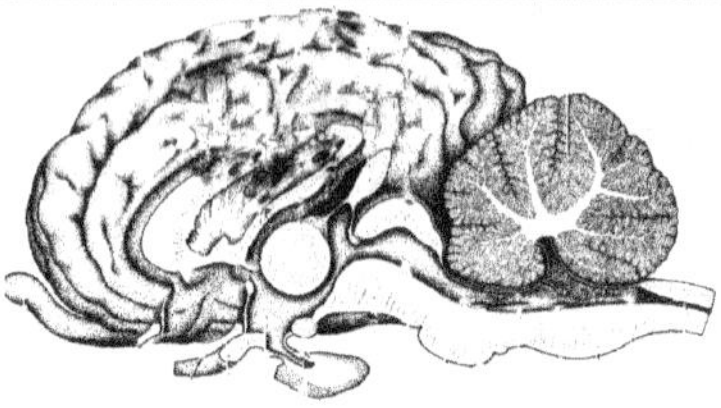</td></tr>
<tr><td>作业题 2</td><td colspan="6">瘤胃手术需麻醉哪三根神经？其行程和分布如何？</td></tr>
<tr><td>作业解答</td><td colspan="6"></td></tr>
<tr><td>作业题 3</td><td colspan="6">举例说明交感和副交感神经的作用。</td></tr>
<tr><td>作业解答</td><td colspan="6"></td></tr>
<tr><td>作业题 4</td><td colspan="6">神经纤维传递兴奋有哪些特征？临床的药物或低温麻醉的机理是什么？</td></tr>
<tr><td>作业解答</td><td colspan="6"></td></tr>
<tr><td>作业题 5</td><td colspan="6">腺垂体分泌哪些激素？有何作用？</td></tr>
<tr><td>作业解答</td><td colspan="6"></td></tr>
<tr><td>作业题 6</td><td colspan="6">神经垂体内储存哪些激素？有何作用？</td></tr>
<tr><td>作业解答</td><td colspan="6"></td></tr>
<tr><td>作业题 7</td><td colspan="6">甲状腺分泌哪些激素？有何作用？</td></tr>
<tr><td>作业解答</td><td colspan="6"></td></tr>
<tr><td>作业题 8</td><td colspan="6">肾上腺皮质和髓质分泌哪些激素？有何作用？</td></tr>
<tr><td>作业解答</td><td colspan="6"></td></tr>
<tr><td>作业题 9</td><td colspan="6">雌激素和孕激素有何作用？</td></tr>
<tr><td>作业解答</td><td colspan="6"></td></tr>
<tr><td>作业题 10</td><td colspan="6">各种动物的体温数是多少？如何测定？</td></tr>
<tr><td>作业解答</td><td colspan="6"></td></tr>
<tr><td>作业题 11</td><td colspan="6">皮肤有几种散热方式？解释炎热夏季畜禽舍通风、猪体喷淋的道理。</td></tr>
<tr><td>作业解答</td><td colspan="6"></td></tr>
<tr><td>作业题 12</td><td colspan="6">阐述机体是如何通过神经和体液调节来维持体温恒定的？</td></tr>
<tr><td>作业解答</td><td colspan="6"></td></tr>
<tr><td rowspan="4">作业评价</td><td>班 级</td><td></td><td>第 组</td><td>组长签字</td><td colspan="2"></td></tr>
<tr><td>学 号</td><td></td><td>姓 名</td><td colspan="3"></td></tr>
<tr><td>教师签字</td><td></td><td>教师评分</td><td></td><td>日 期</td><td></td></tr>
<tr><td colspan="6">评语：</td></tr>
</table>

效果检查单

<table>
<tr><td>模块 5</td><td colspan="5">神经和内分泌系统</td></tr>
<tr><td>检查方式</td><td colspan="5">以小组为单位，采用学生自检与教师检查相结合，成绩各占总分(100 分)的 50%。</td></tr>
<tr><td>序号</td><td colspan="2">检查项目</td><td>检查标准</td><td>学生自检</td><td>教师检查</td></tr>
<tr><td>1</td><td colspan="2">资讯问题</td><td>回答正确、认真</td><td></td><td></td></tr>
<tr><td>2</td><td colspan="2">硬膜外腔麻醉部位</td><td>在活体牛上准确确定腰荐间隙位置</td><td></td><td></td></tr>
<tr><td>3</td><td colspan="2">腹壁神经分布</td><td>在活体牛上准确确定腰旁神经麻醉部位</td><td></td><td></td></tr>
<tr><td>4</td><td colspan="2">甲状腺的位置确定</td><td>在活体上准确指出甲状腺体表投影位置</td><td></td><td></td></tr>
<tr><td>5</td><td colspan="2">甲状腺的构造识别</td><td>从标本、挂图以及新鲜器官上准确识别甲状腺形态构造特点</td><td></td><td></td></tr>
<tr><td>6</td><td colspan="2">肾上腺的位置确定</td><td>在活体上准确指出肾上腺体表投影位置</td><td></td><td></td></tr>
<tr><td>7</td><td colspan="2">肾上腺的构造识别</td><td>从标本、挂图以及新鲜器官上准确识别肾上腺形态构造特点</td><td></td><td></td></tr>
<tr><td>8</td><td colspan="2">体温的测定</td><td>在活体牛上正确测定体温</td><td></td><td></td></tr>
<tr><td rowspan="3">检查评价</td><td>班　　级</td><td></td><td>第　　组</td><td>组长签字</td><td></td></tr>
<tr><td>教师签字</td><td colspan="2"></td><td>日　　期</td><td></td></tr>
<tr><td colspan="5">评语：</td></tr>
</table>

评价反馈单

模块5	神经和内分泌系统				
评价类别	教学单元	子教学单元	个人评价	组内评价	教师评价
专业能力（60%）	资讯（10%）	获取信息（5%）			
		引导问题回答（5%）			
	计划（5%）	计划可执行度（3%）			
		用具材料准备（2%）			
	实施（20%）	各项操作正确（8%）			
		完成的各项操作效果好（6%）			
		完成操作中注意安全（4%）			
		操作方法的创意性（2%）			
	检查（10%）	全面性、准确性（5%）			
		现场中出现问题的处理（5%）			
	过程（5%）	使用工具的规范性（2%）			
		操作过程规范性（2%）			
		工具和设备使用管理（1%）			
	结果（10%）	结果质量（10%）			
社会能力（20%）	团队合作（10%）	小组成员合作良好（5%）			
		对小组的贡献（5%）			
	敬业、吃苦精神（10%）	学习纪律性（4%）			
		爱岗敬业和吃苦耐劳精神（6%）			
方法能力（20%）	计划能力（10%）	制订计划合理（10%）			
	决策能力（10%）	计划选择正确（10%）			

意见反馈
请写出你对本学习情境教学的建议和意见

评价评语	班　级		姓　名		学　号		总　评	
	教师签字		第　组	组长签字			日　期	
	评语：							

模块 6

动物实地解剖

学习任务单

<table>
<tr><td>模块 6</td><td colspan="4">动物实地解剖</td><td>学 时</td><td>30</td></tr>
<tr><td colspan="7">布置任务</td></tr>
<tr><td>学习目标</td><td colspan="6">1. 掌握各种动物的解剖程序。
2. 能正确对牛、羊、猪、鸡、犬和兔进行解剖和脏器的摘除。
3. 能识别正常状态下各种动物主要脏器的形态、颜色、质地、位置和构造。
4. 能遵守动物解剖的操作规程。
5. 能处理解剖过程中的突发问题。
6. 培养学生的团队合作、分析问题和解决问题的能力。</td></tr>
<tr><td>任务描述</td><td colspan="6">在解剖实训室利用解剖器械对各种动物进行解剖，并观察主要脏器的形态、颜色、质地、位置和构造，认知其机能。
具体任务：
1. 牛羊的实地解剖观察。
2. 猪的实地解剖观察。
3. 鸡的实地解剖观察。
4. 犬的实地解剖观察。
5. 兔的实地解剖观察。</td></tr>
<tr><td>任务载体和工作场景</td><td colspan="6">任务载体：羊、猪、鸡、犬、兔和解剖器械
工作场景：解剖实训室</td></tr>
<tr><td>学时分配</td><td>资讯 2 学时</td><td>计划 3 学时</td><td>决策 1 学时</td><td>实施 20 学时</td><td>考核 2 学时</td><td>评价 2 学时</td></tr>
<tr><td>提供资料</td><td colspan="6">1. 周其虎．动物解剖生理．北京：中国农业出版社，2008
2. 陈耀星．畜禽解剖生理．北京：中国农业大学出版社，2001
3. 丁玉玲．畜禽解剖生理．哈尔滨：黑龙江人民出版社，2005
4. 南京农业大学．家畜生理学．北京：中国农业出版社，2007
5. 范作良．家畜解剖学．北京：中国农业出版社，2001
6. 范作良．家畜生理学．北京：中国农业出版社，2001
7. 动物解剖生理精品课网址：
http：//113.0.240.9：8080/book－show/flex/book.html？courseNumber＝184860
8. 动物解剖与剖检精品课网址：
http：//113.0.240.9：8080/book－show/c/184860/vindex.html
9. 畜牧课件网网址：http：//www.doc88.com/p－68143044163.html
10. 家畜生理学课件网网址：http：//www.docin.com/p－95293071.html
11. 陆桂平．动物病理．北京：中国农业出版社，2001</td></tr>
</table>

续表

模块 6	动物实地解剖	学　时	30
提供资料	12. 韩行敏．畜禽解剖生理．中国轻工业出版社，2012 13. 周铁忠、陆桂平．动物病理．中国农业出版社，2008 14. 王仲兵、岳文斌等．现代牛场兽医手册．中国农业出版社，2009 15. 张泉鑫、朱印生．猪病．中国农业出版社，2008 16. 陈品．实用兽医诊疗操作新技术．中国农业出版社，2008 17. 陈志伟、邓国华、王秀荣．兽医操作技术 7 日通．中国农业出版社，2005		
对学生要求	1. 能根据任务单、资讯引导，查阅相关资料，在课前以小组合作的方式完成任务资讯问题。 2. 以小组为单位完成任务，体现团队合作精神。 3. 严格遵守实训室规章制度。		

任务资讯单

模块 6	动物实地解剖
资讯方式	通过资讯引导、观看视频、到本课程及相关课程的精品课网站、图书馆查询，向指导教师资询。
资讯问题	1. 牛羊体表主要观察哪些结构？ 2. 牛羊的致死方式和剥皮方法。 3. 牛羊胸部、腹部、骨盆部和颅腔如何打开？ 4. 牛羊胸腔、腹腔、盆腔脏器如何摘除和观察？ 5. 牛羊的头颈部和四肢主要观察哪些结构？ 6. 猪的胸部、腹部如何打开？ 7. 猪胸腔、腹腔、盆腔脏器如何摘除和观察？ 8. 猪的头颈部和四肢土要观察哪些结构？ 9. 鸡的外部观察主要有哪些结构？ 10. 鸡的致死方式和拔毛方法。 11. 鸡的体腔如何剖开？气囊如何观察？ 12. 鸡的内脏如何摘除和观察？ 13. 鸡的头颈部、翼和后肢主要观察哪些结构？ 14. 犬的胸壁如何打开？胸腔脏器如何摘除和观察？ 15. 犬的腹壁和骨盆如何打开？腹腔和盆腔脏器如何摘除和观察？ 16. 犬的头颈部和四肢主要观察哪些结构？ 17. 兔的剥皮方法。 18. 兔的胸腔如何打开？如何观察胸腔的主要脏器？ 19. 兔的腹腔如何打开？如何观察腹腔的主要脏器？

续表

模块 6	动物实地解剖
资讯引导	所有资讯问题可以到以下资源中查询： 1. 周其虎主编的《动物解剖生理》第一章。 2. 丁玉玲主编的《畜禽解剖生理》第一章。 3. 范作良主编的《家畜解剖》第一章。 4. 动物解剖生理精品课网址： http：//113.0.240.9：8080/book－show/flex/book.html？courseNumber＝184860 5. 本模块的相关信息。 6. 周铁忠、陆桂平．动物病理．中国农业出版社，2008 7. 陈品．实用兽医诊疗操作新技术．中国农业出版社，2008

相关信息单

教学单元 1　牛羊的实地解剖

任务 1　牛、羊主要体表结构的识别

1. 头部识别　主要有鼻唇镜、齿槽间缘、面结节、咬肌、额隆起、下颌间隙和下颌淋巴结。

2. 颈部识别　主要有腮腺、臂头肌、胸头肌、颈静脉沟、颊肌、项韧带和肩前淋巴结。

3. 胸背部及前肢识别　主要有鬐甲、肩胛软骨、肩胛骨、肩峰、肩关节、肘关节、肘突、前臂正中沟、腕关节、掌内外侧沟、系关节(球节)、屈腱、指内侧沟、指外侧沟、肋间隙和肋弓。

4. 腰腹部、荐臀部和后肢识别　主要有腰椎横突顶点、髋结节、荐结节、腰荐十字部、臀肌、荐坐韧带后缘、髋关节、坐骨结节、股二头肌沟、股阔筋膜张肌前缘、膝上淋巴结、膝盖骨、膝关节、小腿外侧沟、小腿内侧沟、跟腱、跟结节、跗关节、系关节(球节)、屈腱、跖内侧沟、趾外侧沟。奶牛还有乳房、乳头、乳头管口、腹壁皮下静脉。

任务 2　致死、剥皮及浅层结构的解剖观察

1. 致死

按压住颈静脉沟的颈基部，让颈静脉鼓起，主刀手迅速于颈静脉沟的后 1/3 处切开皮肤约 6 cm 长，钝性分离皮下组织，把颈静脉挤向上方，继续分离结缔组织，在气管的侧面即可摸到搏动的颈动脉。把颈动脉拉出，分离迷走交感干，用止血钳夹住颈动脉的近心端和远心端，用小剪刀将颈动脉距离近心端约 3cm 处剪一个小口，将动脉插管(塑料或铜管都可以)向近心端插入 2 cm 左右，用缝合线将动脉壁与动脉插管牢固地缠绕在一起，松开近心端的止血钳，血液即沿着连在动脉插管上的橡胶管流出。动物抽筋几分钟后，用手触摸睫毛，如果睫毛不动、瞳孔放大，则表示已经死亡 。

2. 剥皮

将牛放血致死后，使尸体仰卧(解剖羊，通常只采用右侧卧位)，用刀从下唇正中线向后切开皮肤，经颈部和胸部，沿腹侧正中矢状线向后方切开；至脐部、乳房或阴茎时，向左、右分为两线，绕过这些器官后，切线又合并为一；经肛门和母畜的阴门时，各作一个环形切线，然后再合并为一，直至尾根部。四肢的切线与正中线(腹正中线)垂直，从四肢内侧面的正中切开皮肤，在系关节(或腕跗关节)部作一个环形切线(图 6-1)。头部的剥皮可将上述第一道切线从颌间向两侧翻转，将上、下唇，鼻翼、眼睑和外耳部连在皮上，一起剥离。再从上述切线剥下全身皮肤。将尾根部皮肤剥离，露出一小段后从椎间软骨处切断尾部。剥皮时应小心操作，以免破坏皮肌和位于浅表的血管、神经、肌腱和淋巴结等结构。

3. 全身浅层结构观察

观察并清理皮下结缔组织，解剖观察皮神经、皮肌和腹壁皮下静脉。

动物体壁的形态结构是对称的，对体壁的处理有两侧都解剖和只解剖一侧两种做法，采取哪种方法，可根据实际需要。但内脏器官的形态结构绝大部分是不对称的，所以应注意与接下来要做的内脏解剖保持一致。

任务 3 肩带肌的解剖观察

清理颈外静脉、胸头肌、臂头肌、斜方肌、肩胛横突肌、胸肌、下锯肌、背阔肌之间的界限，解剖观察肩前(颈浅)淋巴结，切断胸头肌、臂头肌、肩胛横突肌和背阔肌。切断斜方肌，解剖观察菱形肌。切断胸肌并向外侧抬起前肢游离部，清理肩胛下间隙内的结缔组织和脂肪组织，寻找观察腋动脉、腋静脉、臂神经丛和腋淋巴结。切断腋动脉、腋静脉、臂神经丛、下锯肌和菱形肌观察，最后取下前肢(注意防腐和保湿)。

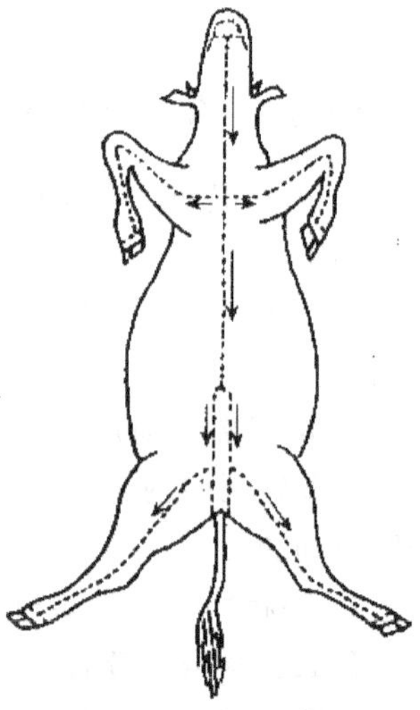

图 6-1 牛剥皮法

任务 4 胸部的解剖观察

1. 胸壁的解剖观察

清理剩余的肩带肌，清理并观察背腰最长肌、髂肋肌和从髂肋肌沟中发出来的脊神经。逐层清理并观察肋间外肌、肋间内肌、肋胸膜和肋间的血管神经。

2. 剪除部分胸壁

用肋骨剪剪断右侧自 2～10 肋骨的椎骨端，并切断肋骨与肋软骨的连接，切开胸壁，观察胸腔液，取下整块胸壁，进一步观察肋胸膜和肋间的血管神经。

3. 胸腔器官的解剖观察

右侧浅层结构　观察右侧肺胸膜和膈胸膜，观察肺的形态、位置、分叶和颜色，触摸其质地。

右侧肺脏　尽量将右肺向前移开，观察腔静脉褶、后腔静脉、右侧的膈神经和右肺的副叶，将副叶从腔静脉褶中拉出，切断肺根，取下右肺，放入方磁盘中。观察肺的颜色、质地和各种结构(肋面、膈面、纵膈面、背缘、腹缘和底缘等)，将整个右肺或切下一小块放入水中，观察其浮沉情况。

右侧深层结构　清理观察心包、膈、纵膈、胸段食管、胸段气管、膈神经、迷走神经、胸腺和纵隔淋巴结，清理观察前、后腔静脉、胸部交感神经和血淋巴结等结构(图 6-2)。

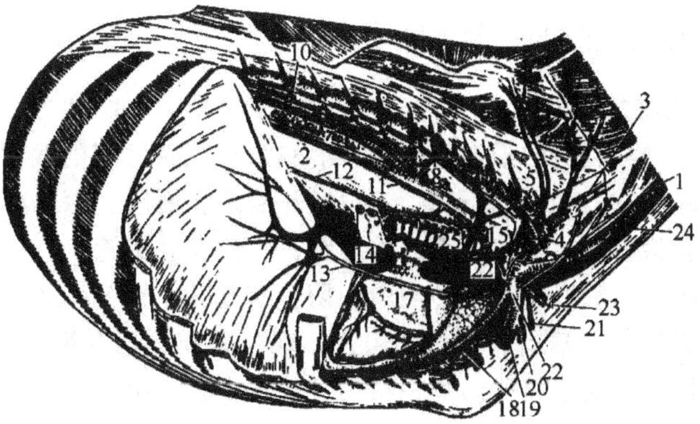

(1)右侧面

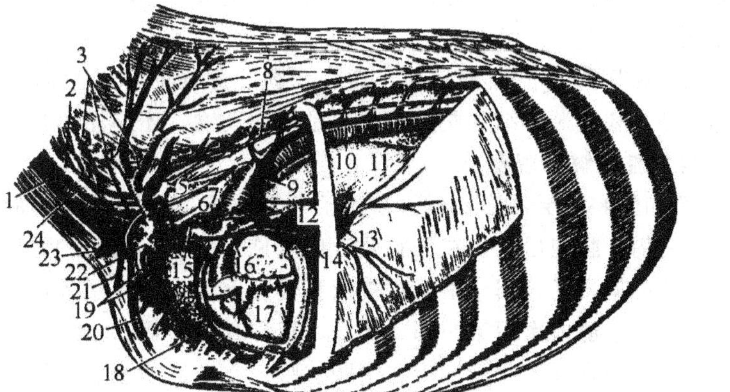

(2)左侧面

图 6-2　牛胸腔深层解剖图

1. 颈总动脉和颈外静脉　2. 食管　3. 臂神经丛　4. 肋颈动、静脉干　5. 颈胸神经节　6. 臂头动脉干　7. 胸导管　8. 胸交感神经干　9. 左奇静脉　10. 胸主动脉　11. 迷走神经背侧干　12. 迷走神经腹侧干　13. 膈神经　14. 后腔静脉　15. 迷走神经　16. 肺动脉干　17. 心　18. 胸廓内动、静脉　19. 腋动、静脉　20. 胸廓外动、静脉　21. 头静脉　22. 锁骨下动脉　23. 颈浅动、静脉　24. 迷走交感神经干　25. 右奇静脉

(韩行敏，畜禽解剖生理，第一版，2012 年)

左侧胸壁与肺脏　按同样的方法解剖左侧胸壁，观察并切下左肺，观察心包、膈、纵隔、迷走神经、胸腺和纵膈淋巴结，清理观察胸部交感神经和血淋巴结等结构。

左侧深层结构　清理观察臂神经丛、膈神经、星状神经节、迷走神经、交感神经、臂头动脉总干、主动脉弓、胸主动脉等结构(图 6-2)。

心脏　切开心包，观察心包液，观察心脏形态位置，切下心脏，观察心耳等表面结构。找到肺动脉，沿动脉圆锥剪开右心室，观察肺动脉瓣后，在向内上方前开右房室口，观察三尖瓣、右心室和右心房。自心尖沿两侧纵沟之间向上剪开左心室，观察二尖瓣后，剪开左房室口，观察左心房。向内上方剪开主动脉口，观察主动脉瓣和冠状动脉的开口等结构。

任务5　腹部和骨盆腔的解剖观察

1. 生殖系统和乳腺的解剖

乳房　观察母牛(羊)乳房的形态和构造。沿左、右乳腺之间的浅沟——乳腺间沟切开乳腺皮肤并将其翻起(乳头皮肤不宜剥离)，观察并清理浅筋膜、深筋膜和乳房悬韧带。经过乳头纵切或横切乳腺，观察乳腺切面的腺组织、乳池和乳头管。

阴囊、阴茎和包皮　观察公牛(羊)阴囊、阴茎和包皮的形态。在离阴囊缝约2cm处，沿侧矢面切开阴囊皮肤，观察肉膜。切开肉膜，观察鞘膜。切开鞘膜，拉出并观察睾丸、附睾、睾外提肌和精索，观察腹股沟管、鞘膜、睾丸系膜、阴囊韧带和附睾尾韧带，切开并观察睾丸的切面。

切开包皮，暴露阴茎，观察其形态。切断阴茎与坐骨弓的联系，取下阴茎。

2. 腹壁的解剖

逐层清理观察并切开右侧腹外斜肌、腹内斜肌、腹横肌和腹直肌，观察肌纤维的走向、腹侧壁的神经、膝上淋巴结和腹膜，如果是雄性动物，还应注意观察腹股沟管。

3. 腹腔和骨盆腔的解剖观察

(1)右侧网膜和腹腔浅层器官　剖开腹腔后，首先观察腹腔和网膜的性状。由于牛的网膜特别发达，在剖开腹腔后，仅在剑状软骨部可见到网胃，右侧肋骨后缘部为肝脏、胆囊和皱胃，右肷部可见盲肠，其余脏器均被网膜覆盖。因此，为了采出牛的腹腔器官，应先将两层网膜切除，才能依次观察小肠、大肠、胃和其他器官。

切开网膜和膈，观察肝、胆囊、十二指肠、胰、空肠、回肠、结肠、盲肠、肾脏、输尿管、网胃、瓣胃、皱胃、卵巢、输卵管和子宫(或输精管)的形态位置。

(2)左侧腹壁解剖和浅层器官形态位置　以同样方法切开左侧腹壁，观察网膜、瘤胃、脾脏、网胃、肠系膜淋巴结、肾脏、输尿管、卵巢、输卵管和子宫(或输精管)的形态位置。

(3)主要内脏器官的分离　对肾脏、输尿管、肾上腺、腹主动脉、后腔静脉及其分支的基本情况进行初步观察后，在贲门附近结扎并切断食管，分离瘤胃、脾脏和肝脏与膈及腹壁的联系，切断总肠系膜，在结肠与直肠连接处结扎并切断肠管，取下各内脏器官。清理观察各部肠管的联通关系，清理观察门静脉和肠系膜淋巴结的形态位置，解剖观察胃肠各部的内部结构。

腹腔脏器的采出　以左手将大网膜提起，右手执刀切离其与十二指肠S状弯曲部、皱胃大弯、瘤胃左、右沟等处的附着部；再将小网膜从其附着部(肝脏的脏面、瓣胃的壁面、皱胃的幽门部和十二指肠起始部)切开，即可将网膜取出，露出胃和小肠，此时应观察腹腔脏器的位置。

空肠和回肠的采出　在右侧骨盆腔前缘提起盲肠，沿盲肠体向前见一连接盲肠和回肠的三角韧带，即回盲韧带。切断回盲韧带，分离回肠距盲肠约 15 cm 处作双重结扎并切断，由此断端向前分离回肠和空肠至空肠起始部，即十二指肠空肠曲，再作双重结扎并切断，取出空肠和回肠。

大肠的采出　直肠作双重结扎并切断，手捏直肠断端，由后向前将结肠从背侧脂肪组织中分离出，并切离肠系膜直至前肠系膜根部，再将横结肠、肠盘与十二指肠回行部之间的联系切断，最后把前肠系膜根部的血管神经、结缔组织一同切断，取出大肠。

胃、十二指肠和脾的采出　先分离十二指肠系膜，切断胆管、胰管和十二指肠的联系。将瘤胃向后方牵引，露出食道，在其末端结扎并切断，助手用力向后下方牵引瘤胃，用刀切离瘤胃与背部相连的结缔组织，并切断脾膈韧带，即可将胃、十二指肠、胰腺、脾脏同时采出。

胰脏、肝脏、肾脏的采出　胰脏可由左叶开始逐渐切下，或将胰脏附于肝门部和肝脏一同取出，也可随腔动脉、肠系膜一并采出。采出肝脏时，先切断左叶周围的韧带及后腔静脉，然后切断右叶旁边的韧带，门静脉和肝动脉(不要破坏右肾)，便可将肝取出。采出肾脏和肾上腺时，首先检查输卵管的状态，然后先取左肾，即沿腰肌剥离周围的脂肪囊，并切断肾门处的血管和输尿管，便可将左肾取出。右肾用同样的方法采出。肾上腺与肾脏同时采出，也可单独取出。

(4)深层腹腔器官　对腹主动脉、后腔静脉、腹腔肠系膜前神经节、肠系膜后神经节、迷走神经、腹后神经、节间支、肾脏、输尿管、肾上腺和各主要淋巴结进行清理观察。

(5)骨盆腔器官　先锯断髂骨体，然后锯断耻骨和坐骨的髋臼支，除去锯断的骨体，盆腔即暴露。用刀切离直肠与盆腔上壁的结缔组织。清理观察直肠、输精管、副性腺、输尿管、膀胱、髂内动脉、髂外动脉、髂内淋巴结、髂外淋巴结和腰荐神经丛。母牛还应切离子宫和卵巢，再由盆腔下壁切离膀胱颈、阴道及生殖腺等，最后切断附着于直肠的肌肉，将肛门、阴门做圆形切离，即可取出骨盆腔脏器。观察膀胱的大小，蓄尿，浆膜等。观察子宫的大小、光泽情况及子宫的位置情况，切开子宫，观察黏膜及分泌物情况。

任务 6　头颈部的解剖观察

1. 颈部

清理观察胸头肌、臂头肌、肩胛舌骨肌、颈静脉沟、颈静脉、颈动脉、迷走交感神经干和颈深淋巴结。解剖观察气管、食管和甲状腺。

2. 下颌间隙

清理下颌淋巴结、颌外动脉和颌外静脉。

3. 面部

清理观察面皮肌、面神经、面动脉、面静脉、腮腺管、腮腺、腮淋巴结和咬肌。清除一侧下颌骨，清理观察口腔、咽和喉等器官。清除外侧部分眼眶，解剖观察眼的结构。解剖观察耳的结构。

4. 颅腔

(1)切断头部　沿寰枕关节切断颈部，使头与颈分离，然后除去下颌骨体及右侧下颌支，切除颅顶部附着的肌肉。

(2)取脑　先沿两眼的后缘用锯横行锯断，再沿两角外缘与第一锯相接锯开，并于两角的中间纵锯一正中线，然后两手握住左右两角，用力向外分开，使颅顶骨分成左右两半，这样即可看见脑(图 6-3)。

由于新鲜脑组织的质地比较柔软，解剖颅骨(注意垂体窝的解剖)，清理观察脑膜。分离嗅球与嗅神经的联系，切断视神经等脑神经，切断脑与脊髓的联系，将脑从颅腔取出并进行清理解剖，观察脑及脑室的结构。

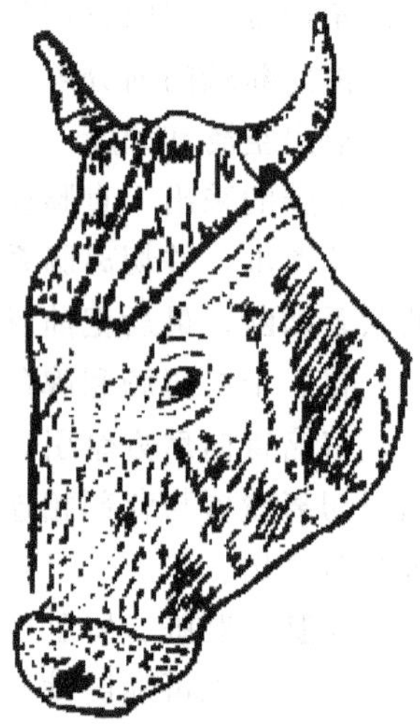

图 6-3 颅腔剖开

任务 7 四肢的解剖观察

1. 前肢

清理剩余的肩带肌，清理观察臂神经丛、腋动脉和腋静脉。清理、解剖和观察肩胛部、臂部、前臂部、腕部、掌部和指部的皮肤、肌肉、动脉、静脉、神经、肌腱、韧带和关节囊。切开软组织，观察各主要关节的关节面。纵向锯开一侧臂骨，观察剖面的结构。

2. 后肢

清理观察一侧臀肌等有关肌肉，露出荐结节阔韧带和髂骨，锯断髂骨体前上部。清理股薄肌等，在闭孔内侧缘的侧矢面上锯断耻骨和坐骨。清理肌肉和软组织，取下该侧后肢(清理观察骨盆腔各器官)。清理解剖观察股部、小腿部、跗部、跖部和趾部的皮肤、肌肉、动脉、静脉、神经、肌腱、韧带、关节和骨。

教学单元 2 猪的实地解剖

任务 1 致死与剥皮

一般解剖时都会选择腋动脉(至于是左还是右就看个人习惯)，将待解剖的猪采用鼻绳保定法保定，然后用刀子延腋窝处划开，此方法简单易操作，放血干净且不会破坏其他组织，便于观察。

解剖猪时一般多取仰卧位。先切断左右肩胛骨和大腿内侧的肌肉以及髋关节的关节囊和圆韧带，然后用力向外侧按压，使四肢摊开。

猪的皮下有大量脂肪蓄积，如剥皮应注意脂肪中的浅层淋巴结等结构；也可在温度较低的情况下，直接将皮肤和皮下脂肪一并剥下。

清理观察全身浅层肌肉和淋巴结。

任务 2 前肢、胸壁和胸腔的解剖观察

1. 前肢

清理浅层各肩带肌之间的界限，清理观察肩前(颈浅)淋巴结，切断胸头肌、臂头肌、肩胛横突肌和背阔肌。切断胸肌并向外侧抬起前肢游离部，清理肩胛下间隙内结缔组织和脂肪组织，解剖观察腋动脉、腋静脉、臂神经丛和腋淋巴结。切断斜方肌，清理观察切断菱形肌，切断腋动脉、腋静脉、臂神经丛和下锯肌，取下前肢。

2. 胸壁

解剖并观察肋间外肌、肋间内肌、肋胸膜和肋间的血管神经。剪断右侧肋骨的椎骨端，并切断肋骨与肋软骨的连接，观察胸腔液，取下胸壁，观察肋胸膜和血管神经。

3. 胸腔器官

颈部和胸腔的器官常一起摘出，用解剖刀在下颌部紧靠下颌骨内缘切入口腔，切断所有附着于颌骨的肌肉，直至下颌骨角，并切断(或用骨剪剪断)颌骨大枝与中间枝的连接部，然后左手从切口伸入口腔，抓住舌尖向外拉引，用刀切开软腭，再切断一切与喉连接的组织，连同气管与食管一起取出直至胸腔入口。

观察右侧肺胸膜和膈胸膜，观察肺的形态、分叶和颜色(图6-4)。尽量将右肺向前移开，观察腔静脉褶、后腔静脉、右侧的膈神经和右肺的副叶，将副叶从腔静脉褶中拉出，切断肺根，取下右肺，放入方磁盘中。观察肺的颜色、质地和各种结构，后将整个右肺或切下一小块放入水中，观察其漂浮情况。原位观察心包、膈、纵隔、食管、气管、膈神经、迷走神经、胸腺、纵膈淋巴结，观察前、后腔静脉。

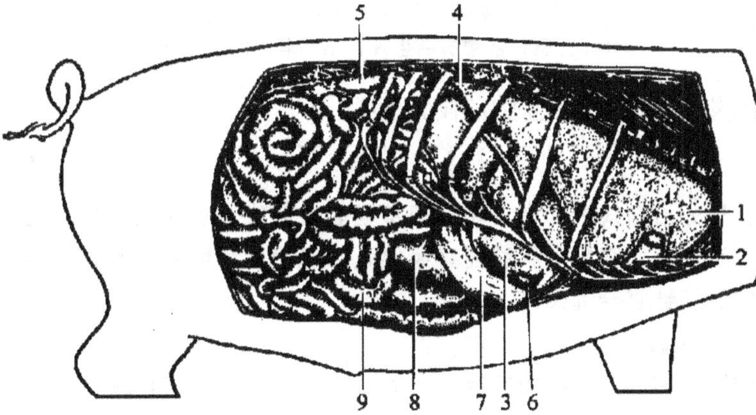

图6-4 猪内脏右侧浅层解剖

1. 肺 2. 心 3. 肝 4. 膈 5. 肾 6. 胆囊 7. 胃 8. 结肠 9. 小肠

(韩行敏，畜禽解剖生理，第一版，2012年)

按同样的方法解剖左侧胸壁，观察并切下左肺，观察心包、膈、纵隔、迷走神经、胸腺、纵隔淋巴结(图6-5)。清理观察臂神经丛、膈神经、迷走神经、交感神经、臂头动脉总干、主动脉弓和胸主动脉。

在胸腔入口处，用手向左右分离开纵隔，切断锁骨下动脉和静脉及肩神经丛，此时用左手握住颈部器官向后上方牵引，分离附着脊椎的组织，在膈部用刀切断食道、后腔静脉和动脉，剥离开心包与胸骨的联系，则将颈部和胸腔器官全部摘出。

切开心包，观察心包液，切下心脏，观察心脏外形，剪开左、右两侧心脏，分别观察左、右心房和心室的结构。

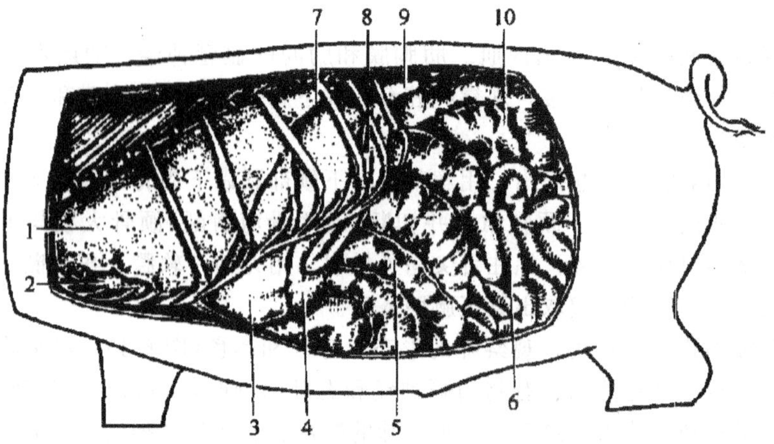

图 6-5 猪内脏左侧浅层解剖

1. 肺 2. 心 3. 肝 4. 胃 5. 结肠 6. 小肠 7. 膈

8. 脾脏 9. 肾 10. 盲肠

（韩行敏，畜禽解剖生理，第一版，2012 年）

任务 3 腹壁、腹腔和骨盆腔的解剖观察

1. 腹壁

从剑状软骨后方沿白线由前向后切开腹壁至耻骨前缘，观察腹腔中有无渗出物，渗出液的数量、颜色和性状，腹膜及腹腔器官浆膜是否光滑，肠壁有无粘连；再沿肋骨弓将腹壁两侧切开，则腹腔器官全部暴露。

2. 腹腔脏器的采出

可先取出脾脏与网膜，其次为空肠、回肠、大肠、胃和十二指肠。

脾脏和网膜的采出 在右季肋部可见脾脏。提起脾脏，并在接近脾脏根部切断网膜和其它联系后取出脾脏。然后将网膜从其附着部分离采出。

空肠和回肠的采出 将结肠盘向右侧牵引，盲肠拉向左侧，显露回盲韧带与回肠。在离盲肠约 15cm 处，将回肠作二重结扎并切断。然后握住回肠断端，用刀切离回肠、空肠上附着的肠系膜，直至十二指肠空肠曲，在空肠起始部作二重结扎并切断，取出空肠和回肠。边分离肠系膜边检查肠浆膜有无出血，肠系膜有无出血、水肿，肠系膜淋巴结有无肿胀、出血、坏死。

大肠的采出 在骨盆腔口分离直肠，将其中粪便挤向前方作一次结扎，并在结扎后方切断直肠。从直肠断端向前方分离肠系膜，至前肠系膜根部。分离结肠与十二指肠、胰腺之间的联系，切断前肠系膜根部血管、神经和结缔组织，以及结肠与背部之间的联系，即可取出大肠。

以下依次可将胃和十二指肠，肾脏和肾上腺，胰腺和肝脏采出。

生殖器官 解剖母猪，首先解剖观察乳房的形态和构造；解剖公猪阴囊、阴茎和包皮的形态结构；解剖去势猪则直接进行下一项。

清理脂肪组织，观察髂下淋巴结，切开腹壁，观察腹膜、内脏，观察邻近腹壁器官的形态位置。

3. 骨盆腔

清理观察直肠、子宫(或输精管和副性腺)、输尿管、膀胱、髂内动脉、髂外动脉、髂内淋巴结、髂外淋巴结和腰荐神经丛。

任务 4　头颈部和四肢的解剖观察

1. 头颈部

清理残余的肩带肌，解剖观察颈深淋巴结。清理观察气管、食管和甲状腺。清理观察下颌淋巴结。清理观察面神经、腮腺、腮淋巴结和咬肌。清除一侧下颌骨，清理观察口腔、咽和喉等器官。清除外侧部分眼眶，解剖观察眼的结构。解剖观察耳的结构。解剖颅骨，分离嗅球与嗅神经的联系，切断视神经等脑神经，切断脑与脊髓的联系，将脑从颅腔取出并进行清理解剖，观察脑及脑室的结构。

2. 四肢

清理剩余的肩带肌，清理观察臂神经丛、腋动脉和腋静脉。清理、解剖和观察前肢各部的皮肤、肌肉、血管神经、肌腱、韧带和关节囊，切开软组织，观察各主要关节的关节面，纵向锯开一侧臂骨和肩关节，观察剖面的结构。

清理观察一侧臀肌等有关肌肉，露出荐结节阔韧带、髂骨，锯断髂骨体前上部，清理股薄肌等，在闭孔内侧缘的侧矢面上锯断耻骨和坐骨，清理肌肉和软组织，取下该侧后肢(清理观察骨盆腔各器官)。清理解剖观察后肢各部的皮肤、肌肉、血管神经、肌腱、韧带、关节囊和骨。

教学单元 3　鸡的实地解剖

任务 1　外部观察及致死

1. 外部观察

观察和触摸冠和肉髯的颜色及大小，眼睑、眼、面部、耳垂、耳孔、喙、全身羽毛的状况、尾上腺、脚鳞、距和爪(图 6-8)、泄殖腔周围，并注意各关节的粗细。

2. 致死和拔毛

致死有两种方法，一种是口腔内放血，将鸡倒置保定，用手术刀或剪刀伸入口腔后部两侧切断颅底部桥静脉，血液即从口腔流出，放血致死；另一种是颈部放血，用左手的中指、无名指和小拇指抓住鸡的一对翅膀(从上方)用右手帮忙把鸡头往左手处(注：此时左手已抓住了翅膀)，用左手的大拇指与食指捏住鸡冠和其后颈，不让它喉颈部皮滑动，拔掉些喉颈部的毛，用右手操刀在鸡脖外迅速切一个小口(事先要准备一个盛鸡血的容器)，左手依然抓着，切口处对准容器，等血放干致死完毕后，立即浸入 70～80℃的热水中不断的搅动几分钟，拔净羽毛、去掉脚部的鳞片和爪及头部的角质喙，并将尸体洗净，置于解剖盘内。

任务2 体腔的剖开和气囊的解剖观察

1. 体腔的剖开

将腹壁和大腿内侧的皮肤切开，用力将大腿按下，使髋关节脱臼，将两大腿向外展开，从而将鸡尸体仰卧固定。由喙的腹侧沿正中线向后至肛门剪开皮肤，并向两侧剥离(到胸前口时，注意不要伤及嗉囊)。观察胸肌，并沿龙骨两侧切开胸大肌和其深层的胸小肌。自龙骨后端至肛门切开腹壁；再小心用骨剪沿胸骨两侧向前剪至锁骨，注意勿伤气囊。揭起胸骨后端，小心分离其与心肝之间的连接，并翻转胸骨至前方，以暴露胸腹部体腔内器官。

2. 气囊的解剖观察

气囊在禽类分布很广，胸腔、腹腔皆有，在体腔打开、内脏器官采取过程中，随时注意观察，主要是看气囊的厚薄，有无渗出物等。

从一侧口角处剪开口腔，观察口腔顶部的腭裂和鼻后孔；咽底部的纵裂即喉门。将硬胶管(或塑料插管)从喉口插入气管，慢慢向肺和气囊内吹气，使之膨胀鼓起。分别观察9个气囊。

任务3 体腔器官的解剖观察

1. 体腔内浅层器官

在胸骨两侧的体壁上向前延长作纵形切口，将两侧体壁剪开。用骨剪剪断喙骨和锁骨，手握龙骨嵴，向上前方用力掰拉，割离肝、心与胸骨的联系及其周围的软组织，摘除胸骨。体腔打开后，清理观察肝脏、胆囊、腺胃、肌胃、十二指肠、胰脏、空肠、肠系膜、回肠、盲肠、直肠和泄殖腔的的位置、颜色、浆膜的状况，体腔内有无液体，各脏器之间有无粘连。(图6-6)。

进一步分离上述器官，将其适当展开，观察其联通关系，切断肠系膜，把这些器官拉出体腔外，放于一侧。方法是：可先将心脏连心包一起剪离，再取出肝。在食管末端将其切断，将胃肠道、胰、脾一同取出，方法是：向后牵拉腺胃，边牵拉边剪断胃肠与背部的联系，在靠近腺胃前方结扎并切断食管，在泄殖腔前方结扎并切断直肠，摘除了胃、肠、肝、胰和脾，进一步解剖观察各器官的形态和构造。在分离肠系膜时，要注意肠系膜是否光滑，在观察胃肠时，注意观察在泄殖腔背侧的腔上囊(原位观察即可，也可摘除)。

(1)腺胃　纵向剖开观察其壁内丰富的胃腺和黏膜面的腺胃乳头。沿肌胃的凸缘切开胃壁，注意其肌层的厚度、黏膜面的类角质膜及胃内的沙粒等。

(2)肌胃　观察内部角质层(又称鸡内金)，胃壁肌肉的变化及内容物的性状。

(3)脾脏　要注意其大小、颜色、硬度以及横断面的状况。

(4)肠管　可先从外观查看肠神经、肝门静脉、胆管、胰脏和盲肠扁桃体、肠壁及肠系膜颜色及粗细程度。也可以剪开一段小肠和大肠，用剪刀背轻轻刮掉其内容物，观察肠内壁情况。

(5)肝　解剖观察肝的颜色、大小，触摸质地。

(6)泄殖腔　从肛门一侧剖开泄殖腔，用干脱脂棉球沾去其内的粪便，观察泄殖腔。可见泄殖腔以两个环形黏膜褶分为粪道、泄殖道和肛道。在泄殖道观察输尿管开口、射精

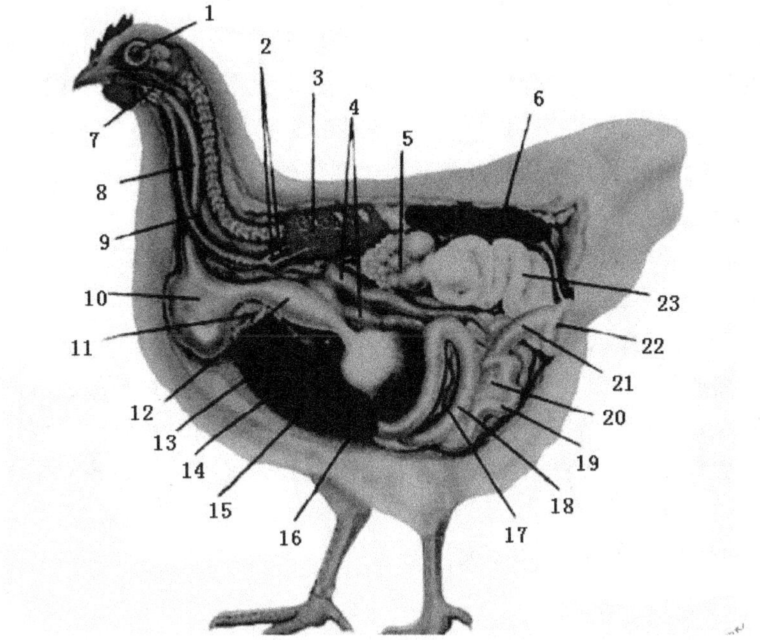

图 6-6　鸡内脏器官的位置

1. 眼　2. 支气管　3. 肺脏　4. 盲肠　5. 卵巢　6. 肾脏　7. 喉　8. 食道　9. 气管　10. 嗉囊　11. 心脏　12. 腺胃　13. 胆囊　14. 脾脏　15. 肝脏　16. 肌胃　17. 胰腺　18. 十二指肠　19. 空回肠　20. 肠系膜　21. 直肠　22. 泄殖腔　23. 输卵管

管乳头和输卵管开口，如果是幼龄鸡，还要注意观察位于泄殖腔背侧的腔上囊。可见腔上囊呈球形，开口于肛道。

2. 体腔内深部器官

进一步清理解剖观察心脏、肺脏、脾脏、卵巢(或睾丸)、输卵管(或输精管)、肾上腺、肾脏、输尿管、腹腔动脉、坐骨神经和泄殖腔的形态位置结构。

(1)心脏　解剖观察心包腔，心外膜、心肌、心房、心室、心内膜的状态。

(2)肺和肾　陷藏于肋间隙内及腰荐骨凹陷处的肺和肾，可用外科刀柄或手术剪剥离取出。注意观察肺的颜色和质地。取出肾脏时，要注意观察输尿管。肺和肾也可在原位观察。

(3)卵巢和睾丸　卵巢可在原位检查，注意其大小、形状、颜色(注意和同日龄鸡比较)，卵黄发育状况。输卵管位于左侧，右侧已退化，只见一水泡样结构，输卵管观察也可在原位进行。睾丸观察可在原位进行，位于体腔肾前叶腹侧，色淡黄白色。注意其形状、大小、颜色、表面、切面和质地，二者是否一致。

任务 4　其它器官的解剖观察

1. 头颈部

清理观察食管、气管、血管、甲状腺、甲状旁腺和嗉囊。如果是幼禽，还应注意解剖观察颈部两侧呈串珠状分布的胸腺。剪开并展开喉、气管和食管及嗉囊，观察其膜面的正常形态结构和颜色，注意其湿润和黏液附着量等性状。

解剖口腔，观察舌、腭和唾液腺的开口。在眼眶与鼻孔之间，横向剪断头部，观察框下窦和鼻腔的横断面，注意其形状、颜色和黏液附着量等性状。解剖颅腔，可先用刀剥离头部皮肤，再剪除颅顶骨(大鸡用骨剪或普通剪，小鸡用手术剪)，即可露出大脑和小脑，将头顶部朝下，剪断脑下部神经，将脑取出，观察脑的形态。

2. 翼和后肢

解剖观察翼的3段结构，即前脚部、前臂部和臂部皮肤和肌肉的形态结构。观察翼膜和翼下静脉的正常形态结构。解剖观察两侧锁骨之间，以及乌喙骨和肩胛骨与胸骨、臂骨和胸廓之间的关系。解剖观察肋和胸廓的结构特征。

在大腿内侧股骨稍后方纵向切开并分离内收肌，暴露出坐骨神经。解剖观察坐骨神经的来源、位置、正常形态结构和分支分布。此外，脊柱两侧、肾脏后部有腰荐神经，肩胛和脊椎之间有臂神经，在颈椎两侧、食管两旁可找到迷走神经，这些都要仔细观察。

教学单元4 犬的实地解剖

任务1 致死、外部观察和剥皮

1. 致死方式

(1)硫喷妥钠麻醉

犬可采用徒手保定、绷带保定和口笼保定等方法。犬保定后，按每公斤体重静脉注射硫喷妥钠20—30mg，动物即很快入睡。暴露股三角区，用锋利的杀狗刀在股三角区作一个约10cm的横切口，把股动脉、股静脉全切断，立即喷出血液。用一块湿纱布不断擦去股动脉周围处的血液和血凝块，同时用自来水冲洗流血，使股动脉处保持畅通，3—5min内即可致死。采用此种方法，犬比较安静，对脏器无损伤。

(2)乙醚麻醉

将狗嘴扎紧，以防麻醉初期动物兴奋时骚动咬人。按动物大小选用合适的麻醉口罩，并在口罩内放入浸润乙醚的纱布。一人将狗按倒，用膝盖和两手固定动物的髋部及四肢。麻醉者一手握住下颌以固定头部(注意防止窒息)，另一手将口罩套在狗嘴上，使其吸入乙醚。吸入乙醚后10～20 min开始发挥作用。

2. 外部观察

剥皮前应仔细观察尸体外部状态。犬的皮肤及被毛(完整性、肿胀)，营养状况，天然孔(分泌物、粘膜)，外在器官的形态(头、四肢、外生殖器)。

3. 剥皮和皮下观察

剥皮时，将尸体仰卧保定。从下颌部、颈部、胸腹正中线将皮肤切开，一直到脐部后遇到生殖器官或乳腺时做环形切口，继续向后切至尾根部。再沿四肢内侧向腹中线垂直切开皮肤，在球节做环切。然后沿切开的皮肤对尸体进行全身皮肤剥离。临床上可根据需要进行不完全剥皮。在进行剥皮时，同时观察皮下组织的情况(皮肤的弹性，皮下脂肪的多少、肌肉的体积及颜色等)，肋骨的形态特征。

任务 2　肩带肌和胸壁的解剖观察

1. 肩带肌

清理解剖头静脉，肩胛横突肌、索臂肌、索颈肌、胸头肌、斜方肌、胸肌、下锯肌、背阔肌之间的界限，清理观察肩前(颈浅)淋巴结，切断背侧组肩带肌。切断胸肌并向外侧抬起前肢游离部，清理肩胛下间隙内结缔组织和脂肪组织，解剖观察腋动脉、腋静脉、臂神经丛和腋淋巴结。切断斜方肌，清理观察切断菱形肌，切断腋动脉、腋静脉、臂神经丛和下锯肌，取下前肢。

2. 胸壁

清理剩余的肩带肌，清理并观察肋间外肌、肋间内肌、肋胸膜和肋间的血管神经。用骨剪剪断左、右侧肋骨与胸骨和胸椎的连接，拿出肋骨暴露整个胸腔。观察胸膜的状态、胸腔内液体的性状，取下整块胸壁，观察肋胸膜和肋间的血管神经。

任务 3　胸腔的解剖观察

1. 肺

解剖观察肺胸膜和膈胸膜，原位观察肺的形态、质地、分叶和颜色。尽量将右肺向前移开，观察腔静脉褶、后腔静脉、右侧的膈神经和右肺的副叶，将副叶从腔静脉褶中拉出，切断肺根，取下右肺，放人方磁盘中(图 6-7)。观察肺的颜色、质地和各种结构，将整个右肺或切下一小块放入水中，观察其浮沉情况。

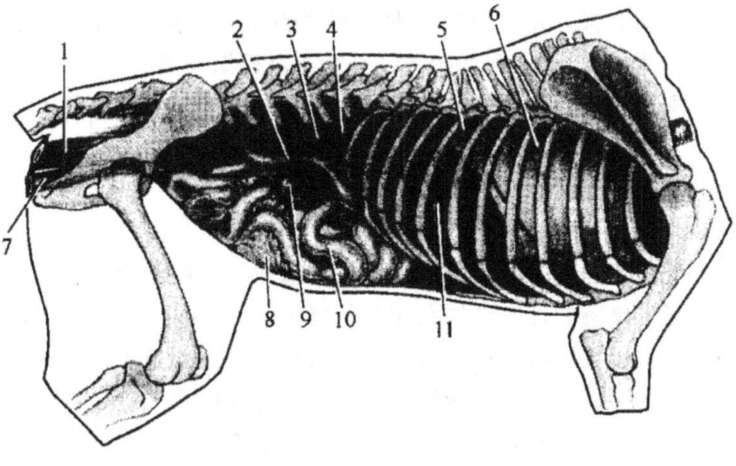

图 6-7　犬的内脏(右侧)

1. 直肠　2. 十二指肠　3. 胰脏　4. 右肾　5. 膈　6. 肺脏　7. 泌尿生殖前庭
8. 大网膜　9. 盲肠　10. 空肠　11. 肝脏

(韩行敏，畜禽解剖生理，第一版，2012 年)

2. 纵膈

清理观察心包、膈、食管、气管、膈神经、迷走神经和大的血管主干及其主要分支。在心包右侧剪十字形切口，食指和中指伸入心包腔，将心尖提起，同时观察心包液的量和性状，切断心基部的血管，摘除心脏。观察心脏外形，剪开左、右两侧心脏，分别观察左、右心房和左、右心室的结构(图 6-8)。

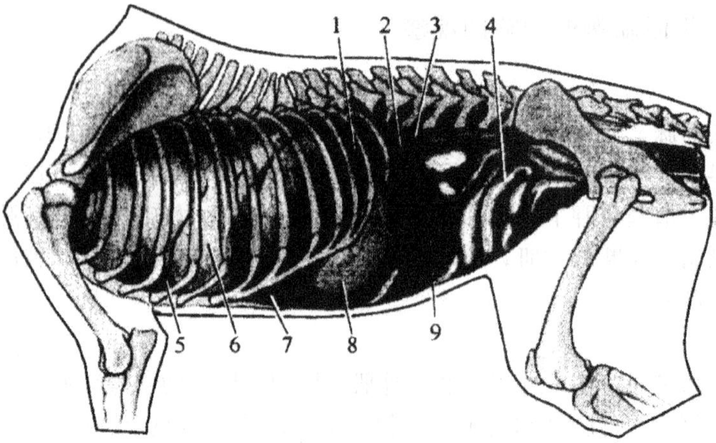

图 6-8 犬的内脏(左侧)

1. 膈 2. 脾头 3. 左肾 4. 肠 5. 心脏 6. 肺脏 7. 肝脏 8. 胃 9. 脾尾

(韩行敏，畜禽解剖生理，第一版，2012 年)

任务 4 腹部和骨盆腔的解剖观察

1. 腹壁

剥皮后将犬仰卧保定，可先切断前后肢与躯干内侧的联系，使体位更加牢固。

先原位观察公犬阴囊、阴茎和包皮(或母犬乳房)的形态和构造，再切除犬的生殖器(包括乳腺)。解剖清理观察并切开腹外斜肌、腹内斜肌、腹横肌和腹直肌(如果是公犬应注意解剖观察腹股沟管)，观察腹侧壁的神经、膝上淋巴结和腹膜。

在剑状软骨部剪一小口，用中指和食指隔离腹壁和腹腔内器官，然后从前向后剪开腹壁，再沿肋软骨剪至肷部。注意不要破坏腹腔内的器官。打开腹腔后，立即观察腹腔内脏器的颜色、位置和形态，腹腔积液，腹膜等。

2. 腹腔器官

清理观察膈、肝脏、胆囊、胃、脾脏、肾脏、输尿管、膀胱、尿道、直肠、空肠、十二指肠、胰脏、盲肠和结肠的形态结构及相互位置关系。

①摘除网膜 打开腹腔后可见肝和胃，其他器官被大网膜覆盖，将其除去则见十二指肠，空肠以及部分结肠和盲肠。观察网膜状态后，再将其摘除。

②摘除胃肠 找到胃和食管，暴露食管，在食管末端做双不完全环切，于环切处做结扎，在结扎之间剪断食管。在骨盆腔内找到直肠，将直肠末端的内容物向直肠前端挤压，并在末端做结扎，在直肠末端剪断肠管。由前向后依次剪断胃肠与背部的结缔组织，即摘除胃、小肠、大肠和脾脏。

③摘除肝脏和胰腺 剪断肝脏左叶的三角韧带及后腔静脉和右叶周围的三角韧带、门静脉、肝动脉，之后摘除肝脏，同时将胰脏一同摘除。同时观察肠系膜的状态、淋巴结情况。

④摘除肾和肾上腺 首先观察输尿管的状态，剥离肾脏周围的脂肪囊，切断进入肾脏的血管和输尿管，之后摘除左肾和右肾。同时摘除肾上腺，也可单独摘除。

清理观察腹主动脉、后腔静脉、腹腔植物性神经、肾脏、输尿管、肾上腺和主要淋巴结。

切断食管、肠系膜和结肠末端，取下部分内脏器官。进一步清理观察直肠、输尿管、膀胱、髂内动脉、髂外动脉、髂内侧淋巴结、髂外侧淋巴结和腰荐神经丛等器官。

3. 骨盆腔

首先锯断髂骨体再锯断耻骨和坐骨的髋臼支，将锯断的骨体摘除掉，骨盆腔随即打开。切断直肠连接骨盆腔的结缔组织。进一步清理观察腹主动脉、后腔静脉和腰荐神经丛。如解剖的是母犬，还要注意解剖观察子宫和卵巢，再将膀胱颈、阴道和生殖腺切离。最后将肛门、阴门做环形切离，并取出骨盆腔脏器。如果是公犬，还应注意解剖观察输精管和副性腺。

任务 5　头颈部和四肢的解剖观察

1. 头颈部

先切断咬肌并在下颌骨的第一臼齿前，锯断左侧下颌支再将下颌支内面的肌肉和后缘的腮腺、下颌关节的韧带及冠状突周围的肌肉分离，摘除左侧下颌支用手握住舌头，切断舌骨支及其周围组织，顺次切断喉、气管和食管的周围组织的联系，一直至胸腔入口处，打开口腔及摘除全部颈部器官。

观察胸头肌、臂头肌、肩胛舌骨肌、迷走交感神经干和颈深淋巴结。观察气管、食管和甲状腺。

清理残余的肩带肌，解剖观察气管、食管和甲状腺。清理观察下颌淋巴结，清理观察面神经、腮腺、腮淋巴结和咬肌(图 6-9)。清除一侧下颌骨，解剖观察口腔、咽和喉等器官。清除外侧部分眼眶，解剖观察眶腺(颧骨腺)和眼的结构。解剖观察耳的结构。

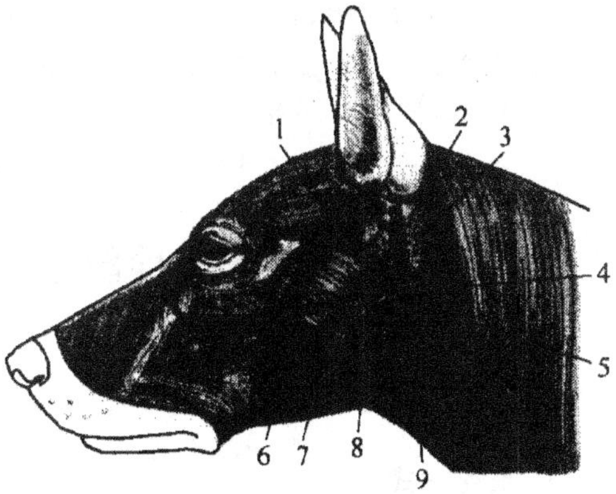

图 6-9　犬头部浅层器官

1. 颧肌　2. 腮耳肌　3. 腮腺　4. 面神经　5. 第 2 颈神经　6. 面静脉　7. 腮腺管　8. 下颌淋巴结　9. 颌下腺

(韩行敏，畜禽解剖生理，第一版，2012 年)

除去剩余的下颌骨体及右侧下颌支，切去颅顶部附着的皮肤和肌肉，将顶骨锯除(沿两眼的后缘用锯横行锯断，再沿两角外缘与第一锯相接锯开，用力使顶骨与头部分离)，暴露颅腔，分离嗅球与嗅神经的联系，切断视神经等脑神经，切断脑与脊髓的联系，将脑从颅腔取出并进行清理解剖，观察脑及脑室的结构。

2. 四肢

清理右侧剩余的肩带肌，清理观察臂神经丛、腋动脉和腋静脉。解剖和观察前肢各部的皮肤、肌肉、血管神经、肌腱、韧带和关节，解剖头静脉及其邻近器官(图 6-10)。

清理观察一侧臀肌等有关肌肉，露出荐结节阔韧带和髂骨，锯断髂骨体前上部，清理股薄肌等，在闭孔内侧缘的侧矢面上锯断耻骨和坐骨，清理肌肉和软组织，取下该侧后肢(清理观察骨盆腔各器官)。清理解剖观察后肢各部的皮肤、肌肉、血管神经和骨骼，应注意对膝关节后方腓肠肌籽骨和腘肌籽骨的解剖观察。

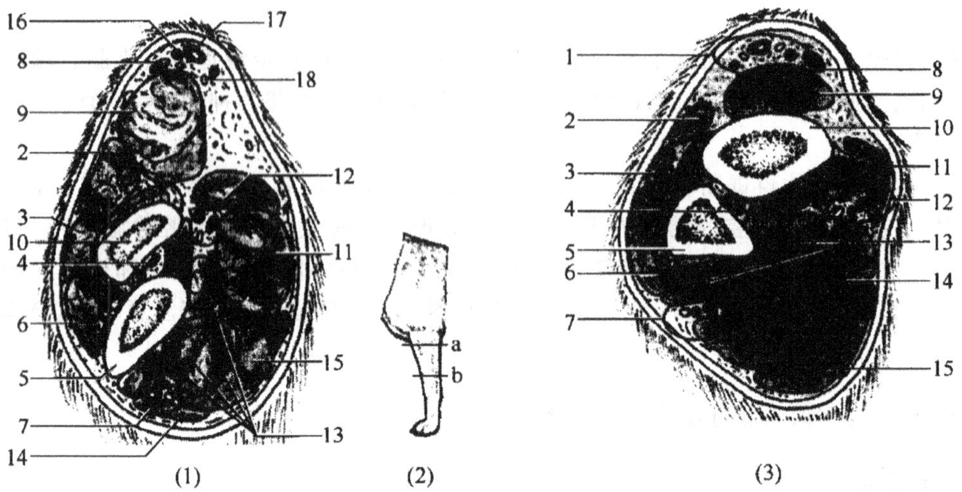

图 6-10 犬的前臂部横断面

(1)近端横断面 (2)断面部位 (3)远端横断面

a. 肘关节下方的断面 b. 腕关节上方的断面

1. 头静脉、前臂浅静脉和桡神经的分支 2. 指总伸肌 3. 指外侧伸肌 4. 骨间总动、静脉 5. 尺骨 6. 腕尺侧伸肌 7. 尺侧副动、静脉和尺神经 8. 桡臂肌 9. 腕桡侧伸肌 10. 桡骨 11. 腕桡侧屈肌 12. 正中神经、正中动、静脉 13. 指深屈肌 14. 腕尺侧屈肌 15. 指浅屈肌 16. 前臂浅动脉 17. 头静脉 18. 桡神经

(韩行敏，畜禽解剖生理，第一版，2012 年)

教学单元 5 兔的实地解剖

任务 1 致死及外部解剖观察

1. 致死方式

兔子处死一般采用空气栓塞法。将兔置兔笼内，兔头伸出笼外，兔笼盖扣紧。兔耳外缘的血管是静脉，在静脉远端进针处剪毛，用酒精棉球消毒并使血管扩张。用左手食指和中指夹住耳缘静脉近心端，使其充血，并用左手拇指和无名指固定兔耳。右手持注射器(针筒内已抽有 10～20 ml 空气)将针头平行刺入静脉，刺入后再将左手食指和中指移至针头处，协同拇指将针头固定于静脉内，右手推进针栓，缓慢注入空气。若针头在静脉内，可见随着空气的注入，血管由暗红变白；如注射阻力大或血管未变色或局部组织肿胀，表明针头未刺入血管，应拔出重新刺入。首次注射应从静脉的远心端开始，注射完毕，抽出针头，用干棉球按压进针处。随着空气的注入，使血液饱含空气因而逐渐缺氧，兔经一阵挣扎后，瞳孔放大，全身松弛而死。

2. 外部观察

主要查看天然孔、被毛、皮肤和营养状况。

(1)营养状况：可以从肌肉的丰满的程度判断，营养不良的兔被毛粗乱、无光泽、肌肉薄，脊椎和骨骼明显。

(2)皮肤观察：注意皮肤的颜色、厚度、硬度及弹性。

(3)天然孔观察：包括耳、鼻、眼、口、肛门、阴门等的颜色，有无分泌物或排泄物以及流出液的性状。

任务 2 剥皮

外部检查以后，进行剥皮，在剥皮的同时，注意皮下组织脂肪的多少及颜色。也可以不剥皮，但为了防止兔毛飞扬，沾染组织，可用清水或消毒液将尸体浸湿，尸僵时用力将四肢搬开，腹部朝上，置于小动物解剖台上或搪瓷盘内。剥皮时，从下颌角开始，沿颌间中线经过颈部腹面沿胸腹壁正中线做一纵切口至肛门。用镊子提起皮肤，用剪子或手术刀剥离皮肤，一般只剥离腹侧皮肤。若全剥，则在口角稍后部，做一环形切开与纵口会合。前肢在桡骨中部，后肢在跗关节处做环形切口，在四肢内侧垂直于纵切口切开皮肤，将尸体皮肤全部剥掉。

任务 3 腹腔的解剖观察

已剥皮或未经剥皮背侧卧位的尸体，将两前肢与腹壁附着处少许切割，使两前肢充分向两侧伸展，对两后肢往下施加压力，使耻骨联合稍有断裂，骨盆腔充分暴露。在腹壁正中松弛部位，用镊子提起腹壁，剪一小孔。用圆头剪子插入腹腔内，剪开腹壁。前方止于胸骨的剑状软骨，后方止于肛门。在胸骨剑状软骨处，垂直于第一切口，紧靠着最后肋骨后缘，剪开左右侧腹壁到腰肌为止，使整个腹腔充分暴露出来(图 6-11)。观察腹腔渗出液的有无、多少及性状，并可直接涂片检查或培养，然后仔细检查腹膜有无炎症、增厚及粘连，腹腔器官的位置有无异常(兔的腹腔大部被盲肠所占据，几乎充满右腹部，回肠进入盲肠处膨大，称圆小囊。盲肠末端为壁厚细长的蚓突，两者为淋巴组织)。

观察完腹腔后，开始摘除腹腔器官。先摘出脾和网膜。用镊子提起胃贲门部，切断贲门部和食道，向后一边牵拉一边分离，将胃肠从腹腔内一起摘出。用镊子夹住静脉根部，小心将肝脏摘出。用镊子剥离肾脏周围脂肪，将肾脏和肾上腺一同摘出。最后摘出膀胱与生殖器官(可在原位观察)。摘出的器官按一定顺序摆放在盘中(为防止干燥，可在上面盖一块浸有生理盐水的纱布)。

任务 4 胸腔的解剖观察

在肋骨上端，肋骨与胸骨交接处由后向前剪断两侧肋骨，提起胸壁，胸腔器官即暴露。胸腔暴露后，要注意观察胸腔和心包的液体数量及性状。

由喉部剪断器官，先摘出胸腺，牵拉器官并剪断肺脏、心脏与其他组织联系，即可将肺、心脏、气管及喉头一同摘出。

首先观察心脏的外部情况，心脏的体积及颜色。然后切开心脏观察心内膜及各个心房心室。

肺脏的观察：注意肺的颜色、大小、质地、切面有无液体流出，液体的颜色和数量，间质有无变化。再剪开气管并观察腔里分泌物性状以及黏膜颜色。

任务 5 口腔及颅腔的解剖观察

如要打开口腔及颅腔进行检查，通常在观察完内脏器官之后进行。

从颊部做纵行切口，然后将一侧下颌支剪断，向外侧翻转，使舌及口腔全部暴露出来。

颅腔的观察　在枕骨与第一颈椎的关节处切断，将头与体腔分离。把头放在解剖盘内，以两内眼角联一条直线，在此直线两端向枕骨大孔各联一条线，用外科刀沿这三条直线破坏骨组织。去掉头盖骨后，用镊子提起脑膜，用剪子剪开，即可观察颅腔液体的数量、颜色、透明度以及脑膜等情况。最后用镊子钝性剥离大脑与周围连结，然后将大脑从颅腔内取出进行观察。

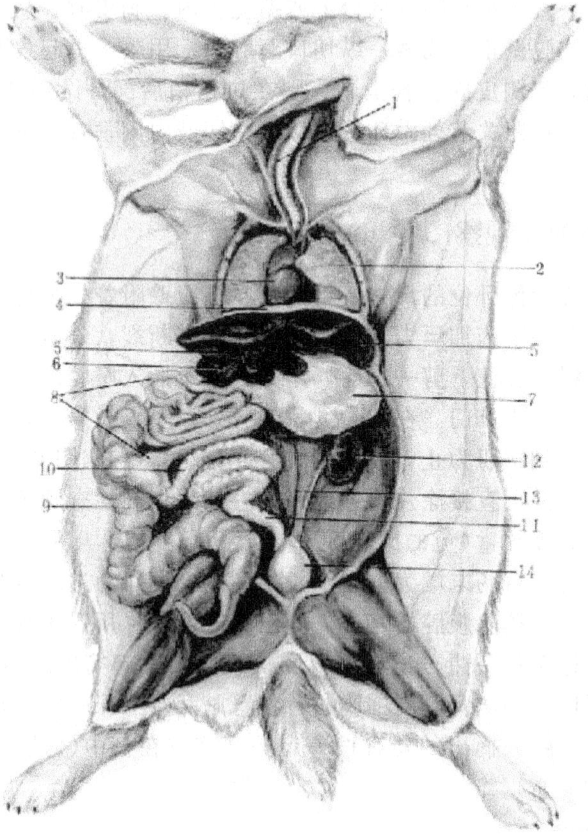

图 6-11　家兔的内脏器官

1. 气管　2. 肺脏　3. 心脏　4. 膈　5. 肝脏　6. 胆囊　7. 胃　8. 小肠　9. 盲肠　10. 结肠　11. 直肠　12. 肾脏　13. 输尿管　14. 膀胱

【相关知识】　牛体表结构识别操作注意事项

1. 人畜亲和

要以和善的态度对待家畜，忌讳粗暴的声音和动作。尤其是牛，粗暴的声音和动作以及鲜艳的颜色刺激，常可使牛发生激烈反应，会影响操作，甚至会造成人畜受到伤害。

2. 科学过渡

接触大家畜(主要指牛)，一般应先从鬐甲开始最安全。因为家畜前肢经常需要同时负重支撑躯干，且几乎没有外展运动能力，前肢几乎都是单轴关节，就连肩关节也主要是进行伸屈运动。而且鬐甲部位最不敏感，轻轻抚摸鬐甲，让动物感到你对它比较友善，然后再逐渐向头颈部、前肢、胸腹和后肢及尾部等要进行触摸和操作的部位过渡。

3. 安全操作

(1)在操作过程中尽量不使手臂接触自己身体其它部位及用品。

(2)应特别注意每种家畜的特殊危险角度，牛的危险角度除了头部的牛角附近之外，还有后肢的侧前方和侧后方。

(3)手臂不要伸到保定栏与动物之间，避免挤压手臂。

(4)要注意在进行四肢末端操作时以一手扶在家畜躯干，作为支点，双腿稍岔开，略微弯曲，俯身向下，用另一只手进行触摸，这样才能保证在紧急的情况下，迅速躲开。

【拓展知识】 动物死后的尸体变化

动物死亡后因体内存在酶和细菌的作用以及外界环境的影响，死亡后逐渐发生一系列变化。在检查判定大体病变前，正确地辨认尸体变化，可以避免把某些死后变化误认为生前的病理变化。尸体变化包括尸冷、尸僵、尸斑、尸体自溶、尸体腐败等多种。

尸冷指动物死亡后尸体温度逐渐降至外界环境温度水平的现象。通常在室温条件下，一般以每小时 1℃的速度下降，因此动物死亡时间大约等于动物的体温与尸体温度之差。

尸僵是动物死亡后，肢体由于肌肉收缩变硬，四肢各关节不能伸屈，使尸体固定于一定的形状，这种现象称为尸僵。尸僵开始的时间，大、中动物一般在死后 1. 5 ~ 6 h 开始发生，10～24 h 最明曼，24～48 h 开始缓解。尸僵从头部开始，然后是颈部、前肢、后躯和后肢的肌肉逐渐发生，此时各关节因肌肉僵硬而被固定，不能屈曲。

尸斑是动物死亡后，血液由于重力作用，流向尸体的低下部位，使该部血管充盈血液，呈青紫色，这种现象称为坠积性淤血。尸体倒卧侧组织器官的坠积性淤血现象称为尸斑。一般在死后 1～1.5 h 即可能出现。

尸体自溶是指动物体内的溶酶体酶和消化酶在动物死亡后，发挥其作用而引起的自体消化过程。自溶过程中细胞组织发生溶解，表现最明显的是胃和胰腺，胃黏膜自溶时表现为黏膜肿胀、变软、透明，极易剥离或自行脱落和露出黏膜下层，严重时自溶可波及肌层和浆膜层，甚至可出现死后穿孔。

尸体腐败是指尸体组织蛋白由于细菌作用而发生腐败分解的现象，主要是由于肠道内厌氧菌的分解、消化作用，或血液内、肺脏内细菌的作用，也有从外界进入体内的细菌的作用。在腐败过程中，体内复杂的化合物被分解为简单的化合物，并产生大量气体，如氨、二氧化碳、甲烷、氮、硫化氢等。因此，腐败的尸体内含有多量的气体，并产生恶臭。

计 划 单

<table>
<tr><td>模块 6</td><td colspan="4">动物实地解剖</td><td colspan="2">学 时</td><td>30</td></tr>
<tr><td>计划方式</td><td colspan="7">小组讨论、同学间互相合作共同制订计划</td></tr>
<tr><td>序 号</td><td colspan="4">实施步骤</td><td colspan="2">使用资源</td><td>备 注</td></tr>
<tr><td></td><td colspan="4"></td><td colspan="2"></td><td></td></tr>
<tr><td></td><td colspan="4"></td><td colspan="2"></td><td></td></tr>
<tr><td></td><td colspan="4"></td><td colspan="2"></td><td></td></tr>
<tr><td></td><td colspan="4"></td><td colspan="2"></td><td></td></tr>
<tr><td></td><td colspan="4"></td><td colspan="2"></td><td></td></tr>
<tr><td></td><td colspan="4"></td><td colspan="2"></td><td></td></tr>
<tr><td></td><td colspan="4"></td><td colspan="2"></td><td></td></tr>
<tr><td></td><td colspan="4"></td><td colspan="2"></td><td></td></tr>
<tr><td></td><td colspan="4"></td><td colspan="2"></td><td></td></tr>
<tr><td></td><td colspan="4"></td><td colspan="2"></td><td></td></tr>
<tr><td>制订计划
说明</td><td colspan="7"></td></tr>
<tr><td rowspan="3">计划评价</td><td>班 级</td><td></td><td>第 组</td><td colspan="2">组长签字</td><td colspan="2"></td></tr>
<tr><td>教师签字</td><td colspan="2"></td><td colspan="2">日 期</td><td colspan="2"></td></tr>
<tr><td colspan="7">评语：</td></tr>
</table>

决策实施单

<table>
<tr><td>模块 6</td><td colspan="7">动物实地解剖</td></tr>
<tr><td colspan="8">讨论小组制订的计划书，做出决策</td></tr>
<tr><td rowspan="7">计划对比</td><td>组号</td><td>工作流程的正确性</td><td>知识运用的科学性</td><td>步骤的完整性</td><td>方案的可行性</td><td>人员安排的合理性</td><td>综合评价</td></tr>
<tr><td>1</td><td></td><td></td><td></td><td></td><td></td><td></td></tr>
<tr><td>2</td><td></td><td></td><td></td><td></td><td></td><td></td></tr>
<tr><td>3</td><td></td><td></td><td></td><td></td><td></td><td></td></tr>
<tr><td>4</td><td></td><td></td><td></td><td></td><td></td><td></td></tr>
<tr><td>5</td><td></td><td></td><td></td><td></td><td></td><td></td></tr>
<tr><td>6</td><td></td><td></td><td></td><td></td><td></td><td></td></tr>
<tr><td colspan="8">制订实施方案</td></tr>
<tr><td>序号</td><td colspan="6">实施步骤</td><td>使用资源</td></tr>
<tr><td>1</td><td colspan="6"></td><td></td></tr>
<tr><td>2</td><td colspan="6"></td><td></td></tr>
<tr><td>3</td><td colspan="6"></td><td></td></tr>
<tr><td>4</td><td colspan="6"></td><td></td></tr>
<tr><td>5</td><td colspan="6"></td><td></td></tr>
<tr><td>6</td><td colspan="6"></td><td></td></tr>
<tr><td colspan="8">实施说明：</td></tr>
<tr><td>班级</td><td colspan="2"></td><td>第　组</td><td>组长签字</td><td colspan="3"></td></tr>
<tr><td>教师签字</td><td colspan="3"></td><td>日　期</td><td colspan="3"></td></tr>
<tr><td>决策评价</td><td colspan="7">评语：</td></tr>
</table>

材料设备清单

模块 6	动物实地解剖				学　时	18	
项　目	序号	名　称	作　用	数　量	型　号	使用前	使用后
所用设备	1	投影仪	观看视频	1 个			
	2	解剖器械	解剖	四套			
所用材料	1	羊	牛羊的解剖观察	1 只			
	2	猪	猪的解剖观察	1 头			
	3	鸡	鸡的解剖观察	4 只			
	4	犬	犬的解剖观察	1 只			
	5	兔	兔的解剖观察	4 只			
班　级			第　组	组长签字		教师签字	

作　业　单

<table>
<tr><td>模块 6</td><td colspan="6">动物实地解剖</td></tr>
<tr><td>作业完成方式</td><td colspan="6">课余时间独立完成</td></tr>
<tr><td>作业题 1</td><td colspan="6">牛、羊和兔的剥皮方法。</td></tr>
<tr><td>作业解答</td><td colspan="6"></td></tr>
<tr><td>作业题 2</td><td colspan="6">牛、羊、猪和犬胸壁和腹壁的打开方法。</td></tr>
<tr><td>作业解答</td><td colspan="6"></td></tr>
<tr><td>作业题 3</td><td colspan="6">牛、羊、猪和犬胸腔、腹腔和盆腔脏器如何摘除和观察？</td></tr>
<tr><td>作业解答</td><td colspan="6"></td></tr>
<tr><td>作业题 4</td><td colspan="6">鸡的内脏如何摘除和观察？</td></tr>
<tr><td>作业解答</td><td colspan="6"></td></tr>
<tr><td>作业题 5</td><td colspan="6">兔的内脏如何摘除和观察？</td></tr>
<tr><td>作业解答</td><td colspan="6"></td></tr>
<tr><td rowspan="4">作业评价</td><td>班　　级</td><td></td><td>第　　组</td><td>组长签字</td><td colspan="2"></td></tr>
<tr><td>学　　号</td><td></td><td>姓　　名</td><td colspan="3"></td></tr>
<tr><td>教师签字</td><td></td><td>教师评分</td><td></td><td>日期</td><td></td></tr>
<tr><td colspan="6">评语：</td></tr>
</table>

效果检查单

<table>
<tr><td>模块 6</td><td colspan="5">动物实地解剖</td></tr>
<tr><td>检查方式</td><td colspan="5">以小组为单位，采用学生自检与教师检查相结合，成绩各占总分(100 分）的 50%。</td></tr>
<tr><td>序号</td><td colspan="2">检查项目</td><td>检查标准</td><td>学生自检</td><td>教师检查</td></tr>
<tr><td>1</td><td colspan="2">资讯问题</td><td>回答正确、认真</td><td></td><td></td></tr>
<tr><td>2</td><td colspan="2">鸡的解剖观察</td><td>操作正确、熟练，识别准确</td><td></td><td></td></tr>
<tr><td>3</td><td colspan="2">兔的解剖观察</td><td>操作正确、熟练，识别准确</td><td></td><td></td></tr>
<tr><td rowspan="3">检查
评价</td><td>班　　级</td><td></td><td>第　　组</td><td>组长签字</td><td></td></tr>
<tr><td>教师签字</td><td colspan="2"></td><td>日　　期</td><td></td></tr>
<tr><td colspan="5">评语：</td></tr>
</table>

评价反馈单

模块 6	动物实地解剖				
评价类别	教学单元	子教学单元	个人评价	组内评价	教师评价
专业能力（60％）	资讯（10％）	获取信息（5％）			
		引导问题回答（5％）			
	计划（5％）	计划可执行度（3％）			
		用具材料准备（2％）			
	实施（20％）	各项操作正确（8％）			
		完成的各项操作效果好（6％）			
		完成操作中注意安全（4％）			
		操作方法的创意性（2％）			
	检查（10％）	全面性、准确性（5％）			
		现场中出现问题的处理（5％）			
	过程（5％）	使用工具的规范性（2％）			
		操作过程规范性（2％）			
		工具和设备使用管理（1％）			
	结果（10％）	结果质量（10％）			
社会能力（20％）	团队合作（10％）	小组成员合作良好（5％）			
		对小组的贡献（5％）			
	敬业、吃苦精神（10％）	学习纪律性（4％）			
		爱岗敬业和吃苦耐劳精神（6％）			
方法能力（20％）	计划能力（10％）	制订计划合理（10％）			
	决策能力（10％）	计划选择正确（10％）			

意见反馈
请写出你对本学习情境教学的建议和意见

评价评语								
	班　　级		姓　名		学　号		总　评	
	教师签字		第　组	组长签字			日　期	
	评语：							

主要参考文献

[1]内蒙古农牧学院，安徽农学院．家畜解剖学(第2版)．北京：农业出版社，1994

[2]内蒙古农牧学院，安徽农学院．家畜解剖学及组织胚胎学(第2版)．北京：农业出版社，1998

[3]范作良．家畜解剖(第1版)．北京：中国农业出版社，2001

[4]范作良．家畜生理(第1版)．北京：中国农业出版社，2001

[5]山东省畜牧兽医学校．家畜解剖生理(第3版)．北京：中国农业出版社，2000

[6]沈霞芬．家畜组织学与胚胎学(第3版)．北京：中国农业出版社，2000

[7]董常生．家畜解剖学(第3版)．北京：中国农业出版社，2000

[8]南京农业大学．家畜生理学(第3版)．北京：中国农业出版社，1998

[9]中国人民解放军兽医大学．家畜生理学(第1版)．长春：吉林科学技术出版社，1986

[10]广东省仲恺农业技术学校．家畜解剖生理学(第2版)．北京：农业出版社，1995.5

[11]杜恒忠，张登荣，王典进．禽畜解剖生理学(第1版)．河北：河北科学技术出版社，1994.9

[12]周其虎．禽畜解剖生理(第1版)．北京：中国农业出版社，2006

[13]丁玉玲．禽畜解剖与生理(第1版)．哈尔滨：黑龙江人民出版社，2005

[14]陆桂平．动物病理．北京：中国农业出版社，2001

[15]韩行敏．畜禽解剖生理．北京：中国轻工业出版社，2012

[16]周铁忠，陆桂平．动物病理．北京：中国农业出版社，2008

[17]王仲兵，岳文斌等．现代牛场兽医手册．北京：中国农业出版社，2009

[18]张泉鑫，朱印生．猪病．北京：中国农业出版社，2008

[19]陈品．实用兽医诊疗操作新技术．北京：中国农业出版社，2008

[20]陈志伟，邓国华，王秀荣．兽医操作技术7日通．北京：中国农业出版社，2005